"十四五"高职院校财经精品系列教材

国际贸易实务（第二版）

主　编◎蒋　晶

副主编◎刘佳珺　习寒峰

西南财经大学出版社
Southwestern University of Finance & Economics Press

中国·成都

图书在版编目(CIP)数据

国际贸易实务/蒋晶主编.—2版.—成都:西南财经大学出版社,2023.1
ISBN 978-7-5504-5199-5

Ⅰ.①国…　Ⅱ.①蒋…　Ⅲ.①国际贸易—贸易实务—教材
Ⅳ.①F740.4

中国版本图书馆 CIP 数据核字(2021)第 239367 号

国际贸易实务(第二版)

主　　编:蒋　晶
副主编:刘佳珺　习寒峰

策划编辑:李晓嵩
责任编辑:杜显钰
责任校对:王甜甜
封面设计:何东琳设计工作室　张姗姗
责任印制:朱曼丽

出版发行	西南财经大学出版社(四川省成都市光华村街55号)
网　　址	http://cbs.swufe.edu.cn
电子邮件	bookcj@swufe.edu.cn
邮政编码	610074
电　　话	028-87353785
照　　排	四川胜翔数码印务设计有限公司
印　　刷	郫县犀浦印刷厂
成品尺寸	185mm×260mm
印　　张	21
字　　数	474 千字
版　　次	2023 年 1 月第 2 版
印　　次	2023 年 1 月第 1 次印刷
印　　数	1— 2000 册
书　　号	ISBN 978-7-5504-5199-5
定　　价	45.00 元

第二版前言

对外贸易是我国开放型经济的重要组成部分，是国民经济发展的重要推动力量，也是畅通国内国际双循环的关键枢纽。《商务部关于印发〈"十四五"对外贸易高质量发展规划〉的通知》指出："十四五"时期，对外贸易要"坚持创新驱动，加快发展方式转型"；要"坚持绿色引领，加快绿色低碳转型"；要"坚持数字赋能，加快数字化转型"；要"坚持互利共赢，提升开放合作水平"；要"坚持安全发展，提升风险防控能力"。党的二十大报告指出："推进高水平对外开放。依托我国超大规模市场优势，以国内大循环吸引全球资源要素，增强国内国际两个市场两种资源联动效应，提升贸易投资合作质量和水平。稳步扩大规则、规制、管理、标准等制度型开放。推动货物贸易优化升级，创新服务贸易发展机制，发展数字贸易，加快建设贸易强国。"

为适应对外贸易产业转型和教学需要，本教材第二版在第一版的基础上作了大幅更新与补充。

第一，坚持课程育人理念，突出教材内容的德育主线。编写团队共同梳理了国际贸易实务课程所蕴含的思政元素，将其体现在知识内容、小思考、知识链接等板块中；同时每个任务下新增"思政课堂"栏目，形成集知识掌握、能力提升、思政教育于一体的内容体系，确保学生在学习的各阶段都能得到思想引领。

第二，设计新型活页式教材，突出职业引导功能。本教材第二版改变传统教材的合订本形式，遵循学生的心理特点和认知习惯，以对外贸易行业岗位群为主线，增设"任务演练与反思篇"，以适应课程综合化和课程模块化的需要。

第三，结合对外贸易的最新规定和实践，更新教材内容。例如，将国际通则更新为《2020年国际贸易术语解释通则》，修正关检融合后涉及的商检、报关、运输、保险等内容，对部分章节中的案例、实务内容等进行了更为详细的阐述和补充，以更好地满足国际贸易专业学生和外经贸工作者的需求。

　　本教材第二版由广东工贸职业技术学院蒋晶担任主编，广东工贸职业技术学院刘佳珺、广州耐普电源有限公司习寒峰担任副主编。参加编写工作的人员还有广东工贸职业技术学院徐添添、广东工贸职业技术学院伍俊颖、广东工贸职业技术学院潘嘉琪、广东科贸职业学院范飞飞、东莞市共享能源科技有限公司总经理谢坤、广州大洋教育科技股份有限公司教育事业部总经理周黄宁、广州耐普电源有限公司业务经理王倩、广东万瑞世家商业管理有限公司校企事业部负责人洪斌等。蒋晶担任总撰稿人并定稿。

　　在修定过程中，编者除引用了所列参考文献之外，还参考了一些最新教材、文章及网站资料，同时得到了校企合作企业广州市双拾壹网络科技有限公司、英氏婴童用品有限公司，以及西南财经大学出版社的大力支持与帮助，在此一并表示感谢。感谢我们的学生，他们对本课程表现出的极大兴趣和认真态度一直感动、鞭策着我们。

　　修订后的教材仍存在疏漏和不足之处，编者恳请广大读者批评、指正。

编者

2022 年 12 月

前　言

　　随着国家对职业教育的不断关注，内涵丰富、质量提高日益成为高等职业教育发展的重要主题。2010 年，教育部发布的《国家中长期教育改革和发展规划纲要（2010—2020 年）》明确提出"推进职业学校专业课程内容和职业标准相衔接"。基于这一要求，在西南财经大学出版社的策划和推动下，我们组织编写了此书。

　　我国自加入世界贸易组织以来，迅速发展对外贸易，在世界贸易中起着举足轻重的作用。在国际化发展战略的引领下，企业积极参与国际经济交流与合作，开拓国际市场，对外贸人才更加强调知识融合和应用能力。为推进我国国际贸易的规范化和标准化，提升国际贸易人员素质和企业管理水平，2012 年 7 月 1 日，由中国对外贸易经济合作企业协会和中国标准化研究院起草的《国际贸易业务的职业分类与资质管理》正式批准实施，标准号为 GB/T 28158－2011。本书的编写团队以该标准为理论依据，以适应我国对外贸易经济发展需要及课程改革服务于高等职业教育发展为指导思想，通过大规模的企业调研，将国家职业标准的具体要求和国际贸易实际岗位工作要求分解归类并有机地整合和融入到本教材的内容之中，成功地实现职业能力课程的转化。

　　和同类教材相比，本教材具有如下特色：

　　第一，内容新颖，结构合理。本教材根据最新的国际贸易职业标准及培养高职学生职业能力的目标来设计内容，向读者展示一系列具有真正实用价值的国际贸易实务知识，对国际贸易业务中的焦点、难点问题进行阐述，重点突出，详略得当。

　　第二，体例安排独特，强调理论联系实际。本教材考虑到高等职业教育的特点，由任务引入导入新课程，通过师生互动式的探索揭示国际贸易操作中的基本原理和规律。项目演练有助于锻炼学生的实际分析能力，而工作提示则是编写团队对该知识内容的实践工作经验总结。

　　第三，案例资源丰富，针对性强。本教材运用的案例具有很强的时代性和趣味性。部分案例由企业编写人员根据亲身经历整理而成，具有行业代表性。本教材使用的数据较新，热点话题引人入胜，紧扣时代脉搏。

　　本教材由广东工贸职业技术学院蒋晶和广东工贸职业技术学院徐萌担任主编，广东技术师范学院天河学院佟哲和广州市乾金贸易公司支利军总经理担任副主编。参加编写工作的人员还有广东工贸职业技术学院马小娟、广东技术师范学院天河学院曾升、广东技术师范学院天河学院胡高喜、广州番禺职业技术学院黄丽丽、广东技术师范学院天河学院韩倩倩、广东技术师范学院天河学院刘洋、广州华夏职业技术学院谢媛、广州市乾金贸易公司业务经理江美玲等。蒋晶负责对全书进行总体设计和统稿。

　　在本教材的编写过程中，参阅的文献除了在参考文献中列出的一部分外，还包括大量的相关报刊文章、网上查到的资料及不少专家的研究成果。在此，编者谨向各位表示衷心的感谢。同时，感谢广州市乾金贸易公司支利军总经理提供大量企业真实案例、数据分析和建议。感谢我们的学生，他们在本课程的学习中表现出的极大兴趣和认真态度一直感动、鞭策着我们。

　　由于国际贸易业务实践的发展变化日新月异，加之时间和编者水平有限，因此疏漏和不足之处在所难免，编者恳请专家和读者批评指正。

编者

2014 年 8 月

目 录

第一部分 项目任务篇

项目一 国际贸易实务概述 ·· （3）

　　任务一 国际贸易的特点与基本流程 ························· （4）

　　任务二 国际贸易的职业岗位和能力 ························· （12）

项目二 商品的标的物条款 ·· （18）

　　任务一 商品品名 ·· （19）

　　任务二 商品品质 ·· （23）

　　任务三 商品数量 ·· （31）

　　任务四 商品包装 ·· （37）

项目三 国际贸易术语及商品的价格条款 ·························· （47）

　　任务一 国际贸易术语概述 ·································· （48）

　　任务二 《2020 通则》中的国际贸易术语 ·················· （54）

　　任务三 商品价格的掌握 ···································· （70）

　　任务四 价格条款与价格核算 ································ （78）

项目四 国际货物运输条款 ·· （85）

　　任务一 国际货物运输方式 ·································· （86）

　　任务二 合同中的装运条款 ·································· （100）

　　任务三 国际货物运输单据 ·································· （105）

项目五　国际货物运输保险条款 ································ (113)

　　任务一　海上货物运输保险的承保范围 ················ (114)

　　任务二　国际海上货物运输保险条款 ·················· (118)

　　任务三　我国陆、空、邮包运输保险 ·················· (128)

　　任务四　我国国际货物运输保险实务 ·················· (132)

项目六　国际贸易货款结算条款 ································ (138)

　　任务一　国际货款支付工具 ·························· (139)

　　任务二　汇款和托收结算方式 ························ (147)

　　任务三　信用证结算方式 ···························· (156)

　　任务四　不同结算方式的结合使用 ···················· (166)

项目七　争议处理条款 ·· (171)

　　任务一　进出口商品检验 ···························· (172)

　　任务二　争议与索赔 ································ (180)

　　任务三　不可抗力 ·································· (186)

　　任务四　仲裁 ···································· (190)

项目八　交易磋商与合同订立 ·································· (197)

　　任务一　交易前的准备工作 ·························· (198)

　　任务二　交易磋商的一般程序 ························ (204)

　　任务三　书面合同的订立 ···························· (211)

项目九　进出口合同的履行 ···································· (219)

　　任务一　出口合同的履行 ···························· (220)

　　任务二　进口合同的履行 ···························· (235)

项目十　国际贸易方式 ……………………………………………………（245）

　　任务一　传统国际贸易方式 ……………………………………（246）

　　任务二　现代国际贸易方式 ……………………………………（256）

第二部分　任务演练与反思篇

项目一　国际贸易实务概述 ………………………………………（269）

项目二　商品的标的物条款 ………………………………………（273）

项目三　国际贸易术语及商品的价格条款 ………………………（279）

项目四　国际货物运输条款 ………………………………………（285）

项目五　国际货物运输保险条款 …………………………………（289）

项目六　国际贸易货款结算条款 …………………………………（295）

项目七　争议处理条款 ……………………………………………（301）

项目八　交易磋商与合同订立 ……………………………………（307）

项目九　进出口合同的履行 ………………………………………（313）

项目十　国际贸易方式 ……………………………………………（319）

参考文献 ……………………………………………………………（323）

第一部分
项目任务篇

项目一 国际贸易实务概述

项目导读

　　当今，受到技术、物流、市场营销、政治、金融、电子商务等多种因素的影响，国际贸易日益专业化和标准化，也更加复杂，因此迫切需要所有参与国际贸易操作的人士具备全面的专业知识，并致力于提供具有全球竞争力的产品和服务。

　　国际贸易（International Trade）是指世界各国（地区）之间进行的货物、服务和技术交换活动。国际贸易实务（International Trade Practice）是指国家（地区）之间货物交换的具体操作过程，包括出口和进口。国际贸易实务课程是一门实践性、操作性和综合性都很强的应用型课程。

任务一 国际贸易的特点与基本流程

 **任务目标**

- 掌握国际贸易的特点
- 理解国际贸易相关的法律规范
- 了解进出口贸易基本流程

 **任务引入**

广州约克贸易公司的前身——广州约克公司是一家生产型企业，主要开展服装的国内生产和销售业务。2019年6月，广州约克公司在获得进出口经营权后成为一家外贸企业，即广州约克贸易公司，开展国际贸易业务。广州约克贸易公司达成的第一笔业务是按CIF（成本、保险费加运费）条件从英国某客户处进口2万美元货物。合同签订后，该英国客户凭符合要求的单据议付货款，但装运船只一直未到达目的港。后经多方查询得知，承运人原是一家小公司，在船舶起航后不久即宣布倒闭，承运船只是一条旧船，船、货均告失踪。

讨论题：

（1）国际贸易与国内贸易有什么区别？

（2）国际贸易和国内贸易遵守的法律和规章有什么不同？

（3）该案例给我们的启示有哪些？

 **知识内容**

一、国际贸易的特点

国际贸易包括货物贸易、技术贸易和服务贸易三部分内容，其中货物贸易是国际贸易中最基本、最主要的组成部分。国际贸易在交易环境、交易条件、贸易做法等方面涉及的问题远比国内贸易复杂。国际贸易的主要特点如下：

（一）贸易风险大

国际贸易的对象是外国客商。由于各国在经济发展水平、社会制度、民族宗教、风俗习惯、语言文字等方面都有很大差异，对商品种类、品质、花色、规格等方面的要求更是千差万别，加上买卖双方相距遥远，因此国际贸易环节多、周期长、程序繁杂、风险大。

（二）以外币计价居多

国际贸易中使用的结算货币以外币居多，如美元、英镑、欧元、日元等。各种外币的汇率不同且经常变动，因此参与国际贸易的企业在对外报价和制定价格条款时必须考虑到汇率变动因素。

（三）价格构成复杂

进出口商品价格构成比国内商品价格构成复杂得多。进出口商品价格除包括国内成本外，还包括运费、保险费、装卸费、仓储费、关税等，有时还包括佣金或折扣。在国际贸易中，商品价格一般都用价格术语来表示，如 FOB（船上交货，下同）、CIF（成本、保险费加运费，下同）、CFR（成本加运费，下同）等。

（四）遵循共同的国际公约和惯例

虽然世界各国都制定了各自的对外贸易法规，但国际贸易双方都必须遵循共同的国际公约和惯例，即一旦发生纠纷，必须依据共同的国际公约和惯例进行处理。

二、国际贸易与国内贸易的比较

国际贸易和国内贸易都属于贸易，因此两者既有相同之处，又有不同之处。

（一）国际贸易与国内贸易的相同点

1. 交易的标的相同

无论是国际贸易还是国内贸易，交换的商品不外乎是有形的货物和无形的服务及技术这两种。

2. 交易的目的相同

国际贸易和国内贸易的交易目的都是获取经济利益。

3. 交易的程序大同小异

国际贸易和国内贸易均需经过交易前的准备、寻找交易对象、进行交易磋商、签订交易合同、履行合同等程序。通常，国内贸易因节省了环节而使得交易的程序简易许多。

（二）国际贸易与国内贸易的不同点

1. 语言环境不同

国内贸易在一种法定语言环境中进行商品交易，因此基本上没有语言障碍。各国法定语言不同，使国际贸易遇到的首要问题就是语言问题。为了使各国交易者之间沟通便利，英语就成了国际贸易的通用语言。国际贸易工作者必须通晓国际贸易实务英语语言。

2. 法律环境不同

国内交易处在同一个法律框架之下，交易双方遵循共同的法律准则。由于各国有自己的独立立法权，有自己的法律规范，交易各方均不得违反自己国家的法律，因此这给国际贸易的发展带来了法律方面的阻碍。为了解决这个问题，联合国等权威国际组织和国际商会等民间国际机构不断出台和更新国际公约和惯例，这使得国际贸易中所使用的法律规范更多、更广泛。

3. 货币不同

国内贸易必须使用本币进行交易，这是由法定货币所规定的。国际贸易则需要使用二十几种国际通行货币，这些货币一般是自由兑换货币。也就是说，绝大多数国家在对外贸易中不能使用本币，而要使用外币。因此，参与国际贸易的企业不仅要将本币兑换成外币，而且要承担汇兑风险。可见，国际贸易比国内贸易多出一种风险，即汇兑风险，也称外汇风险或汇率风险。

4. 度量衡不同

国际上常用的度量衡制度有四种，即公制、美制、英制和国际单位制，各国通常根据自身情况选择其中一种。国际贸易的出口方所提供的货物不能仅仅按照出口方所在国的度量衡来加工，还要按照进口国的度量衡来加工，以方便进口方使用。

5. 政策障碍多

各国政府常出于保护国内产业和资源的原因，对进出口货物采取各种各样的限制或鼓励措施，如提高关税、限制配额、要求办理许可证、发放出口补贴、提供出口信贷、设置烦琐的进出口通关环节等，而国内贸易中则不采用这些措施。

小思考 1-1

请列举你所听说的各国关于国际贸易的政策。

三、国际贸易的法律规范

国际贸易中使用的法律规范主要包括国际贸易条约、国际贸易惯例和当事人相关国家的国内法。由于在国际贸易中，当事人处在不同的国家，每个国家都有自己的国内法，而不同国家的国内法对同一问题的有关规定往往并不一致，因此这就涉及国际贸易的法律适用性问题。

（一）国际贸易的法律适用性问题

国际贸易关系由于是一种涉外的民事关系，因此带来法律适用性问题，即国际贸易从业人员需要了解相关问题的解决是适用当事双方所在国的法律，还是适用第三国的法律、国际贸易条约或国际贸易惯例。

根据我国有关法律的规定，我国涉外合同的法律适用应遵循以下几个原则：

1. 意思自治原则

除我国有关法律另有规定以外，涉外合同的当事人可以选择处理合同争议所适用的法律，并在合同中约定。

2. 最密切联系原则

若涉外合同的当事人在合同中没有约定，则使用与合同有最密切联系的国家的法律。

3. 适用国际条约原则

如果我国缔结或参加的国际条约同我国有关民事法律有不同的规定，则适用国际条约的规定，但我国声明保留的条款除外。

4. 适用国际惯例原则

除了我国有关法律另有规定以外，国际惯例可以适用于我国的涉外经济合同。

（二）法律规范

1. 国际贸易条约

国际贸易条约是指有关国际贸易的国际条约。国际条约（International Treaty）是指两个或两个以上主权国家为确定彼此的政治、经济、贸易、文化、军事等方面的权利和义务而缔结的诸如公约、协定、议定书等各种协议的总称。目前，国际商事中的国际条约主要有《联合国国际货物销售合同公约》《国际货物买卖合同法律适用公约》《统一汇票本票法公约》《统一提单若干法律规定的国际公约》等。国际条约依法缔结生效后，即对各方当事人具有约束力，必须由各方当事人善意地履行。

《联合国国际货物销售合同公约》（以下简称《公约》）是联合国国际贸易法委员会制定的调整和规范国际货物买卖合同关系的最重要国际公约之一，也是迄今为止最成功的国际贸易统一法之一。《公约》于 1988 年 1 月 1 日生效，我国于 1986 年 12 月 11 日签字加入《公约》，成为其成员。

 知识链接

《中华人民共和国合同法》与《联合国国际货物销售合同公约》
对合同形式的规定及适用趋于统一

1986 年 12 月 11 日，我国政府根据全国人民代表大会常务委员会的决定，向联合国秘书处递交了加入《联合国国际货物销售合同公约》的核准书，同时对《公约》提出两项保留：第一，关于国际货物买卖合同书面形式的保留；第二，关于《公约》适用范围的保留。

2013 年 2 月，我国政府正式通知联合国秘书长，撤回对《公约》所做的"不受公约第十一条及与第十一条内容有关的规定的约束"声明。该撤回正式生效后，《中华人民共和国合同法》与《公约》对合同形式的规定及适用趋于统一。

该撤回有效化解了我国国内法与《公约》之间的冲突，使两者对合同形式的规定及适用趋于统一，可以避免对外贸易经营者和其他国家对我国"合同形式的法律适用不平等"产生误解，为我国进一步发展对外贸易减少法律障碍，有利于我国积极融入国际社会，深入参与经济全球化进程。

2. 国际贸易惯例

国际贸易惯例（International Commercial Customs）是指以国际贸易长期实践中形成的习惯和一般做法为基础，由国际性的权威组织或商业团体制定并发布的有关国际贸易的成文通则、准则和规则。

国际贸易惯例由于不是各国的共同立法或国际条约，也不是某国的法律，因此国际贸易惯例对贸易双方不具有强制性，其使用是以当事人的意思自治为基础的，贸易双方有权在合同中做出与某项国际贸易惯例不同甚至相反的约定。然而，国际贸易惯例对国际贸易实践仍具有重要的指导作用。国际贸易实际业务中，在合同中约定法律依据的通常较少。因此，虽然国际贸易惯例不具有强制性，但其对国际贸易实践的指导作用是非常重要和普遍的。

当前主要的国际贸易惯例有国际商会制定的《2020 年国际贸易术语解释通则》（简称"INCOTERMS 2020"或《2020 通则》）、《跟单信用证统一惯例（2007 年修订本）》（简称"UCP600"）、《托收统一规则》（简称"URC522"）等。

3. 国内法

国内法（Domestic Law）是指一国制定或认可并在本国主权管辖范围内生效的法

律。由于国际条约和国际贸易惯例并不包括国际贸易各个领域的一切问题，而且个人或企业在从事跨越国境的国际贸易活动时，也可能以某一国家的国内法为准则，因此国内法在国际贸易活动中仍占有重要地位。

世界各国沿用的法律体系基本上可以分为两类，即大陆法系和英美法系。大陆法系又称成文法系，其最重要的特点就是以法典为第一法律渊源。例如，大陆法系国家将有关贸易的法律规定编入民法典，以民法为普通法，以商法为民法的特别法。民法的一般原则可以适用于商事活动，但商法中有特殊规定的事项则应适用商法的规定。大陆法系主要分布在欧洲大陆及受其影响的其他一些国家，如法国、德国、意大利、荷兰、比利时、西班牙、葡萄牙等国和拉丁美洲、亚洲的许多国家。英美法系又称判例法系，是承袭英国中世纪的法律传统而发展起来的法律制度的总称。在传统的英美法系国家中，判例法系占主导地位。近几十年来，英美法系国家也制定了大量成文法并将其作为对判例法的补充，但成文法仍受判例法的制约。英美法系的代表国家和地区主要有英国、美国、澳大利亚、新西兰等国家和中国香港地区。

目前，我国的国内法中涉及国际贸易的主要有《中华人民共和国对外贸易法》《中华人民共和国民法典》《中华人民共和国海商法》《中华人民共和国仲裁法》《中华人民共和国海关法》《中华人民共和国进出口商品检验法》《中华人民共和国商标法》《中华人民共和国专利法》《中华人民共和国著作权法》等。

小思考 1-2

就法律效力而言，国际贸易条约、国内法和国际贸易惯例应该如何排序？

四、国际贸易的基本流程

国际贸易是指处于不同国家的买卖双方当事人所进行的经济交换活动，具有线长面广的特点，各个环节之间具有密切的内在联系。要使国际贸易顺利进行，买卖双方当事人就必须了解国际贸易的基本流程。

（一）出口贸易的基本流程

出口贸易一般经过出口交易前的准备、出口交易磋商与合同订立、出口合同的履行三个阶段。出口贸易的基本流程如图 1-1 所示。

1. 出口交易前的准备

要想做好国际贸易这项艰难复杂而又十分重要的工作，从业人员必须事先做好充分的准备。出口交易前的准备事项有很多，主要包括选配参加谈判的人员、选择目标市场、选择交易对象、制订出口商品营销方案、办理出口商品商标的国外注册业务等。

2. 出口交易磋商与合同订立

出口方应根据前一阶段选择的交易对象确定合适的通信方式，并主动向对方发函，经过询盘、发盘、还盘等环节，就合同中的商品品质、数量、价格、支付方式、货物交付方式等各项交易条件进行磋商，最后达成交易，签订合同。交易磋商具有较强的政策性、策略性和技术性，出口方只有真正做到知己知彼，使自己尽可能处于主动地位，才能稳操胜券。

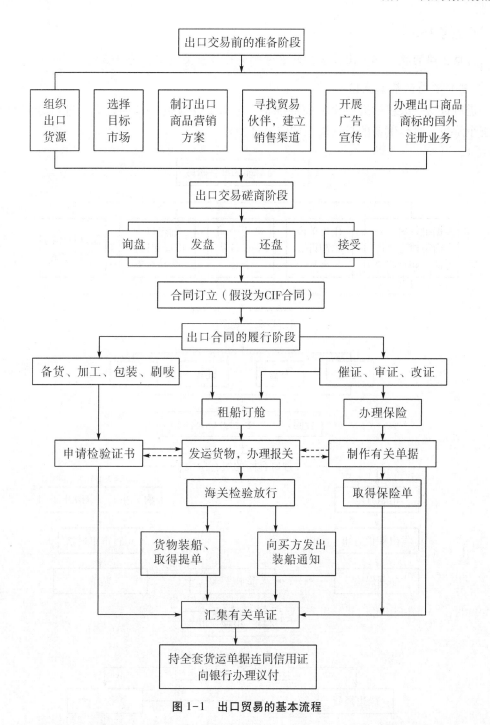

图 1-1 出口贸易的基本流程

3. 出口合同的履行

交易达成后，出口方对合同的履行一般因合同所采用的贸易术语的不同而有所差异。在采用 CIF 贸易术语和信用证支付方式时，出口合同的履行包括备货、落实和审查信用证、报检、租船订舱、报关、投保、装船、制单结汇等环节。出口方在完成交货后还要向进口方提供相关单据。

小思考 1-3

出口合同的履行环节比较多，请思考哪些环节至关重要，为什么？

（二）进口贸易的基本流程

进口贸易一般包括进口交易前的准备、进口交易磋商与合同订立、进口合同的履行三个阶段。进口贸易的基本流程如图 1-2 所示。

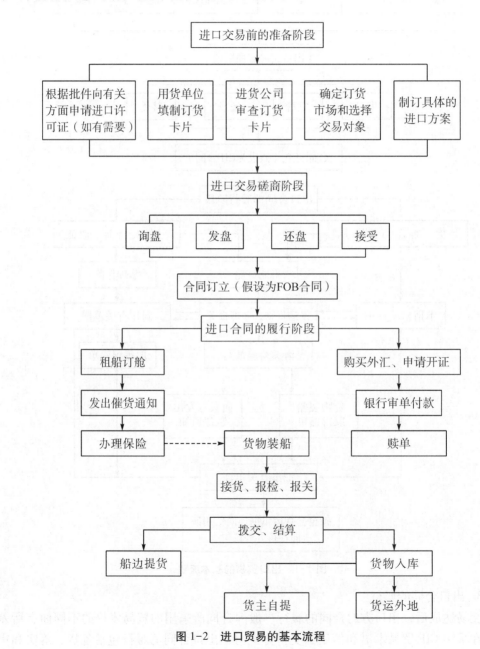

图 1-2 进口贸易的基本流程

1. 进口交易前的准备

根据用货单位填制的订货卡片,进口方对国外货源市场进行深入调研,从商品的品质、价格、生产供应、技术水平等方面对出口国的主要供应商进行对比分析,选择合适的货物卖主。

2. 进口交易磋商与合同订立

与出口交易磋商相对应,进口交易磋商的本方是进口方,但进口交易磋商的程序与出口交易磋商的程序基本相同。在实际进口交易磋商业务中,应注意的问题包括不要向同一地区过多询盘,防止国外商人乘机抬价;对不同国家和地区的报价要综合比较,做好"货比三家"的工作。合同订立后,通常需要签订书面合同。

3. 进口合同的履行

进口合同的履行程序也因贸易术语的不同而有所差异。以履行 FOB 合同并采用信用证支付为例,进口合同的履行需经过购买外汇、申请开证,租船订舱,发出催货通知,办理保险等环节。

工作提示:

国际贸易远比国内贸易复杂,从业人员不仅需要掌握相关的法律法规、外贸知识和各国的风土人情,更需要慎重、认真地完成每一笔进出口业务。

 思政课堂

海关总署:2021 年我国年度进出口规模首次突破 6 万亿美元关口

2022 年 1 月 14 日,国务院新闻办就 2021 年全年进出口情况举行新闻发布会。海关总署新闻发言人、统计分析司司长李魁文在会上表示,2021 年,我国经济发展和疫情防控保持全球领先地位,外贸进出口实现较快增长,规模再创新高、质量稳步提升。据海关统计,2021 年,我国货物贸易进出口总值 39.1 万亿元人民币,比 2020 年增长 21.4%。其中,出口 21.73 万亿元,增长 21.2%;进口 17.37 万亿元,增长 21.5%。与 2019 年相比,我国外贸进出口、出口、进口分别增长 23.9%、26.1%、21.2%。2021 年,我国的外贸进出口具体呈现以下五方面的特点:

一是年度进出口规模再上新台阶,首次突破 6 万亿美元关口。2021 年,以美元计价,我国进出口规模达到了 6.05 万亿美元,在 2013 年首次达到 4 万亿美元的 8 年后,跨过 5 万亿美元、6 万亿美元两大台阶,达到了历史高点。这一年的外贸增量达到了 1.4 万亿美元。

二是与主要贸易伙伴进出口均实现稳定增长,对"一带一路"沿线国家进出口增速更快。2021 年,我国前五大贸易伙伴依次为东盟、欧盟、美国、日本和韩国,对上述贸易伙伴进出口分别为 5.67 万亿元、5.35 万亿元、4.88 万亿元、2.4 万亿元和 2.34 万亿元,分别增长 19.7%、19.1%、20.2%、9.4% 和 18.4%。同期,我国对"一带一路"沿线国家进出口增长 23.6%,比整体增速高 2.2 个百分点。

三是贸易方式进一步优化，一般贸易进出口占比超过 6 成。2021 年，我国一般贸易进出口 24.08 万亿元，增长 24.7%，占 61.6%，提升 1.6 个百分点；其中，出口 13.24 万亿元，增长 24.4%；进口 10.84 万亿元，增长 25%。同期，加工贸易进出口 8.5 万亿元，增长 11.1%，占 21.7%。

四是外贸经营主体活力有效激发，民营企业进出口更加活跃。2021 年，我国有进出口实绩企业 56.7 万家，增加 3.6 万家。其中，民营企业进出口 19 万亿元，增长 26.7%，占 48.6%，提升 2 个百分点。同期，外商投资企业进出口 14.03 万亿元，增长 12.7%；国有企业进出口 5.94 万亿元，增长 27.7%。

五是机电产品出口、进口均保持良好增势。2021 年，我国出口机电产品 12.83 万亿元，增长 20.4%，占出口总值的 59%，其中自动数据处理设备及其零部件、手机、汽车分别增长 12.9%、9.3%、104.6%。同期，进口机电产品 7.37 万亿元，增长 12.2%，占进口总值的 42.4%，其中集成电路进口增长 15.4%。

任务二　国际贸易的职业岗位和能力

 任务目标

- 了解国际贸易的职业岗位类型
- 了解国际贸易从业人员必须具备的素质和能力

 任务引入

陈新新是某高校国际贸易专业的一名在校大学生，想在暑假期间从事国际贸易相关实践工作，以强化对本专业知识的学习和运用。当他来到人才市场参加现场招聘时，发现对外贸易公司的招聘岗位很多，而且要求各不相同。下面这则招聘广告引起了他的极大兴趣，同时也给他带来了岗位选择方面的困惑。

广东××鞋业有限责任公司招聘启事

本公司成立于 2005 年年底，专业开展以鞋研发、生产、加工及销售为主的多元化经营，产品销往世界各地。公司自成立以来，业绩一直攀升、规模不断扩大，每年参加德国全球分销系统（GDS）展会、中国进出口商品交易会（广交会）及意大利米兰展会，目前正积极拓展跨境电商业务。诚邀有志之士加入，共同发展。

招聘职位：外销员、外贸跟单员、报关人员、跨境电商运营人员。

1. 外销员

职责与要求：熟悉外贸流程，拥有大学英语四级及以上证书，了解各种外贸单证，具有较强的中英文口头及书面沟通能力和商务洽谈能力，积极上进、责任心强，富有团队精神。有外销员证的优先考虑。

2．外贸跟单员

职责与要求：主要负责跟进客户生产进度及售后服务工作；要求熟悉外贸跟单、租船订舱及外贸制单流程，认真细致、责任心强。有跟单员证的优先考虑。

3．报关人员

职责与要求：执行日常进出口业务中的报关类任务，申请所需要的文件和单证，与海关及相关政府部门保持良好沟通，管理并及时更新与报关业务相关的资质证明；要求熟练使用办公软件。持关务水平评价证书的优先考虑。

4．跨境电商运营人员

职责与要求：笔译能力较强，有阿里巴巴国际站、亚马孙、易贝等电商平台的操作或实习经验。持1+X跨境电商B2B或B2C数据运营职业技能等级证书的优先考虑。

以上岗位长期招聘，欢迎在校学生及应届毕业生投递简历。

讨论题：

（1）目前，在我国，与国际贸易相关的职业岗位和职业证书有哪些？

（2）试举例说明国际贸易从业人员需要具备的职业素质和能力。

 **知识内容**

一、国际贸易职业岗位与职业技能等级证书

目前，涉外企业中与国际贸易相关的职业岗位主要有外销员、外贸跟单员、单证员、货代员、报关人员、跨境电商运营人员等。学生在修完本门课程之后，可根据自己的兴趣、爱好及行业需求，有针对性地进行后续学习，并考取相应的职业技能等级证书。外贸行业职业技能等级证书简介如表1-1所示。

表1-1　外贸行业职业技能等级证书简介

序号	证书名称	级别	颁发机构	考试内容
1	国际商务单证员专业证书	中级或高级	中国对外贸易经济合作企业协会	国际商务单证基础理论与知识、国际商务单证缮制与操作
2	关务水平证书	初级、中级或高级	中国报关协会	关务基础知识和关务基本技能
3	全国国际货运代理行业从业人员岗位专业证书	暂无等级	中国国际货运代理协会	国际货运代理理论与实务、国际货运代理专业英语（含英文单证）
4	1+X跨境电商B2B数据运营职业技能等级证书	初级、中级或高级	阿里巴巴（中国）教育科技有限公司	跨境电商B2B理论和实务操作

表1-1(续)

序号	证书名称	级别	颁发机构	考试内容
5	1+X 跨境电商 B2C 数据运营职业技能等级证书	初级、中级或高级	阿里巴巴(中国)教育科技有限公司	跨境电商 B2C 理论和实务操作
6	全国跨境电商操作专员岗位专业证书	暂无等级	跨境电商岗位专业培训与考试中心	跨境电商基础理论和跨境电商操作实务
7	外贸综合业务员岗位专业证书	暂无等级	外贸综合业务培训与考试中心	外贸业务基础理论和外贸业务操作实务

知识链接

《国际贸易业务的职业分类和资质管理》简介

由原中华人民共和国国家质量监督检验检疫总局、中国国家标准化管理委员会发布的《国际贸易业务的职业分类与资质管理》(GB/T 28158-2011)已于 2012 年 7 月 1 日正式实施。该标准依据《职业分类与代码》(GB/T 6565-2009)的规定,结合国际贸易从业人员各项职业的工作内容,将国际贸易从业人员各项职业分为如表 1-2 所示的四个类别和四个等级。

表 1-2 国际贸易从业人员职业类别与等级

项目	类别			
等级	国际贸易业务运营类	国际贸易单证类	国际贸易财会类	国际贸易翻译类
一级	高级国际贸易师	高级国际贸易单证师	高级国际贸易会计师	高级国际贸易翻译
二级	国际贸易师	国际贸易单证师	国际贸易会计师	国际贸易翻译
三级	助理国际贸易师	助理国际贸易单证师	助理国际贸易会计师	助理国际贸易翻译
四级	国际贸易业务员	国际贸易单证员	国际贸易会计员	
	国际贸易跟单员	加工贸易报审员	外汇业务核销员	
	国际贸易秘书		出口退税办税员	

如表 1-2 所示,四个类别为国际贸易业务运营类、国际贸易单证类、国际贸易财会类、国际贸易翻译类。四个等级为一级、二级、三级、四级,其中一级为最高级。

该标准对国际贸易从业人员职业类别进行了细化并规定了职业资质要求及管理要求,对推动我国国际贸易的规范化和标准化、提升国际贸易从业人员的素质和企业管理水平起到积极的作用。

二、国际贸易从业人员的基本素质

国际贸易素质教育的目标可以概括为培养既能满足当前社会需要,又具有发展潜能的复合型国际贸易人才。具体来说,国际贸易从业人员应具备以下基本素质:

（一）思想政治素质

国际贸易既是一项经济活动，又是涉外活动的一部分。国际贸易从业人员在对外交往的过程中，不仅要考虑经济利益，而且要注意配合外交活动，认真贯彻我国的对外方针政策，坚持经济利益与社会效益兼顾、出口创汇和利润效益并重，效益优先、兼顾公平的原则，在履约中，重合同、守信用，注意保持良好的形象。

（二）专业素质

1. 专业理论知识

国际贸易从业人员要通晓我国的外贸政策和理论、国际市场规则、外贸规则与惯例、进出口交易程序与合同条款、国际承包和劳务合作等。另外，由于国际贸易的交易双方处在不同的国家或地区，各国的政治制度、法律体系不同，文化背景互有差异，价值观念也有所不同，因此国际贸易从业人员还要熟悉国际贸易法则，熟悉国际经济金融、政治法律、社会文化等。

2. 专业实践技能

对对外贸易企业来说，国际贸易涉及与形形色色的外国人打交道，交易情况千差万别，需要丰富的经验，因而国际贸易从业人员仅仅掌握理论知识是远远不够的。很多进出口企业或与进出口业务相关联的工作岗位在录用人才的时候，往往采用业务考核的方法，要么要求求职者撰写英文函电，要么要求求职者说明信用证上存在的问题等。事实证明，国际贸易从业人员仅有文凭是不够的，由于技能型人才日渐走俏，因此重实践的从业资格证书也变得越来越重要。

3. 外语应用技能

国际贸易具有跨国界、异国性和多国性的特点，语言相通是贸易洽谈、商品宣传和贸易达成的必需媒介。国际贸易从业人员不仅要掌握通用的语言，还要掌握目标市场的语言，能够与外商进行有效的沟通交流，要学以致用，做到说能脱口而出、写能规范得体。

（三）职业素质

1. 敬业精神

从事国际贸易工作就意味着没有固定的作息时间。为了配合国外客户的作息时间，国际贸易从业人员经常加班至深夜。有些事情较为紧急，不能等到第二天处理，国际贸易从业人员就必须牺牲休息时间，甚至节假日。一笔业务的达成，从交易磋商开始，到合同签订，再到合同履行完毕，是一个比较漫长的过程。有时合同履行完毕并不意味着业务结束，可能一段时间之后，国际贸易从业人员还会面临索赔和理赔的问题，这就要求国际贸易从业人员有认真负责的态度，能切实做好每个环节的工作。国际贸易从业人员如果粗心大意，就可能造成严重后果。

2. 社会协作素质

社会协作素质是指与群体内的部门和其他人员的协调合作能力。在国际贸易中，交易双方相距遥远，交易过程包含许多中间环节，涉及面很广，这就需要国际贸易从业人员与很多部门打交道。因此，国际贸易从业人员要有很强的沟通能力和协作能力，要善于同各式各样的人打交道，善于优化人际关系，调动一切积极因素，优质、高效地从事对外贸易工作。

3. 个人修养

国际贸易是涉外活动。国际贸易从业人员是企业对外服务的窗口，代表着企业形象。国际贸易从业人员要加强自身修养，改变不良习惯，注意使自己的言谈举止符合国际礼仪。

4. 开拓创新

国际市场上，商战不止、竞争激烈，国际贸易从业人员要想在激烈的竞争中立于不败之地，必须具有不断创新的能力；要保持头脑清醒、思维敏捷、反应迅速，及时捕捉国际贸易信息。成功的国际贸易从业人员应该在吸取前人成功经验的基础上认识事物发展的规律，创造新思维，开拓新局面，在商场上出奇制胜。

三、国际贸易从业人员的基本能力

国际贸易涉及不同的国家和地区，程序繁杂、风险大。因此，国际贸易从业人员只有经过专门培训，具备专门的知识和能力，才能完成相应的对外贸易业务。

（一）灵活运用国际贸易公约与惯例的能力

国际贸易从业人员要具备灵活运用国际上通行的贸易公约和贸易惯例的能力，如通晓并灵活运用《联合国国际货物销售合同公约》《2020年国际贸易术语解释通则》《跟单信用证统一惯例（2007年修订本)》《托收统一规则》等；同时，要熟悉本国及贸易对手所在国家的贸易政策法规、关税制度及非关税壁垒方面的规定。

（二）交易磋商与合同签订的能力

国际贸易就是跨国的销售和采购。国际贸易从业人员应熟悉国际市场营销和国际商务谈判的流程，掌握商品品质包装要求、价格核算、运输保险、货款结算、商品检验、纠纷处理等一系列知识，明确往来函电的写作要求，具备交易磋商、贸易合同签订的基本能力。

（三）合同履行的能力

国际贸易从业人员要熟悉进出口合同履行的基本流程，明确租船订舱、货物出运、进出口通关、运输保险、交单结汇等业务程序和要求，具备贸易合同履行的基本能力。

（四）熟练运用外语与计算机的能力

在国际贸易中，贸易双方的交易磋商、往来函电、合同单证等都必须使用英文，英语已成为国际贸易的通用语言。同时，互联网和电子商务的普及也使计算机成为国际贸易从业人员开展业务的必备工具。

工作提示：

与国际贸易相关的职业技能等级证书种类繁多，学生需要根据自己的兴趣、个性特点，结合对未来的职业规划，选定需要考取的职业技能等级证书。

 思政课堂

全国敬业奉献模范钟南山：妙手仁心

钟南山，男，汉族，中共党员，1936年10月生，福建厦门人，广州医科大学附属第一医院国家呼吸系统疾病临床医学研究中心主任，中国工程院院士，中国医学科学院学部委员，中国抗击非典型肺炎、新冠肺炎疫情的领军人物，曾任广州医学院（现广州医科大学）党委书记、院长及第一附属医院院长，中华医学会会长，呼吸疾病国家重点实验室主任、国家卫健委高级别专家组组长、国家健康科普专家。他长期致力于重大呼吸道传染病及慢性呼吸系统疾病的研究、预防与治疗，成果丰硕，实绩突出。在2003年抗击"非典"的战斗中，钟南山率领团队总结出"三早三合理"的诊疗原则，成为抗击"非典"的领军人物。新冠肺炎疫情发生后，他敢医敢言，提出存在"人传人"现象，强调严格防控，撰写新冠肺炎诊疗方案，在疫情防控、重症救治、科研攻关等方面做出杰出贡献。他荣获国家科学技术进步奖一等奖和全国先进工作者、改革先锋等称号，2020年获得"共和国勋章"。

钟南山是义无反顾的勇敢战士，是众望所归的道德楷模。他用自己的一言一行，书写着妙手仁心的医者传奇。

📁 项目小结

（1）国际贸易是指世界各国（地区）之间进行的货物、服务和技术交换活动。国际贸易实务则是指国家（地区）之间货物交换的具体操作过程。国际贸易的特点为贸易风险大、以外币计价居多、价格构成复杂和遵循共同的国际公约和惯例。

（2）出口贸易一般经过出口交易前的准备、出口交易磋商与合同订立、出口合同的履行三个阶段。进口贸易一般包括进口交易前的准备、进口交易磋商与合同订立、进口合同的履行三个阶段，只是本方为进口方，在交易中的角色也不同。

（3）涉外企业中与国际贸易相关的职业岗位主要有外销员、外贸跟单员、单证员、货代员、报关人员、跨境电商运营人员等。国际贸易从业人员应该掌握相关技能，也应该具备良好的政治素质、专业素质、职业素质等。

项目二　商品的标的物条款

项目导读

　　商品的名称、品质、数量和包装是合同的标的内容。在国际贸易中，商品是一切交易的核心，而无论买卖何种有形商品，其都必须有具体的名称，并达到一定的品质标准。每笔交易都离不开一定的数量，而交易的大多数商品通常都需要适当的包装。这些交易条件直接关系到买卖双方的利益。因此，商品的名称、品质、数量和包装是买卖双方交易磋商的焦点，同时是国际货物买卖合同中的主要条款。这是买卖双方进行交易的物质基础，必须受到足够重视。

任务一 商品品名

 **任务目标**

- 了解品名条款的意义
- 理解商品命名的常用方法
- 掌握品名条款的基本内容和拟定相关条款的注意事项

 任务引入

我国 A 公司出口一批苹果酒，外商开来信用证，商品品名为"APPLE WINE"，于是我国 A 公司在出口时为了单证一致，在所有单据上都用"APPLE WINE"。不料货到国外后遭海关扣留并罚款，因该批酒的内外包装上均写的是"CIDER"字样。外商要求我国 A 公司赔偿损失。

讨论题：

（1）为什么进口国的海关要扣留货物并罚款？我国 A 公司对此有无责任？

（2）此案带给我们的启示是什么？

 知识内容

一、商品品名的含义及品名条款的重要性

商品品名（Name of Commodity），又称商品名称，是某种商品区别于其他商品的一种称呼。合同中有关商品名称的条款称为品名条款，通常在合同的开头部分列明。商品名称在一定程度上体现商品属性、用途及性能特征。加工程度低的商品，其名称一定较多地反映该商品所具有的自然属性；加工程度越高的商品，其名称越多地体现出该商品的性能特征。

国际贸易与国内的零售贸易不同，除国际拍卖、国际展卖等看货成交、立即成交的贸易方式以外，绝大多数的交易是远期合约交易。从签约到交货往往相隔相当长的时间，而且在很多情况下，买卖双方在洽谈交易和签订合同的过程中，并没有看到具体的货物，只凭借对买卖的商品进行必要的描述来确定交易的标准。因此，在国际货物买卖中，明确规定货物的名称是必不可少的。

从法律角度看，在合同中规定标的物的具体名称关系到买卖双方在货物交接方面的权利。在国际货物买卖业务中，如果卖方所交货物不符合约定的品名规定，则买方有权提出索赔，甚至拒收货物或撤销合同。从业务角度看，这项规定是双方交易的物质内容，是交易赖以进行的物质基础和前提条件。

知识链接

《商品名称及编码协调制度的国际公约》简介

《商品名称及编码协调制度的国际公约》（International Convention for Harmonized Commodity Description and Coding System）简称"协调制度"（缩写为HS），是1983年6月海关合作理事会（现名世界海关组织）主持制定的供海关进行进出口管理及国际贸易有关各方共同使用的商品分类编码体系。HS于1988年1月1日正式实施。目前世界上已有200多个国家和地区、全球贸易总量90%以上的货物使用HS。我国于1992年1月1日起采用该制度。

HS的总体结构包括三部分，即归类规则，类、章及子目注释，按顺序编排的目与子目编码及条文。这三部分是HS的法律性条文，具有强制性的法律效力和严密的逻辑性。HS采用6位数编码，把全部国际贸易商品分为21类、97章。章以下再分为目和子目。商品编码第一、二位数码代表"章"，第三、四位数码代表"目"，第五、六位数码代表"子目"。有的国家根据本国的实际，已分出第七、八、九位数码。

HS主要用于海关税则和贸易统计，其在国际贸易单证简化及普遍优惠制税号的利用等方面发挥着重要的作用。

二、商品品名的常用命名方法

在国际贸易中，一个好的商品品名往往能高度概括商品的特性，诱发购买的欲望，促进交易的达成。商品品名的命名一般有以下几种方法：

（一）以商品主要用途命名

这种方法旨在突出商品的用途，便于消费者按其需要购买商品，如织布机、旅游鞋、洗衣粉、复印机、杀虫剂等。

（二）以商品主要成分命名

以商品所含的主要成分命名，可使消费者了解商品的有效成分，有利于提高商品的身价。这种方法一般适用于大众熟知的名贵原材料所制造的商品，如西洋参、蜂王浆、珍珠霜等。

（三）以商品主要原材料命名

这种方法能够通过突出商品所使用的主要原材料来反映商品的质量，如丝绸睡衣、羊毛衫、皮手套、水晶器皿等。

（四）以商品外观造型命名

这种方法有利于消费者从字义上了解该商品的特征，如绿豆、喇叭裤、灯芯糕、螺纹钢等。

（五）以人物、地名命名

以人物、地名命名可突出商品的地方特色，引起消费者注意和兴趣，如孔府家酒、东北大豆、西湖龙井茶等。

（六）以制作工艺命名

这种方法可突出商品的制作工艺，提升商品的品牌形象，增强消费者对该商品的信任，如二锅头烧酒、精制食用油等。

 小思考 2-1

试举例说明你所在地的特产及其命名方法。

三、品名条款的基本内容

国际货物买卖合同中的品名条款并无统一的格式。通常的做法是，在"商品名称"或"商品品名"（Name of Commodity）的标题下列明交易双方成交的商品名称，也可不加标题，只在合同的开头部分列明交易双方同意买卖某种商品。

品名条款的规定还取决于成交商品的品种和特点。就一般商品来说，列明商品名称即可，但是有的商品往往有不同的品种、等级和型号，因此，为了明确起见，有的品名条款把商品品种、等级和型号的概括性描述包括进去，作为进一步的限定。此外，有的品名条款甚至把商品的品质规格也包括进去，这实际上把品名条款与品质条款合并在一起了。举例如下：

（1）Name of Commodity：Iron Screw for Flashlight.

商品名称：用于手电筒的铁制螺丝。

（2）Name of Commodity：Ladies Knitwear（62% Polyester，33% Cotton，5% Spandex）.

商品名称：女装编织衫（62%聚酯，33%棉，5%弹性纤维）。

四、规定品名条款的注意事项

国际货物买卖合同中的品名条款是合同中的主要条件。因此，在规定此条款时，应注意下列事项：

（一）商品品名必须明确、具体，避免空泛

表达条款内容时，必须确切反映交易标的物的特点，避免空泛、笼统的规定，以利于合同的履行。如"Computer Parts"（电脑配件）这样的品名不可接受，因为太过笼统，可能会造成清关延误。

（二）针对商品实际做出实事求是的规定

条款中规定的品名必须是卖方能够提供的商品，凡做不到的条款或不必要的描述性词句都不应列入，以免给合同履行带来困难。

（三）尽可能使用国际上通用的名称

对于有些商品名称，各地叫法不一，为了避免误解，应尽可能使用国际上通用的称呼。若使用地方性的名称，则交易双方应事先就其含义取得共识。对某些新商品的定名及译名，应力求准确、易懂，使其符合国际上的习惯，同时注意其在外文中的意义。

（四）注意选用合适的品名

如果一种商品有不同的名称，则在确定品名时，必须注意有关国家的海关税则和进口限制的有关规定。在不违背外贸政策的前提下，从中选择有利于降低关税和方便进口的名称作为合同的品名。

小思考 2-2

在国际贸易中能使用"西红柿"这一品名进行买卖吗？

案例讨论 2-1

我国某企业向国外客户出口轮胎，合同上的品名为 Matto Brand Tyre 195/65 R15 88H，但是该出口企业在交货时误装为 Matto Brand Tyre 190/65 R15 88H。两种型号的轮胎在外形上基本一致，但对最高时速的限制不同。客户要求该出口企业调换产品或降价。

请问：客户的要求是否合理？为什么？

工作提示：

商品品名是买卖双方交接货物的重要依据，如果卖方所交货物不符合约定的品名，则买方有权提出索赔，甚至拒收货物或撤销合同。

思政课堂

商品品名纠纷案例与反倾销

彩卡（销售包装）上有"828"字样的纠纷案的经过如下：国内公司 A 与国外客户 B 在 20×0 年 12 月签下了用 1 个 40 尺①柜（集装箱）装载产品 P1（货号为 828-12）的订单。客户 B 在电子邮件中要求所有包装上不能显示货号"828"。由于进口国海关对"828"等几种产品征收很高的反倾销关税，因此客户有此要求。公司 A 在给供应商下订单时仅仅注明了在货物的外箱上不能显示"828"，而其他具体要求跟此客户以前的订货要求一致（以前订单中的彩卡上都有"828"），这造成销售包装都有"828"字样。客户 B 在收到公司 A 寄来的货样照片时，发现彩卡上仍有"828"字样，随即提出去掉"828"字样。由于公司 A 已将货物全部生产完毕，因此若换彩卡会造成 5 万元的经济损失，同时交货期将推迟 20 天。公司 A 告诉客户 B，货物已全部生产完毕，若返工将造成 5 万元的经济损失，希望客户 B 接受有"828"字样的彩卡。最后客户 B 同意接受公司 A 的货物，但是海关要多征收 2 000 美元的关税，而这笔费用由公司 A 承担。公司 A 只好同意。

从该案例中，A 公司可以吸取如下教训：①在客户下订单时，对一些合同的细节问题要询问清楚，尤其对客户的特殊要求要特别重视；②给供应商下订单时，在生产清单上对产品的细节要求不可写成与以前订单一样，有特殊要求的必须注明；③生产前将生产样品交给客户确认，以免造成麻烦和损失；④及时了解市场环境，尤其是收集对方国家的反倾销政策，避免出现案例中的情况及增加成本。

反倾销是一个金融术语，是指对外国商品在本国市场上的倾销所采取的抵制措施，一般来讲，除对倾销的外国商品征收进口税外，还征收附加税，使其不能廉价出售，

---

① 内容积的国际标准约为 11.8 米×2.13 米×2.72 米。

此种附加税称为"反倾销税"。关税及贸易总协定（世界贸易组织的前身）虽然对反倾销问题做了明确规定，但实际上各国仍把反倾销作为贸易战的主要手段之一。世界贸易组织（WTO）在反倾销协议中规定，对倾销产品征收反倾销税必须符合三个基本条件：第一，确定存在倾销的事实；第二，确定对国内产业造成了实质损害或威胁，或者对建立国内相关产业造成实质阻碍；第三，确定倾销和损害之间存在因果关系。即倾销存在、损害存在、倾销与损害之间存在因果关系。在这三个条件都具备的情况下，就会出现国际反倾销。

一些主要发达国家在对中国的商品采取反倾销措施时，仍习惯性地用歧视的眼光和态度进行审视，导致双方贸易摩擦不断，这是这些发达国家没有用"平等""公正"的态度进行交往所产生的后果。因此，在国际贸易交往中，交易双方需要"平等""公正"地对待彼此，只要这样，才能实现合作、互利、互赢，而不是玩"零和游戏"。

任务二　商品品质

任务目标

- 了解货物买卖合同中的品质条款的意义
- 理解和掌握表示商品品质的方法
- 掌握合同中品质条款的基本内容及拟定相关条款的注意事项

任务引入

我国出口方与某国进口商凭样品达成一笔出口镰刀的交易。合同中规定复验有效期为货物到达目的港后的60天。货物到达目的港，进口商复验后未提出任何异议。但是事隔半年，进口商来电称：镰刀全部生锈，只能降价出售。进口商因此要求我国出口方按成交价格的40%赔偿其损失。我国出口方接电后立即查看自己留存的复样，也发现类似情况。

讨论题：

（1）案例中提到的"复样"是什么意思？它在国际贸易中有什么作用？

（2）我国出口方是否应该同意进口商的要求？为什么？

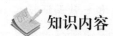

知识内容

一、商品品质的含义及其重要性

（一）品质的含义

商品品质（Quality of Goods），又称商品质量，是指商品内在素质和外观形态的综合，前者包括商品的物理性能、机械性能、生物待征及化学成分等自然属性；后者包括商品的外形、色泽、款式、味觉和透明度等。

在国际贸易中，一般按照每种商品的不同特点，选择一定的质量指标来表示不同的商品品质。例如，机床以性能、用途、功率、自动化程度等指标表示品质，煤炭以灰分、含水、含硫、发热量、粒度等指标表示品质，服装以面料和辅料、款式、颜色、工艺等指标表示品质。商品品质的优劣直接影响商品使用价值和价格的高低，往往是买方最为关心的内容。

小思考 2-3

举例说明商品"计算机"的品质内涵。

（二）品质的重要性

品质直接影响商品的使用价值和价值，是决定商品使用效能和影响商品价格的重要因素。在当前国际竞争空前激烈的背景下，许多企业都把提高商品品质、力争以质取胜作为非价格竞争的一个重要组成部分，作为加强对外竞销的重要手段之一。因此，在出口贸易中，不断提高出口商品的质量，不仅可以增强出口竞争能力，扩大销路，提高销价，为国家和企业创造更多的外汇收入，而且可以提升出口商品在国际市场上的声誉，并反映出口国的科学技术水平和经济发展水平。在进口贸易中，严格把好进口商品质量关，使进口商品适应国内生产建设、科学研究和消费的需要，是维护国家和人民利益，并确保提高企业经济效益的重要环节。

合同中的品质条件是商品说明的重要组成部分，是买卖双方交接货物的依据。英国在货物买卖法中把品质条件作为合同的要件（Condition）。《联合国国际货物销售合同公约》规定卖方交付的货物必须与合同所规定的数量、质量和规格相符，如卖方交付的货物与约定的品质条件不符，则买方有权要求赔偿损害，也可要求修理货物或交付替代货物，甚至还可拒收货物和撤销合同，这就进一步说明了品质的重要性。

为了促进各国产品质量的提高，提升企业管理素质，保护消费者利益，国际标准化组织（International Standards Organization，ISO）在推出 ISO9000 质量管理和质量保证系列标准后推出 ISO14000 环境管理系列标准。企业通过实施这两个一体化管理标准，有助于提升自身及产品在消费者和客户中的形象，降低经营及管理成本，使产品适应国际市场对产品在质量上的新需求，提高产品的国际竞争力。

知识链接

ISO9000 质量管理和质量保证系列标准

ISO9000 质量管理和质量保证系列标准是国际标准化组织质量管理和质量保证技术委员会（TC176）为适应国际贸易发展需要，针对制造业、服务业所制定的标准，是对企业的质量管理提出的最低要求。ISO9000 质量管理和质量保证系列标准包括 ISO90000、ISO9001、ISO9002、ISO9003、ISO9004、ISO14000 等。通常所说的 ISO9000 认证即是根据 ISO9001、ISO9002、ISO9003 三个外部质量保证体系进行的。ISO9001 是开发、设计、生产、安装、服务的质量保证体系，ISO9002 是生产和安装的质量保证体系，ISO9003 是检验和试验最终产品的质量保证体系。

二、商品品质的表示方法

合同中的品质约定是买卖双方交接货物的依据。通常用实物和文字说明两种方式表示商品品质。

（一）用实物表示商品品质

用实物表示商品品质通常包括凭成交商品的实际品质（Actual Quality）和凭样品（Sample）两种表示方法。前者为看货买卖，后者为凭样品买卖。

1. 看货买卖（Sale by Actual Quality）

看货买卖是指买卖双方在履行合同时以买方所看到的商品实际品质为准进行交易，通常先由买方或其代理人到卖方场所验看货物，双方达成共识后进行交易。当买卖双方采用看货买卖成交时，买方或其代理人通常先到卖方存放货物的场所验看货物，一旦达成交易，卖方就应按买方验看过的商品品质标准交货。只要卖方交付的货物与买方验看过的货物相符，买方就不得对货物品质提出异议。

在国际贸易中，因为交易双方远隔两地，交易洽谈主要以函电的方式进行，所以采用看货买卖成交的可能性非常小。看货买卖这种做法多用于寄售（Consignment）、拍卖（Auction）和展卖（Fairs and Sales）等业务中，尤其适用于具有独特性质的商品，如珠宝、首饰、字画及特定工艺制品（牙雕、玉雕等）。

2. 凭样品买卖（Sale by Sample）

样品通常是指从一批货物中抽出来的或由生产、使用部门设计、加工出来的，足以反映和代表整批货物质量的少量实物。凡以样品表示货物质量并以此作为交货依据的交易，称为凭样品买卖。根据样品提供者的不同，凭样品买卖可分为下列三种形式：

（1）凭卖方样品成交（Sale by Seller's Sample）。由卖方提供的样品称为卖方样品。凡将卖方样品作为交货依据的交易，称为凭卖方样品成交。在这种情况下，合同中应订明："商品品质以卖方样品为准"（Quality as per Seller's Sample）。日后，卖方所交货物的品质必须与其提供的样品的品质相同。

👤 **小思考 2-4**

如果要从众多同类商品中选择一个作为样品并寄给客户，是否应选择最好的？请说明理由。

卖方寄出样品（原样）时，应留存复样（Duplicate Sample），其作用包括三个方面：一是作为将来加工生产的依据，二是作为交货时质量对比的依据，三是作为将来处理争议的依据。在寄出的样品（原样）和留存的复样上应编上相同的号码，以方便日后使用。留存的复样应妥善保管，有些复样的保管还必须注意保管室的温度、湿度，采用科学的贮藏方法，防止变质。

（2）凭买方样品成交（Sale by Buyer's Sample）。买方为了使其订购的商品符合自身的要求，有时会提供样品交由卖方依样承制，如果卖方同意按买方提供的样品成交，则这种交易称为凭买方样品成交。此时，合同中应订明："商品品质以买方样品为准"（Quality as per Buyer's Sample）。日后，卖方所交整批货物的品质必须与买方样品的品质相符。

（3）凭对等样品成交（Sale by Counter Sample）。卖方根据买方提供的样品，加工复制出一个类似的样品并交给买方确认，这种经确认后的样品，称为对等样品或回样（Return Sample），也称为确认样品（Confirming Sample）。在对等样品被买方确认后，卖方所交货物的品质必须以对等样品的品质为准。

样品无论是由买方提供，还是由卖方提供，一经双方确认便成为履行合同时交接货物的质量依据，卖方应承担交付的货物质量与凭以达成交易的样品质量完全一致的责任。否则，买方有权提出索赔甚至拒收货物，这是凭样品买卖的基本特点。只要能用科学的指标表示商品品质，就不宜采用凭样品买卖。如果卖方对品质无把握，应在合同中做出灵活规定。例如，商品品质与样品品质大致相同（Quality is nearly same as the sample.）。

小思考 2-5

有人认为，对等样品实质是将买方样品转换成卖方样品，这种说法正确吗？

（二）用文字说明表示商品品质

在国际贸易中，除了部分货物用实物表示商品品质外，其余货物大多可用文字说明来表示商品品质。买卖双方用文字、图表、照片等方式来说明成交商品的质量，这种交易方式称为凭文字说明买卖（Sale by Description）。凭文字说明买卖有以下几种类型：

1. 凭规格买卖（Sale by Specification）

规格是指合同中规定的商品品质指标，如化学成分、长短、粗细、含量、尺寸、合格率等。买卖双方在进行交易磋商时，可以通过规格来说明交易商品的基本品质状况。这是一种广为采用的既方便又准确的表示品质的方法。举例如下：

中国大豆：水分最高 15%，不完善粒最高 7%，含油量最低 17%

Chinese Soybean：Moisture Max 15%, Imperfect Grains Max 3%, Oil Content Min 17%

2. 凭等级买卖（Sale by Grade）

等级是指同一类货物按其质地的差异，或者尺寸、形状、重量、成分、构造及效能等的不同，用文字、数字或符号所表示的分类。例如，大、中、小，重、中、轻，一级、二级、三级等。这种表示货物质量的方法，对简化手续、促进成交和体现按质论价等方面都有一定的积极作用。但是，应当说明的是，由于不同等级的货物有不同的规格，因此当双方对等级内容不熟悉时，最好明确每一等级的具体规格，以便履行合同和避免争议。当然，如果交易双方都熟悉每一等级的具体规格或形成一致理解时，则只需列明等级。举例如下：

中国绿茶	特珍眉特级	货号	41022
	特珍眉一级	货号	9317
	特珍眉二级	货号	9307
Chinese Green Tea	Special Chunmee Special Grade	Art No.	41022
	Special Chunmee Grade 1	Art No.	9317
	Special Chunmee Grade 2	Art No.	9307

案例讨论 2-2

国内某公司向外商出口一批苹果。合同及来证上均写的是三级品，但该公司在发货时才发现苹果库存不足，于是改以二级品交货，并在发票上加注："二级品仍按三级品计价。"货抵买方后，遭买方拒绝。

请问：在上述情况下，买方有无拒付的权利？为什么？

3. 凭标准买卖（Sale by Standard）

商品标准是指标准化了的规格和等级。有的标准由国家或有关政府部门制定，有的标准由商品交易所、同业工会或有关国际组织制定。公布了的标准经常需要修改变动。因此，当采用标准说明商品品质时，应注明采用标准的版本和年份。

在国际贸易中对某些品质变化较大而难以规定统一标准的农副产品，往往采用良好平均品质（Fair Average Quality，FAQ）和上好可销品质（Good Merchantable Quality，GMQ）两种标准表示其品质。

（1）良好平均品质俗称"大路货"。所谓良好平均品质，是指一定时期内某地出口货物的平均品质水平，一般是就中等货而言的，适用于农副产品。良好平均品质的具体解释和确定办法如下：

①指农产品的每个生产年度的中等货。

②指某一季度或某一装船月份在装运地发运的同一种商品的平均品质。

我们所说的"大路货"，是和精选货（Selected）相对而言的，而且我们所说的"大路货"还有具体规格。例如，"中国桐油，良好平均品质，游离脂肪不超过4%"。

（2）上好可销品质是指卖方交货品质只需保证为上好的、适合销售的即可。这种标准因含义不清而在国际贸易中很少使用，一般只适用于木材或冷冻鱼类等物品的交易。

4. 凭说明书和图样买卖（Sale by Description and Illustrations）

在国际货物买卖中，对机器、电器、仪表、大型设备及交通工具等技术密集型产品，由于结构复杂、制作工艺不同，因此无法用样品或简单的几项指标来反映其质量全貌。对这类产品，买卖双方除了要规定其名称、商标、品牌、型号等外，还必须采用说明书来介绍产品构造、形状、性能及使用方法等，有时还附以图样、设计图纸、性能分析表等来进行完整说明。按此方法进行的交易，称为凭说明书和图样买卖。

5. 凭商标和品牌买卖（Sale by Trademark or Brand）

商标（Trademark）是指厂商用来识别其所生产或出售的商品的标志，可由文字、字母、图案等组成。品牌（Brand）是指企业给其制造或销售的商品所冠的名称，以便将其商品与其他企业的同类商品区别开来。

在国际市场上，某些商品行销已久，品质优良稳定，知名度高，则这些商品往往可以用其商标或品牌表示品质。例如，可口可乐、大白兔奶糖等。需要注意的是，许多著名企业由于其产品品种具有多样性和复杂性，因此是不可能单凭商标或品牌成交的。比如，国际商业机器公司（IBM）、索尼（SONY）等。它们的产品，必须有完整确切的品质指标或技术说明。

6. 凭产地名称买卖（Sale by Name of Origin）

有些地区的产品，尤其是一些传统农副产品，具有独特的加工工艺，在国际上享有盛誉，对这类产品，可以用产地名称来表示其独特的品质、信誉。例如，以一个国家为名称的"法国香水"（France Perfume）、"中国梅酒"（China Plum），以某个国家的某一地区为名称的"中国东北大米"（China Northeast Rice），以某个国家的某一地区的某一地方为名称的"四川榨菜"（Sichuan Preserved Vegetable）等。这些名称不仅标注了特定产品的产地，而且在无形中为这些产品的质量和品味提供了一定的保障。

小思考 2-6

请问：以下货物适合选用哪种方式表示其品质？

①龙口粉丝；②做工精细的工业品；③鸭绒；④精密仪器；⑤"红双喜"牌乒乓球；⑥茶叶；⑦医药品。

三、品质条款的内容

（一）品质条款的一般内容

在国际货物买卖合同中，品质条款一般要写明货物的名称和质量。但是，由于表示质量的方法不同，因此品质条款的内容也不尽相同。

在凭样品买卖时，合同中除了要列明货物的名称外，还应订明凭以达成交易的样品的编号，必要时还要列出寄送样品和确定样品的日期。

在凭文字说明买卖时，应针对不同交易的具体情况，在买卖合同中明确规定货物的名称、规格、等级、标准、品牌或商标及产地名称等内容。

在凭说明书和图样买卖时，应在合同中列明图样，说明书的名称、份数等内容。

（二）品质机动幅度和品质增减价条款

在国际贸易合同中，品质条款的订立一般来说要尽量明确、具体，以避免争议。但是，由于有些商品受到本身特性、自然损耗或生产能力等因素的影响，其品质会发生变化，因此若把品质条款制定得过死往往会造成交货品质无法与合同规定完全一致，从而导致卖方违约。在这种情况下，为保证交易的顺利进行，交易双方可在合同中订立品质机动幅度、品质公差或品质增减价条款。

1. 品质机动幅度（Quality Latitude）

品质机动幅度是指允许卖方所交货物的品质指标有一定幅度的差异，只要卖方所交货物的品质没有超出机动幅度的范围，买方就无权拒收货物。这一方法主要适用于初级产品。品质机动幅度的规定方法主要有以下三种：

（1）规定范围。对某项货物的品质指标规定允许有一定的差异范围。例如，漂布，幅阔 35～36 英寸（Bleached Shirting，Width 35/36），即幅阔在 35～36 英寸（1 英寸 = 2.54 厘米，下同）的漂布均合格。

（2）规定极限。对有些货物的品质规格规定上下限。常用的表示方法有最大、最高、最多、最小、最低、最少等。例如，中国花生仁：水分最高 13%，含油量最低 44%（Chinese Groundnut：Moisture Max 13%，Oil Content Min 44%）。

（3）规定上下差异。允许交货商品的品质在某一范围内波动。例如，灰鸭毛：含绒量18%，允许上下1%的差异（Grey Duck Feather：Down Content 18%，1% More or Less Allowed）。

2. 品质公差（Quality Tolerance）

品质公差是指工业制成品在加工过程中所产生的误差，这种误差的存在是绝对的。品质公差的大小反映品质的高低，是由科学技术发展程度的高低所决定的。在品质公差范围内买方无权拒收货物，也不得要求调整价格。这一方法主要适用于工业制成品，如手表走时每天误差若干秒、某一圆形物体的直径误差若干毫米等。

3. 品质增减价条款

在品质机动幅度内，一般不另行计算增减价，即按照合同价计收价款。但是，为了体现按质论价，如果买卖双方协商同意，也可在合同中规定按交货的品质情况加价或减价，这就是品质增减价条款。根据我国对外贸易的实践，品质增减价条款有下列两种表述方法：

（1）对品质机动幅度范围内的差异，可按交货实际品质规定增价或减价。例如，在我国大豆出口合同中规定：水分每增减1%，则合同价格减增1%；不完善粒每增减1%，则合同价格减增0.5%；含油量每增减1%，则合同价格增减1.5%。如增减幅度不到1%，可按比例计算。

（2）只对品质低于合同规定者扣价。在品质机动幅度范围内，对交货品质低于合同规定者扣价，而对高于合同规定者不增加价格。为了更有效地约束卖方按规定的品质交货，还可规定不同的扣价办法。例如，在品质机动幅度范围内，对交货品质低于合同规定1%者，扣价1%；对低于合同规定1%以上者，则增加扣价比例。

采用品质增减价条款时一般应选用对价格有重要影响而又允许有一定品质机动幅度的主要质量指标。次要质量指标或不允许有品质机动幅度的重要质量指标则不适用品质增减价条款。

小思考 2-7

下面的品质条款是否正确？如果不正确，请修改和完善。

中国大米：不完善率12%，杂质2%，水分15%

四、订立品质条款的注意事项

商品的品质条款是出口合同中的基本条款。卖方应按合同规定的品质条款交货，否则买方有权提出索赔或拒绝收货，甚至撤销合同。因此，在订立品质条款时交易双方应注意以下问题：

（一）根据商品的特性来确定品质

在国际贸易中，品质的表示方法应视商品特性而定，哪些商品适于凭样品买卖，哪些商品适于凭规格、等级、标准等买卖，这些都有行业习惯可以遵循。凡可用一种方法表示的，就不要采用两种或两种以上的方法来表示，因为订立的品质条款过于烦琐只会增加生产和交货的困难。

（二）从产销实际出发，防止品质条件偏高或偏低

在确定品质条款时，我国企业既要考虑国外客户的具体要求，又要考虑生产的实际情况，恰如其分地确定商品的品质。如果将品质指标订立得过高，把不可能达到或很难达到的指标贸然列入品质条款，则势必会给生产和合同履行带来困难。当然，如果品质指标订立得过低，则会影响成交商品的售价、销路，甚至损害出口商品的声誉，使对方产生疑虑而不敢成交。

（三）注意条款内容和文字的科学性及灵活性

为了便于检验商品和明确责任，交易双方在规定品质条款时，应力求明确、具体，不宜采用大约、左右之类的笼统、含糊字眼，以免在交货品质问题上产生争议。但是，交易双方也不宜将品质条款制定得过死，以免给履行交货义务带来困难。一般来说，对矿产品、农副产品和轻工业品的品质规定，要有一定的灵活性，以利于合同的履行。

 案例讨论 2-3

我国 A 公司出口一批纺织原料。合同规定水分最高 15%、杂质不超过 3%。但在成交前 A 公司曾向买方寄过样品，订约后，A 公司又电告买方成交货物与样品相似。货到后，买方出具了成交货物质量比样品质量低 7% 的检验证明，并要求 A 公司赔偿损失。

请问：我国 A 公司是否该赔？为什么？

> **工作提示：**
>
> 商品品质不但关系商品的使用效能和售价，还决定商品的畅销程度，甚至影响有关企业乃至国家的声誉，因此对外贸易从业人员应该认真对待。

思政课堂

诚信——社会主义核心价值观

某公司向印度尼西亚客户出口摩托车配件。印度尼西亚客户要求的型号为 M-1303R/L，而该公司提供的型号为 M-1301R/L。这两种型号的配件在外观上十分相似，却用在不一样的车型上。印度尼西亚客户不接受，给该公司两种选择：一是换货，二是降价。该公司考虑到换货的成本费用太高，只好降价 10%，才了结此案。

商品质量是进出口合同中不可或缺的主要条件之一。商品质量条款非常重要。买卖双方如果不诚信，就会造成重大违约。违约方赔偿损失是无法避免的。

从一般意义上讲，"诚"即诚实、诚恳，主要指主体真诚的内在道德品质；"信"即信用、信任，主要指主体内诚的外化。"诚"更多地指内诚于心，"信"则侧重于外信于人。"诚"与"信"一组合，就形成了一个具有丰富内涵的词汇，即"诚信"。诚

信的基本含义是诚实无欺、讲求信用。千百年来，中华民族视诚信为行为规范和道德修养，形成了独具特色的诚信观。这样的诚信观在当今完善社会主义市场经济体制和践行社会主义核心价值观中具有极其重要的引领作用。

任务三　商品数量

 任务目标

- 了解国际贸易中常用的计量单位和计量方法
- 掌握货物买卖合同中数量条款的内容
- 理解制定商品数量条款时应注意的事项

 任务引入

我国某出口公司与匈牙利商人订立了一份水果出口合同，支付方式为货到验收后付款。但是，货到目的港后，买方在验收时发现水果总重量减轻 10%，而且每个水果的重量也轻于合同中规定的单个水果的重量，匈牙利商人既拒绝付款，又拒绝提货。后来水果全部腐烂，匈牙利海关向该出口公司收取仓储费和水果处理费 5 万美元。该出口公司陷入被动。

讨论题：请分析，我们可以从此案例中吸取什么教训。

 知识内容

一、商品数量的含义及数量条款的重要性

商品数量（Quantity of Commodity）是指以一定的度量衡表示商品的重量、个数、长度、面积、体积、容积。

数量条款是国际买卖合同中的主要条款之一。原因如下：第一，数量决定合同的金额及交易双方的交货依据；第二，数量的多少直接影响市场销售规模的大小及价格的高低；第三，数量的多少也涉及包装、运输、检验等环节的成本高低；第四，数量受一国生产、消费、市场、政策等一系列因素的制约。总之，数量条款是一方以一定数量的商品与另一方以一定数量的货币（金额）相交换而构成一笔交易的必不可少的条件。正确计算成交数量，掌握数量条款的制定技巧，对促进交易的达成和争取有利的价格具有重要的作用。

知识链接

国际贸易中常用的度量衡制度

国际贸易中常用的度量衡制度有公制、英制、美制及国际单位制。

公制（The Metric System）又称米制，由法国在18世纪最早使用，以十进制为基础，"度量"和"衡"之间有内在的联系，相互之间的换算比较方便，因此使用范围不断扩大。

英制（The British System）曾在世界上有较大的影响，特别是在纺织品等的交易中，但是由于英制不采用十进制，换算很不方便，且"度量"和"衡"之间缺乏内在联系，因此使用范围逐渐减小。

美制（The US System）以英制为基础，多数计量单位的名称与英制相同，但含义有差别，主要体现在重量单位和容量单位中。

国际单位制（The International of Unit）是在公制的基础上发展起来的，于1960年国际标准计量组织大会通过，已为越来越多的国家所采用。国际单位制有利于计量单位的统一。它的建立标志着计量制度的日趋国际化和标准化，对国际贸易的进一步发展起到推动作用。

我国采用的是以国际单位制为基础的法定计量单位。《中华人民共和国计量法》第三条明确规定："国家实行法定计量单位制度。国际单位制计量单位和国家选定的其他计量单位，为国家法定计量单位。"在外贸业务中，出口货物时，除合同有规定外，都应使用法定计量单位。一般不进口非法定计量单位的仪器设备。如有特殊需要，须经有关标准计量管理机构批准，才能使用非法定计量单位。

二、国际贸易中常用的计量单位

由于国际贸易中的商品种类繁多，性能各异，因此商品计量所采用的方法和单位也各不相同。常用的计量单位和计量方法主要有以下几种：

（一）按重量（Weight）计量

按重量计量是当今国际贸易中广为使用的一种计量方法。例如，许多农副产品、矿产品和工业制成品都按重量计量。按重量计量的单位有公吨①（Metric Ton，M/T）、长吨②（Long Ton，L/T）、短吨③（Short Ton，S/T）、千克（Kilogram，kg）、克（Gram，g）、盎司④（Ounce）等。对黄金、白银等贵重商品，通常采用克或盎司来计量。对钻石之类的商品，则采用克拉作为计量单位。

---

① 1公吨=1吨，下同。
② 1长吨（英吨）=2 240磅≈1 016千克，下同。
③ 1短吨（美吨）=2 000磅≈907千克，下同。
④ 1盎司≈28克，下同。

知识链接

国际贸易中的"吨"

实行公制的国家一般采用公吨，每公吨为 1 000 千克、2 204.6 磅（1 磅≈0.454 千克，下同）；实行英制的国家一般采用长吨，每长吨为 1 016 千克、2 240 磅；实行美制的国家一般采用短吨，每短吨为 907 千克、2 000 磅。

（二）按个数（Number）计量

大多数工业制成品，尤其是日用消费品、轻工业品、机械产品及部分土特产品，都习惯于按数量进行买卖。按个数计量的单位有件（Piece）、双（Pair）、套（Set）、打（Dozen）、卷（Roll）、令（Ream）、辆（Unit）、袋（Bag）和包（Bale）等。

（三）按长度（Length）计量

在金属、绳索、丝绸、布匹等商品的交易中，通常采用米（Meter）、厘米（Centimeter）、英尺（Foot）、码（Yard）等长度单位来计量。

（四）按面积（Area）计量

在玻璃板、地毯、皮革、塑料制品等商品的交易中，一般以面积作为计量单位，常见的有平方米（Square Meter）、平方英尺（Square Foot）、平方码（Square Yard）等。

（五）按体积（Volume）计量

按体积成交的商品有限，因此该计量方法仅用于木材、天然气和化学气体等。这方面的计量单位有立方米（Cubic Meter）、立方英尺（Cubic Foot）、立方码（Cubic Yard）等。

（六）按容积（Capacity）计量

各类谷物和流体货物往往按容积计量，如小麦、玉米、汽油、酒精、啤酒等。美国将蒲式耳（Bushel）作为各种谷物的计量单位，但每蒲式耳所代表的重量因谷物不同而有差异。例如，每蒲式耳亚麻籽为 56 磅，每蒲式耳燕麦为 32 磅，每蒲式耳大豆或小麦为 60 磅。公升、加仑（Gallon）则用于酒类、油类商品的计量。

小思考 2-8

某出口公司在交易会上与外商当面谈妥出口大米 1 000 公吨，但签约时只在合同上笼统地写上了 1 000 吨。该出口公司当事人主观上认为合同上的吨就是指公吨。这样是否妥当？为什么？

三、重量的计算方法

在国际贸易中，按重量计量的方法很多。按个数计量的商品由于有固定的包装，因此比较容易计量，而大宗散装货物和无包装或简单包装的货物则采用衡器检重。在计算重量时，通常有以下几种主要对象：

（一）毛重（Gross Weight，GW）

毛重是指商品本身的重量加包装物的重量，又称为皮重（Tare）。这种计算毛重的办法一般适用于价值不高的商品。

（二）净重（Net Weight，NW）

净重是指商品本身的重量，即除去包装物后的商品实际重量。计算净重是国际贸易中最常见的计重办法。在实际业务中，如果货物是按重量计量或计价的，但合同中又未明确规定采用何种方法计算重量和价格，那么根据惯例，应按净重计量。不过，有些价值较低的农产品或其他商品有时也采用"以毛作净"（Gross for Net）的办法计重。所谓"以毛作净"，实际上就是将毛重作为净重来计价。例如，黄豆100公吨，单层麻袋包装以毛作净。在国际贸易中扣除皮重的方法有下列四种：

1. 按实际皮重（Real Tare，Actual Tare）计算

实际皮重指包装的实际重量，按实际皮重计算是指对包装逐一过秤，算出每一件包装的重量和全部包装的总重量。

2. 按平均皮重（Average Tare）计算

按平均皮重计算，即先从整批货物中抽出一定的件数，称出其皮重，然后求出其平均皮重，再乘以总件数，即可求得整批货物的皮重。

3. 按习惯皮重（Customary Tare）计算

某些商品，由于所使用的包装材料和规格已比较固定，因此其皮重已为市场所公认。在计算其皮重时，无须对包装逐一过秤，用习惯上公认的皮重乘以总件数即可。

4. 按约定皮重（Computed Tare）计算

按约定皮重计算是指将买卖双方事先约定的单件包装重量乘以商品的总件数，即得该批商品的总皮重。

（三）公量（Conditioned Weight）

有些商品，如棉花、羊毛、生丝等有较强的吸湿性，其所含的水分受客观环境的影响较大，故其重量很不稳定。为了准确计算这类商品的重量，国际上通常采用按公量计算的办法。公量是指用科学的方法抽去商品中的水分，再加上标准水分所求得的重量。计算公式如下：

公量＝商品干净重＋公定含水量

＝商品干净重×（1+公定回潮率）

＝商品净重×（1+公定回潮率）÷（1+实际回潮率）

👤 **小思考 2-9**

A公司与B公司签订了一份出口50公吨羊毛的合同，合同规定以公量来计算商品的重量，商品的公定回潮率是10%。货物到达目的港后，抽样检验所得的实际回潮率是8%，计算该批商品的公量。

（四）理论重量（Theoretical Weight）

对一些按固定规格生产和买卖的商品，只要其重量一致，即每件商品的重量大体是相同的，我们就可以根据件数推算出总量，如马口铁、钢板等。

（五）法定重量（Legal Weight）和实物净重（Net Weight）

按照一些国家的海关法的规定，在征收从量税时，商品的重量是以法定重量计算的。法定重量是指商品重量加上直接接触商品的包装物料的重量，如销售包装等。而

除去这部分杂物所表示出来的纯商品的重量，则称为实物净重。

（六）装运重量（Shipping Weight）和卸货重量（Landed Weight）

装运重量也叫装船重量，是指货物发运时的重量；而卸货重量也叫到货重量，是指货物在目的港卸货时的重量。

小思考 2-10

对于樟脑、原油、石灰等货物，应按装运重量计算还是按卸货重量计算？

四、合同中数量条款的规定

买卖合同中的数量条款主要包括成交商品的数量和计量单位。按重量成交的商品还需订明计算重量的方法。数量条款的内容及其繁简程度应视商品的特性而定。规定数量条款时需要注意下列事项：

（一）正确掌握成交数量

1. 对出口商品数量的掌握

在商定具体数量时，应当考虑下列因素：

（1）国外市场的供求状况。

（2）国内货源的供应情况。

（3）国际市场的价格动态。

（4）国外客户的资信情况和经营能力。

2. 对进口商品数量的掌握

在商定具体数量时，应当考虑下列因素：

（1）国内的实际需要。

（2）国内支付能力。

（3）市场行情变化。

（二）合理规定数量机动幅度

在实际履约过程中，由于商品特性、生产条件、运输工具承载能力及包装方式等的限制，卖方要做到严格按量交货有一定的困难。为了避免卖方因实际交货不足或数量超过合同规定而引起法律风险，方便合同的履行，对一些数量难以严格限定的商品，如大宗农副产品、矿产品、煤炭及工业制成品，交易双方通常在合同中规定，交货数量允许有一定范围的机动幅度，并列明溢短装部分由哪方选择和作价原则。这种条款称为溢短装条款（More or Less Clause）。

1. 规定数量机动幅度的方法

（1）合同中明确具体规定数量机动幅度。方法有两种：第一种，只简单地规定数量机动幅度，如"数量 1 000 公吨，可溢装或短装 3%（Quantity 1 000 M/T with 3% more or less）"；第二种，在规定上述数量机动幅度的同时，还约定由谁行使这种选择权及溢短装部分如何计价，如"数量 1 000 公吨，为适应船舱容量需要，卖方有权多装或少装 3%，超过或不足部分按合同价格计算"。

（2）合同中未明确规定数量机动幅度，但在交易数量前加上"约"字。目前，在国际贸易中，对"约"等用语尚无统一的解释，因此含"约"等用语的合同履行起来容易产生纠纷。但是，如果合同中约定采用信用证支付方式，那么根据《跟单信用证统一惯例（2007 年修订本）》第 30 条 a 款的规定，凡"约""大约"或类似意义的词语用于信用证金额或信用证所列的数量或单价时，应解释为允许有关金额、数量或单价有不超过 10%的增减幅度。

案例讨论 2-4

我国某公司出口布匹，信用证中规定数量为"about 5 000 yards"（约 5 000 码），每码（1 码 ≈ 0.914 米）1 美元，但注明金额为"not exceeding 5 000 dollars"（不超过 5 000 美元）。

请问：该公司如何计算装运数量？

（3）合同中未明确规定数量机动幅度。在合同没有明确规定数量机动幅度的情况下，卖方的交货数量原则上应与合同规定的数量完全一致。但是，在采用信用证支付方式时，根据《跟单信用证统一惯例（2007 年修订本）》第 30 条 b 款的规定，除非信用证规定所列的货物数量不得增减，否则在支取金额不超过信用证规定的金额的条件下，即使不准分批装运，货物数量也允许有 5%的增减幅度。由此可见，在以信用证支付方式进行散装货物的买卖时，交货数量可有增减 5%的机动幅度。

案例讨论 2-5

某公司出口电冰箱共 1 000 台，合同和信用证（L/C）都规定不准分批装运。装船时有 30 台电冰箱被撞，临时更换已来不及。发货人员认为根据有关规定，数量上允许有 5%的增减，故决定少交 30 台。

请思考：这会不会遭到银行拒付？为什么？

2. 数量机动幅度的选择权

在合同规定有数量机动幅度的条件下，选择权一般由买方、卖方或船方行使。买卖双方需根据具体情况做出选择，但为了避免纠纷，应在合同中明确规定。

3. 溢短装数量的计价方法

根据《联合国国际货物销售合同公约》的规定，卖方多交货物后，买方若收取了超出部分，则要按合同规定支付相应的价款。在国际货物买卖中，尤其是在买卖大宗货物时，买卖双方从签订合同开始到实际履行合同，需要相当长一段时间。买卖双方所约定的商品价格可能会发生较大的波动，那些对价格较敏感或季节性较强的商品更是如此。为了防止有权选择溢短装的当事人利用行市的变化，有意多装或少装，以获取额外的好处，有的合同中规定：多装或少装部分不按合同价格计算，而按装船日的行市或目的地的市场价格计算；如果双方未能就装船日、到货日或市场价格达成一致，则可提交仲裁机构解决。

工作提示：

根据《联合国国际货物销售合同公约》的规定，如果卖方的交货数量大于约定数量，那么买方可以拒收多交的部分，也可以收取多交部分的一部分或全部；如果卖方的交货数量少于约定数量，那么卖方应在交货期届满前补齐。

 思政课堂

从中国制造到中国创造

经过多年的发展，中国完成了从工业大国到工业强国的转变。除了生产全世界近半数的电脑、数码相机和厨房电器外，中国的制造业还把更多的精力转移到自主产品的开发上，产业升级和经济转型成为未来发展的重中之重。能否顺利从中国制造转型为中国创造，决定着中国的未来，也决定着每一个中国企业的命运。

面对未知的挑战与机遇，中国企业的选择与行动显得尤为重要。一方面，以华为、海尔、联想为代表的大型企业专注核心技术的研究，凭借大量技术专利开拓国际市场，使中国创造的能量辐射全球。另一方面，遍布全国各地的中小型企业从自身实际出发，小步快跑、快速迭代，走出一条以低成本投入获得高回报产出的创新之路。

值得我们注意的是，创新不是一个孤立的概念，企业的创新离不开政策的支持，离不开教育系统大批高素质人才的供给，离不开整个社会对"大众创业、万众创新"的支持。只有深刻理解中国的创新现状，才能在由中国制造向中国创造转型的过程中发现商业机会，实现突破式发展。

任务四　商品包装

 任务目标

- 掌握商品包装的种类和运输包装的标志
- 掌握货物买卖合同中包装条款的内容

 任务引入

法国公司 A 与中国广州小家电出口公司 B 洽谈业务，打算从我国进口"大龙"牌电磁炉 1 000 件。但是，法国公司 A 要求中国广州小家电出口公司 B 改用"强生"牌商标，并不得在包装上注明"Made in China"（中国制造）字样。

讨论题：

（1）法国公司 A 为何提出这种要求？

（2）中国广州小家电出口公司 B 是否可以接受法国公司 A 的要求？请说明理由。

 **知识内容**

一、商品包装的含义及重要性

商品包装（Packing）是商品的盛载物、保护物和宣传物，是商品在运动过程中的有机组成部分。商品包装能保护商品完好无损，美化宣传商品，达到促销目的。需要注意的是，这里的商品包装具有双重含义：一重含义是盛载物；另一重含义是买卖合同的一项交易条件，即卖方交货时若未按合同规定包装，则构成违约。

在国际贸易中，有包装的商品一般称为包装货（Packed Cargo），不需要包装的商品称为散装货（Bulk Cargo）或裸装货（Nude Cargo）。所谓包装货，是指必须进行包装才能运输和销售的货物。国际贸易中绝大多数商品都是包装货。所谓散装货，是指未加任何包装、直接装运以至销售的货物，即不需要包装即可直接进入流通领域的货物，或者不容易包装、不值得包装的货物。例如，煤炭、矿砂、粮食等。所谓裸装货，是指形态上自然成件，无须包装或略加捆扎即可成件的货物。常见的裸装货有钢铁、橡胶、车辆等。

在国际贸易中，大多数商品在运输、贮存、分配、销售和使用过程中需要一定的包装来保护和方便流转。商品的销量、售价除与质量和适销对路有关之外，还受包装装潢的影响。可以说，包装装潢是实现商品使用价值与价值并增加价值的一种重要手段，可以帮助商品达到争夺市场、拓宽销路的目的。因此，在出口贸易中，做好出口商品的包装工作，具有十分重要的意义。做好出口商品的包装工作不仅有助于促进销售、提高售价、减少运费、节约仓容和减少货损，而且能使商品流转顺利进行，从而增加外汇收入。

二、商品包装的种类

根据商品包装在流通过程中所起的不同作用，商品包装可以分为运输包装和销售包装两大类。

（一）运输包装（Transport Package）

运输包装又称为大包装（Big Packing）或外包装（Outer Packing），是指尽可能减少运输流通对产品的损坏、保障产品安全、方便储运装卸、加速交接点验，以运输储运为主要目的的包装。运输包装应具有足够的强度、刚度与稳定性；具有防水、防潮、防虫、防腐、防盗等防护能力；选用符合经济、安全要求的材料；在重量、尺寸、标志、形式等方面符合国际与国家标准，便于搬运与装卸；能减小工人劳动强度，使操作安全便利，同时符合日趋严格的环保要求。

1. 运输包装的分类

运输包装根据包装方法的不同，可分为单件运输包装和集合运输包装两大类。

（1）单件运输包装。货物在运输过程中作为一个计件单位的包装称为单件运输包装。单件运输包装的种类很多，常见的有以下几类：

①按照包装的外形来分，习惯上常用的包装有包（Bag）、箱（Case）、桶

（Drum）等。

②按照包装的质地来分，包装有软性包装、半硬性包装和硬性包装。软性包装较容易变形，有利于节约仓容；半硬性包装不易变形，有时经堆储后可略有压缩；硬性包装不能压缩，本身较为硬实。

③按照制作包装所采用的材料来分，常用的包装有纸制包装、金属包装、木制包装、塑料包装、棉麻制品包装、竹柳草制品包装、玻璃品包装、陶瓷包装等。

（2）集合运输包装。随着科学技术的发展，集合运输包装的使用日益广泛。集合运输包装是指将一定数量的单件商品组合成一件大的包装或装入一个大的包装容器内。集合运输包装可以加快港口装卸速度，便利货运，减小装卸搬运的劳动强度，降低运输成本和节省运杂费用，更好地保护商品的质量和数量，并促进包装的标准化。

①集装箱（Container）。集装箱一般由钢板、铝板等金属制成，多为长方形，可反复使用，既是货物的运输包装，又是运输工具的组成部分。根据不同商品的要求，有的集装箱内还装有空气调节设备、冷藏设备。使用集装箱时需要安排专用的船舶、码头，并配备一定的机械设备和设施。目前国际上常用的海运集装箱的规格有 20 英尺（8 英尺×8 英尺×20 英尺，1 英尺约等于 30.48 厘米，下同）和 40 英尺（8 英尺×8 英尺×40 英尺）两种。

②集装包或集装袋（Flexible Container）。集装包或集装袋是一种用合成纤维或复合材料编织而成的圆形大口袋，其容量因使用的材料的生产工艺不同而有所区别，一般可容纳 1~4 公吨重的货物，最多可达 13 公吨。

③托盘（Pallet）。托盘是用木材、塑料、铝合金或钢材制成的。把货物放在托盘上面，用绳索加以固定，可以组合成一个大包装。托盘是一种搬运包装的工具。托盘下有插口，供铲车起卸之用，可载 1~2 公吨的货物。按制作材料的不同，托盘分为木托、金属托、纸托等。

2. 运输包装的标志

为了便于装卸、运输、仓储、检验和交接等工作顺利进行，防止发生错发错运、货物损坏与人身伤害等事故，保证货物安全、迅速、准确地运交收货人，发货人需要在运输包装上书写、压印、刷制各种有关的标志，以帮助人们识别和提醒人们在操作时注意。运输包装上的标志按其用途的不同可分为运输标志（Shipping Mark）、指示性标志（Indicative Mark）和警告性标志（Warning Mark）三种。

（1）运输标志（Shipping Mark）。运输标志习惯上称为唛头，通常由一个简单的几何图形和一些字母、数字及简单的文字组成，其主要内容包括：①收货人、发货人的代号；②目的地的名称或代号；③合同号，有时还要根据买方要求列出信用证号或进口许可证号等；④件号、批号。此外，有的运输标志包括原产地、体积与重量等内容。运输标志的内容繁简不一，由买卖双方根据商品特点和具体要求商定。运输标志实例如图 2-1 所示。

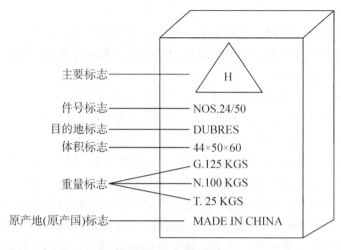

主要标志 —— △ H

件号标志 —— NOS.24/50
目的地标志 —— DUBRES
体积标志 —— 44×50×60
G.125 KGS
重量标志 —— N.100 KGS
T. 25 KGS
原产地(原产国)标志 —— MADE IN CHINA

图2-1　运输标志实例

为了规范运输标志，适应货运量增加、运输方式变革和电子计算机在运输与单据流转方面应用的需要，联合国欧洲经济委员会简化国际贸易程序工作组在国际标准化组织和国际货物装卸协调协会的支持下，制定了一套标准化运输标志并将其推荐给各国使用。该标准化运输标志包括：①收货人代号，即收货人或买方名称的英文缩写字母或简称；②参考号，如运单号、订单号或发票号；③目的地；④件数代号。每项内容不超过17个字母（包括数字和符号），不采用几何图形。标准化运输标志如图2-2所示。至于根据某种需要而必须在运输包装上刷写的其他内容，如进口许可证号等，则不作为标准化运输标志必要的组成部分。

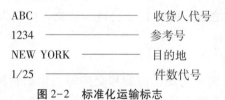

ABC —— 收货人代号
1234 —— 参考号
NEW YORK —— 目的地
1/25 —— 件数代号

图2-2　标准化运输标志

小思考2-11

有人认为，运输包装上的标志就是运输标志，也就是唛头。试分析这种说法是否正确。

（2）指示性标志（Indicative Mark）。指示性标志又称为注意标志，用于提示人们在装卸、运输和保管过程中需要注意的事项，一般针对易碎、易损、易变质商品的性质，以简单、醒目的图形和文字在包装上标出。根据原国家质量监督检验检疫总局和国家标准化管理委员会发布的《包装储运图示标志》（GB/T 191-2008）的规定，标志共包括17种，图2-3选取了其中的6种。

在运输包装上标何种标志取决于商品性质。在文字使用上，最好采用出口国和进口国的文字，但一般来讲，英文使用得居多。例如，Handle with Care（小心轻放）、Keep Dry（怕湿）、The Way Up（向上）等。

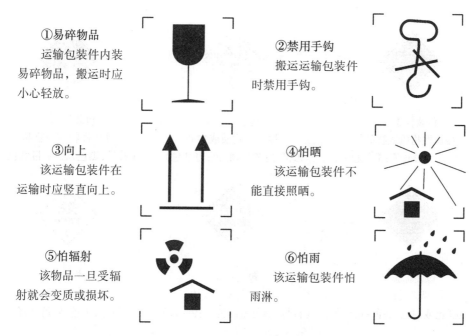

①易碎物品

运输包装件内装易碎物品，搬运时应小心轻放。

②禁用手钩

搬运运输包装件时禁用手钩。

③向上

该运输包装件在运输时应竖直向上。

④怕晒

该运输包装件不能直接照晒。

⑤怕辐射

该物品一旦受辐射就会变质或损坏。

⑥怕雨

该运输包装件怕雨淋。

图 2-3　指示性标志

（3）警告性标志（Warning Mark）。警告性标志也称危险品标志（Dangerous Cargo Mark），是指危险货物包装上刷写或粘贴的表明危险性质和等级，促使流转过程中的工作人员注意并提高警惕的标志。警告性标志主要针对易燃品、爆炸品、有毒品、腐蚀性物品、放射性物品等危险品，以示警告，使装卸、运输和保管人员按货物特性采取相应的防护措施，以保护物资和人身的安全。

根据原国家质量监督检验检疫总局、国家标准化管理委员会发布的《危险货物包装标志》（GB 190—2009）的规定，打在运输包装上的危险货物包装标志共 30 个（标记 4 个、标签 26 个），图 2-4 选取了部分予以展示。

此外，国际海事组织（原名政府间海事协商组织）制定了《国际海运危险货物规则》，该规则在国际上已被许多国家采用。有的国家在进口危险品时，要求卖方在运输包装上标国际海事组织规定的危险品标志，否则不准靠岸卸货。因此，在我国出口的危险货物的运输包装上，要标我国和国际海事组织所规定的两套危险品标志。

（二）销售包装（Sales Packing）

销售包装又称小包装（Small Packing）、内包装（Inner Packing）或直接包装（Immediate Packing），是直接接触商品、随商品进入零售网点并与消费者直接见面的包装。销售包装除了能保护商品的品质外，还能美化商品、宣传商品，便于陈列展销商品，吸引顾客和方便消费者认识、选购、携带和使用，从而起到促进销售、提高商品价值的作用。因此，努力做好商品的销售包装工作至关重要。

1. 销售包装的种类

目前，销售包装在国际上流行以下几种类型：

（1）陈列展销类包装。这类销售包装具体分为以下三种：

①堆叠式包装。堆叠式包装是指商品包装的顶部和底部都设有吻合部分，使商品在上下堆叠时可以互相咬合。这种包装具有较强稳固性，适用于超级市场中的罐头、瓶类、盒子等商品。

包装标志 1
爆炸性物质或物品
（符号:黑色,底色:橙红色）

包装标志 2
爆炸性物质或物品
（符号:黑色,底色:橙红色）

包装标志 3
爆炸性物质或物品
（符号:黑色,底色:橙红色）

包装标志 4
易燃气体
（符号:黑色或白色,底色:正红色）

包装标志 5
非易燃无毒气体
（符号:黑色或白色,底色:绿色）

包装标志 6
毒性气体
（符号:黑色,底色:白色）

包装标志 7
易燃液体
（符号:黑色或白色,底色:正红色）

包装标志 8
易燃固体
（符号:黑色,底色:白色红条）

包装标志 9
易于自燃的物质
（符号:黑色,底色:上白下红）

图 2-4　警告性标志

②挂式包装。挂式包装是指挂钩、挂孔、吊带等用于悬挂商品的包装。这类包装能充分利用货架的空间陈列商品。

③展开式包装。展开式包装是指一种特殊设计的盖盒。当人们打开这种盖盒时，盒的图案和造型可以与商品相互衬托，达到理想的陈列展销效果。

（2）识别商品类包装。这类销售包装具体分为以下两种：

①透明和开窗包装。透明和开窗包装是指全部或部分用透明材料或开窗纸盒的包装，便于购买者直观地看到商品的形态和质量。

②习惯包装。习惯包装是指商品习惯采用的包装造型，让购买者一看到包装即可识别商品质量。

（3）使用类包装。这类销售包装具体分为以下五种：

①携带式包装。携带式包装是指附有手提装置的包装，方便消费者携带。

②易开包装。易开包装是指有严密的封口结构，使用者不需要另备工具即可容易地开启的包装。

③喷雾包装。喷雾包装是指本身带有自动喷出流体装置的包装，如喷雾器，使用

相当便利。

④配套包装。配套包装是指把经常同时使用的不同种类和不同规格的商品装在一起的包装。

⑤礼品包装。礼品包装是指专门作为送礼用的销售包装。这类包装的造型美观大方，有较强的艺术性。

2. 销售包装的装潢和文字说明

销售包装应有适宜的装潢和必要的文字说明。装潢和文字说明通常直接印刷在货物的销售包装上，或者通过在货物上粘贴、加标签、挂吊牌等方式来呈现。销售包装的装潢应具有艺术上的吸引力，突出商品特点，其图案和色彩需符合进口国或销售地区的民族习惯。文字说明应包括商标、品牌、产地、数量、规格、成分、用途和使用方法等内容。文字说明要和装潢紧密结合、互相衬托，否则不利于货物出售。目前，许多国家的超市都使用条形码技术进行扫描结算，从而使条形码成为销售包装的组成部分。

 知识链接

条形码简介

条形码概念是由美国的伍德兰德（Woodland）在 1949 年首先提出的。近年来，随着计算机应用的不断普及，条形码技术得到了很大的发展。条形码可以包括商品的生产地（或生产国）、制造厂家、名称、生产日期，图书分类号，邮件起止地点、类别、日期等信息，因而在商品流通、图书销售、邮件管理等许多领域得到广泛应用。国际上通用的包装上的条形码有以下两种：

1. UPC 条形码（Uniform Product Code）

UPC 条形码是由美国和加拿大共同组成的统一编码委员会（Universal Code Council, UCC）以国际商业机器公司（IBM）提出的 Dalta-distance 为基础而确立的。UPC 条形码为美国产品和加拿大产品的统一标识符号。

2. EAN 条形码（European Article Number）

EAN 条形码是欧盟成立的欧洲物品编码协会（后改名为国际物品编码协会，International Article Number Association）在汲取 UPC 条形码的经验后确立的物品标识符号。我国于 1991 年 4 月正式加入国际物品编码协会，该协会先后分配给我国的国别号有 690、691、692、693、694、695。

案例讨论 2-6

荷兰某一超级市场销售一批黄色竹制罐装的茶叶，罐的一面刻有"中国茶叶"四字，另一面印有我国古装仕女图。整个包装看上去精致美观，颇具民族特点，但该款茶叶少有外国消费者问津。

请问：其故何在？

三、定牌、无牌和中性包装

定牌、无牌和采用中性包装是国际贸易中的通用做法。

（一）定牌和无牌

定牌是指卖方按买方要求在其出售的商品的包装上标明买方指定的商标或牌号的做法。定牌往往是为了利用买方的品牌知名度及其经营能力，扩大商品出口，但要注意买方指定的商标或牌号的合法性，防止侵犯他人产权。

无牌指买方要求卖方在其出售的商品的包装上不标注任何商标或牌号的做法。无牌主要用于待进一步加工的半制成品。无牌商品一般无须广告宣传，可避免浪费，降低销售成本。

（二）中性包装

中性包装是指不标明生产国别、地名和厂商名称的包装。在国际贸易中，各国为了保护本国的民族工业，往往采取贸易歧视政策，限制或不允许国外某些商品进入本国市场。为了避开这些限制进口的歧视性政策，发展出口贸易，一些国家的厂商只好采用中性包装的方法出口商品。因此，把中性包装作为一种促进商品出口的手段，已成为各国的习惯做法之一。但是，配额限制商品和普惠制商品等不得使用中性包装。

常用的中性包装有两种：一种是无牌中性包装，这种包装既无生产国别、地名、厂商名称，也无商标或牌号，俗称白牌；另一种是定牌中性包装，这种包装不注明生产国别、地名、厂商名称，但要注明买方指定的商标或牌号，使用定牌中性包装时，要特别慎重，避免发生侵权事件。

四、包装条款的规定

包装条款是国际货物买卖合同中的重要内容，买卖双方应在合同中做出明确具体的规定。包装条款主要包括包装材料、包装方式、包装规格、包装的文字说明和包装费用的负担等内容。举例如下：

纸箱装，每箱 24 听，每听净重 450 克。

In cartons containing 24 tins of 450 g net each.

布包，每包 20 匹，每匹 42 码。

In cloth bales each containing 20 pcs of 42 yards.

在商定包装条款时，需要注意下列事项：

（一）要考虑商品特点和不同运输方式的要求

商品的不同特性、形状和运输方式，对包装有不同的要求。因此，买卖双方在商定包装条件时，必须从商品在储运和销售过程中的实际需要出发，使约定的包装科学经济、牢固美观，并达到安全和适销的要求。

（二）对包装的规定要明确具体

包装的规定应明确具体，不宜笼统。例如，一般不宜采用海运包装（Seaworthy Packing）和习惯包装（Customary Packing）之类的术语，因为此类术语含义模糊，无统一解释，容易引起争议。

（三）明确包装费用由何方负担

包装费用一般包括在货价之中，不另行计收。但是，若买方对包装有特殊要求，除非事先明确包装费用包含在货价内，那么超出的包装费用原则上应由买方负担，且买卖双方应在合同中具体规定负担的费用和支付方法。

（四）明确由何方提供运输标志

按照国际贸易习惯，运输标志可由买方提供，也可由卖方决定。如果由卖方决定，那么合同中可不订明运输标志，或者只订明卖方标志，卖方在设计后再通知买方。

 **案例讨论 2-7**

某年，我国出口公司 A 出口一批货物到加拿大，价值 80 万美元。合同规定，货物用塑料袋包装，每件使用英、法两种文字的唛头。但是，出口公司 A 在实际交货时改用了其他包装，并使用只有英文的唛头。国外商人为了满足当地市场的销售需求，不得不雇人更换包装和唛头，后向我国出口公司 A 提出索赔。我国出口公司 A 自知理亏，只好认赔。

试对此案做出评析。

工作提示：

由于各国的海关规定不同，因此有的国家要求中国的产品一定要在中性包装上打上"MADE IN CHINA"，否则有可能拒绝放行，或者退回。比如，科威特、埃及、尼日利亚、叙利亚、约旦、孟加拉国等。

思政课堂

绿色包装——绿色发展

进入新时代，各国的环境标准、法规越来越严苛，绿色贸易壁垒已成为国际贸易中主要的非关税壁垒，而利用包装设置技术贸易壁垒，又成为建立绿色贸易壁垒的重要手段。目前，绿色包装已成为影响各国出口商品国际竞争力的重要因素之一。我国的出口企业要应对因世界各国对商品包装提出新法规和新标准而引起的新竞争，打破绿色贸易壁垒，巩固和拓展出口市场，就必须更新包装观念，大力发展绿色包装。

1. 绿色包装的内容

绿色包装也称环境之友包装或生态包装，一般指对生态环境和人体健康无害、能循环利用和再生利用，并促进可持续发展的包装。绿色包装是一个动态概念。许多发达国家把绿色包装概括为按"4RID"原则设计的包装，即 Reduce（减量化）、Reuse（能反复使用）、Recycle（能回收再用）、Refill（能再填充使用）、Degradable（能降解腐化）的包装。总体而言，绿色包装至少应具备以下条件：①对人类健康和动植物安全不造成负面影响；②在具有包装功能的条件下，用料最省、包装废弃物最少；③包装能够回收再用或包装材料能再生利用；④不能回收再用的包装或不能再生利用的包装材料应满足：包装废弃物在焚烧时可产生新的能源或不产生毒气，不造成二次污染；

⑤包装材料在使用后能自行降解，在掩埋后能腐化分解、自行消失。

2. 国际贸易对商品包装的要求

包装多属一次性消费品，寿命周期短，废弃物排放量大。在国际贸易中，对商品包装的要求越来越严格。一些发达国家为防止包装材料及其形成的包装废弃物危害环境，或者结构不合理的包装容器损害使用者的健康而制定了要求较高且比较完善的包装材料标准，包括废弃物的回收、复用和再生等方面的绿色包装制度。绿色包装制度可以有效解决环境污染问题，是实现包装行业和环境协调发展的最佳途径，符合世界环保潮流，但绿色包装制度也常被一些国家作为是否准予进口的标准，以达到限制进口的目的，使其成为绿色贸易壁垒。作为技术贸易壁垒的重要组成部分，绿色贸易壁垒以其隐蔽性、灵活性等特点，成为发达国家进行贸易保护的手段。绿色包装制度要求进口商品包装节约资源、用后易于回收或再利用、易于自然分解、不污染环境、保护消费者健康。根据这一制度，许多发达国家相继采取措施，制定了含有环保措施的关于包装的法律法规和技术标准。

项目小结

（1）在国际贸易中，买卖双方所交易的每种商品都有具体的商品名称。合同中有关商品名称的条款称为品名条款，通常在合同的开头部分列明。

（2）商品品质可以用实物或文字说明来表示。在订立品质条款时，要选择合适的表示品质的方法，要注意订立品质机动幅度和品质公差。

（3）商品的数量是买卖双方交接货物的依据。为了便于交货，对于某些商品，应在合同中订立数量机动幅度条款。

（4）商品包装根据其在流通过程中的不同作用可分为运输包装和销售包装。运输包装上的标志可分为运输标志、指示性标志和警告性标志。

项目三　国际贸易术语及商品的价格条款

项目导读

在国际货物买卖中，卖方的基本义务是提交合格的货物和单据，买方的对等义务则是接受货物和支付货款。货物交接过程中涉及的风险、责任和费用划分问题，一般都是通过交易中适用的国际贸易术语来确定的。商品价格的确定除了要考虑国际贸易术语外，还要考虑商品的成本、费用与利润的核算，以及佣金与折扣。因此，本项目将介绍各种国际贸易术语的含义和基本内容、进出口商品的价格核算方法、买卖合同中价格条款的制定方法，并辅以相应的训练。

任务一　国际贸易术语概述

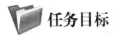 **任务目标**

- 掌握国际贸易术语的含义与作用
- 掌握有关国际贸易术语的国际惯例

任务引入

卖方：我方已经按规定交货了，你方应该付款。

买方：船都沉没了，我方没有收到货物，怎么付款？

卖方：合同规定适用《2020 年国际贸易术语解释通则》，我方不承担运输途中的风险。

买方：可合同中规定货物到达目的地时付款。

卖方：惯例规定……

买方：合同规定……

请根据以上对话，讨论你会做何判断。

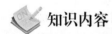 **知识内容**

一、贸易术语的含义与作用

无论是国际贸易还是国内贸易，买卖双方在洽谈时都非常关心成交价格。然而在国际贸易中，买卖双方相距遥远，进出口货物在由卖方转移到买方的全过程中，需要经过跨国的远距离运输，因而涉及有关手续由谁办理、费用由谁支付、风险由谁承担、物权何时转移等问题。为了规范和简化贸易双方的磋商流程，节省磋商时间和费用，国际贸易中逐渐形成了代表不同价格条件的固定术语。

（一）贸易术语的含义

贸易术语（Trade Terms）在长期的国际贸易实践中产生，通过概念或英文缩写字母来表示商品价格的构成及买卖双方责任、风险、费用的划分，以确定买卖双方在交接货物的过程中应尽的责任和义务。

例如，出口玻璃杯的报价为"每打 100 美元 CIF 伦敦（USD 100 per dozen CIF London）"。其中，贸易术语 CIF 传达了如下有关信息：

（1）卖方所报的 100 美元价格中包含了运至伦敦的运费和保险费。

（2）卖方自担风险和费用，办理货物的运输、保险及出口手续。

（3）卖方承担货物在装运港装船之前的一切风险与费用。

（4）卖方凭单交货，买方凭单付款。

由此可见，贸易术语具有两重性：一方面表示交货条件，另一方面表示成交价格的构成。一般来说，卖方承担的责任、费用与风险越小，货物售价就越低；反之，货物售价就越高。因此贸易术语又称为价格术语或贸易条件。

（二）贸易术语的作用

贸易术语在国际贸易中的作用主要有以下几方面：

1. 有利于买卖双方洽商交易和订立合同

由于每种贸易术语都有其特定的含义，而且一些国际组织对各种贸易术语也作了统一的解释与规定，因此这些解释与规定在国际上被广泛接受，并成为惯常奉行的准则。买卖双方只要商定按何种贸易术语成交，就可明确彼此在交接货物方面所应承担的责任、费用和风险，这就简化了洽商交易的程序，缩短了洽商交易的时间，从而有利于买卖双方迅速达成交易和订立合同。

2. 有利于买卖双方核算价格和成本

因为贸易术语表示价格构成因素，所以买卖双方在确定成交价格时，必然要考虑采用的贸易术语中包含哪些从属费用，如运费、保险费、装卸费、关税、增值税和其他费用，这就有利于买卖双方进行比价和加强成本核算。

3. 有利于解决履约当中的争议

买卖双方在商订合同时，如对合同条款考虑欠周，对某些事项规定不明确或不完备，致使履约中的争议不能依据合同的规定来解决，在此情况下，可以援引有关贸易术语的一般解释来处理。贸易术语的一般解释已成为国际惯例，并被国际贸易从业人员和法律界人士所理解和接受，从而成为国际贸易中公认的一种类似行为规范的准则。

小思考 3-1

贸易术语具有法律效力吗？如果合同内容与贸易术语惯例有冲突，以什么为准？

二、有关国际贸易术语的国际惯例

早在 19 世纪初，国际贸易中已开始使用贸易术语。经过长期实践和随着国际贸易的发展，一系列贸易术语逐步形成，各种贸易术语的含义亦逐渐定型。为了消除不同国家在贸易术语解释方面的分歧，国际上某些商业团体、学术机构试图统一对贸易术语的解释，根据公认的习惯做法和理解，分别制定了一些有关贸易术语的通用规则。这些规则目前已被大多数国家和地区的工商团体和企业接受，成为有关国际贸易术语的国际惯例。其中，在国际上影响较大的有关国际贸易术语的国际惯例主要有如下三种：

（一）《1932 年华沙-牛津规则》（*Warsaw-Oxford Rules 1932*）

1928 年，国际法协会在华沙开会，制定了有关 CIF 买卖合同的规则，共 22 条。该规则后经 1930 年纽约会议、1931 年巴黎会议和 1932 年牛津会议修订为 21 条，并更名为《1932 年华沙-牛津规则》（以下简称《规则》），一直沿用至今。《规则》比较详细地解释了 CIF 合同的性质，买卖双方所承担的责任、风险、费用的划分及货物所有权的转移方式等问题。《规则》只解释 CIF 这一个术语。《规则》在总则中说明，《规则》供交易双方自愿采用，凡明示采用《规则》者，应该援引《规则》的规定行使权利和履行义务。双方当事人明示协议后，可以对《规则》的任何一条进行变更、修改或添加。如《规则》与合同发生冲突，应以合同为准。对合同中没有规定的事项，应按《规则》的规定办理。《规则》虽然现在仍得到国际上的承认，但实际上已很少被采用。

（二）《1990 年美国对外贸易定义修订本》（*Revised American Foreign Trade Definitions 1990*）

1919 年，美国的几个商业团队共同对对外贸易定义作了统一解释，并命名《美国出口报价及其缩写条例》，供外贸从业人员参考。后鉴于贸易做法的演变，在 1940 年，美国第 27 届全国对外贸易会议要求修改对外贸易定义。1941 年 7 月，美国商会、美国进口商协会和全国对外贸易协会组成的联合委员会正式通过了新定义，并命名《1941 年美国对外贸易定义修订本》（*Revised American Foreign Trade Definitions 1941*）。《1941 年美国对外贸易定义修订本》由美国对外贸易协会发行。1990 年，美国的商业团体又对《1941 年美国对外贸易定义修订本》加以修订，改称《1990 年美国对外贸易定义修订本》（*Revised American Foreign Trade Definitions* 1990）。《1990 年美国对外贸易定义修订本》中的六种贸易术语分类如表 3-1 所示。

表 3-1　《1990 年美国对外贸易定义修订本》中的六种贸易术语分类

贸易术语英文名称	术语缩写	贸易术语中文名称
Ex Works	EXW	工厂交货（插入指定地点）
Free on Board	FOB	在运输工具上交货（插入指定装运港）
Free alongside	FAS	在运输工具边交货（插入指定装运港）
Cost and Freight	CFR	成本加运费（插入指定目的港）
Cost, Insurance and Freight	CIF	成本、保险费加运费（插入指定目的港）
Delivered Ex Quay	DEQ	码头交货（插入指定目的港）

值得注意的是，《1990 年美国对外贸易定义修订本》将 FOB 细分为六种类型。其中只有第五种，即在指定的装运港船上交货（FOB Vessel）才同《2000 年国际贸易术语解释通则》中 FOB 的含义大致相同，而其余五种 FOB 的含义则与《2000 年国际贸易术语解释通则》中 FOB 的含义完全不同。因此，我国的外贸企业在同美国、加拿大及美洲其他地区的企业进行商贸往来时，不应笼统地规定采用何种术语，而应明确适用的国际贸易术语及版本，否则，极易引起误解，进而产生贸易纠纷。

知识链接

《1990 年美国对外贸易定义修订本》中 FOB 术语的六种解释

根据《1990 年美国对外贸易定义修订本》，FOB 术语有以下六种解释：

（1）FOB（named inland carrier at named inland point of departure），即在指定发货地点的指定内陆运输工具上交货。按此术语，在内陆装运地点，卖方将货物装于火车、卡车、驳船、拖船、飞机或其他供运输用的运载工具上。

（2）FOB（named inland carrier at named inland point of departure）Freight prepaid to（named point of exportation），即在指定内陆发货地点的指定内陆运输工具上交货，运费预付给指定的出口地点。按此术语，卖方预付运费至出口地点，在内陆指定起运地点取得清洁提单或其他运输收据后，对货物不再承担责任。

（3）FOB（named inland carrier at named inland point of departure）Freight allowed to（named point），即在指定内陆发货地点的指定内陆运输工具上交货，减去至指定地点的运费。按此术语，卖方所报价格包括货物至指定地点的运费，但卖方应注明运费到付，并在价格总额内扣除。卖方在指定内陆起运地点取得清洁提单或其他运输收据后，对货物不再承担责任。

（4）FOB（named inland carrier at named point of exportation），即在指定出口地点的指定内陆运输工具上交货。按此术语，卖方所报价格包括将货物运至指定出口地点的运费，且卖方承担货物的任何灭失或损坏责任，直至上述地点。

（5）FOB Vessel（named port of shipment），即在指定装运港的船上交货。按此术语，卖方所报价格包括在指定装运港将货物交到由买方或卖方提供的轮船上的全部费用。

（6）FOB（named inland point in country of importation），即在指定进口国内陆地点交货。按此术语，卖方所报价格包括货价及货物运至进口国指定内陆地点的全部运费。

（三）《国际贸易术语解释通则》（*International Rules for the Interpretation of Trade Terms*）

《国际贸易术语解释通则》（INCOTERMS，以下简称《通则》），是国际商会为了统一对各种贸易术语的解释而制定的。最早的《通则》产生于 1936 年，后来为了适应国际贸易业务发展的需要，国际商会多次修订，形成了《2000 年国际贸易术语解释通则》（以下简称《2000 通则》）。《2000 通则》在此后的 10 年里，很好地促进了国际贸易的发展，但是在实务中也暴露出一些问题。在此背景下，《2010 年国际贸易术语解释通则》（以下简称《2010 通则》）应运而生，并于 2011 年 1 月 1 日正式生效。《2010 通则》经过 10 年的运用后迫切需要更新。《2020 年国际贸易术语解释通则》（以下简称《2020 通则》）在《2010 通则》的基础上进行了修订，既有结构上的调整，也有内容上的变化，但总体上沿袭了《2010 通则》的传统，同时更加贴合当前贸易实践。《2020 通则》已于 2020 年 1 月 1 日生效施行，共有 11 个国际贸易术语，可分为 2 类、4 组。为了便于记忆，现根据运输方式的不同和术语特点的不同，对《2020 通则》贸易术语进行分组，具体内容分别见表 3-2 和表 3-3。

表 3-2 《2020 通则》贸易术语按运输方式分组

分组	贸易术语		特点
适用于任一或多种运输方式的贸易术语	EXW	Ex Works	工厂交货（插入指定交货地点）
	FCA	Free Carrier	货交承运人（插入指定交货地点）
	CPT	Carriage Paid to	运费付至（插入指定目的地）
	CIP	Carriage and Insurance Paid to	运费、保险费付至（插入指定目的地）
	DPU	Delivered at Place Unloaded	目的地卸货后交货（插入指定目的地）
	DAP	Delivered at Place	目的地交货（插入指定目的地）
	DDP	Delivered Duty Paid	完税后交货（插入指定目的地）
适用于海洋和内河水运的贸易术语	FAS	Free alongside Ship	船边交货（插入指定装运港）
	FOB	Free on Board	船上交货（插入指定装运港）
	CFR	Cost and Freight	成本加运费（插入指定目的港）
	CIF	Cost，Insurance and Freight	成本、保险费加运费（插入指定目的港）

表 3-3 《2020 通则》贸易术语按术语特点分组

分组	贸易术语	特点与区别
E 组	EXW	交货地点在商品的产地或所在地。通过 EXW 成交时，卖方承担的风险、责任最小，费用最低
F 组	FCA FAS FOB	卖方需要按照买方指示交运货物。货物从交付到到达目的地的运输事项均由买方负责，相关费用也由买方承担
C 组	CFR CIF CPT CIP	卖方按照通常条件自负风险和费用，订立运输合同。对 CIF 和 CIP 术语，卖方还要依合同办理保险（C 组术语的销售合同属于装运合同）
D 组	DPU DAP DDP	卖方负责将货物运至买方指定的任何地点或进口国的约定目的地，承担货物运至买方指定的任何地点或进口国的约定目的地前的全部风险和费用（D 组术语的销售合同属于到达合同）

另外，《2020 通则》中所有国际贸易术语下当事人各自义务均用 10 个项目列出，以资对照，具体情况见表 3-4。

表 3-4 《2020 通则》中所有国际贸易术语下当事人各自义务对应排列

A. 卖方义务	B. 买方义务
A1. 卖方一般义务	B1. 买方一般义务
A2. 交货	B2. 收取货物
A3. 风险转移	B3. 风险转移
A4. 运输	B4. 运输
A5. 保险	B5. 保险
A6. 运输单据	B6. 运输单据
A7. 进出口通关	B7. 进出口通关
A8. 查对、包装、标记	B8. 查对、包装、标记
A9. 费用划分	B9. 费用划分
A10. 通知买方	B10. 通知卖方

小思考 3-2

国际贸易术语适用于国内贸易吗?

 知识链接

国际商会简介

国际商会（International Chamber of Commerce，ICC）是具有重大影响的世界性民间商业组织，成立于 1919 年，总部设在巴黎。目前，有 100 多个国家设有国际商会国家委员会。国际商会拥有 140 多个国家的 8 000 多家会员公司和会员协会。我国于 1994 年加入国际商会。国际商会是联合国等政府间组织的咨询机构，设立的目的是在经济和法律领域里，以有效的行动促进国际贸易和投资的发展。

国际商会的组织机构包括理事会、执行局、财政委员会、下属专业委员会和会员大会等。国际商会现下属 24 个专业委员会及工作机构。这 24 个专业委员会是国际商会-联合国、关税和贸易总协定经济咨询委员会，国际贸易政策委员会，多国企业和国际投资委员会，国际商业惯例委员会，计算机、电报和信息政策委员会，银行技术和惯例委员会，知识和工业产权委员会，环境委员会，能源委员会，海运委员会，空运委员会，税务委员会，有关竞争法律和实务委员会，保险委员会，销售、广告和批售委员会，国际仲裁委员会，国际商会国际局，国际商会仲裁院，国际商会国际商业法律和实务学会，东西方委员会，国际商会中国国际商会合作委员会，国际商会国际海事局，国际商会海事合作中心，国际商会反假冒情报局。

> **工作提示：**
>
> 　　在有关国际贸易术语的国际贸易惯例中，《国际贸易术语解释通则》是包含内容最多、使用范围最广和影响最大的一种。

 思政课堂

国内国际双循环新发展格局

2020 年 4 月 10 日，在中央财经委员会第七次会议上，习近平总书记强调要构建以国内大循环为主体、国内国际双循环相互促进的新发展格局。2020 年 5 月下旬"两会"期间，习近平总书记再次强调，要逐步形成以国内大循环为主体、国内国际双循环相互促进的新发展格局。党的十九届五中全会通过《中共中央关于制定国民经济和社会发展第十四个五年规划和二〇三五年远景目标的建议》，将"加快构建以国内大循环为主体、国内国际双循环相互促进的新发展格局"纳入其中。构建基于"双循环"的新发展格局是党中央在国内外环境发生显著变化的大背景下，推动我国开放型经济向更高层次发展的重大战略部署。

2020 年 10 月 22 日，在由京东物流（JDL）主办的 2020 全球智能物流峰会（GSSC）上，经济学家、北京大学国家发展研究院名誉院长林毅夫解读了新发展格局的三大问题。他称："我国为什么要提出双循环新发展格局？这反映了中国经济发展的变化，也符合经济发展的基本规律：经济规模越大，国内循环的比重越高；服务业比重越大，国内循环的比重越高。"他表示，以国内大循环为主体，是对当前发展态势的清醒认识，在发展的过程当中，要充分利用国内国际两个市场、两种资源的优势，加快构建以国内大循环为主体、国内国际双循环相互促进的新发展格局，推动中国经济高质量发展。

任务二　《2020 通则》中的国际贸易术语

 **任务目标**

- 充分领会并掌握 6 种主要的国际贸易术语对风险、费用和责任划分的解释
- 理解其他 5 种国际贸易术语的含义及使用情况
- 掌握国际贸易术语的选用方法

 任务引入

　　我国某出口公司按 CIF 条件向欧洲某国进口商出口一批草编制品，向中国人民保险集团股份有限公司投保了一切险，并规定用信用证方式支付。该出口公司在规定的期限、指定的我国某港口完成装船，船运公司签发了提单，然后去中国银行议付款项。第二天，该出口公司接到客户来电，客户称装货的海轮在海上失火，草编制品全部烧毁，要求该出口公司出面向中国人民保险集团股份有限公司提出索赔，否则该出口公司就要退回全部货款。

　　讨论题：

　　(1) 该出口公司能否答应客户的要求，为什么？

　　(2) 该出口公司正确处理此类事件的做法是什么？

 **知识内容**

一、《2020 通则》中 6 种主要的国际贸易术语

　　国际贸易中使用最多的国际贸易术语仍是 FOB、CFR 和 CIF，即装运港交货的三种国际贸易术语。如今，随着集装箱运输和国际多式联运的进一步普及，适应这一发展需要的 FCA、CPT 和 CIP，即货交承运人的三种国际贸易术语也显得越来越重要。因此，本书首先将上述 6 种术语作为主要的国际贸易术语提出来，加以介绍。

（一）FOB 术语

　　FOB 术语的全称是 Free on Board（insert named port of shipment），即船上交货（插

入指定装运港）。这是指卖方在合同规定的装运期、在指定装运港将货物装至买方指定的船上，并负担货物装上船为止的一切费用及货物灭失或损坏的风险。FOB 只适用于海运和内河运输，如果双方不准备采用水上运输方式，则改用 FCA 术语更为适宜。

1. FOB 术语对买卖双方义务的规定

根据《2020 通则》对 FOB 的解释，买卖双方各自应承担的主要义务划分如下：

（1）卖方义务。卖方义务具体内容如下：

①必须在约定的装运期间内和指定的装运港，将合同规定的货物交至买方指派的船上，并及时通知买方。

②必须承担货物在装运港装上船之前的一切费用和风险。

③必须自负风险和费用，取得出口许可证或其他官方批准证件，并办理货物出口所需要的一切海关手续。

④负责提交商业发票和证明货物已交至船上的交货凭证，以及合同要求的其他与合同相符的单据。在双方约定和符合惯例的情况下，单证可以是具有同等作用的电子记录。

（2）买方义务。买方义务具体内容如下：

①负责租船订舱，支付运费，并将船名、航次、装货地点和装货日期等相关事项及时通知卖方。

②承担货物在装运港装上船后的一切费用和风险。

③必须自负风险和费用，取得进口许可证或其他官方批准证件，并负责办理货物进口时和从他国过境时所需的一切海关手续。

④根据买卖合同规定，接受卖方提供的各种符合合同要求的单据，并受领货物，支付货款。

2. 使用 FOB 术语时应注意的问题

（1）交货点的确定问题。交货点是指货物灭失与损坏的风险从卖方转移至买方的点。《2010 通则》中以"将货物置于买方指定的船舶之上"为划分买卖双方所承担的风险、费用和责任的界限。这一规定改变了一直以来以"船舷"为交货点的表述，即《2010 通则》对 FOB 术语合同中交货点的规定已延伸至"船上"，《2020 通则》也延续了此项规定。

案例讨论 3-1

一份采用 FOB 术语的广州出口电器合同涉及的货物在装运港吊装入舱的过程中发生跌落，造成损失。定损后发现，一部分是货物跌落海中的损失，还有一部分是货物跌落船舶甲板的损失。

请根据《2000 通则》和《2020 通则》对 FOB 术语的不同规定，分析这些损失应该由谁来承担？

（2）船货衔接问题。在 FOB 术语合同中，卖方的一项基本义务是按约定的时间和地点完成装运。然而，由于在 FOB 条件下，由买方负责安排运输，因此就存在船货衔接问题。根据有关法律和惯例，如买方未能按时派船，或者未经卖方同意提前派船、延迟派船，卖方都有权拒绝交货，而且由此产生的各种损失，如空舱费（Dead Freight）、滞期费（Demurrage）及卖方增加的仓储费等，均由买方负担。如果买方所派船只按时到达装运港，而卖方没能按时备妥货物，那么由此产生的各种费用则由卖方负担。有时买卖双方按 FOB 价格成交，而买方又委托卖方办理租船订舱，卖方也可酌情接受，但这属于代办性质，由此产生的风险和费用仍由买方承担。

案例讨论 3-2

某公司以 FOB 条件出口一批茶具，买方要求该公司代为租船，费用由买方负担。由于该公司在约定日期内无法租到合适的船，且买方不同意更换条件，以致延误了装运期，买方以此为由提出撤销合同。

请问：买方的要求是否合理？

（3）装船费用的负担问题。由于 FOB 术语的历史较悠久，因此各个国家和地区在使用时对"装船"概念的解释有一定的差别，做法也不完全一致。如果采用班轮运输，船方负责装卸，装卸费用计入运费之中，那么装卸费用自然由负责租船订舱的买方承担；而如果采用租船运输，船方一般不负担装卸费用，那么买卖双方必须明确装船过程中的各项费用应由谁负担。

为了说明装船费用的负担问题，往往在 FOB 术语后面加列附加条件，这就形成了 FOB 的变形。FOB 的变形只说明装船费用由谁负担，而不影响买卖双方所应承担风险的划分界限。FOB 的变形具体如下：

①FOB Liner Terms（FOB 班轮条件），即装船费用按照班轮运输的做法计算，该费用包含在运费中，由支付运费的买方负担。值得注意的是，FOB 班轮条件并不要求用班轮运输货物。

②FOB Under Tackle（FOB 吊钩下交货），即卖方负担的费用只到买方指派船只的吊钩所及之处，吊货入舱及其他各项费用由买方负担。

③FOB Stowed（FOB 理舱费在内），即卖方负责将货物装入船舱并承担包括理舱费在内的装船费。理舱费是指货物入舱后进行安置和整理的费用。

④FOB Trimmed（FOB 平舱费在内），即卖方负责将货物装入船舱并承担包括平舱费在内的装船费。平舱费是指对装入船舱的散装货物进行平整所需要的费用。

在许多标准合同中，为明确表示由卖方承担包括理舱费和平舱费在内的各项装船费用，常采用 FOBST（FOB Stowed and Trimmed）来表示。

小思考 3-3

如果以 FOB 条件进口货物，采用租船运输，若买方不愿意承担装船费用，那么应采用 FOB 的哪种变形？

（4）个别国家对 FOB 术语的不同解释。以上对 FOB 术语的解释都是按照国际商会的《2020 通则》作出的。然而，不同的国家和不同的惯例对 FOB 术语的解释并不统一。它们之间的差异从交货地点、风险划分界限及卖方承担的责任义务等方面的规定中都可以体现出来。例如，北美洲的一些国家采用的《1990 年美国对外贸易定义修订本》中将 FOB 概括为六种，其中仅第五种的解释同《2020 通则》的解释相似，但是 FOB 和港口之间应加上 "Vessel" 字样，如 "FOB Vessel New York"。

即使都在装运港的船上交货，各国对风险划分界限的规定也不完全一样。按照美国的《1990 年美国对外贸易定义修订本》的解释，买卖双方划分风险的界限不在船舷，而在船上。卖方由此承担一切货物灭失或损毁责任，直至在规定日期或期限内，将货物装载于轮船上为止。

另外，关于办理出口手续问题，各国也存在分歧。按照《2020 通则》的解释，FOB 条件下，卖方应自担风险及费用，取得出口许可证或其他官方证件，并办理出口货物所需的一切海关手续。但是，按照《1990 年美国对外贸易定义修订本》的解释，卖方只在买方请求并由其负担费用的情况下，协助买方取得由原产地或装运地国家签发的、货物在出口或进口时所需的各种证件，即买方要承担一切出口捐税及各种费用。

鉴于上述情况，我国在与美国、加拿大等北美洲国家开展业务的过程中，采用 FOB 术语成交时，应对有关问题做出明确规定，以免发生误会。

（二）CFR 术语

CFR 术语的全称是 Cost and Freight（insert named port of destination），即成本加运费（插入指定目的港）。这是指卖方在合同规定的装运期内，在装运港将货物交至运往指定目的港的船上，负担货物装上船为止的一切风险及各种事件造成的任何额外费用，负责租船订舱，并支付至目的港的正常运费。CFR 术语也是国际贸易中常用的术语之一，只适用于海运和内河运输。

1. CFR 术语对买卖双方义务的规定

根据《2020 通则》对 CFR 术语的解释，买卖双方各自应承担的主要义务划分如下：

（1）卖方义务。卖方义务具体内容如下：

①必须签订或取得运输合同，支付运费，经由惯常航线，由通常用来运输该类商品的船舶运输。

②必须在约定的装运期间内和指定的装运港，将合同规定的货物交至买方指派的船上，并及时通知买方。

③必须承担货物在装运港装上船之前的一切费用和风险。

④必须自负风险和费用，取得出口许可证或其他官方批准证件，并办理货物出口所需要的一切海关手续。

⑤负责提交商业发票和证明货物已交至船上的交货凭证，以及合同要求的其他与合同相符的单据。在双方约定和符合惯例的情况下，单证可以是具有同等作用的电子记录。

（2）买方义务。买方义务具体内容如下：

①受领符合合同规定的货物与单证并支付合同规定的价款。

②承担货物在装运港装上船后的一切费用和风险。

③必须自负风险和费用，取得进口许可证或其他官方批准证件，并负责办理货物进口时和从他国过境时所需的一切海关手续。

2. 使用 CFR 术语时应注意的问题

（1）租船订舱问题。租船订舱是国际贸易货物交付过程中的一个重要步骤。采用 CFR 术语成交时，卖方的基本义务是安排运输并支付运费。必须注意的是，按规定，卖方只要安排了通常的船只和惯常的行驶航线，就尽到了自己的责任。如果买方提出一些超出这一范围的要求，卖方有权拒绝，也可在不增加费用的前提下考虑接受，但这并不是卖方必须履行的责任和义务。因此，在实践中，对买方提出的关于船籍、船型、船龄、船级及指定船公司的船只等额外要求，卖方均有权拒绝接受。

（2）费用划分与风险划分问题。按照 CFR 术语成交时，买卖双方的风险划分界限在装运港船上，即货物装上船时风险由卖方转移至买方。因此，CFR 术语仍然属于装运港交货的国际贸易术语。但是，事实上卖方只保证按时装运，并不保证按时送达货物，也不承担货物送抵目的港的义务。尽管卖方负责运输，并支付货物到达目的港的运费，但卖方支付的运费只是正常情况下的运输费用，不包括途中出现意外而产生的其他费用。

（3）关于装船通知的问题。按惯例，不论是 FOB 合同还是 CFR 合同，卖方在货物装船后，都必须立即向买方发出装船通知，对 CFR 合同来说，这点尤为重要，因为这将直接影响买方是否能及时办理货物运输保险。按有关法律及惯例规定，如果卖方没有及时发出装船通知，使买方未能及时办理货物运输保险，那么货物在海运途中遭遇风险，造成损失或灭失，相应的责任将由卖方承担。也就是说，卖方在没有及时向买方发出装船通知而使买方漏保时，不能以风险已随货物于装运港装上船时发生转移为由而免除责任。

小思考 3-4

为什么说卖方及时发出装船通知对 CFR 合同来说尤为重要？

案例讨论 3-3

我国某公司以 CFR 术语与 B 国的 H 公司签订出口一批消毒碗柜的合同。合同规定，装运的时间是 4 月 15 日前。我国该公司备妥货物，并于 4 月 8 日装船完毕。由于遇到星期日，该公司业务员休息，未及时发出装运通知，这导致 H 公司未能及时办理投保手续，而货物在 4 月 8 日晚因火灾被烧毁。

请问：货物损失责任由谁承担？为什么？

（4）卸货费用的负担问题。根据 CFR 术语，卖方应将货物运往合同规定的目的港，并支付正常的费用，但货物运至目的港后的卸货费用由谁承担则不明确。如果采用班轮运输，班轮公司既负责装又负责卸，运输费用已包括目的港的卸货费用，那么该费用由卖方负担。如果大宗商品采用程租船运输，那么装船费用由卖方负担，而货物在目的港的卸货费用由谁负担就必须在合同中明确规定。各国做法虽不尽相同，但人们通常采用 CFR 术语的变形形式来做出具体规定。CFR 术语的变形形式主要如下：

① CFR Liner Terms（CFR 班轮条件），即卸货费用按班轮条件计算，由船方负担。但是，CFR 术语要求卖方租船订舱、支付运费，卸货费用最终也由卖方负担。

②CFR Landed（CFR 卸至岸上），即由卖方负担将货物卸至岸上的费用，包括可能支付的驳船费和码头费。

③CFR Ex Ship's Hold（CFR 舱底交货），即货物运抵目的港后，买方负责货物由舱底起吊并卸至码头的卸货费用。

④CFR Ex Tackle（CFR 吊钩下交货），即货物运抵目的港后，卖方负担的费用包含了吊钩将货物从船舱吊起并卸至船舶的所及之处（码头上或驳船上）的费用。船舶不能靠岸时，驳船费用由买方负责。

CFR 术语的变形只说明卸货费用的划分，并不改变交货地点和风险划分的界限。

（三）CIF 术语

CIF 术语的全称是 Cost，Insurance and Freight（insert named port of destination），即成本、保险费加运费（插入指定目的港）。

CIF 术语是指卖方在合同规定的装运期内，在装运港将货物交至运往目的港的船上，负担货物装上船为止的一切风险及各种事件造成的任何额外费用，负责办理货运保险，并支付保险费，以及负责租船订舱，支付从装运港到目的港的正常运费。该术语只适用于海洋运输和内河运输。

1. CIF 术语对买卖双方义务的规定

根据《2020 通则》对 CIF 术语的解释，买卖双方各自应承担的主要义务划分如下：

（1）卖方义务。卖方义务具体内容如下：

①必须签订或取得运输合同，支付运费，经由惯常航线，由通常用来运输该类商品的船舶运输。

②必须在约定的装运期间内和指定的装运港，将合同规定的货物交至买方指派的船上，并及时通知买方。

③必须承担货物在装运港装上船之前的一切费用和风险。

④按照合同的规定，办理货物运输保险并支付保险费。

⑤必须自负风险和费用，取得出口许可证或其他官方批准证件，并办理货物出口所需要的一切海关手续。

⑥负责提交商业发票和证明货物已交至船上的交货凭证，以及合同要求的其他与合同相符的单据。在双方约定和符合惯例的情况下，单证可以是具有同等作用的电子记录。

（2）买方义务。买方义务具体内容如下：

①受领符合合同规定的货物与单证并支付合同规定的价款。

②承担货物在装运港装上船后的一切费用和风险。

③必须自负风险和费用，取得进口许可证或其他官方批准证件，并负责办理货物进口时和从他国过境时所需的一切海关手续。

2. 使用 CIF 术语应注意的问题

（1）保险的险别问题。CIF 合同中，卖方负有为货物办理货物运输保险的责任。从风险角度讲，货物在装运港装上船以后的风险是由买方承担的，因此，卖方是为了维护买方的利益而办理货物运输保险的，即卖方办理货物运输保险是代办的性质。

办理货物运输保险必须明确险别。投保的险别不同，保险人承保的责任范围不同，保险费率就不同。那么，按 CIF 术语成交，卖方应该投保什么险别呢? 一般的做法是，在双方签约时，在合同中明确规定保险的险别、保险金额等内容，卖方在投保时按合同的约定办理即可。但是，如果买卖双方在合同中没有作出明确规定，则按有关惯例来处理。按照《2020 通则》对 CIF 术语的解释，卖方只需投保最低险别。最低保险金额一般在合同价格的基础上加 10%，即 110%，并应采用合同货币。如果买方要求增加保险险别或保险金额，并负担费用，那么卖方可加保战争、罢工、暴乱和民变险。

(2) 租船订舱的问题。CIF 术语与 CFR 术语一样，要求卖方负责安排运输。同样，按规定，卖方只要安排了通常的船只和惯常的行驶航线，就尽到了自己的义务。如果买方提出一些超出这一范围的要求，那么卖方有权拒绝，也可在不增加费用的前提下考虑接受，但这并不是卖方必须履行的责任和义务。

(3) 卸货费用的负担问题。与 CFR 术语相同的是，采用 CIF 术语时，仍然由卖方将货物运往合同规定的目的港，并支付正常的费用，但如果大宗商品采用程租船运输时，船舶公司不愿意承担目的港的卸货费，那么卸货费的负担就出现不明确的现象。为了解决这个问题，通常采用 CIF 术语的变形形式来做出具体规定。CIF 术语的变形形式主要 4 种: CIF Liner Terms (CIF 班轮条件)、CIF Landed (CIF 卸至岸上)、CIF Ex Ship's Hold (CIF 舱底交货)、CIF Ex Tackle (CIF 吊钩下交货)。这些变形形式的具体含义与 CFR 术语变形形式的具体含义相同，此处不再重复。

(4) 象征性交货 (Symbolic Delivery) 问题。所谓象征性交货，是针对实际交货 (Physical Delivery) 而言的。象征性交货是指卖方只要按期在约定地点完成装运，并向买方提交包括物权凭证在内的有关单证，就算完成了交货，而无须保证货物到达最终目的地。实际交货是指卖方要在规定的时间和地点，将符合合同规定的货物交给买方或其指定人。

CIF 合同的特点在于它表述的是一种典型的象征性交货，即卖方凭单据交货，买方凭单据付款，只要卖方所交单据齐全与合格，卖方就算履行了交货义务而无须保证到货。在此情况下，买方必须履行付款义务。反之，如果卖方提交的单据不符合要求，即使货物完好无损地到达目的地，买方也有权拒付货款。

CIF 术语的这一性质使得 CIF 合同成为一种"单据买卖"合同，要求卖方必须保证所提交的单据完全符合合同的要求，否则将无法顺利收回货款。但是，必须指出的是，按 CIF 术语成交，卖方履行其交单义务只满足了买方付款的前提条件，除此之外，卖方还要履行交货义务。如果所交货物与合同规定不符，那么买方只要能证明货物的缺陷在装船前就已经存在，而且这种缺陷在正常检验中很难发现，即使已经付款，只要未超过索赔期，就可以根据合同的规定向卖方提出索赔。

小思考 3-5

CIF 可以称为"到岸价"吗? 按 CIF 伦敦的条件成交时，卖方是否要在伦敦交货?

案例讨论 3-4

某进口公司根据 CIF 汉堡的条件向英国某客商出售一批供应圣诞节的应季杏仁。由于该商品的季节性较强，因此买卖双方在合同中规定：买方须于 9 月底以前开出信用证，卖方保证不迟于 12 月 5 日将货物运抵汉堡，否则买方有权撤销合同。如卖方已结汇，须将货款退还买方。

请问：该合同是否还属于 CIF 合同？为什么？

综上所述，FOB、CIF 和 CFR 三种术语都是只适用于水上运输的国际贸易术语；卖方的交货地点均在装运港；卖方承担的风险均在货物于装运港装上船后转移给了买方。FOB、CIF 和 CFR 三种术语之间的区别是，卖方承担的责任和费用有所不同。CFR 与 FOB 相比，卖方的责任中增加了货物运输的办理，价格构成上相应增加了一笔正常的货物运输费用；CIF 与 CFR 相比，卖方的责任中增加了货运保险的办理，价格构成上相应增加了一笔保险费。

以上三种国际贸易术语是传统的贸易术语，在早期的国际贸易中使用得较多。下面将 FOB、CIF 和 CFR 三种术语之间的异同点用表 3-5 加以总结。

表 3-5　FOB、CIF、CFR 三种术语的异同点

项目		卖方	买方
相同点		(1) 装货、及时通知 (2) 办理出口手续、提供证件 (3) 交单	(1) 接货 (2) 办理进口手续、提供证件 (3) 受单、付款
		(4) 都在装运港交货，以货物装上船为风险划分界限 (5) 交货性质相同，都是象征性交货 (6) 都适合海洋运输和内河运输	
不同点	FOB	—	租船订舱、支付运费 办理保险、支付保险费
	CFR	租船订舱、支付运费	办理保险、支付保险费
	CIF	租船订舱、支付运费 办理保险、支付保险费	—

（四）FCA 术语

FCA 术语的全称是 Free Carrier（insert named place），即货交承运人（插入指定交货地点）。

FCA 指卖方在合同规定的交货期内，在指定地点将已经办理出口清关手续的货物交于买方指定的承运人即完成交货，卖方承担货物被交由承运人监管为止的一切风险和费用。FCA 术语适用于任何形式的运输，包括多式联运。

1. FCA 术语对买卖双方义务的规定

根据《2020 通则》对 FCA 术语的解释，买卖双方各自承担的主要义务如下：

（1）卖方义务。卖方义务具体内容如下：

①在合同规定的时间内，在指定的地点，将合同规定的货物交于买方指定的承运人，并及时通知买方。

②承担将货物交于买方指定的承运人之前的一切风险和费用。

③自负风险和费用，取得出口许可证或其他官方批准证件，并办理货物出口所需的一切海关手续。

④自行负担费用，向买方提交商业发票和交货凭证，或者有同等效力的电子信息。

⑤附加已装船提单，买卖双方可以约定，买方可指示其承运人在货物装运后向卖方签发已装船提单，而卖方有义务向买方提交该提单。

（2）买方义务。买方义务具体内容如下：

①签订自指定地点承运货物的运输合同，支付货物运至目的地的运费，并将承运人名称及有关信息及时通知卖方。

②受领货物和有关单证或具有同等效力的电子信息，并按合同规定支付货款。

③承担货物交承运人之后的一切风险和费用。

④自负风险和费用，取得进口许可证或其他官方批准证件，并办理货物进口时和从他国过境时所需的一切海关手续。

2. 使用 FCA 术语应注意的问题

（1）货物交接问题。在 FCA 条件下，通常由买方安排承运人。承运人是指在运输合同中，承诺通过陆运、空运、海运、内河运输方式或上述联合运输方式运输及办理运输业务的任何人。这表明承运人可以是拥有运输工具的实际承运人，也可以是运输代理人或其他人。按照《2020 通则》的规定，交货地点的选择直接影响装卸货物的责任划分问题。若卖方在其所在地交货，则应负责把货物装上承运人提供的运输工具上。若卖方在任何其他地点交货，如在自己提供的运输工具上交货，则不负责卸货。如果在约定地点并未约定具体的交货点，且有几个具体交货点可供选择时，卖方可以从中选择最适合完成交货的交货点。买方必须在卖方按照规定交货时受领货物。

（2）风险转移问题。在采用 FCA 术语成交时，无论使用的是陆运、空运、海运等中的哪种运输方式，买卖双方的风险划分均以货交承运人为界。如果买方未能及时向卖方通知承运人名称及有关事项，或者他所指定的承运人在约定的时间内未能接受货物，则由买方承担自约定的交货期限届满之日起，货物灭失或损坏的一切风险。如果是买方的原因造成卖方无法按时交货，那么货物只要已被特定化，风险转移的时间就可以前移。

按 FCA 术语成交，一般由买方负责订立运输合同、指定承运人。但是，如果卖方有要求，并由买方承担风险和费用，那么卖方可以代替买方指定承运人并订立运输合同。如果卖方拒绝，应及时通知买方，以便买方另行安排。

（3）已装船提单问题。在 FCA 术语下，《2020 通则》首次提供了可选机制，即买卖双方可以选择在合同中约定由卖方提供已装船提单，卖方则必须指示承运人出具已装船提单给买方。此外，应强调的是，即使采用该可选机制，卖方对买方也不承担运输合同条款下的义务。如果采用该可选机制，那么在内陆交货及装船的日期可能不同，这可能将给信用证下的卖方带来困难。

案例讨论 3-5

我国西部某贸易公司 A 于 2020 年 10 月向韩国出口 50 公吨货物，以 FOB 天津的条件成交，用即期信用证结算，装运期为 10 月 31 日之前。由于贸易公司 A 在天津设有办事处，因此其在 10 月上旬便将货物运到天津，由天津办事处负责订箱装船。不料，在货物存储天津后的第三天，仓库于午夜失火，风大火烈，抢救不及，货物全部被焚。天津办事处立即通知贸易公司 A 并要求其尽快补发货物，否则无法按期装船，但贸易公司 A 已无现成货物。

请评析此案。

（五）CPT 术语

CPT 术语的全称是 Carriage Paid to（insert named place of destination），即运费付至（插入指定目的地）。

CPT 是指卖方向其指定的承运人交货，并支付将货物运至目的地的运费。在货物被交由指定的承运人监管时，货物灭失或损坏的风险，以及因发生各种事件而引起的任何额外费用，即从卖方转移至买方。该术语与 FCA 术语一样，适用于任何运输方式，包括多式联运。

1. CPT 术语对买卖双方义务的规定

根据《2020 通则》对 CPT 术语的解释，买卖双方各自承担的主要义务如下：

（1）卖方义务。卖方义务具体内容如下：

①订立将货物运至目的地的合同，并支付运费，在合同规定的时间、地点将货物交给承运人，并及时通知买方。

②承担货物交给承运人控制之前的一切风险和费用。

③自负风险和费用，取得出口许可证或其他官方证件，并办理货物的出口清关手续。

④提交商业发票和在指定目的地提货所需要的运输单据，或者具有同等作用的电子信息。

（2）买方义务。买方义务具体内容如下：

①接受卖方提供的有关单据，受领货物，并按合同规定支付货款。

②承担货物交给承运人控制之后的一切风险。

③自负风险和费用，取得进口许可证或其他官方证件，并办理货物进口时和从他国过境时所需的一切海关手续。

2. 使用 CPT 术语应注意的问题

（1）风险划分的界限问题。CPT 术语是运费付至术语，但是卖方承担的风险并没有相应地延伸到指定的目的地。根据《2020 通则》的规定，卖方只承担货物交给承运人控制之前的风险。在多式联运方式下，卖方只承担货物交给第一承运人控制之前的风险，货物自交货地至目的地的风险由买方承担。

（2）责任和费用的划分问题。采用 CPT 术语成交，由卖方负责订立运输合同，并负担从交货地点到指定目的地的正常运费。正常运费之外的其他有关费用，一般由买方负担。货物的装卸费用可以包括在运费中，由卖方负担，也可由买卖双方在合同中另行约定。

（3）装运通知。CPT 术语实际上是 CFR 术语在适用的运输方式上的扩展。CFR 术语只适用于水上运输方式，而 CPT 术语适用于任何运输方式。买卖双方在义务划分原则上是完全相同的。卖方只负责货物的运输而不负责货物的运输保险。因此，卖方应在交货后及时通知买方，以便买方投保；否则，一旦造成买方未能及时投保或漏保，造成的相应损失将由卖方承担。

小思考 3-6

请比较 CFR 术语和 CPT 术语的区别。

（六）CIP 术语

CIP 术语的全称是 Carriage and Insurance Paid to（insert named place of destination），即运费保险费付至（插入指定目的地）。

CIP 是指卖方向其指定的承运人交货，办理货物运输并支付将货物运至目的地的运费，还要订立保险合同并支付保险费用。在货物被交由承运人控制时，货物灭失或损坏的风险，以及因发生事件而引起的任何额外费用，即从卖方转移至买方。该术语适合各种运输方式，包括多式联运。

1. CIP 术语对买卖双方义务的规定

根据《2020 通则》对 CIP 术语的解释，买卖双方各自承担的主要义务如下：

（1）卖方义务。卖方义务具体内容如下：

①订立将货物运至目的地的合同，并支付运费，在合同规定的时间、地点将货物交给承运人，并及时通知买方。

②按照买卖合同的约定，自负费用以投保货物运输保险。

③承担货物交给承运人控制之前的一切风险。

④自负风险和费用，取得出口许可证或其他官方批准证件，并办理货物的出口清关手续。

⑤提交商业发票和在指定目的地提货所需要的运输单据，或者具有同等作用的电子信息。

（2）买方义务。买方义务具体内容如下：

①接受卖方提供的有关单据，受领货物，并按合同规定支付货款。

②承担货物交给承运人控制之后的一切风险。

③自负风险和费用，取得进口许可证或其他官方批准证件，并办理货物进口时和从他国过境时所需的一切海关手续。

在 CIP 条件下，卖方的交货地点、买卖双方风险划分的界限、适用的运输方式，以及出口手续、进口手续的办理等方面的规定均与 CPT 条件相同。CIP 术语与 CPT 术语的唯一差别是，卖方增加了办理货物运输保险、支付保险费和提交保险单的责任。在价格构成因素中，CIP 术语比 CPT 术语多了一项保险费。

2. 使用 CIP 术语应注意的问题

（1）正确理解风险和保险问题。对于按 CIP 术语成交的合同，由卖方负责办理货物运输保险，并支付保险费。但是，因为货物从交货地点运往目的地的风险由买方承担，所以卖方的投保仍属代办性质。根据《2020 通则》的规定，如果买卖双方没有在合同中约定具体的投保险别，则卖方需投保最高险别（一切险减除外责任），但是，双方仍然可以自行约定更低的险别。此项规则不同于《2010 通则》，根据《2010 通则》，如果买卖双方没有在合同中约定具体的投保险别，那么卖方投保最低险别即可。

（2）应合理地确定价格。与 FCA 术语相比，在 CIP 条件下卖方要承担较多的责任和费用。CIP 条件下，价格包括了通常的运费和约定的保险费。因此，卖方在对外报价时，要认真核算运费和保险费，并考虑运费和保险费的变动趋势等。从买方来讲，也要对卖方的报价进行认真分析，做好比价工作，以免接受不合理的报价。

案例讨论 3-6

某出口公司 A 同新加坡客户因价格条款产生分歧，双方一直争执不下。公司 A 和新加坡客户交易的货物通过空运方式进行运输。公司 A 认为 CIF 条款只适用于海运及陆运方式，而不适用于空运方式，因此坚持用 CIP 条款（银行方面也坚持认为，按照国际惯例，空运必须使用 CIP 条款）。可客户坚持用 CIF 条款，认为 CIP 条款比 CIF 条款多一项费用。

请问：CIP 条款和 CIF 条款在费用上究竟有什么区别？公司 A 的做法是否正确？

二、《2020 通则》中其他五种国际贸易术语

除了以上六种常用的国际贸易术语以外，《2020 通则》中还规定了 EXW、FAS、DPU、DAP 和 DDP 五种国际贸易术语。这些术语虽不常用，但在某些商品或特殊商品的交易条件下，却是非常有用的，因此我们只有熟练掌握这六种术语才能更好地胜任外贸工作。

（一）EXW 术语

EXW 术语的全称是 Ex Works（insert named place of delivery），即工厂交货（插入指定交货地点）。

EXW 是指卖方在其所在地或其他指定地点，如工厂、仓库等，将货物交给买方即完成交货。买方承担在卖方所在地受领货物、办理出口清关手续，以及将货物装上运输工具并检验等的全部费用和风险。

EXW 是卖方承担责任最小的术语，使用时我们应注意以下问题：

（1）卖方没有义务为买方装载货物。即使实际上由卖方装载货物，相关风险和费用也由买方承担。

（2）以 EXW 术语为基础购买出口产品的买方需要注意，卖方只在买方有要求时，才会协助办理出口，即卖方无义务安排出口通关。因此，买方在无法直接或间接办理货物出口手续时，不宜采用这一术语成交。

（二）FAS 术语

FAS 术语的全称是 Free alongside Ship（insert named port of shipment），即船边交货（插入指定装运港）。

按照这一术语，卖方在约定的时间内，将合同规定的货物交到买方指定装运港内的指派船边时，即完成交货。当买方指派的船只不能靠岸时，买方可以要求卖方用驳船把货物运至船边，双方仍在船边交货。装船的责任和费用由买方承担。买卖双方负担的风险和费用均以船边为界。

由于卖方承担在特定地点交货前的风险和费用，而且这些费用和相关作业费可能因各港口的惯例不同而存在差异，因此特别建议双方尽可能清楚地约定指定装运港内的装货点。

FAS术语中，买方负责安排货物的运输，要及时将船名和装货的具体时间、地点通知卖方，使卖方能按时做好交货准备。即使买方指派的船只未按时到港接受货物，或者比规定的时间提前停止装货，只要货物已被卖方交出，此后产生的风险和费用就也由买方承担。

小思考3-7

请分析FOB术语和FAS术语的异同。

（三）DAP术语

DAP术语的全称是Delivered at Place（insert named Place of destination），即目的地交货（插入指定目的地）。

DAP指卖方在指定目的地将仍处于抵达的运输工具上，但已做好卸货准备的货物交给买方处置，即完成交货。卖方承担将货物送到指定地点的一切风险。这一术语适用于任何一种运输方式或多式联运。

由于卖方承担在特定地点交货前的风险，因此特别建议双方尽可能清楚地约定指定目的地的交货点。另外，DAP术语要求卖方办理出口清关手续，如果双方希望卖方办理进口清关手续、支付进口关税、办理所有进口海关手续，则应当使用DDP术语。

（四）DPU术语

DPU术语的全称是Delivered at Place Unloaded（insert named place of destination），即目的地卸货后交货（插入指定目的地）。

DPU指卖方将货物交付至买方所在地可以卸货的任何地方，并从抵达的载货运输工具上将其卸下，交给买方处置，即完成交货。交货地点可以在进口国的任何地点，如工厂，而不仅限于运输终端。

在使用DPU术语时，应注意如下问题：

（1）关于交货地点的确定。由于卖方承担把货物运至买方所在地的指定交货地点并将其卸下所产生的一切风险，因此合同双方应谨慎地、尽可能清楚地确定交货地点，如双方都认可的工厂。

（2）关于进出口报关手续。DPU术语要求卖方为货物办理出口清关手续。但是，卖方没有任何义务为货物办理进口清关手续、支付进口关税和办理任何进口海关手续。

（3）关于卸货。DPU是唯一要求卖方在目的地卸货的术语，因此卖方应当确保可以在指定地点组织卸货。

（五）DDP 术语

DDP 术语的全称是 Delivered Duty Paid（insert named place of destination），即完税后交货（插入指定目的地）。

DDP 指卖方在指定目的地将仍处于抵达的运输工具上，但已完成进口清关，且已做好卸货准备的货物交由买方处置，即完成交货。卖方承担将货物运至目的地的一切风险和费用，并且有义务办理货物出口和进口清关手续，支付所有出口和进口关税及办理所有海关手续。

办理进口清关手续时，卖方也可要求买方予以协助，但费用和风险仍由卖方负担。买方应给予卖方一切协助以取得进口所需的进口许可证或其他官方证件。如果双方当事人希望将进口时所要支付的一些费用，如增值税（VAT），从卖方的义务中扣除，则应在合同中订明。DDP 术语适用于所有运输方式。DDP 术语是表明卖方承担的责任最大、费用和风险最高的术语。使用该术语应注意以下事项：

（1）妥善办理投保事项。由于按照 DDP 术语成交，卖方要承担很大的风险，因此为了能在货物受损或灭失时及时得到经济补偿，卖方应办理货运保险。选择投保的险别时，卖方应根据货物的性质、运输方式及运输路线来灵活决定。

（2）在 DDP 交货条件下，卖方是在办理了进口清关手续后在指定目的地交货的，这实际上说明卖方已将货物运进了进口方的国内市场。如果卖方直接办理进口清关手续有困难，也可要求买方协助办理。

（3）如果双方当事人同意在卖方承担的义务中扣除货物进口时应支付的某些费用，如增值税，则需要在条款中另加文字予以明确，否则不能扣除。

以下将 11 种国际贸易术语进行归纳对比（见表 3-6）。

表 3-6　11 种国际贸易术语对比

国际贸易术语	交货地点	风险转移界限	出口清关手续	进口清关手续	办理运输、支付运费	办理保险、支付保险费	运输方式
EXW	商品产地或所在地	买方处置货物后	买方	买方	买方	买方	任何
FAS	装运港船边	货交船边后	卖方	买方	买方	买方	水上
FOB	装运港船上	货物装上船后	卖方	买方	买方	买方	水上
CFR	装运港船上	货物装上船后	卖方	买方	卖方	买方	水上
CIF	装运港船上	货物装上船后	卖方	买方	卖方	卖方	水上
FCA	出口国指定地点	承运人处理货物后	卖方	买方	买方	买方	任何
CPT	出口国指定地点	承运人处理货物后	卖方	买方	卖方	买方	任何
CIP	出口国指定地点	承运人处理货物后	卖方	买方	卖方	卖方	任何
DAP	进口国指定地点	买方在指定地点收货后	卖方	买方	卖方	卖方	任何
DPU	进口国指定地点	买方处置货物后	卖方	买方	卖方	卖方	任何
DDP	进口国指定地点	买方在指定地点收货后	卖方	卖方	卖方	卖方	任何

三、国际贸易术语的选用

《2020 通则》共有 11 种国际贸易术语，不同的国际贸易术语对买卖双方所承担的责任、义务、风险的规定也不同，价格术语选择的正确与否直接关系到买卖双方的经济利益是否受影响。因此，对选择何种国际贸易术语，买卖双方要根据具体的交易情况来进行分析，既要有利于交易的达成，又要避免使己方承担过高的风险。

（一）国际贸易术语选用应考虑的因素

1. 考虑货物特性及运输条件

国际贸易中的货物品种很多，不同类别的货物具有不同的特点，它们在运输方面的要求各不相同，故运输的难易程度不一样，运费开支的多少也有差异。这些是选用国际贸易术语时应考虑的因素。此外，成交量的大小也直接涉及安排运输是否困难和是否合算。在成交量太小，又无班轮通航的情况下，负责安排运输的一方势必会增加运输成本，故选用国际贸易术语时应对此予以考虑。

2. 考虑运费的高低

运费是货价的构成因素之一，在选用国际贸易术语时，应考虑货物经由路线的运费收取情况和运价变动趋势。一般来说，当运价看涨时，为了避免承担运价上涨的风险，可以选用由对方安排运输的国际贸易术语成交，如按 C 组术语进口、按 F 组术语出口。在运价看涨的情况下，如因某种原因不得不采用由自身安排运输的国际贸易术语成交，则应将运价上涨的风险考虑到货价中去，以免遭受运价变动的损失。

3. 考虑运输方式

在本身有足够运输能力或安排运输无困难，而且经济上又合算的情况下，可争取按由自身安排运输的条件成交（如按 FCA、FAS 或 FOB 进口，按 CIP、CIF 或 CFR 出口）；否则，则应酌情争取按由对方安排运输的条件成交（如按 FCA、FAS 或 FOB 出口，按 CIP、CIF 或 CFR 进口）。另外，由于集装箱运输和多式运输的广泛运用，国际贸易术语的选用由以前传统的 FOB、CFR、CIF 发展到现在的 FCA、CPT 和 CIP。

4. 考虑海上风险程度

在国际贸易中，交易的商品一般需要长途运输。货物在运输过程中可能遇到各种自然灾害、意外事故等风险，特别是在战争或正常的国际贸易容易遭到人为破坏的时期和地区，运输途中的风险更大。因此，买卖双方在洽商交易时，必须根据不同时期、不同地区、不同运输线路和运输方式的风险情况，并结合购销意图来选用适当的国际贸易术语。

5. 考虑办理进出口货物结关手续的难易

在国际贸易中，关于进出口货物的结关手续，有些国家规定只能由结关所在国的当事人办理或代为办理，有些国家则无此项限制。因此，若出口国政府当局规定买方不能直接或间接办理出口结关手续，则买卖双方不宜按 EXW 条件成交；若进口国政府当局规定卖方不能直接或间接办理进口结关手续，则买卖双方不宜按 DDP 条件成交。

（二）国际贸易术语与合同性质的关系

1. 国际贸易术语是决定合同性质的重要因素

不同的国际贸易术语对卖方交货的地点、承担的责任和费用的规定不同。通常来讲，如果买卖双方选用了某组国际贸易术语成交，并且按照惯例的规定来划分双方的责任、风险和费用，则该买卖合同的性质也就相应确定下来。在这种情况下，国际贸易术语的性质与买卖合同的性质是相同的。例如，买卖双方选用了 F 组术语成交，如选用了 FOB，那么卖方只要在规定的装运期和指定的装运港将货物装至买方指派的船上就算履行完交货义务。

2. 双方自愿选定合同中的国际贸易术语

虽然国际贸易术语是确定进出口合同性质的重要因素，但是其并不是唯一的决定因素。因为有关国际贸易术语在国际惯例中的适用，都是以当事人的"意思自治"为原则的，并不具有强制性。买卖双方可以在进出口合同中酌情做出某些与国际惯例不一致的具体约定。例如，买卖双方按 CIF 术语签订了进出口合同，但是又在合同中明确规定："以货物到达目的港作为支付货款的前提条件。"此时，卖方的交货地点已不再是装运港，而是目的港。该合同也不再是装运合同，而是到达合同。如果货物在运输途中因遇到风险而灭失，买方在目的港收不到合同规定的货物，那么买方是有权拒绝支付货款的。

3. 国际贸易术语与合同条款的关系

国际贸易术语一般作为买卖合同中单价条款的一部分，但由于其除了明确价格构成之外，还涉及运输、保险、货物交接地点、风险转移问题，因此就不可避免地与合同中的其他交易条款存在关联。我们应注意国际贸易术语与价格条款、装运条款、保险条款、支付条款及检验条款之间的逻辑关系。

案例讨论 3-7

新疆某公司和日本客商洽谈一项出口业务，计划将货物由乌鲁木齐运往横滨。我方不愿承担从乌鲁木齐至出口港天津新港的货物风险，日本客商坚持由自己办理运输，但不负责办理出口手续。

请问：应采用何种国际贸易术语签订合同才能使双方都满意？

工作提示：

在实践中，买卖双方应在合同中明确列出国际贸易术语所适用的国际惯例，同时根据该国际惯例对国际贸易术语的解释，严格按照对彼此的风险和责任的划分，履行相关义务并支付应该承担的费用。

 思政课堂

终身学习，适应变化

无论是传统的国际贸易，还是新兴的跨境电商，国际贸易术语都是开展相关业务的基础，现行的国际贸易合同大多基于的是《2010通则》。而在2019年9月10日，国际商会（The International Chamber of Commerce，ICC）发布了《2020年国际贸易术语解释通则》。《2020通则》中涉及DAT（在终端交付）更改为DPU（在卸货的地方交付）、确定交易双方所承担的成本、明确将安全相关要求和辅助成本转移给卖方等多处变更。要想应对不断变化的国际贸易规则和国际贸易环境，大家不仅要分析新变化带来的影响，形成勤思考、多动脑的习惯，更要培养终身学习的意识。终身学习是指社会每个成员为适应社会发展和个体发展的需要，在一生中连续不断地学习，它是贯穿人的一生的、持续的学习过程，即我们常说的"活到老学到老"或"学无止境"。在特殊的社会、教育和生活背景下，终身学习理念得以产生，它具有终身性、全民性、广泛性等特点。终身教育和终身学习提出后，各国普遍重视并积极实践。终身学习启示我们树立终身教育理念，不仅使学生学会学习，更重要的是培养学生养成主动学习、不断探索、自我更新、学以致用和优化知识的良好习惯。

任务三　商品价格的掌握

 任务目标

- 理解进出口商品的作价原则和方法
- 了解计价货币与支付货币的选择
- 熟练掌握佣金和折扣的计算与规定

 任务引入

我国出口公司A拟出口化妆品到中东地区某国。正好该国某中间商主动来函与我国出口公司A联系，表示愿意代为推销化妆品，并要求按每笔交易的成交金额收取5%的佣金。此后不久，该国中间商与当地进口商达成佣金5%（CIFC5%）、总金额5万美元的交易，约定货物在订约后2个月内于中国港口装运，并签订了销售合同。合同签订后，该国中间商来电要求我国出口公司A立即支付佣金2 500美元。我国出口公司A复电称："佣金需待货物装运完毕且我方收到全部货款后才能支付。"于是，双方产生了争议。

讨论题：

（1）请分析这起争议产生的原因是什么。

（2）我国出口公司A应吸取什么教训？

 知识内容

商品价格是交易双方磋商的主要内容之一，也是双方最为关注的方面。价格决定了其他各项交易条件的规定；其他各项交易条件的不同规定，也必然反映到价格上来。在进出口交易中，商品价格的确定涉及商品作价的方法，商品成本、费用和利润的核算，与佣金、折扣有关。

一、进出口商品作价原则

我国进出口商品作价原则要求企业在平等互利和贯彻国家政策的前提下，根据国际市场价格，遵循各国（地区）政策，结合自身的营销战略和目标制定适当的价格。

（一）按照国际市场价格水平作价

目前，国际市场上并没有一个统一的国际市场价格。我们通常所说的国际市场价格是指商品的国际集散地（中心）的市场价格、主要出口国（地区）当地市场的出口价格或主要进口国（地区）当地市场的进口价格。有些商品一时没有国际市场价格，我们可参照国际市场上类似商品的进口价格定价。必须注意的是，国际市场价格受供求关系的影响，围绕商品的价值上下波动。

（二）结合各国（地区）政策作价

为了配合我国有关外贸政策和规定，对有些国家（地区）除了可以参照国际市场价格进行定价外，还可以适当考虑该国（地区）政策。

（三）结合企业的购销意图作价

企业在确定某种商品的出口价格时，还应结合自身的营销战略和目标，做到既有利于吸引和留住国外客户，扩大国外市场份额，又有利于自身获得最佳的经济效益。商品的定价可以略高或略低于国际市场价格。

二、影响价格的各种具体因素

（一）商品的质量和档次

国际市场上一般都按质论价，即好货好价、次货次价。品质、档次、包装、商标、牌号都影响商品的价格。

（二）运输距离的远近

国际货物一般都要通过长途运输。运输距离影响运费和保险费的开支，从而影响商品的价格。因此，确定商品价格时，必须核算运输成本，做好比价工作，以体现地区差价。

（三）季节性需求的变化

在国际市场上，某些季节性商品如果赶在节令前到货，抢先应市，便能卖出好价。过了节令的商品，售价往往很低。因此，我们应当充分利用需求的季节性变化，掌握季节性差价，争取按对我方有利的价格成交。

（四）支付条件和汇率变动的风险

支付条件和汇率变动都影响着商品的价格。例如，某一商品在其他条件不变的情况下，采取预付货款和凭信用证付款的方式支付，其价格应当有所区别。同时，确定商品价格时，一般应争取采用对自身有利的货币成交；如果采用对自身不利的货币成交，则应当把汇率变动的风险考虑到货价中去，即适当提高出售价格或压低购买价格。

此外，交货期、市场消费习惯、成交数量和消费者的爱好等因素对确定价格也有不同程度的影响，因此我们必须通盘考虑和正确掌握。

三、进出口商品的作价方法

在国际货物买卖中，我们可以对不同情况分别采取不同的作价方法。

(一) 固定价格

固定价格是指买卖双方在协商一致的基础上，明确地规定成交价格，履约时按此价格结算货款。这是国际上常见的做法。固定价格具有明确、具体、严格的特点，便于双方在合同履行的过程中，减少争议。但是，由于商品市场行情的复杂性和多变性，价格时涨时落，如果规定固定价格，就意味着买卖双方要承担从订约到交货付款再到转售的价格变动风险，因此，为了减小价格风险，促成交易，也可采用较灵活的方法。

(二) 非固定价格

非固定价格，即一般业务中所说的"活价"。某些货物的国际市场价格变动频繁且幅度较大，交货期较远，买卖双方难以预测市场趋势，但又确有订约的意项，在这种情况下采用非固定价格有一定的好处。这种好处表现在：有助于暂时消除双方在价格方面的分歧，双方可先就其他条款达成协议并签约；打消客户对价格风险的顾虑，使客户敢于签订交货期较长的合同；虽不能完全排除价格风险，但有利于出口方做成生意及保证进口方的转售利润。

非固定价格大体可分为以下几种：

1. 具体价格待定

这种定价方法有两种表示方法。

(1) 在价格条款中明确规定定价时间和定价方法，如"在装船月份前50天，参照当地及国际市场价格水平，协商议定正式价格"。

(2) 只规定作价时间，如"双方将于某年某月某日协商确定价格"。

2. 暂定价格

在合同中初步订立一个价格，将其作为开证和初步付款的依据，双方在确定最终价格之后再进行清算，多退少补。例如，"单价暂定 CIF 纽约，每公吨 2 000 美元，作价方法为以某交易所 3 个月期货的装船月份平均价格加 8 美元计算，买方按本合同规定的暂定价开立信用证"。

3. 部分固定价格、部分非固定价格

为了照顾双方的利益，消除双方在采用固定价格或非固定价格方面的分歧，也可采用部分固定价格、部分非固定价格的做法，或者采用分批作价方法，如将交货期近的货物的价格在订约时固定下来，对其余部分在交货前一定期限内作价。

采用非固定价格的做法是先订约后作价。在合同的关键条款中，价格条款是在订约之后由双方按一定的方式来确定的。这就不可避免地给合同履行带来较大的不确定性，导致双方在作价时不能取得一致意见，使合同存在无法执行的可能或使合同因作价条款规定不当而面临失去法律效力的风险。

 **小思考 3-8**

在进出口业务中，采用非固定价格有什么优点？

(三) 价格调整条款

对某些生产周期长的大型机械、成套设备而言，从合同订立到合同履行需要很长时间，而货物价格可能受到工资、原材料价格变动的影响。为了避免双方承担过高的价格风险，交易双方，尤其是卖方往往要求在合同中订立价格调整条款。订立价格调整条款的做法是在合同中规定一个初步价格，于交货时或交货前，按工资、原材料价格的变动指数对初步价格进行相应调整，以确定最终价格。

四、计价货币与支付货币的选择

(一) 规定计价货币与支付货币的意义

计价货币 (Money of Account) 是指双方当事人用来计算债权债务的货币，在买卖合同中，也就是用来计算价格的货币。支付货币 (Money of Payment) 是指双方当事人约定的用来清偿债权债务的货币，在买卖合同中，也就是双方约定的用来偿付按计价货币表示的货款的等值货币。

根据国际贸易的特点，计价货币可以是出口国家货币，也可以是进口国家货币或双方同意的第三国货币，由买卖双方协商确定。如果合同中规定以一种双方当事人约定的货币 (如欧元) 来表示价格，而没有规定以其他货币支付，则合同中规定的货币，既是计价货币，又是支付货币。如果在计价货币之外还规定了以其他货币 (如日元) 支付，则日元就是支付货币。

在国际上普遍实行浮动汇率的情况下，买卖双方都要承担一定的汇率风险。在出口贸易中，计价和结汇争取使用硬币 (Hard Currency) (币值稳定或具有上浮趋势的货币)；在进口贸易中，计价和结汇争取使用软币 (Soft Currency) (币值不稳定或具有下浮趋势的货币)。在选择计价货币时，对备选货币分别进行比较、核算，确定使用哪种货币更合算，以达到对方可以接受、己方能减小风险的目的。

(二) 货币的报价核算

各国由于货币不同，在国际贸易中会遇到货币换算的问题，因此就需要了解外汇牌价 (汇率) 的变化。我国的外汇牌价，一般列有买入价和卖出价，买入价是银行买入外汇的价格，卖出价是银行卖出外汇的价格。以我国的进出口业务为例，如在对外报价时以人民币报出，而对方要求改为以美元报出或我方以美元报出，而对方要求改为以英镑报出，那么应报多少的问题就涉及货币的换算。目前，国际上常用的换算方法有以下 3 种：

1. 本币折算成外币对外报价

如果我方出口商品时以人民币报价，后需改为以外币报价，则应按银行买入价进行本币与外币的换算，公式如下：

外币价=本币价÷[汇率(买入价)÷100]

某公司出口一批玩具，价值为人民币 4 000 元，客户要求以美元报价，假设当时外汇汇率为买入价 100 美元等于 700.21 元人民币，卖出价 100 美元等于 700.69 元人民币，那么对外报价应为多少美元？

2. 外币折算成本币对外报价

在进口时，企业向银行购买外汇，银行卖出外汇时使用卖出价。因此，进口商以外币报价时，就只能以银行卖出价进行本币与外币的换算，公式如下：

本币价=外币价×[汇率(卖出价)÷100]

3. 由一种外币折算成另一种外币对外报价

在国际贸易中，当一国出口商报出一种外币（假设为甲国货币），外国进口商可能要求出口商改用其他货币报价（假设为乙国货币）。这时应遵循的原则是：无论是用直接标价法还是用间接标价法，都应将外汇市场中的甲国货币视为本国货币，然后根据前述方法进行计算，即外币折算本币，均用卖出价；本币折算外币，均用买入价。

(三) 减少汇率风险的常用方法

国际金融市场的汇价变化频繁，为了减小汇率风险，进口业务和出口业务中除了分别使用软币和硬币外，还可采用以下方式：

1. 降低进口价格或提高出口价格

降低进口价格或提高出口价格是指在出口不能使用硬币和进口不能使用软币时，可适当提高出口商品的价格，把该货币在我方收汇时可能下浮的汇率幅度考虑进去；进口时则可适当压低进口商品的价格，把计价货币和支付货币在我方付汇时可能上浮的汇率幅度考虑进去。

2. 软币、硬币结合使用

各种货币的"软"与"硬"是相对的，而且是有时效性的。为避免汇率变化产生的风险，在进出口贸易中，可以采用硬币和软币相结合的方法，使升值货币所带来的收益抵销贬值货币所带来的损失。如果在交易中对方坚持选择某种货币，那么双方可以通过协商解决。

五、佣金与折扣的运用

在进出口业务中，佣金和折扣运用得较为广泛。正确运用佣金和折扣，可以激发中间商或买方的兴趣，增加贸易出口的数量，提升本国产品在国际市场上的竞争力。

(一) 佣金

1. 佣金的含义

在国际贸易中，有些交易是通过中间商进行的。交易双方因中间商介绍生意或代买代卖而向其支付一定的酬金，此项酬金叫佣金（Commission）。凡在合同价格条款中，明确规定百分比的佣金，叫作"明佣"。如果不标明百分比，甚至连有关字样也不标示出来的佣金，叫作"暗佣"。佣金直接关系商品的价格，货价中是否包括佣金和佣金比例的大小，都影响商品价格的高低。显然，含佣价比净价要高，正确运用佣金，有利于调动中间商的积极性和扩大交易规模。

2. 佣金的规定方法

（1）在商品价格包括佣金时，通常应以文字来说明。例如，"每公吨 200 美元 CIF 旧金山包括 2%佣金"（USD 200 per M/T CIF San Francisco including 2% commission）。

（2）可用在国际贸易术语中加注佣金的英文缩写字母"C"和佣金的百分比来表示。例如，"每公吨 200 美元 CIFC2%旧金山"（USD 200 per M/T CIF San Francisco including 2% commission）。

（3）商品价格中所包含的佣金，除可以用百分比表示外，还可以用绝对数表示。例如，"每公吨付佣金 25 美元"。

中间商为了从买卖双方获取"双头佣金"或为了逃税，有时要求在合同中不规定佣金，而另按暗中达成的协议收取佣金。佣金的规定应合理，其比率一般在 1%~5%，不宜偏高。

3. 佣金的计算与支付方法

国际贸易中，计算佣金的方法不一。有的按成交金额计算，有的按成交商品的数量计算，即按对每一单位收取若干佣金计算。

在我国的进出口业务中，佣金的计算方法也不一致。按成交金额计算和按成交商品的数量计算都有。在按成交金额计算时，有的以发票总金额为基数计算佣金，有的则以 FOB 值为基数计算佣金。如按 CIF 成交，而以 FOB 值为基数计算佣金，则应从 CIF 价中减去运费和保险费，求出 FOB 值，然后以 FOB 值乘以佣金率，得出佣金额。计算佣金的公式如下：

单位货物佣金额＝含佣价×佣金率

净价＝含佣价-单位货物佣金额

上述公式也可写为

净价＝含佣价×（1-佣金率）

假如已知净价，则含佣价的计算公式如下

$$含佣价＝\frac{净价}{1-佣金率}$$

在这里，值得注意的是，如在洽商交易时，我方报价为 10 000 美元，对方要求 3%的佣金，在此情况下，我方改报含佣价，按上述公式算出含佣价应为 10 309.3 美元，这样才能保证实收 10 000 美元。

小思考 3-10

某出口公司针对某商品的对外报价为每公吨 2 000 美元 CIFC2%纽约，外商要求将佣金率提高到 4%。在保证我方净收入不变的情况下，应该报含佣价多少？

佣金的支付一般有两种做法：一种是由中间商直接从货价中扣除佣金；另一种是委托人在收清货款之后，按事先约定的期限和佣金比率，另行将佣金付给中间商。在支付佣金时，应防止错付、漏付和重付等事故发生。

（二）折扣

1. 折扣的含义

折扣（Discount）是指卖方按原价给予买方一定百分比的减让，即在价格上给予适当的优惠。国际贸易中使用的折扣，名目很多，除一般折扣外，还有为扩大销售规模而使用的数量折扣，为实现某种特殊目的而给予的特别折扣及年终回扣等。凡在价格条款中明确规定折扣率的，叫作"明扣"；凡交易双方就折扣问题已达成协议，而在价格条款中不明示折扣率的，叫作"暗扣"。折扣直接关系商品的价格，货价中是否包括折扣和折扣率的高低，都影响商品价格的高低。折扣率越高，则价格越低。

2. 折扣的规定方法

在国际贸易中，在规定价格条款时，如有折扣，通常用以下两种方式表示：

（1）用文字明确表示。例如，"每公吨 200 美元 CIF 伦敦，折扣 3%"（USD 200 per M/T CIF London including 3% discount）。此例也可表示为："每公吨 200 美元 CIF 伦敦，减 3% 折扣"（USD 200 per M/T CIF San Francisco less 3% commission）。

（2）用绝对数来表示。例如，"每公吨折扣 6 美元"。

在实际业务中，有的用 CIFD 或 CIFR 来表示 CIF 价格中包含折扣，这里的 D 和 R 是 Discount 和 Rebate 的缩写。鉴于在国际贸易术语中加注的"D"或"R"含义不清，可能引起误解，因此我们最好不使用此缩写。

3. 折扣的计算与支付方法

折扣通常是以成交金额或发票金额为基础计算出来的。例如，"CIF 伦敦，每公吨 2 000 美元，折扣率为 2%"，则卖方的实际净收入为每公吨 1 960 美元。其计算方法如下：

单位货物折扣额 = 原价（或含折扣价）× 折扣率

卖方实际净收入 = 原价 − 单位货物折扣额

折扣金额一般在买方支付货款时预先予以扣除，有的折扣金额不直接从货价中扣除，而按暗中达成的协议另行支付给买方，这种做法通常在给予暗扣或回扣时采用。

 小思考 3-11

某出口商品的对外报价为 FOB 上海每打① 50 美元，含 3% 的折扣。如果出口该商品 1 000 打，那么其折扣额和实收外汇各为多少？

知识链接

累计佣金的计算

累计佣金是指出口企业按一定时期的累计销售额给国外包销商、代理商的推销报

---

① 1 打指 12 个，是一种 12 个单位的计量标准，来源于英制单位。

酬。累计佣金对销售商具有一定的激励作用，因为累计销售额越大，佣金额也就越高。

累计佣金又可分为全额累进佣金和超额累进佣金。

1. 全额累进佣金

全额累进佣金是指按一定时期内推销金额所达到的佣金等级全额计算的佣金。

例如，根据某代理协议，佣金一年累计结付，按全额累进佣金方法结算，推销额和佣金率如下：

等级	A 级	B 级	C 级
推销额	100 万元以下	100 万～200 万元	200 万元以上
佣金率	1%	1.5%	2%

假如年末结算，某销售商的实际推销额为 240 万元，则应按 C 级，即 2% 计算佣金，该销售商应得佣金为 240×2%＝4.8 万元。

2. 超额累进佣金

超额累进佣金是指对各等级的超额部分分别计算佣金，然后将各级佣金加起来，求得累进佣金的总额。以上文中的业务为例，则该销售商应得佣金计算如下：100×1%+（200-100）×1.5%+（240-200）×2%＝3.3 万元。

工作提示：

习惯上，卖方在收到全部货款后，再支付佣金给中间商。折扣金额一般可由买方在支付货款时预先扣除。

 **思政课堂**

树立规矩意识

语有云：矩不正，不可为方；规不正，不可为圆。近年来，习近平总书记常提规矩意识，"治理一个国家、一个社会，关键是要立规矩、讲规矩、守规矩"，"严明政治纪律和政治规矩"，"把守纪律讲规矩摆在更加重要的位置"。

在现代社会的文明肌体中，规矩和规则就是筋和骨。有了明确的规矩，才能框定人们的行动边界。在国际贸易活动中亦是如此，不守规矩就要付出高昂代价，只有守规矩才能让社会秩序更好，从事国际贸易的工作者们更要将守规矩的意识内化于心。自中国加入世界贸易组织（WTO）以来，中国市场越来越和国际接轨，而和国际接轨就意味着企业必须要树立规矩意识。企业如果不遵守世界各国共同制定的规则，那么就将被排挤出世界市场。无论是海尔、格力，还是华为，它们之所以能走出国门，并在海外赢得赞誉，是因为它们都坚持诚信经营。企业只有恪守市场规则，才能赢得消费者、赢得市场，并在激烈的市场竞争中脱颖而出，不断发展。

任务四　价格条款与价格核算

任务目标

- 掌握价格条款的主要内容
- 掌握主要国际贸易术语之间的价格换算
- 正确计算出口换汇成本和盈亏率

任务引入

某外贸公司出口一批商品，国内进货价共人民币 10 000 元，加工费为人民币 1 500 元，商品流通费是人民币 1 000 元，税金支出为人民币 100 元，该批商品的出口销售净收入为 2 000 美元。

试计算：

（1）该批商品的出口总成本是多少？

（2）该批商品的出口换汇成本是多少？

（3）该批商品的出口盈亏率是多少？

知识内容

一、价格条款的主要内容

合同中的价格条款一般包括单价和总值两部分内容，有时还包括作价方法及佣金和折扣的运用。

（一）单价

单价就是货物的单位价格。完整的外贸单价通常由四部分组成，即计价货币、单位价格金额、计量单位、国际贸易术语。举例如下：

USD　　1 000.00　　per M/T　　CIF New York

　①　　　②　　　　③　　　　　④

其中，①为计价货币；②为单位价格金额；③为计量单位；④为国际贸易术语。

（二）总值

总值是单价同数量的乘积，也就是一笔交易的货款总金额。总值必须用大小写同时表示，且使用的货币应与单据使用的货币一致。例如，"中国大米，良好平均品质 100 公吨，每公吨 175 美元 CIF 新加坡，总额 17 500 美元"（Chinese Rice, FAQ, 100M/T, USD 175 per M/T CIF Singapore, Total Amount USD 17 500.）。

小思考 3-12

请判断以下我方出口单价的写法是否正确：

（1）每公吨 500 美元 CIFC2%净价英国。

（2）每码 3.5 元 CIF 中国香港。

（3）每吨 1 000 美元 FOB 上海。

（4）每公吨 400 美元 CIF 维多利亚。

（5）每台 300 欧元 CIF 上海。

（6）每辆 40 美元 CFR 新加坡。

二、不同价格之间的换算

在国际贸易中，不同的国际贸易术语表示的价格构成因素不同。例如，FOB 术语不包括从装运港至目的港的运费和保险费；CFR 术语则包括从装运港至目的港的通常运费；CIF 术语既包括从装运港至目的港的通常运费，又包括保险费。在价格谈判过程中，有时一方按某种国际贸易术语报价，而对方要求改报其他国际贸易术语所表示的价格。例如，一方按 FOB 术语报价，而对方要求改报 CFR 价或 CIF 价，这就涉及价格的换算问题。

（一）FOB 价换算为 CFR 价或 CIF 价

换算公式如下：

（1）CFR 价=FOB 价+F（运费）

（2）CIF 价=（FOB 价+F）÷（1-保险费率×投保加成）

（3）CIF 价=FOB 价+F+I（保险费）= FOB 价+F+CIF 价×保险费率×投保加成

（二）CFR 价换算为 FOB 价或 CIF 价

换算公式如下：

（1）FOB 价=CFR 价-F（运费）

（2）CIF 价= CFR 价÷（1-保险费率×投保加成）

（三）CIF 价换算为 FOB 价或 CFR 价

换算公式如下：

（1）FOB 价= CIF 价-I（保险费）-F（运费）

（2）CFR 价= CIF-I（保险费）

（3）CFR 价= CIF×（1-保险费率×投保加成）

例如，某商品的出口价为每吨 CFR 中国香港 700 美元，买方提出改报 CIF 价，并要求按 CIF 价的 110%投保水渍险和战争险，总保险费率为 1.2 %，求 CIF 报价。

计算如下：

CIF 价= CFR 价÷（1-保险费率×投保加成）

　　　= 700÷（1-1.2 %×110 %）

　　　= 709.36（美元）

小思考 3-13

某公司一业务员第一次参加广交会，在对其负责推销的某种商品进行计算后，得出该商品可报每桶 150 美元 FOB 厦门，但该业务员认为只准备一种报价是不够的，该商品销往北美地区比较多，于是该业务员准备计算 CIFC3% 洛杉矶的价格。请帮助该业务员报价（经查，该商品每桶运费为 15 美元，加一成投保，保险费率为 1%）。

三、商品价格的核算

（一）商品价格的构成

在国际货物买卖中，商品价格包括成本、费用和利润三大要素。成本（Cost）是指出口企业为出口其产品而进行生产、加工或采购所产生的含税成本；费用（Expenses/Charges）主要是指整个交易过程发生的费用，在出口报价中，费用包括国内费用和国外费用两部分；利润（Profit）是指出口商的预期收入，是反映经营状况的主要指标。

1. FOB、CFR、CIF 术语的价格构成

FOB、CFR、CIF 术语中，价格的构成要素包括成本、费用和利润。这三种术语的价格关系如表 3-7 所示。

表 3-7　FOB、CFR、CIF 术语的价格关系

CIF 价	CFR 价	FOB 价	成本	生产成本	自产自销的投入
				加工成本	进料或半成品加工的投入
				采购成本	进货成本
			国内总费用		加工整理费用、包装费用、国内运费、证件费用、装船费用、银行费用等
			净利润		一般为货价的 10%
		国外运费			
	国外保险费 = CIF 价×保险费率×投保加成				

（1）采购成本核算。对出口商而言，采购成本即进货成本，是贸易商向供货商购买货物的支出。但是，该项支出含有增值税。为了降低出口商品成本，增强产品竞争力，我国也实行出口退税制度，采取对出口商品的增值税全额退还或按一定比例退还的做法，即将含税成本中的税收部分按照出口退税比例予以扣除，得出实际成本。出口退税收入的核算公式如下：

出口退税收入 =［出口商品购进价（含增值税）÷（1+增值税率）］× 退税率

例如，某公司出口陶瓷茶杯，进货成本为每套 90 元（包括 13% 的增值税），退税率为 8%，则实际成本核算如下：

实际成本 = 进货成本 - 退税金额

退税金额 =［进货成本（含税）÷（1+增值税率）］×退税率

　　　　 =［90÷(1+13%)］×8%

　　　　 = 6.37（元）

实际成本＝90-6.37＝83.63（元）

因此，陶瓷茶杯的实际成本为每套83.63元。

小思考 3-14

某品牌足球的购货成本是每个 165 元，其中包括 16%的增值税，若足球出口可以产生8%的退税，那么每只足球的实际成本是多少？

（2）费用核算。核算的费用包括国内费用和国外费用。

常见的国内费用包括：①加工整理费用；②包装费用；③国内运费（出口商所在地仓库至装运港码头的费用）；④证件费用（如商检费、公证费、许可证费、报关单费等）；⑤装船费用（装船费、起吊费和驳船费）；⑥银行费用（贴现利息、手续费等）；⑦预计损耗（耗损、短损、漏损、破损、变质等）；⑧邮电费（电报、电话、传真、电子邮件等的费用）。

常见的国外费用包括：①国外运费（装运港至目的港的海上运输费用）；②国外保险费（海上货物运输保险费）；③ 如果有中间商，则还包括支付给中间商的佣金。

（3）利润核算。利润是商人的预期收入。可将某一固定数额作为一批商品的利润，也可用一定的比率（如 10%）来计算利润额。

根据以上关系，FOB、CFR、CIF 术语的计算公式如下：

FOB 价＝实际成本+国内总费用+净利润

CFR 价＝实际成本+国内总费用+净利润+国外运费

CIF 价＝实际成本+国内总费用+净利润+国外运费+国外保险费

2．FCA、CPT、CIP 术语的价格构成

FCA、CPT、CIP 术语中，价格的构成要素包括成本、费用和利润，其计算公式如下：

FCA 价＝实际成本+国内总费用+净利润

CPT 价＝实际成本+国内总费用+净利润+国外运费

CIP 价＝实际成本+国内总费用+净利润+国外运费+国外保险费

其中，核算的费用包括国内费用和国外费用。

常见的国内费用包括：①加工整理费用；②包装费用；③国内运费（仓库至码头、车站、机场、集装箱运输场、集装箱堆场的费用）；④证件费用（如商检费、公证费、许可证费、报关单费等）；⑤拼箱费（货物不够装一个集装箱而与其他货物拼装所产生的费用）；⑥银行费用（贴现利息、手续费等）；⑦预计损耗（耗损、短损、漏损、破损、变质等）；⑧邮电费（电报、电话、传真、电子邮件等的费用）。

常见的国外费用包括：①国外运费（出口国起运地至国外目的地的运输费用）；②国外保险费（海上货物运输保险费）；③ 如果有中间商，则还包括支付给中间商的佣金。

（二）出口商品盈亏核算

在进行盈亏核算之前，先了解几个与核算有关的概念。

（1）出口总成本。出口总成本是指出口商品的进货价加上出口前的一切费用（含税金）。出口总成本的计算公式如下：

出口总成本＝出口商品的进货价＋出口前的一切费用

其中，出口前的一切费用包括国内运费、加工整理费、商品流通费、杂费、税金、利息等。

（2）出口外汇净收入。出口外汇净收入是指出口商品按 FOB 价出售所得的外汇收入。

（3）出口销售人民币净收入。出口销售人民币净收入是指出口商品的 FOB 价按当时外汇牌价折合成人民币的数额。出口销售人民币净收入的计算公式如下：

出口销售人民币净收入＝FOB 价×外汇牌价

根据出口商品成本的这些内容，可以核算出口商品盈亏率、出口换汇成本和出口创汇率 3 个重要指标。

1. 出口商品盈亏率

出口商品盈亏率是指出口商品盈亏额在出口总成本中所占的百分比。出口商品盈亏额是指出口销售人民币净收入与出口总成本之间的差额，前者大于后者为盈利，反之为亏损。因此，出口商品盈亏率是衡量出口盈亏程度的重要指标。出口商品盈亏率的计算公式如下：

出口商品盈亏率＝［（出口销售人民币净收入−出口总成本）÷出口总成本］×100%

例如，我国一外贸企业购买某商品，实际进货价格为 55 000 元，商品管理费为 5 000 元，出口后外汇净收入为 10 000 美元。若美元与人民币的汇率为 1∶6.38，计算该商品的盈亏率。

出口总成本＝55 000+5 000＝60 000（元）

$$出口商品盈亏率＝［（出口销售人民币净收入−出口总成本）÷出口总成本］×100\%$$
$$＝［（10 000×6.38−60 000）÷60 000］×100\%$$
$$＝6.33\%$$

2. 出口换汇成本

出口换汇成本是指某商品出口时，净收入一个单位的外汇所需要的人民币成本。如出口换汇成本高于银行牌价，说明出口亏损；反之，说明出口盈利。出口换汇成本的计算公式如下：

出口换汇成本＝出口总成本÷FOB 出口外汇净收入

例如，某公司以 1 000 美元 CIF 价格出口商品，已知该笔业务需要支付国际运输费用 100 美元，保险费率为 0.1%，国内商品实际采购价格为 4 000 元，其他费用为 500 元，计算该笔业务的出口换汇成本。

出口总成本＝4 000+500＝4 500（元）

$$FOB 出口外汇净收入＝CIF−F−I$$
$$＝CIF−F−CIF×110\%×0.1\%$$
$$＝1 000−100−1 000×110\%×0.1\%$$
$$＝898.9（美元）$$

出口换汇成本＝4 500÷898.9≈5（人民币/美元）

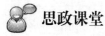 **小思考 3-15**

在一笔出口贸易业务中，计算出的出口换汇成本为 6.8（人民币/美元），如果当时的外汇牌价为 1 美元兑换 7.8 元人民币，该笔业务是赢还是亏？如果计算出的出口换汇成本是 8.8（人民币/美元）呢？

3. 出口创汇率

出口创汇率也称外汇增值率，用于加工贸易，反映以外汇购买的原料、辅料，经加工成为成品后再出口的创汇效果。出口创汇率的具体计算方法是以成品出口外汇净收入减去原料外汇成本，算出成品出口外汇增值的数额，即创汇额，再将其与原料外汇成本相比，计算出百分率。如原料为本国产品，其外汇成本可按原料的 FOB 出口价计算；如原料是进口产品，则按原料的 CIF 价计算。出口创汇率的计算公式如下：

出口创汇率=（成品出口外汇净收入-原料外汇成本）÷原料外汇成本×100%

例如，我国一外贸企业进口棉花，将其加工并制成棉布后出口。已知进口棉花的费用为 335 000 美元，加工后，棉布出口外汇净收入为 525 000 美元。计算该商品的出口创汇率。

出口创汇率=（成品出口外汇净收入-原料外汇成本）÷原料外汇成本×100%
= （525 000-335 000）÷335 000×100%
=56.72%

这说明进口价为 1 美元的原料在加工后再出口，其成品价值相当于 1.567 2 美元，增值 56.72%。

工作提示：

商品价格的核算是国际贸易中一项非常复杂而又重要的工作。在出口价格的制定中，既要防止盲目坚持高价，又要防止随意削价竞销。

思政课堂

何以"用兵如神" 唯在"灵活机动"

长征史是一部博大的教科书，蕴含着无穷的用兵哲学、无限的制胜因子。在大大小小的战役战斗中，红军将士把"以逸待劳""釜底抽薪""声东击西""金蝉脱壳""围点打援""关门打狗"等兵家韬略演绎得淋漓尽致。他们以灵活机动、不拘一格的战略战术，在战争史上创造了一个个令人叹为观止的奇迹。

不可否认，我们已进入了一个转型升级、求新求变的时代，但万变不离其宗。尽管竞争形式在变，但求胜目的不会变。商场也是如此，尽管国际贸易方式多种多样，国际贸易术语也为我们提供了诸多选择，但我们追求盈利最大化的目的没有变。在选择国际贸易术语时，我们只有保持灵活机动，按照合理的水平仔细核算，采用不同的报价，才能迎来更多的贸易合作。

 项目小结

（1）贸易术语是在长期的国际贸易实践中产生的，通过概念或英文缩写字母来表示商品价格的构成及买卖双方责任、风险、费用的划分，以确定买卖双方在交接货物过程中应尽的责任和义务。

（2）由国际商会制定并于 2020 年 1 月 1 日正式生效的《2020 年国际贸易术语解释通则》中共包含了 11 个国际贸易术语，并按照运输方式的不同划分为两组。《2020 通则》对每个国际贸易术语下买卖双方的责任都进行了详尽的解释。

（3）佣金是指卖方或买方付给代理买卖或介绍交易的中间商的服务酬金。折扣是指卖方按原价给予买方一定百分比的减让，即在价格上给予适当的优惠。

（4）合同中的价格条款包括单价和总值两部分。交易双方应根据商品的特点确定合理的作价方法。

（5）在出口商品的价格核算中，出口商品盈亏率、出口换汇成本、出口创汇率是三个重要指标。

项目四　国际货物运输条款

项目导读

　　以货物运输为目的的国际货物运输是国际贸易商品流通过程中的一个重要环节。国际货物运输以承运人、货主和代理人为其当事人，以不同的运输方式，完成运输任务，在国际贸易中发挥独特的作用。国际货物运输方式很多，主要包括海上运输、铁路运输、航空运输、邮政运输及多式联运。本项目将介绍国际上的一些常用运输方式，其中海上运输作为最主要的运输方式将被重点介绍。

任务一　国际货物运输方式

 **任务目标**

- 了解国际货物运输方式的种类、特点，合理选用运输方式
- 掌握班轮运费的计算方法

 **任务引入**

我国某公司按 CFR 条件出口 350 箱成衣，装运条件是 CY/CY。货物交运后，我国该公司取得提单，提单上标明 "Shipper's load and count"。在信用证规定的有效期内，我国该公司及时交单并议付货款。20 天后，我国该公司接到买方来函：船方、海关、保险公司、公证处会同开箱检验，发现其中有 20 箱的包装严重破损，每箱均有短缺，共缺成衣 512 件。有关各方均证明集装箱外表完好无损，为此买方要求我国该公司赔偿其货物短缺的损失，并承担全部检验费 2 500 美元。

讨论题：

（1）试翻译案例中出现的英文单词和短语。

（2）买方的要求是否合理？为什么？

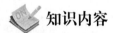 **知识内容**

一、海洋运输

国际货物运输包括海洋运输、铁路运输、航空运输、河流运输、邮政运输、公路运输、管道运输、大陆桥运输及由各种运输方式组合的国际多式联运等。海洋运输有最为悠久的历史，是指使用船舶通过海上航道在不同国家和地区的港口之间运送货物的一种方式。和其他运输方式相比，海洋运输具有通过能力强、运费低廉、运载量大的特点，因此成为国际货物运输中最主要的运输方式。目前，海洋运输量占国际贸易总运量的 2/3 以上，中国进出口货运总量的约 90% 都是利用海上运输实现的。

海运当事人主要有承运人、托运人、货运代理三类。承运人是指承办货物运输事宜的人，如船公司，承运人有权签发提单。托运人是指委托他人办理货物运输事宜的人，如出口单位。货运代理是指接受货主或承运人委托，在授权范围内以委托人名义或以代理人身份，办理货物运输事宜的人。受货主委托的代理人，称为"货代"；受承运人委托的代理人，称为"船代"。他们熟悉运输业务，掌握各条运输路线的动态，通晓有关的规章制度，精通各种手续的办理。因此，绝大多数出口企业都委托货运代理承办订舱装运事宜。

海洋运输按其船舶经营方式的不同，分为班轮运输和租船运输两大类。

（一）班轮运输

班轮运输（Liner Transport），又称定期船运输，是指船舶在固定的航线上和固定港口间，按事先公布的船期表航行，并按事先公布的费率计收运费，从事客货运输的经营方式。班轮运输是国际航运中主要的运输方式之一。

1. 班轮运输的特点

（1）具有"四固定"的特点，即固定航线、固定港口、固定船期和相对固定的费率。这是班轮运输的最基本特征。

（2）船方负责货物装卸。装卸费含在运费中，货方不再另付，也不计滞期费和速遣费。

（3）船货双方的权利义务与责任豁免以船方签发的提单条款为依据。

（4）货物承运在品种、数量方面比较灵活，主要承运对象是杂货。与大宗货物运输相比，杂货运输具有批次多、批量小、货价高等特点。

知识链接

全球班轮公司运力百强排名

据 Alphaliner 最新公布的数据，截至 2021 年 8 月 1 日，全球班轮公司运力排名前三的是马士基航运（418.55 万 TEU，占比 16.79%）、地中海航运（408.60TEU，占比 16.40%）及达飞轮船（300.63 万 TEU，占比 12.06%）。运力排名第 4 名到第 10 名的全球班轮公司依次为中远海运集团、赫伯罗特、海洋网联船务（ONE）、长荣海运、现代商船、阳明海运和万海航运。

在上榜的中国境内班轮公司中，中远海运集团排第 4 位，海丰国际排第 15 位，中谷新良海运排第 16 位，安通控股（泉州安盛船务）排第 19 位，中外运集运排第 26 位，中联航运排第 32 位，宁波远洋排第 37 位，上海锦江航运排第 39 位，大连信风海运排第 45 位，太仓港集装箱海运排第 60 位，天津达通航运排第 75 位，海安新港港务排第 92 位，广西鸿翔船务排第 97 位，上海荣尚物流排第 98 位，大连集发环渤海集运排第 100 位。

2. 班轮运费的计算

班轮运费（Liner Freight）是指承运人为承运货物而向托运人收取的费用。计算运费的单价或费率称为班轮运价。班轮运价一般按照班轮运价表的规定计算，相对比较固定。班轮公司制定班轮运价时，除了考虑航运成本费用外，还关注货物价值、商品特性、运量、港口装卸效率、航程、航运市场的供求变化和同业竞争程度。

班轮运费包括基本运费和附加费两部分。基本运费是指对货物从装运港到卸货港所收取的基本费用，是全程运费的主要构成部分。附加费是指针对一些需要特殊处理的货物收取的费用，或者由于突然事件的发生而需另外加收的费用。

（1）基本运费。基本运费的计费标准，根据不同商品，通常有以下几种：

①按重量吨（Weight Ton）计收，运价表上用 W 表示。按货物毛重计算，如以 1 公吨（1 公吨=1 000 千克，下同）为一个计算单位。这种计费标准适用于价值不高、

体积小、重量大的货物。

②按尺码吨（Measurement Ton）计收，运价表上用 M 表示。按货物体积计算，如以 1 立方米为一个计算单位。这种计费标准适用于价值不高、重量轻、体积大的货物。重量吨和尺码吨统称为运费吨或计费吨（Freight Ton，FT）。

③按重量吨或尺码吨计收，运价表上用 W/M 表示。这是一种常见的计费标准，由船公司选择其中一种数值较高的计收。

④按价格计收，俗称从价运费，运价表上用 Ad.Val 或 A.V.表示。从价运费以货物价值作为运费计收标准，一般按 FOB 价的百分之几收取。这种计费标准适用于黄金、白银、精密仪器、手工艺品等贵重商品。

⑤按重量吨、尺码吨或从价运费计收，运价表上用 W/M or A.V.表示。由船公司从三种计收标准中选择一种收费最高的计收。

⑥将重量吨或尺码吨中收费较高的作为标准再另行加收一定百分比的从价运费。运价表上用 W/M plus A. V. 表示。

⑦按货物的件数（Per Unit /Per Head）计收，如卡车按辆计收、活牲畜按头计收。

⑧按议价（Open Rate）计收。这是指对货物临时商定运价，如粮食、矿石、煤炭等大宗货物。

⑨按起码运费（Mini Rate）计收。对不足 1 运费吨（1 重量吨或 1 尺码吨）的货物均按一级货物收取的运费称为起码运费。

（2）附加费。除基本运费外，班轮公司还规定了各种附加费。附加费主要有两种计费方法，一种是在基本运费的基础上，加收一定的百分比；另一种是按每运费吨加收一个绝对数计算。附加费名目繁多，通常有下列几种：

①超重附加费（Heavy Lift Add）。当一件货物的毛重超过运价表规定的重量时，该货物即为超重货，需要加收附加费。

②超长附加费（Long Length Add）。当一件货物的长度超过运价表规定的长度时，该货物即为超长货，需要加收附加费。

③转船附加费（Transhipment Surcharge）。货物转船时，船公司在转船港口办理换装和转船手续而增加的费用，称为转船附加费。

④燃油附加费（Bunker Adjustment Factor，BAF）。燃油价格上涨时，船公司按基本运价的一定百分比加收的燃油涨价费，称为燃油附加费。

⑤直航附加费（Direct Surcharge）。运往非基本港的货物达到一定数量时，船公司可安排直航而收取费用。直航附加费一般比转船附加费低。

⑥港口附加费（Port Add）。港口附加费是指对有些设备条件差或装卸效率低的港口，船公司为了弥补船舶长时间靠港造成的损失而收取的费用，一般按基本运价的一定百分比计收。

⑦港口拥挤费（Port Congestion Surcharge）。有些港口由于压港压船，导致停泊时间较长，船方因此而收取费用。

⑧选卸附加费（Additional on Optional Discharging Port）。对选卸货物（Optional Cargo）需要在积载方面给予特殊的安排，这要增加一定的手续和费用，甚至有时需要

翻船（指倒舱翻找货物），基于这样的原因而追加的费用，称为选卸附加费。

⑨绕航附加费（Deviation Surcharge）。正常航道不能通行，船舶需绕道才能到达目的港时，船公司便要加收此费。

⑩货币贬值附加费（Devaluation Surcharge or Currency Adjustment Factor，CAF）。当运价表中规定的货币贬值时，船公司便按基本运价的一定百分比加收附加费。

小思考 4-1

出口货物共100箱，报价为每箱4 000美元FOB广州，基本运费为每吨货物26美元或按从价费率1.5%计算，以W/M或A.V.表示，每箱体积为140厘米×130厘米×110厘米，每箱毛重为2公吨，并支付燃油附加费10%、货币贬值附加费20%、转船附加费40%，求总运费。

3. 班轮运费的计算步骤

（1）船公司根据货物名称，在货物分级表中（见表4-1）查询运费计算标准（BASIS）和等级（CLASS）。我国海洋班轮运输公司使用的是等级运价表，该表将承运的货物分成若干等级（一般分为20个等级），每个等级的货物有一个基本费率。其中，1级货物的费率最低，20级货物的费率最高。根据货物的英文名称，基于等级运价表中对应的货物等级，找到相应的计算标准。

（2）在等级费率表（见表4-2）的基本费率部分，找到相应的航线、启运港、目的港，按等级查询基本运费。

（3）再在附加费部分查出所有应收（付）的附加费项目、数额（或百分比）及货币种类。

（4）根据全部货物的基本运费和附加费算出实际运价。

表4-1 某船公司货物分级表

货名	计算标准	等级
农机	W/M	9
未列名豆	W/M	3
钟及零件	M	10
五金及工具	W/M	10
人参	A.V./M	20
玩具	M	11

表4-2 等级费率表

等级	基本运费/港元
1	243.00
2	254.00
3	264.00

表4-2(续)

等级	基本运费/港元
4	280.00
…	…
9	404.00
10	443.00
11	477.00
…	…
20	1 120.00

班轮运费计算方法举例如下：

我国以 CFR 价出口一批铰链至肯尼亚的蒙巴萨，重量为 10 公吨，体积为 12 立方米，求该批货物的总运费（设燃油附加费为 20%）。

（1）根据商品名称确定商品属于五金类，可查到该商品的计算标准为 W/M，等级为 10 级，即按尺码吨计算运费。

（2）再查中国至蒙巴萨的等级费率表，得 10 级商品对应的基本运费为每吨 443 港元。

（3）具体计算如下：

全部货物的基本运费 = 12×443 = 5 316（港元）

附加费 = 5 316×20% = 1 063.2（港元）

总运费 = 全部货物的基本运费+附加费 = 6 379.2（港元）

（二）租船运输

租船运输是指租船人向船东租赁船舶用于货物运输。租船运输适用于大宗货物运输，有关航线和停靠的港口、运输货物的种类及航行的时间等，都按照租船人的要求，由船舶所有人确认。租船人与船舶出租人之间的权利义务由双方签订的租船合同确定。

租船运输的经营方式包括以下几种：

1. 定期租船

定期租船又称期租船，是指按一定期限租赁船舶的方式，即由船东（船舶出租人）将船舶出租给租船人，供其在规定期限内使用，在此期限内，租船人自行调度和经营管理船舶。租期可长可短，短则数月，长则数年。这种租船方式不以完成航次数为依据，而以约定使用的一段时间为限。

定期租船的特点是在租赁期内，船舶交由租船人管理、调动和使用。货物的装卸、配载、整理等一系列工作都由租船人负责，由此而产生的燃料费、港口费、装卸费、垫舱物料费等都由租船人负担。租金按船舶的载重、租期及商定的租金率计算。租船人负担船员薪金、伙食费用等，并负责保持船舶在租赁期间的适航状态及因此而产生的费用，如船舶保险费用。

2. 定程租船

定程租船又称程租船或航次租船，是指租船人向船东租赁船舶并按租船合同规定的航程进行货物运输。这是一种以航程为基础的租船方式，船东按双方事先议定的运价与条件向租船人提供船舶的全部或部分仓位，在指定的港口之间进行一个或多个航次运输，以完成指定货物运输业务。定程租船一般可分为单航次程租、来回航次程租和连续航次租船等方式。

单航次程租，即只租一个航次的租船。在这种方式下，船舶所有人负责将指定货物由一港口运往另一港口，货物运到目的港并卸毕，合同即告终止。

来回航次程租，即洽租往返航次的租船。在这种方式下，一艘船在完成一个航次后，紧接着在上一个航次的卸货港装货，驶返原装货港卸货，货物卸毕，合同即告终止。

连续航次租船，即洽租连续完成几个航次或几个往返航次的租船。在这种方式下，同一艘船舶在同方向、同航线上，连续完成规定的两个或两个以上航次，合同才告结束。

3. 光船租船

光船租船不具有承揽运输的性质，只相当于一种财产租赁。光船租船是指船舶所有人将船舶出租给租船人使用一定期限，但船舶所有人提供的是空船，租船人要自己任命船长、配备船员，负责船员的给养和船舶经营管理所需的一切费用。

4. 包运租船

包运租船是指船舶所有人以一定的运力，在确定的港口之间，按事先约定的时间、航次周期，以较均等的运量，完成全部货物运输的租船方式。

二、铁路运输

铁路运输是指利用铁路设施、设备运送旅客和货物的一种运输方式，在国际货运中的地位仅次于海洋运输。铁路运输与海洋运输相比，一般不易受气候条件的影响，可保障全年的正常运行，具有较强的连续性。铁路运输还具有运载量较大、运行速度较快、运费较低廉、运输准确、遭受风险较小的优点。

铁路运输按经营方式的不同，可分为国际铁路联运和国内铁路运输。

（一）国际铁路联运

国际铁路联运是指两个或两个以上不同国家铁路当局联合起来，为完成一票货物从出口国向进口国转移所进行的全程运输。国际铁路联运使用一份统一的国际联运票据，是由铁路部门以连带责任方式负责办理货物的全程运输，也是一国铁路在向另一国铁路移交货物时无需发货人、收货人参加的运输方式。

国际铁路联运主要以《国际铁路货物运送公约》和《国际铁路货物联运协定》（以下简称《国际货协》）为框架进行。《国际货协》是各参加国的铁路部门和办理货物联运的发、收货人必须遵守的基本规则，具体规定了货物运送条件、运送组织、运输费用计算核收办法，以及铁路部门与发、收货人之间的权利与义务问题。我国是《国际货协》的缔约方。

《国际货协》规定，国际铁路联运的范围包括《国际货协》成员之间的铁路运输，《国际货协》成员与非成员间的铁路运输，通过港口的货物运送。

知识链接

国际铁路联运

国际铁路联运开始于 19 世纪中叶，参加国际铁路联运的国家形成两个集团，一个是由瑞士、法国、意大利、比利时、荷兰、西班牙、葡萄牙、芬兰、瑞典、英国等 32 个国家参加并签有《国际铁路货物运送公约》的"货约"集团；另一个是由阿尔巴尼亚、保加利亚、匈牙利、波兰、中国、朝鲜、蒙古等国家参加并签有《国际铁路货物联运协定》的"货协"集团。"货协"集团现已解散但联运业务并未终止。

（二）国内铁路运输

我国的出口货物经铁路运至港口装船，进口货物卸船后经铁路运往各地，供应我国港澳地区的货物经铁路运往香港、九龙、澳门，这些都属于国内铁路运输的范围。下面主要介绍对我国港澳地区的铁路运输。

1. 对香港的铁路运输

对香港的铁路运输由大陆段和港九段两部分铁路运输组成。对香港的铁路运输的特点是"两票运输、租车过轨"。出口单位在始发站将货物运至深圳北站，收货人为深圳外运公司。货物到达深圳北站后，深圳外运公司作为出口单位的代理向铁路部门租车过轨，交付租车费（租车时间为从车到深圳北站之日起至车从香港返回深圳之日止，租车费按车上标定的吨位计算，每天每吨若干元人民币）并办理出口报关手续。经海关放行过轨后，香港中国旅行社有限公司（以下简称"中旅"）作为深圳外运公司的在港代理，在罗湖车站办理港段铁路运输的托运、报关工作，货物到达九龙站后由中旅负责卸货并交货给收货人。

2. 对澳门的铁路运输

出口单位将货物从发送地车站运至广州，整车到广州南站新风码头 42 道专用线，零担①到广州南站，危险品零担到广州吉山站，集装箱和快件到广州车站，收货人均为广东外运有限公司。货到广州后，广东外运有限公司办理水路中转，将货物运往澳门；货到澳门后，中国南光集团有限公司的运输部负责接货并交付收货人。

三、航空运输

航空运输是指利用飞机运送货物的现代化运输方式，具有运送速度快、安全性高等特点。近年来，随着国际贸易现代化程度的提高、现代运输技术的进步，航空运输方式的应用也日益普遍。

（一）航空运输的承运人

1. 航空运输公司

航空运输公司拥有飞机，从事航空运输，办理与其能力相适应的航空运输业务，是货物的实际承运人，负责办理从启运机场至到达机场的运输业务，并对全程运输负责。

---

① 零担是零担运输的简称，指货主需要运送的货物不足一车，作为零星货物交运。

2. 航空货运代理公司

航空货运代理公司又称空运代理人，可以是货主的代理，代表货主向航空公司办理货物托运或提取货物；也可以是航空公司的代理，代表航空公司接受货物，对全程运输负责。

(二) 航空运输方式

1. 班机运输

班机是指在固定的航线上定期航行的航班，即有固定始发站、目的站和途经站的飞机。班机基本固定航线，定期开航，收、发货人可以确切地掌握起运和到达时间，保证货物安全迅速地运达目的地，对运送鲜活、易腐的货物及贵重货物非常有利。班机运输的不足之处是舱位有限，不能满足大批量货物及时出运的需要。

2. 包机运输

包机可分为整架包机和部分包机。

(1) 整架包机是指航空公司或包机代理公司，按照与租机人双方事先约定的条件和运价，将整架飞机租给租机人，从一个或几个航空站装运货物至指定目的地的运输方式。运费随国际航空运输市场中供求情况的变化而变化。

(2) 部分包机是指几家航空货运代理公司联合包租一架飞机，或者由包机代理公司把一架飞机的舱位分给几家航空货运代理公司。部分包机运输适合一吨以上但不足以装满整架飞机的货物，其运送费用较班机运输费用低，但其运送时间比班机运输时间长。

3. 集中托运

集中托运是指航空货运代理公司把若干批单独发运的、发往同一方向的货物集中起来，组成一票货，向航空公司办理托运，采用一份总运单，集中发运到同一站，由航空货运代理公司在目的地指定的代理人收货、报关并分拨给各实际收货人的运输方式。这种托运方式，可以使货主支付较低的运价，使用比较普遍，是航空货运代理公司的主要业务之一。

4. 航空快递

航空快递是指一个专门经营该项业务的公司和航空公司合作，通常为航空货运代理公司或航空速递公司，派专人以最快的速度在货主、机场和用户之间运送和交接货物。航空快递是一种最快捷的运输方式。

(三) 航空运输的运价

航空运输的运价是指从起运机场到目的机场的运价，一般按重量（千克）或体积重量（6 000 立方厘米折合 1 千克）计算，而以两者中高者为准。空运货物按一般货物运价、特种货物运价、特级货物运价和起码运价规定运价标准。

1. 一般货物运价（General Cargo Rate）

货物的种类既不适用特种货物运价也不适用等级货物运价，就必须按一般货物运价计收。以 45 千克为界线，45 千克以上的货物比 45 千克以下的货物的运价低。换言之，重量越重，货物的运价越低。

2. 特种货物运价（Special Cargo Rate）

特种货物在特定航线上享有特别优惠的运价。特种货物运价规定有起码重量（100千克），达不到则不能按此价计算。

3. 等级货物运价（Class Cargo Rate）

等级货物运价仅适用于少数货物，通常在一般货物运价基础上按照增加或减少一定的百分比计收，其起码重量为5千克。

4. 起码运价（Minimum Rate）

这是航空公司办理一批货物所能接受的最低运价，是指不论货物的重量或体积是多少，在两点之间运输一批货物应收取的最低金额。不同地区有不同的起码运价。

四、集装箱运输

集装箱运输（Container Transport）是指以集装箱为运输单位进行货物运输的一种现代化的运输方式。集装箱运输可以将货物从发货人仓库运到收货人仓库，实现门到门的运输，适用于海洋运输、铁路运输及国际多式联运。集装箱具有坚固、密封和反复使用的优越性，放在船上等于货舱，放在火车上等于车皮，放在卡车上等于货车。因此，集装箱运输具有装卸效率高、减少货损货差、提高货运质量、降低货运成本、简化手续、可进行连续运输的优点。

 知识链接

集装箱的种类

集装箱的种类很多，分类方法多种多样，常见的分类方法有：

（1）按所装货物种类分，集装箱有干散货集装箱、液体集装箱、冷藏集装箱及一些特种专用集装箱，如汽车集装箱、牲畜集装箱等。

（2）按制造材料分，集装箱有钢制集装箱、铝合金集装箱、玻璃钢集装箱、木集装箱、不锈钢集装箱等。

（3）按结构分，集装箱有固定式集装箱、折叠式集装箱、薄壳式集装箱等。

国际标准化组织制定的集装箱标准规格共有13种，最常见的规格有20英尺和40英尺两种。

20英尺集装箱，也称20英尺货柜，英文称为Twenty-foot Equivalent Unit，简称"TEU"，规格为8英尺×8英尺×20英尺，内径尺寸为5.9米×2.35米×2.38米，最大毛重为20吨，最大容积为31立方米，一般可装17.5吨或25立方米。

40英尺集装箱，规格为8英尺×8英尺×40英尺，内径尺寸为12.03米×2.35米×2.38米，最大毛重为30吨，最大容积为67立方米，一般可装25吨或55立方米。

一个40英尺集装箱相当于2个20英尺集装箱。

（一）集装箱的运输机构

1. 集装箱堆场

集装箱堆场（Container Yard，CY）是专门用来保管和堆放集装箱（重箱和空箱）的场所，是整箱货（Full Container Load，FCL）办理交接的地方，一般设在港口的装卸区内。集装箱堆场签发场站收据（Dock Receipt，D/R），办理集装箱的装卸业务并编制集装箱的装船配载计划，签发设备交接单和收、发空箱，存储、保管、维修、清扫、熏蒸和出租货柜。

2. 集装箱货运站

集装箱货运站（Container Freight Station，CFS）又叫中转站或拼装货站，是拼箱货（Less Container Load，LCL）办理交接的地方，一般设在港口、车站附近，或者内陆城市中交通方便的场所。对于不足一箱的货物，货主或货主代理将其送到货运站，由货运站进行拼装，办理重箱运往堆场、拼箱、保管、报关、铅封、签发"场站收据"等业务。

（二）装箱、交接方式

1. 装箱方式

集装箱运输以集装箱为单位进行运输。装箱方式根据托运货物数量的多少分为整箱和拼箱两种，相应的货物称整箱货和拼箱货。

（1）整箱货（Full Container Load，FCL）。整箱货是指由发货人负责装箱、计数、积载并加铅封的货物。凡装货量达到每个集装箱容积的75%或达到每个集装箱负荷量的95%即为整箱货，货物由货主或货主代理自行装箱后以箱为单位直接送到集装箱堆场并委托承运人进行托运。

（2）拼箱货（Less than Container Load，LCL）。拼箱货指装不满一整箱的小票货物。这种货物通常由承运人分别揽收并在集装箱货运站集中，而后承运人根据货物性质和目的地进行分类整理，把去同一目的地的两票或两票以上的货物拼装在一个集装箱内。

2. 交接方式

如上所述，集装箱货运在装箱方式上分为整箱和拼箱，因此在交接方式上也有所不同，大致有以下四种：

（1）FCL—FCL（整箱交、整箱收）。货主在工厂或仓库把装满货的整箱交给承运人，收货人在目的地同样以整箱接货，换言之，承运人以整箱为单位负责交接。货物的装箱和拆箱均由货方负责。

（2）FCL—LCL（整箱交、拆箱收）。货主在工厂或仓库把装满货的整箱交给承运人，承运人在目的地的集装箱货运站或内陆转运站负责拆箱后，各收货人凭单接货。

（3）LCL—FCL（拼箱交、整箱收）。货主将不足整箱的小票货物在集装箱货运站或内陆转运站交给承运人。承运人分类调整，把同一收货人的货集中拼装成整箱，货物运到目的地后，承运人以整箱交，收货人以整箱接。

（4）LCL—LCL（拼箱交、拆箱收）。货主将不足整箱的小票货物在集装箱货运站交给承运人。承运人负责拼箱和装箱并将货物运到目的地的货运站，在拆箱后，收货人凭单接货。货物的装箱和拆箱均由承运人负责。

上述各种交接方式中，整箱交、整箱收的效果最好，该方式也最能体现集装箱运输的优越性。

（三）交接地点

集装箱货物的交接，根据贸易条件所规定的交接地点不同一般分为如下几种：

1. 门到门（Door to Door）

门到门指从发货人的工厂或仓库至收货人的工厂或仓库。

2. 门到场（Door to CY）

门到场指从发货人的工厂或仓库至目的地或卸箱港的集装箱堆场。

3. 门到站（Door to CFS）

门到站指从发货人的工厂或仓库至目的地或卸箱港的集装箱货运站。

4. 场到门（CY to Door）

场到门指从起运地或装箱港的集装箱堆场至收货人的工厂或仓库。

5. 场到场（CY to CY）

场到场指从起运地或装箱港的集装箱堆场至目的地或卸箱港的集装箱堆场。

6. 场到站（CY to CFS）

场到站指从起运地或装箱港的集装箱堆场至目的地或卸箱港的集装箱货运站。

7. 站到门（CFS to Door）

站到门指从起运地或装箱港的集装箱货运站至收货人的工厂或仓库。

8. 站到场（CFS to CY）

站到场指从起运地或装箱港的集装箱货运站至目的地或卸箱港的集装箱堆场。

9. 站到站（CFS to CFS）

站到站指从起运地或装箱港的集装箱货运站至目的地或卸箱港的集装箱货运站。

（四）集装箱运费

集装箱运费包括发货地运输费、装港港区服务费、海上运费、卸港港区服务费、收货地内陆运费、拼箱费、堆场服务费、集装箱及设备使用费等。集装箱运费在计收基本方法上有两种：一种按件杂费率计算，以每运费吨为计算单位；另一种按包箱费率计算，以每个集装箱为计费单位。有的包箱费率不论货种和箱容利用程度；有的则规定最低的箱容数；有的还规定所装货物的等级线，对装运货物超过规定等级的按实际等级计费，对低于规定等级的按规定等级计费，有的经营集装箱运输的船公司还有最低运费的规定。拼装货的最低运费规定与班轮运输中的规定基本相同，即对于整箱货，如果货主自行装箱而箱内所装货物未达规定的最低计费标准，那么亏仓损失由货主负担。在各船公司分别按重量吨和尺码吨给出不同类型和用途的标准时，亏仓损失由货主承担。各船公司分别按重量吨和尺码吨对不同类型和用途的集装箱规定最低的装箱吨数，并以两者中较高者为装箱货物的最低运费吨。因此，在实际操作中，提升集装箱积载技术、充分利用集装箱容积空间以节省运输费用是至关重要的。

案例讨论 4-1

我方按 CFR 条件出口 350 箱成衣，装运条件是 CY to CY。货物交运后，我方取得提单，提单上标明 Shipper's Load and Count。过了一个星期，客户在收到提单后提货，来函称：船方、海关、保险公司、公证处会同开箱检验，发现其中有 20 箱的包装严重破损，每箱均有短缺，成衣共缺 512 件。有关各方均证明集装箱完好无损。为此，客户要求我方赔偿短缺的损失，并承担全部检验费 2 500 美元。

请问：客户的要求是否合理，为什么？

五、国际多式联运

（一）概念

国际多式联运（International Multimodal Transport）简称多式联运，是在集装箱运输的基础上产生和发展起来的，是指按照多式联运合同，以至少两种不同的运输方式，由多式联运经营人将货物从一国境内的接管地点运至另一国境内指定交付地点的货物运输。国际多式联运适用于水路运输、公路运输、铁路运输和航空运输等多种运输方式。

（二）条件

国际多式联运要满足以下条件：

（1）必须具有一份多式联运合同。在国际多式联运中，多式联运经营人与托运人订立多式联运合同。

（2）必须使用一份全程多式联运提单。

（3）必须由一个多式联运经营人对货物运输的全程负责。

（4）必须是两种及以上的不同运输方式组成的连续运输，包括铁路运输、公路运输、航空运输、水路运输等任何两种或两种以上运输方式的联合运输在内。

（5）一个多式联运人，以单一费率向货主收取全程运费。

开展国际多式联运是实现门到门运输的有效途径。国际多式联运简化了手续，减少了中间环节，加快了货运速度，降低了运输成本且提高了货运质量。

六、大陆桥运输

大陆桥运输（Land-Bridge Transport）是指以横贯大陆的铁路（或公路）运输为中间桥梁，把大陆两端的海洋运输连接起来的集装箱连贯运输方式。大陆桥运输属于多式联运范围，一般都以集装箱为媒介，故又称为国际铁路集装箱运输或大陆桥集装箱运输。

大陆桥运输具有运费低廉、运输时间短、货损货差率小、手续简便等特点，大陆桥运输是一种经济、迅速、高效的现代化运输方式。大陆桥运输始于 1967 年，发展到现在，已形成西伯利亚大陆桥、北美大陆桥和新欧亚大陆桥运输路线。

（一）西伯利亚大陆桥

西伯利亚大陆桥以俄罗斯西伯利亚铁路为桥梁，把太平洋地区与波罗的海和黑海沿岸及西欧大西洋口岸连接起来，是世界上最长的运输路桥。西伯利亚大陆桥主要运送远东国家经西伯利亚到欧洲各国或亚洲的伊朗、阿富汗等国的货物。经过这条路线前往欧洲的路程要比经苏伊士运河前往欧洲的路程缩短约 8 000 千米，时间减少 20 天左右。

（二）北美大陆桥

北美大陆桥包括美国大陆桥和加拿大大陆桥，这两条陆桥是平行的，都是连接大西洋和太平洋的大陆通道，主要运送从远东国家经北美销往欧洲的货物。其中，美国大陆桥有更为突出的作用，包括两条运输线路，一条是从西部太平洋口岸至东部大西洋口岸的铁路（公路）运输线路，全长约 3 200 千米；另一条是从西部太平洋口岸至南部墨西哥湾口岸的铁路（公路）运输线路，全长约 1 100 千米。

 知识链接

OCP 运输方式

美国有个内陆地区（Overland Common Points，OCP）运输方式，是指海运货物卸在沿海港口再陆运至内陆运输可达的地点的一种运输方式，货运目的地为美国内陆的一个区域。内陆地区是指以美国西部 9 个州为界，落基山脉以东的地区，面积约占美国大陆的 2/3。OCP 运输方式的运费率比其他运输方式的运费率低，但要注意：①货物最终目的地必须在 OCP 范围内；②货物必须经美国西海岸港口中转；③装货单、提单、唛头上必须注明 OCP 字样，并加注内陆地区城市名称。

（三）新欧亚大陆桥

新欧亚大陆桥横贯欧亚大陆中部，在中国境内长 4 134 千米，途径中国中部的各个省份，1992 年 9 月正式通车。新欧亚大陆桥东起我国连云港，途经陇海、兰新、北疆铁路进入阿拉山口，与哈萨克斯坦境内的德鲁日巴站接轨，经哈萨克斯坦、俄罗斯、白俄罗斯、波兰、德国，西至荷兰鹿特丹，横跨亚洲、欧洲，与太平洋、大西洋相连，全长约 10 800 千米。

七、其他运输方式

（一）公路运输

公路运输是指以公路为运输线，利用汽车等陆路运输工具，做跨地区或跨国的移动，以完成货物位移的运输方式。公路运输是对外贸易运输和国内货物流通的主要方式之一，既是独立的运输体系，又是车站、港口和机场集散物资的重要手段。公路运输具有机动灵活、适应性强、可提供门到门服务等优点。但是，公路运输也有安全性差、环境污染较大等缺点。

（二）内河运输

内河运输是指使用船舶通过国内江湖河川等天然或人工水道运送货物和旅客的一种运输方式。内河运输是水上运输的组成部分，是内陆腹地和沿海地区的纽带，也是边疆地区与邻国边境河流的连接线，在现代化的运输中起着重要的辅助作用。

（三）邮包运输

邮包运输是一种简便的运输方式，具有门到门的特点。卖方只需在规定的时间将商品包裹送交邮局，付清邮资并取回收据就履行了交货义务，邮件到达目的地后，收件人只可凭邮局到件通知提取。邮包运输一般适用于量轻体小的货物。

（四）管道运输

管道运输是一种特殊的运输方式。管道运输是指货物在管道内借助高压气泵的压力将液体或气体货物输往目的地。这种方式不受地面条件的影响，可连续作业，并且具有运量大、速度快、成本低、货损小的优点。但是，管道建设的固定投资大。

管道运输在美国、欧洲的许多国家及石油输出国组织的石油运输方面起到积极作用。我国的管道运输起步较晚，因石油、天然气运输的需要逐步发展起来。

 **小思考 4-2**

若一批货物从我国运往荷兰，有哪些运输方式可选择？请举例说明。

工作提示：

国际货物运输有很多方式，对从事国际货物买卖的商务人员来讲，应在了解各种运输方式的特点和经营手段的基础上，根据贸易具体情况合理选择正确的运输方式。

思政课堂

"一带一路"国际运输助力全球疫情防控

随着"一带一路"建设的推进，中欧陆路运输系统的发展突飞猛进，布局愈加完善，为加强亚欧大陆各地区之间的全方位联系发挥了更大的作用。受疫情影响，全球海运、空运受阻，中欧班列成为国际邮件应急疏运新通道，在维护全球供应链稳定方面交出一份出色的答卷。

通过"一带一路"建设，中欧班列全面彰显安全快捷、受自然环境影响小等综合优势，进一步完善网线布局，推动市场化发展，并配合亚欧大陆公路网延长和等级提升等，除了起到加固中欧经贸合作交流桥梁的作用，还为全球疫情防控提供了物资支持，保障和促进了世界经济稳定，为构建人类命运共同体贡献了自己的力量。

任务二　合同中的装运条款

任务目标

- 熟悉装运时间的规定方法
- 掌握装运地和目的地、分批装运和转船的规定方法
- 掌握装卸时间、装卸率、滞期和速遣的概念

任务引入

我方出口公司按 CFR 条件向日本出口红豆 250 公吨，合同规定卸货港为日本口岸。发货时，正好有一艘船驶往大阪，我方出口公司打算租用该船。在装运前，我方出口公司主动去电询问在哪个口岸卸货时，货价下跌，日方公司故意让我方出口公司在日本东北部的一个小港卸货，我方出口公司坚持在神户、大阪卸货。双方争执不下，日方公司就此撤销合同。

讨论题：

（1）试问我方出口公司的做法是否合适？

（2）日方公司是否违约？

知识内容

装运条款是进出口合同中的一个重要组成部分，明确了装运条件和买卖双方的责任。国际贸易中，绝大部分的运输都是通过海运完成的，因此本部分内容将对海运条款加以说明。在洽商交易时，买卖双方应就装运时间，装运港和目的港，分批装运和转运，装卸时间、装卸率、滞期费和速遣费等问题商妥，并在合同中具体订明。明确合理地规定装运条款是保证进出口合同顺利履行的重要条件。

一、装运时间

装运时间又称装运期，是指双方在合同中规定卖方将货物装上运输工具或交给承运人的期限。装运时间是买卖合同中的重要条款。

（一）规定方法

装运时间的规定方法通常有以下几种：

1. 明确规定具体装运时间

这种规定方法一般不确定某一个日期，而只确定某一个时间段。例如，"Shipment on or about June. 20, 2020"即"于或约于 2020 年 6 月 20 日装运"，"Shipment to be made during Jun/July, 2020" 即 "在 2020 年 6 月或 7 月装船"。按有关惯例的解释，凡是 "以前" 字样的规定，一般不包括指定的日期。这种规定方法有具体的期限，便于卖方备货，在大宗货物交易中应用较广。

2. 规定在收到信用证后若干天或若干月内装运

例如，Shipment within 30 days after receipt of L/C. In order to prevent the buyer from opening the L/C late, the exporter should stipulate at the same time that the relevant L/C must reach the seller not later than August 20, 2020.（在收到信用证后 30 天内装船。为了防止买方开立信用证的时间过晚，出口商应该同时规定相关信用证必须不迟于 2020 年 8 月 20 日到达卖方。）这种规定方法主要适用于下列情况：

（1）按买方要求的花色、品种和规格生产的商品，或者专为某一地区、某一商号生产的商品，或者买方一旦拒绝履约就难以转售的商品。卖方为防止遭受经济损失，可采用此种规定方法。

（2）在一些外汇管制较严的国家（地区），或者实行进口许可证或进口配额的国家（地区），合同签订后，买方因申请不到进口许可证或其国家（地区）不批准外汇而迟迟不开信用证。卖方为避免买方不开信用证而带来的损失，可以采用这种规定方法来约束买方。

（3）合同签订后，买方因货物市场价格下跌对其不利而迟迟不开信用证，卖方为避免买方不及时开信用证而带来的损失，可以采用这一规定办法来约束买方。

（4）对某些信用较差的客户，为促使其按时开信用证，也可采用此规定方法。

这种规定方法有利于卖方及时、安全地收汇和结汇。为避免买方故意拖延开信用证的时间以致装运期无法确定，卖方可在合同中增加一条规定，以限制买方开信用证的时间。

小思考 4-3

若合同笼统地规定 "立即装运" "尽快装运"，请问这会对卖方履行义务产生什么影响？

（二）注意事项

1. 考虑装运时间与贸易术语的关系

履行 FOB、CIF、CFR 合同时，卖方只需在装运港将货物装上船，取得代表货物所有权的单据，就完成了交货任务。因此，装运时间（Time of Shipment）和交货时间（Time of Delivery）是同一概念，在采用其他价格术语成交时，"装运" 与 "交货" 是两个完全不同的概念。

2. 应该考虑货源和船源的实际情况，使船货衔接

卖方如果对货源心中无数，盲目订立合同，就有可能出现到时交不了货、有船无货的情况，无法按时履约。按 CIF、CFR 条件出口和 FOB 条件进口时，还应考虑船源的情况。如果对船源无把握而盲目成交，或者没有留出安排舱位的合理时间，则可能因到时租不到船或订不到舱位而出现有货无船的情况，或者要经过多次转船，造成多付运费，甚至倒贴运费的现象。

3. 对装运期限的规定应适度

装运期应视不同商品租船订舱的实际情况而定。装运期过短，势必给船货安排带来困难；装运期过长也不合适，特别是在收到信用证后若干天内装运的条件下，会造成买方挤压资金、影响资金周转，从而反过来影响卖方的售价。

4. 根据不同货物和不同市场的需求规定交货期

如无妥善装载工具和设备，易腐烂、易受潮的货物一般不宜在夏季、雨季装运。

二、装运港和目的港

装运港是指货物起始装运的港口，通常由卖方为方便货物的装运而提出，经买方同意后确定。目的港又称卸货港，是指买卖合同规定的最后卸货港口，通常由买方根据货物的销售需要而提出，经卖方同意后确定。

（一）规定方法

在进出口合同中，装运港和目的港的规定方法有如下三种：

1. 规定装运港与目的港各一个

一般来说，规定装运港与目的港各一个是业务中常用的规定方法。例如，目的港：圣多斯。

2. 规定两个或两个以上的装运港与目的港

如货物数量较大或货源分散而使集中装运有困难时，可规定两个或两个以上的装运港。例如，目的港：伦敦/曼彻斯特。

3. 规定选择港

这是在明确规定装运港与目的港有困难时而采取的规定选择港的方法。

（二）注意事项

1. 规定装运港与目的港必须明确具体

在磋商交易时，如果外商笼统地提出以"欧洲主要港口"或"非洲主要港口"为装运港或目的港，不宜轻易接受。因为欧洲或非洲的港口众多，究竟哪些港口为主要港口，并无统一解释，而且各港口的距离远近不一，港口条件也有区别，运费和附加费相差很大。

2. 内陆城市不能直接作为装运港与目的港

内陆城市不能直接作为装运港与目的港，这是因为货物从港口到内陆城市的运费和风险由何方负担难以确定。

3. 必须注意装卸港的具体条件

要注意的具体条件包括有无直达班轮航线、港口和装卸条件、运费和附加费水平等。如果租船运输，还应进一步考虑码头泊位的深度、有无冰封期、冰封的具体时间及对船舶国籍有无限制等港口制度。

4. 规定装运港与目的港要注意港口重名问题

世界各国中，重名的港口很多，如维多利亚港，世界上有 12 个之多，波特兰港等也有数个。为防止发生错误，避免产生纠纷，在买卖合同中双方应明确注明装运港或目的港所在国家和地区的名称。

三、分批装运和转运

（一）分批装运

分批装运（Partial Shipment）是指一个合同项下的货物先后分若干期或若干次装运。在国际贸易中，分批装运是经常发生的，在大宗货物交易中或成交数量较大的交易中，买卖双方根据交货数量、货源准备情况、运输条件、市场销售和资金等因素，有必要在运输合同中订立分批装运条款。分批装运的规定方法有如下两种：

（1）只注明允许分批装运，不进行具体规定。例如，Partial shipment is allowed.（允许分批装运。）

（2）规定时间和数量的分批。例如，Shipment during July/August/September 1 000 m/ts monthly.（7月、8月、9月每月装1 000公吨。）

（3）规定不准分批装运。例如，Partial shipment is not allowed.（不允许分批装运。）

根据国际商会《跟单信用证统一惯例（2007年修订本）》（UCP600）的规定，除非信用证进行相反规定，否则可准许分批装运。该惯例还规定，如果信用证规定在指定日期内分批装运，其中任何一批为按批装运，那么信用证对该批和以后各批均告失效。因此，合同和信用证一旦明确规定了允许分批装运，卖方就必须严格执行。

需要注意的是，如果运输单据上注明了货物是使用同一运输工具装运并经同一路线运输的，那么即使每套运输单据注明的装运日期不同或接受监管的地点不同，只要运输单据注明的目的地相同，货物也就不能视为分批装运。

案例讨论 4-2

我方出口3 000公吨大米至新加坡，国外开来的信用证规定：不允许分批装运。结果我方在规定的期限内分别在烟台、连云港、大连各装1 000公吨大米于同一航次的同一艘船上，提单也注明了不同的装运地和不同的装船日期。

请问：这是否违约？银行能否付款？

（二）转运

转运（Transshipment）在海洋运输中称为转船，是指货物装运后允许在中途换装其他船舶并转运至目的港。一般来说，货物中途转船可能导致费用增加和发生货物损失，买方往往不肯接受货物转船的条款。但当进出口货物运往没有直达船的港口，或者一时无合适的船舶运输货物，或者目的地的港口条件太差，需转运时，买卖双方在权衡利弊的基础上，可规定"允许转船"（Transshipment to be allowed）的条款。另外，按照《跟单信用证统一惯例（2007年修订本）》的规定，如果信用证未明确规定禁止转船，则视为可以转船。

四、装卸时间、装卸率、滞期费和速遣费

在程租船运输合同中，船方为约束对方，通常会将滞期和速遣条款作为装运条件之一，其内容包括装卸时间、装卸率、滞期费和速遣费。

（一）装卸时间

装卸时间是指承租人和船舶所有人约定的、承租人保证将合同货物在装运港全部装完或在卸货港全部卸完的时间。装卸时间通常规定为按连续日计算、按工作日或连续工作日计算、按好天气工作日计算、按24小时好天气工作日计算、按连续24小时好天气工作日计算。

（二）装卸率

装卸率是指每日装卸货物的数量。装卸率的确定一般应参考港口的正常装卸速度，遵循实事求是的原则。装卸率关系到完成装卸任务的时间和运费水平，装卸率规定得过高或过低都不合适。装卸率规定得过高，承租人不能在规定时间内完成装卸任务，需要向船东支付延误船期的费用；反之，装卸率规定得过低，则会延长船舶在港时间，增加运费开支。因此，应从港口实际情况出发，实事求是地确定合理、可行的装卸率。

（三）滞期费

在规定的装卸时间内未能将货物全部装卸完毕，致使货物及船舶继续在港内停泊，船东开始增加在港费用支出并计算遭受船期损失的时间，这段超出规定的时间叫滞期。滞期条款是承租合同中的重要条款之一。为了保护船东的正常营运权益，承租人由于船舶延滞而使船东蒙受经济损失应给予其适当的补偿，即滞期费。同时，考虑到承租人遇到的实际困难，船东可在双方约定的范围内允许其继续占用船舶以便履行租船合同。

（四）速遣费

速遣费是指在规定的装卸期限内，承租人提前完成装卸作业，使船东节省了在港开支，船东向承租人支付一定的奖金。按惯例，速遣费一般为滞期费的一半。

案例讨论 4-3

信用证规定，装运总量为500公吨，从6月份开始，每月装100公吨。在实际装运时，6月份装了100公吨，7月份装了100公吨，8月份未装，而卖方要求9月份一起补装。

请问：这是否可以？

五、装运通知

装运通知（Shipping Advice）或称装船通知，是指买卖双方为互相配合，共同做好车、船、货的衔接工作和办理货运保险而要承担的相互通知义务。例如，派船通知、备货通知等。

卖方在货物装运完毕时，向买方发出装船通知，及时告知买方货物装运情况和预计到达时间，以便买方及时办理必要的保险和准备接货。装船通知内容一般包括合同号、信用证号、货物明细、装运港、装运期限、船名、航次、预计的开航日期和到达目的港的日期等。

特别强调的是，按CFR术语或CPT术语成交时，卖方装运后，及时向买方发出装运通知更为重要。若卖方不向买方发出装运通知，则视为风险没有转移。

工作提示：

装运通知是国际货物买卖合同中的重要条款，具体、明确的装运条款有利于卖方按规定的装运时间组织货物运输，顺利履行合同。

思政课堂

契约精神

契约精神是指存在于商品经济社会并由此派生的契约关系与内在原则，是一种自由、平等、守信的精神。它要求社会中的每个人都要受自己诺言的约束、信守约定，这既是古老的道德原则，也是现代法治精神的要求。

契约精神是市场经济的基础和灵魂，是基本的商业道德和商业精神，一切社会主体都应该严格遵守契约规则，尤其是在国际贸易交往的过程中。契约精神对我国社会主义法治国家的构建和社会主义市场经济的良性运转都有积极作用。

契约精神包含四个重要的内容：契约自由精神、契约平等精神、契约信守精神、契约救济精神。契约自由精神包含选择缔约者的自由、决定缔约内容与方式的自由，契约自由主要表现在私法领域。契约平等精神是指缔约主体的地位是平等的，缔约双方平等地享有权力和履行义务，无人有超出契约的特权。契约信守精神是契约精神的核心，也是契约从习惯上升为精神的基础。缔约者内心存在契约信守精神，缔约双方基于守信，在订约时不欺诈、不隐瞒真实情况、不恶意缔约，在履行契约时完全尽责，同时承租必要的善良管理、照顾保管等附随义务。契约救济精神在商品交易中让民众通过契约来实现对自己损失的救济。缔约一方因缔约另一方的行为而遭受损失时，可以提起违约之诉，从而使自己的利益得到保护。

任务三　国际货物运输单据

任务目标

- 理解并掌握海运提单的性质和种类
- 正确认识和运用各种国际货物运输单据

任务引入

英国进口商 A 开来一张信用证，以公司 B 为受益人。信用证要求提交凭进口商 A 指示的 2/3 正本装船的清洁海运提单，以开证申请人为被通知人；在特殊条款中又规定受益人需在装运后立即将 1/3 正本海运提单寄给开证申请人。根据信用证的规定，公司 B 在装运后从船方取得了 3 份正本海运提单，并将其中 1 份邮寄给英国商人，其余 2 份连同其他单据一起提交银行议付。开证银行收到单据后，即向公司 B 提出拒付。理由是海运提单的被通知人一栏中漏填开证申请人的电话号码，单证不符，不能接受。我方立即与国外代理取得联系，更改海运提单，但是被告知货物已被收货人凭 1 份正本海运提单提走。请讨论：在本案中我方有何失误。

 **知识内容**

运输单据是指承运人在收到出口商交给的承运货物后签发给出口商的证明文件。在国际货物买卖中，运输单据具有十分重要的作用。运输单据是买方提取货物、办理报关手续、转售货物及向承运人或保险公司请求赔偿或进行议付的重要单据。

在国际贸易运输中，由于运输方式不同，因此使用的运输单据也不同，主要包括海运单据、铁路运单、航空运单、多式联运单据和邮包收据等。

一、海运单据

（一）海运提单

1. 海运提单的性质和作用

海运提单（Ocean Bill of Lading，B/L），简称提单，是船方或其代理在接管货物或货物装船后签发给托运人的货物收据，以及承运人据以保证交付货物的凭证。提单的性质和作用有三点：一是货物收据，证明船方已收到或接管货物；二是物权凭证，提单持有人有权凭以提货，还可背书转让其货物所有权；三是运输契约的证明，提单条款规定了承、托双方的权利和义务、责任与豁免，是处理纠纷的法律依据。发货人收到提单，说明已完成交货任务，可凭有关单证向银行办理收汇；收货人收到提单，说明货物所有权已从卖方转移到买方。货物到港前，买方有权将提单转让给后来的购货人，或者凭其向银行办理抵押贷款；货物到港后，买方可凭提单就运输途中发生的事故向船方索赔。

2. 海运提单的格式和内容

海运提单的格式很多，但基本内容大致相同（见表 4-3）。一般而言，提单正面记载货物和运费事项，背面有印好的运输条款。为了统一提单背面的运输条款内容，国际上曾先后签署了《海牙规则》《维斯比规则》和《汉堡规则》三项国际公约。

提单正面包括以下项目：

（1）托运人（SHIPPER）。托运人是与承运人签订运输契约、委托运输的货主，即发货人。在信用证支付方式下，一般以受益人为托运人；托收方式下，以托收的委托人为托运人。

（2）收货人（CONSIGNEE）。收货人要按合同和信用证的规定来填写。

（3）被通知人（NOTIFY PARTY）。这是船方在货物到达目的港时发送的到货通知的收件人。如果信用证对提单被通知人有具体规定时，则必须严格按信用证要求填写。

（4）提单号码（B/L NO.）。提单号码一般列在提单右上角，以便工作时联系和查核。

（5）船名（OCEAN VESSEL）。提单应填列货物所装船的名称。

（6）航次（VOYAGE NO.）。班轮运输多加注航次。

表 4-3 海运提单样本

BILL OF LADING

SHIPPER		B/L NO.
CONSIGNEE		C O S C O 中国远洋运输（集团）总公司 CHINA OCEAN SHIPPING （GROUP） CO.
NOTIFY PARTY		
PLACE OF RECEIPT	OCEAN VESSEL	
VOYAGE NO.	PORT OF LOADING	ORIGINAL
PORT OF DISCHARGE	PLACE OF DELIVERY	COMBINED TRANPORT BILL OF LADING

MARKS NOS.&KINDS OF PKGS DESCRIPTION OF GOODS   GROSS WEIGHT(kg)   MEASUREMENT(m³)

TOTAL NUMBER OF CONTAINERS OR PACKAGES （IN WORDS）

FREIGHT AND CHARGES	REVENUE TONS	RATE	PER	PREPAID	COLLECT
PREPAID AT	PAYABLE AT		PLACE AND DATE OF ISSUE		
TOTAL PREPAID	TOTAL NUMBER OF ORIGINAL				
LOADING ON BOARD THE VESSEL DATE			SIGNED FOR THE CARRIER		

（7）装货港（PORT OF LOADING）。提单应填列实际装船港口的具体名称，L/C项下一定要符合 L/C 的规定和要求。

（8）卸货港（PORT OF DISCHARGE）。提单应填列实际的卸货港名称。例如，转船，第一程提单上的卸货港填转船港，收货人填第二程船公司；第二程提单上的装货港填上述转船港，卸货港填最后的目的港，如由第一程船公司出具联运提单，则卸货港即可填最后的目的港，提单上列明第一程和第二程船名。如经某港转运，要显示 VIA ××字样。

（9）唛头（MARKS）。信用证对唛头有规定的，必须按规定填列，否则可按发票上的唛头填列。

（10）件数和包装种类（NUMBER AND KINDS OF PACKAGES）。对于该栏，应按实际包装情况填写，散装货物一般只填 In Bulk，件数与包装种类都要与实际货物相符，并在合计数栏填写英文大写数目。

（11）货物描述（DESCRIPTION OF GOODS）。原则上讲，提单上的商品描述应按信用证的规定填写并与发票等其他单据相一致。但是，若信用证上的货物品名较多，提单允许使用类别总称来表示商品名称，那么类别总称一般需要与货物出口时向当地海关申报的品名一致。

（12）毛重（GROSS WEIGHT）。除信用证另有规定外，一般以千克为单位列出货物的毛重。

（13）尺码（MEASUREMENT）。除信用证另有规定外，一般以立方米列出货物的体积。

（14）运费和费用（FREIGHT AND CHARGES）。运费一般为预付（PREPAID）或到付（COLLECT）。如以 CIF 或 CFR 条件出口，一般均填上"运费预付"字样；如以 FOB 条件出口，则填上"运费到付"字样。

（15）提单签发地点与日期（PLACE AND DATE OF ISSUE）。提单签发地点一般在货物装运港所在地，日期则按信用证的要求填写，一般早于装运期或与装运期为同一天。

（16）提单签发的份数（TOTAL NUMBER OF ORIGINAL）。提单一般按信用证要求出具，通常签发三份正本及若干副本。

（17）承运人签章（SIGNED FOR THE CARRIER）。提单必须由承运人或其代理人签字才能生效。若信用证要求手签，承运人也要照办。

3. 提单的类型

（1）按签发提单的时间来分类，提单可以分为已装船提单和备运提单。

①已装船提单（Shipped or on Board Bill of Lading）是指货物装上船舶以后，由承运人签发给托运人的提单。这种提单必须载明装货船名和装船日期。由于已装船提单对收货人按时收到货物较有保障，因此买卖合同中一般都规定卖方须向买方提供已装船提单。

②备运提单（Received for Shipment Bill of Loading）又称收货待运提单。这是指承运人在收到货物但尚未把货物装上船只时签发给托运人的一种提单。买方一般都不愿意接受这种提单。

备运提单可以改为已装船提单，其做法是承运人在签发备运提单之后，如果把货物装上船只，则承运人可在提单的正面加注"已装船"字样和装船日期，并在提单上签字，这样就可以使备运提单成为已装船提单。

小思考 4-4

公司 A 经青岛港向日本出口一批货物，从船运公司代理人处拿到海运提单，但没有注意到提单上没有"On Board"字样，在向银行议付时被拒付。公司 A 该如何处理？

（2）按承运人在提单上对货物的外表状态加列批注来分类，提单可以分为清洁提单与不清洁提单。

①清洁提单（Clean Bill of Lading）是指承运人或船方在收到货物或装载货物时，货物或外包装没有某种缺陷或不良情况的提单。这种提单表明，货物是在表面状况良好的条件下装船的。

②不清洁提单（Claused B/L, or Foul B/L）是指承运人对货物的表面状况加有不良批注的提单，如注明"包装不固""破包""沾有油污"等。这种提单表明，货物是在表面状况不良的条件下装上船舶的。一般情况下，银行只接受清洁提单。

（3）按提单收货人的抬头分类，提单有记名提单（Straight B/L）、不记名提单（Open B/L）和指示提单。

①记名提单是指在提单收货人栏内具体指定收货人名称的提单。记名提单只能由指定的收货人提货，它不能转让流通。

②不记名提单是指不填具体收货人名称的提单，即承运人将货物交给提单的持有人，谁持有提单，谁就可以提货。不记名提单仅凭单交货，风险较大，在国际贸易中不经常使用。

③指示提单（Order B/L）是指在提单的收货人栏内填写"凭指示"（To order）或"凭某人指示"（To order of）字样的提单。此种提单可通过背书转让，因而又称为可转让的提单。背书的方法有两种：由背书人单纯签字盖章的称为空白背书；除背书人签字盖章外，还列明被背书人名称的，称为记名背书。提单经背书后，可转让给第三者。由于指示提单可以背书转让，因此其在国际贸易中被广为使用。在我国贸易中，通常采用指定空白背书提单，习惯上称其为空白抬头、空白背书提单。

（4）按运输方式来分类，提单可以分为直达提单（Direct B/L）、转船提单（Transhipment B/L）和联运提单（Through B/L）。

①直达提单是指装货船舶自装货港直接到达最终目的港，中途不转船的提单。

②转船提单是指货物从装运港装船后，中途转换另一条船，或者中途改换其他的运输方式才到达目的港或目的地的提单。在直达提单中，不得有中途转船的批语；而在转船提单中，一般注明"在某港转船"字样。

③联运提单在由海运和其他运输方式所组成的联合运输中使用。联运提单是指由承运人或其代理人在货物起运地签发的将货物运往最终目的地的提单，并收取全程运费。由于联运提单包括全程运输，因此第一承运人或其代理人应将货物转交给下一程承运人或其代理人，货物的中途转换运输和交接工作，均不需托运人办理。转船提单

和联运提单的区别在于前者仅限于转船，而后者可在中途转换其他运输工具。

（5）其他种类的提单。

①集装箱提单（Container B/L）。集装箱提单是指为运输集装箱货物而由承运人签发给托运人的提单。

②舱面提单（On deck B/L）。舱面提单是指货物装在船舶甲板上运输所签发的提单，又称甲板提单。这种提单中应注明"在舱面"字样。

③过期提单（Stale B/L）。过期提单有两种情况。一种是晚于货物到达目的港的提单，叫过期提单。这种情况在近洋运输中难免会出现，因此买卖合同中一般都规定"过期提单可以接受"的条款。另一种是向银行递交时间超过提单签发日期21天的提单，这种滞期交到银行的提单也称为过期提单，银行有权拒收。

④正本提单和副本提单。

正本提单（Original B/L）是指提单上有承运人、船长或其代理人签字盖章，并注明签发日期的提单。这种提单在商业上和法律上都是公认有效的单证。

副本提单（Copy B/L）是指提单上没有承运人、船长或其代理人签字盖章，仅供工作上参考使用的提单。

（二）海运单

海运单（Sea Way Bill）是指证明海上货物运输合同和承运人接收货物或已将货物装船的不可转让的单证。海运单的正面内容与提单基本一致，但是印有"不可转让"的字样。目前海运单的使用频率已越来越高，主要是因为海运单能方便进口方及时提货，简化手续，节省费用，还可以在一定程度上减少以假单据进行诈骗的现象。

小思考 4-5

海运提单和海运单有什么区别？

二、铁路运单

铁路运单（Railway Bill）是指当通过国际铁路办理货物运输时，在发运站由承运人加盖日戳后签发的运单。铁路运单是由铁路运输承运人签发的货运单据，是收、发货人同铁路部门的运输契约。

铁路运输可分为国际铁路联运和国内铁路运输两种方式，前者使用国际铁路联运单，后者使用国内铁路运单。中国境内在通过铁路向中国香港、中国澳门地区运输货物时，由于国内铁路运单不能作为对外结汇的凭证，因此使用承运货物收据这种具有特定性质和格式的单据。

国际铁路联运所使用的运单是铁路与货主间缔结的运输契约证明。此运单正本从始发站随同货物附送至终点站并交给收货人，是铁路部门同货主之间交接货物、核收运杂费和处理索赔与理赔的依据。运单副本是卖方凭以向银行结算货款的主要证件。

承运货物收据既是承运人出具的货物收据，也是承运人与托运人签订的运输契约证明。中国境内通过铁路运往中国香港、中国澳门地区的货物，一般委托中国外运长航集团有限公司承办。当货物装车发运后，中国外运长航集团有限公司即签发货物承运收据并交给托运人，作为对外办理结汇的凭证。

三、航空运单

航空运单（Air Way Bill，AWB）是指承运人与托运人之间签订的运输契约，也是承运人或其代理人签发的货物收据。但是，航空运单不是代表货物所有权的凭证，也不能通过背书转让。收货人提货不能依据航空运单，而是凭航空公司的提货通知单。在航空运单的收货人栏内，必须详细填写收货人的全称和地址。

航空运单依签发人的不同可分为主运单和分运单。主运单由航空公司签发，是航空公司和托运人订立的运输合同；分运单在办理集中托运人时使用，由集中托运人向单独托运人签发。

四、多式联运单据

多式联运单据（Combined Transport Documents，CTD）是指在多种运输方式下使用的一种运输单据。多式联运单据由多式联运经营人签发。签发这种单据的多式联运经营人必须对全程运输负责，即不论货物在哪种运输方式下发生属于承运人责任范围的灭失或损害，都要对托运货物的人负赔偿责任。

多式联运单据与海运中的联运提单有相似之处，但其性质与联运提单有别。联运提单限于在由海运与其他运输方式所组成的联合运输中使用，而多式联运单据，既可用于海运与其他运输方式所组成的联合运输，也可用于不包括海运的由其他运输方式所组成的联合运输。

五、邮包收据

邮包收据（Parcel Post Receipt）是指邮包运输的主要单据，是邮局在收到寄件人的邮包后出具的收据。邮包收据是收件人据以提取邮包的凭证，当邮包发生灭失或损坏时，邮包收据还可作为索赔和理赔的依据。但是，邮包收据不是物权凭证。

工作提示：

国际贸易人员要注意海运提单的正确使用，正本提单中的一份用于提货后，其余各份均告失效。对于副本提单，承运人不签署，份数根据托运人和船方的实际需要而定。副本提单只用于日常业务，不具备法律效力。

 思政课堂

坚定理想信念

国际贸易具有线长面广的特点，多种运输单据的办理也较为细致烦琐，某一个细节出现问题，都会影响整个交易。青年在初入职场时，会面临理论知识与实践脱节的问题，难免会出现不少错误，但不能因此而畏难退缩。我们要坚定理想信念，做到理

实结合，为实现中国梦而努力奋斗。

中国梦是全国各族人民的共同理想，也是青年一代应该牢固树立的远大理想。中国特色社会主义是我们党带领人民历经千辛万苦找到的实现中国梦的正确道路，也是广大青年应该牢固确立的人生信念。

青年有理想、立大志，于国于民，于己于人，都大有裨益。百学须先立志，志不立，天下无可成之事。青年唯有立大志，方可成大业：少年周恩来立下"为中华之崛起而读书"的壮志，成就救国救民、立国立民的千秋伟业；少年茅以升矢志造桥、负笈苦学，克服重重困难，修建第一座现代化桥梁……古今中外，"有志者事竟成"的故事不胜枚举。

青年要坚定理想信念，这在当下具有现实紧迫性。今天，社会价值取向日趋多元化，受拜金主义、享乐主义等的不良影响，极少数青年迷失自我，抱怨没有才华施展空间，或者无所事事、虚度光阴。种种现象产生的根源都在于他们的理想信念不坚定、不正确。因此，青年坚定理想信念，至关重要。

当前，全国人民都在为实现中华民族伟大复兴的中国梦而不懈奋斗，这就为青年在当下找到自我、确立正确的人生方向提供了时代坐标。广大青年只有顺应时代潮流，自觉认同、追求中国梦，沿着中国特色社会主义道路前行，才能以小我激发大我，成就更加辉煌的事业。

青年要坚守理想信念，将个人梦融入中国梦，将个人发展融入中国道路，顺应历史发展方向，在共同梦想的追求中，获得更大发展机会，把握高质量发展的主动权，不仅实现个人的发展，更书写利国利民的功绩。

📁 项目小结

（1）国际货物运输方式多种多样，其中海洋运输具有通过能力强、运费低廉、运载量大的特点，是国际货物运输中最主要的运输方式。

（2）海运当事人主要有承运人、托运人、货运代理三类。

（3）海洋运输按其船舶经营方式的不同，分为班轮运输和租船运输两大类。班轮运输适合少量小件杂货的运输，相比于租船运输更加灵活。租船运输适用于运输大宗货物。

（4）装运条款主要由装运时间，装运港和目的港，分批装运和转运，装卸时间、装卸率、滞期费和速遣费等组成。

（5）不同的运输方式使用的运输单据各有不同，主要有海运单据、铁路运单、航空运单、多式联运单据等，各种单据的性质和作用也有所不同。

项目五　国际货物运输保险条款

项目导读

在国际货物运输中，大多航线具有里程长、风险大的特点，经过不同的地理区域和不同的气候地带，受气候和自然条件的影响较大，还存在战争、罢工、贸易禁运等社会风险。国际货物运输中，主要的运输方式是海洋运输。海洋运输具有较多环节，需要港口、船舶、供应、通信导航、船舶修造和代理等企业及国家有关职能部门的多方面配合才能完成，航行日期容易不准确，货主和承运人对大多数风险、损失和费用都无力单独承受，需要通过保险分摊。

保险是指以缴纳一定费用为代价，换取遭受风险损失时的补偿。国际货物运输保险属于财产保险的范畴。与国际货物运输相对应，国际货物运输保险分为海上货物运输保险、陆上运输保险、航空运输保险和邮包险。

任务一 海上货物运输保险的承保范围

 任务目标

- 熟悉海上货物运输的各种风险类型
- 掌握承保风险造成的保险标的损失类型
- 掌握施救费用和救助费用的区别

 任务引入

某货轮满载货物驶离港口 A。开航后不久，由于空气湿度很大，因此老化的电线短路引起大火，将装在货舱的毛毯全部烧毁。船到港口 B 卸货时发现，装在同一货舱中的烟草和茶叶由于羊毛燃烧散发出的焦煳味道而遭受不同程度的串味损失。其中烟草由于包装较好，串味不是非常严重，经过特殊加工处理，仍保持了特性，但是等级已大打折扣，售价下降三成。而茶叶则完全失去了其特有的芳香，无论如何都不能冲泡了，只能作为廉价的填充物进行处理。

讨论题：试分析各类货物的损失属于什么类型和性质？

 知识内容

为了抵御货物在海上运输、装卸和储存过程中可能遇到的各类风险，进出口方商定购买海上货物运输保险。海上货物运输保险起源最早，也是国际货物贸易中使用最多的运输保险种类，其他各类运输保险都是在海上货物运输保险的基本原则和基础上发展起来的。本项目主要介绍海上货物运输保险所承保的风险、损失和费用。

一、承保的风险

海上货物运输保险承保的风险主要分为海上风险和外来风险两类。

（一）海上风险

海上风险（Perils of the Sea）也称海难，是指船舶或货物在海上运输过程中所遇到的自然灾害和意外事故。

1. 自然灾害

自然灾害（Natural Calamity）是指不以人们意志为转移的自然界力量所引起的灾害。例如，雷电、海啸、洪水、火山爆发、浪击落海等人力不可抗拒的力量所造成的灾害。

2. 意外事故

意外事故（Accidents）是指偶然的、难以预料的原因所造成的事故。例如，运输工具搁浅，触礁，沉没，与流冰或其他物体碰撞、互撞，失火，爆炸等造成的事故。

小思考 5-1

著名的"泰坦尼克号"遇到了什么类型的风险？

（二）外来风险

外来风险（Extraneous Risks）是指海上风险以外的其他外来原因引起的风险。外来风险可以分为一般外来风险和特殊外来风险。

1. 一般外来风险

一般外来风险是指被保险货物在运输途中面临的偷窃、雨淋、串味、破损、锈损、渗漏、玷污、受潮、受热、发霉、短量、包装破裂和钩损等一般外来因素所造成的风险。

2. 特殊外来风险

特殊外来风险是指军事、政治、国家政策法令及行政措施等外来风险。常见的特殊外来风险有战争、罢工、拒收等。

二、承保的损失

海上损失（Average）是指被保险货物在海上运输途中遭遇海上风险而产生的损失。按照损失程度划分，海上损失可以分为全部损失和部分损失。

（一）全部损失

全部损失（Total Loss）简称全损，是指整批货物或不可分割的一批货物在运输途中全部灭失或视同全部灭失。从损失的性质看，全部损失又可分为实际全损和推定全损。

1. 实际全损

实际全损（Actual Total Loss，ATL）又称绝对全损。构成保险标的的实际全损有保险标的完全灭失、保险标的的丧失属性、被保险人无法挽回地丧失了保险标的的实际有效占有及保险标的的神秘失踪。

2. 推定全损

推定全损（Construction Total Loss，CTL）又称商业全损，是指保险标的虽然尚未发生实际全损，但是因实际全损不可避免而被放弃，或者保险标的的严重受损、丧失属性不可避免，以及被保险人丧失了对保险标的的实际占有，或者保险标的的严重受损，修理、恢复的费用和运费将超过标的的重置价值，可以被视为推定全损。

小思考 5-2

一台精密仪器价值 15 000 美元，货轮在航行途中触礁，船身剧烈震动而使仪器受损。事后，仪器经专家检验，修复费用为 16 000 美元，如将仪器拆为零件进行销售，可卖 2 000 美元。该仪器属于何种损失？

（二）部分损失

任何不属于全部损失的，都是部分损失（Partial Loss）。按损失的性质不同，部分损失可分为共同海损和单独海损。

1. 共同海损

共同海损（General Average，GA）是指当船、货及其他利益方处于危险时，为了共同的利益，故意采取合理的措施而引起的特殊牺牲和产生的额外费用。

构成共同海损应具备的条件如下：

（1）有危及船、货共同安全的危险存在。

（2）船方为共同安全或为完成航程而有意识地、合理地采取施救措施。

（3）所做的牺牲是特殊性质的，支付的费用是额外的，即这种牺牲不是海上危险直接导致的，而是人为造成的。

（4）必须以船、货获救为前提，即所作出的特殊牺牲和支出的费用最终是有效的。

由于共同海损范围内的牺牲和费用是为船舶、货物或其他财产免于遭受整体损失而产生的，因此应该由船方、货方和运费收入方根据最后获救价值按比例分摊，这就叫共同海损的分摊。

2. 单独海损

单独海损（Particular Average，PA），是指被保险货物因海上风险直接导致的船舱或货物的部分损失，而且该损失由受损方单独承担。

综上所述，共同海损与单独海损的主要区别如下：

（1）造成海损的原因不同。单独海损是承保风险直接导致的船货损失；共同海损则不是承保风险直接导致的损失，而是船方为了解除船货共同危险、有意采取合理措施而造成的损失。

（2）损失的承担责任不同。单独海损由受损方自行承担，共同海损则应由各受益方按照受益比例共同分摊。

案例讨论 5-1

某货船从天津新港驶往新加坡，在航行途中货舱起火，大火蔓延到机舱。船长为了船、货的共同安全，决定采取紧急措施，往船中灌水灭火。火虽被扑灭，但主机受损，货船无法继续航行，于是船长决定雇用拖轮，将货船拖回新港修理，后重新驶往新加坡。

事后调查，此次事件造成的损失有：① 1 000 箱货被烧毁；② 300 箱货由于灌水灭火受损；③主机和部分甲板被烧毁；④拖船费用；⑤额外增加的燃料费和船长、船员工资。

讨论：从损失的性质来看，上述各项分别属于哪种类型的损失？

三、承保的费用

被保险货物发生保险责任范围内的事故时，除了使自身遭受损失以外，还会引起一些费用的支出。这些费用主要有施救费用和救助费用。

（一）施救费用

施救费用（Sue and Labor Expenses）是指在保险标的物遇到承保责任范围内的灾

害、事故时，被保险人或其代理人、受让人、雇用人为了避免或减小损失，抢救或保护被保险标的物所支付的合理费用。该费用由保险公司负责支付。

（二）救助费用

救助费用（Salvage Charge）是指在保险标的物遇到承保责任范围内的灾害、事故时，保险人和被保险人以外的第三者因采取了有效的救助措施而获得被救方付给的报酬。海上救助合同有两种：一种是雇佣性救助合同，这种合同不论救助是否有效，均要按约定标准收取费用；另一种是"无效果、无报酬"合同，目前世界上较多国家采用这种合同。

工作提示：

国际货物海洋运输的保险责任划分较为复杂，外贸人员需要在工作中细致分析风险的类别，了解产生了何种程度的损失及损失的类别，方便厘清未来的保险责任。

 思政课堂

苏伊士运河堵船 6 天产生的天价账单，保险公司要怎么赔？

苏伊士运河世纪大堵船事件，简而言之，就是一艘巨型集装箱船"长赐号"搁浅，堵塞了世界上最重要的航运要道之一的苏伊士运河。在救援 6 天后，苏伊士运河总算顺利通航。

2021 年 4 月 1 日，是遭遇堵船后苏伊士运河通航的第三天，也是各项保险事宜漫长协商的第三天，货运公司、货物方、埃及政府、律师、保险公司等多方共同加入了这场赔偿"拉锯战"。正常情况下，堵船事件的始作俑者"长赐号"与其他货轮上的货物主人会寻求各自投保的保险公司进行赔偿，保险公司转而会向"长赐号"的日本船东 Shoei Kisen Kaisha 诉诸索赔，而后者，大概率也只能向其他保险公司寻求赔偿。

在这一"保险索赔连环转"中，关键责任问题如何确定、谁将为哪个部分买单、各自权益有几分、处理效率将怎样，以及所有关联方有哪些连带责任，这其中的每一个问题都大概率会导致相互指责与推脱的场面。

"长赐号"船主投保的保险公司，将首先受到财务赔偿冲击，也将极有可能承担最终责任。因"长赐号"是国际保赔协会集团（P&I Club）的一员，集团内的保赔协会已经为船东投保，预计船东 Shoei Kisen Kaisha 有可能从该协会中获得约 31 亿美元的责任保险。但即便赔保金额高达 31 亿元，但在 6 日堆积的高额账单面前，这一数额尚有些吃力。另据路透社报道，业内人士预计这艘船的保险金额可能为 1 亿~1.4 亿美元。

作为世界上最繁忙的贸易路线之一，每天有 50 多艘船只通过苏伊士运河，全球约 10%~12% 的贸易量由这条运河输送。其中包括全球贸易中 5%~10% 的液化天然气、原油和成品油等能源商品，也包括服装、家具、汽车零部件等大宗消费品。据劳合社估计，本次堵船可能会导致每小时 4 亿美元的巨损，每日约 100 亿美元的海上运输中断，更不必提而这一情况恰巧发生在新冠肺炎疫情下全球供应链较为脆弱的时刻。此番引起的连锁效应或将导致数亿美元的保险索赔,而全球供应链的中断也将造成更广泛的损失。

此外,苏伊士运河运营方表示,由于数百艘船只等待通过被封锁的水道或不得已改走其他路线,因此埃及政府将遭受9 000万美元的损失。

最为直接的损失来自船只与运河的损坏。在通常情况下,这些成本主要由船东的保险公司承担。因此,由东京三井住友保险(Mitsui Sumitomo Insurance)、东京海运(Tokio Marine)和日本Sompo Japan牵头的财团将承担此方面的损失。不过幸运的是,根据最初报告,"长赐号"没有发生严重的损坏,也没有出现污染泄漏情况。

账单还包括其他意外开支。因救援专家和设备在短时间内被调集起来,救援的人工成本也在不断增加,专家预计船东的保险公司或将承担此责任。惠誉评级(Fitch Ratings)的保险分析师马佐利(Robert Mazzuoli)估计,尽管有很多变量,但这方面的花费可能在数千万美元。

更棘手的问题是,五花八门的货物将如何索赔?在"长赐号"上预订集装箱的公司,以及在运河拥挤时不得不在运河外排队等候的400艘船,或许都计划提出索赔。虽然大多数保险单不包括赔偿因货物延误而造成的经济损失,但此次苏伊士运河的特殊情况都将提高赔偿的复杂程度。根据调研机构的测算,此类索赔金额可能高达数亿美元。

在全球货物流动下,苏伊士运河世纪大堵船事件也为保险行业带来一些思考,使保险行业不得不考虑如何应对大宗货物跨洋运输不断增加的风险。

任务二 国际海上货物运输保险条款

 任务目标

- 熟练掌握中国人民财产保险股份有限公司的海洋运输货物保险条款的基本险别、附加险别和除外责任
- 熟悉伦敦保险协会海洋运输保险条款
- 熟练运用中国人民财产保险股份有限公司修订的海洋运输货物保险条款,选择投保适当的险种,并分析各类险别的责任范围

 任务引入

广州约克贸易公司按CIF条件出口一批冷冻食品,合同规定投保平安险加战争险、罢工险。货到目的港适逢罢工,货物无法卸载,货船又因无法补充燃料而停止制冷。等到罢工结束,该批冷冻食品已经变质。

讨论题:

(1)平安险的承保范围有哪些?

(2)案例中,对因罢工而引起的损失,保险公司是否负责赔偿?

 **知识内容**

在我国，国际运输货物保险通常按照中国保险条款进行投保。中国保险条款（China Insurance Clause，CIC）是中国人民财产保险股份有限公司制定的系列保险条款的总称，包括海运、陆运、空运、邮包运输等各种运输方式下的保险条款。另外，伦敦保险协会制定的海洋运输保险条款（Institute Cargo Clause，ICC）在国际上被广泛采用，对此我们也应该有所了解。

一、我国海洋运输货物保险条款

保险险别是指保险人对风险和损失的承保责任范围。我国海洋运输货物保险所承保的险别分为基本险别和附加险别两类。

（一）基本险别

基本险别是指可以单独投保和承保的险别，也称为主险别。中国保险条款中的基本险别包括平安险、水渍险和一切险。

1. 平安险

平安险（Free from Particular Average，FPA）是保险人承保责任范围最小的基本险。平安险在我国保险行业中沿用已久，通常适用于大宗、低价值的无包装货物。平安险的英文原意是"单独海损不负责赔偿"。平安险的具体责任范围主要包括如下内容：

（1）在运输过程中，自然灾害或运输工具发生意外事故，造成被保险货物的实际全损或推定全损。

（2）运输工具遭遇搁浅、触礁、沉没、互撞、与流冰或其他物体碰撞及失火、爆炸等意外事故，造成被保险货物全部或部分损失。

（3）在运输工具已经发生搁浅、触礁、沉没、焚毁等意外事故的情况下，货物在此前或此后又在海上遭遇恶劣天气，如雷电、海啸等自然灾害而产生的部分损失。

（4）在装卸转船过程中，一件或数件被保险货物落海所造成的全部损失或部分损失。

（5）被保险人对承保责任范围内遭受危险的货物采取抢救措施，防止或减少货损而支付的合理费用，但以不超过该批被救货物的保险金额为限。

（6）运输工具遭遇自然灾害或意外事故，需要在中途港口或避难港口停靠，因此而产生的与卸货、装货、存仓及运送货物有关的特别费用。

（7）发生共同海损所引起的牺牲、分摊和救助费用。

（8）如果运输契约中有"船舶互撞条款"，按该条款规定，应由货方赔偿船方的损失。

案例讨论 5-2

某外贸公司按 CIF 术语出口一批货物，装运前已向保险公司按发票金额的 110% 投保平安险。6 月初，货物装妥，货船顺利开航，但于 6 月 14 日在海上遇到暴风雨，部分货物沾水，损失价值为 2 100 美元。数日后，该货船又突然触礁，致使该批货物又遭受部分损失，损失价值为 8 000 美元。

请问：保险公司对该批货物的损失该如何赔偿？为什么？

2. 水渍险

水渍险（With Particular Average，WPA）的英文原意是"负责单独海损"，责任范围除了包括上述平安险的各项责任外，还负责被保险货物由于恶劣天气、海啸、地震、洪水等自然灾害所造成的部分损失，其责任范围大于平安险。

3. 一切险

一切险（All Risks，AR）除包括上述水渍险的各项责任外，还负责保险标的物在运输途中因一般外来风险所致的全部或部分损失，其责任范围大于平安险和水渍险。

（二）附加险别

附加险别是对基本险别责任的补充和扩大。附加险别不能单独投保，必须在投保一种基本险的基础上加保一种或数种。附加险别有一般附加险和特殊附加险。

1. 一般附加险

一般附加险（General Additional Risk）对应承保一般外来风险所造成的损失。一般附加险包括以下 11 类：

（1）偷窃提货不着险（Theft Pilferage and Non-Delivery，TPND）。在保险有效期内，保险货物被偷走或窃走，以及货物运抵目的地以后，整件未交的损失，由保险公司负责赔偿。

（2）淡水雨淋险（Fresh Water Rain Damage，FWRD）。货物在运输途中因淡水发生损失，保险公司都负责赔偿。淡水包括雨水、雪融，以及船上淡水舱、水管漏水和船汗等。

（3）短量险（Risk of Shortage）。短量险负责赔偿保险货物数量短少和重量减轻的损失。对有包装货物的短少，外包装必须有异常现象，如破口、裂袋、扯缝等，以区别是原来的短量还是外来原因造成的短量。对散装的货物，则往往以装船重量和卸船重量之间的差额为短量计算的依据，但不包括正常的途耗。

（4）混杂、沾污险（Risk of Intermixture & Contamination）。混杂、沾污险负责赔偿被保险货物在运输途中因混进杂质而造成的损失。

（5）渗漏险（Risk of Leakage）。渗漏险负责赔偿流质、半流质的液体物质和油类物质，在运输过程中因容器损坏而引起的渗漏损失。用液体贮藏的物质，如湿肠衣、酱菜等因为液体渗漏而发生腐烂、变质，均由保险公司负赔偿责任。

（6）碰损、破碎险（Risk of Clash & Breakage）。碰损主要是针对金属、木质等货物来说的。例如，搪瓷、机器等，在运输途中，因受到震动、颠簸、挤压等而产生凹瘪、脱瓷、脱漆、划痕等损失。破碎则主要是针对易碎物质来说的。

（7）串味险（Taint of Odor Risk）。被保险货物因受到其他物品的气味影响而产生的串味损失由保险公司承担。

（8）受热、受潮险（Heating & Sweating Risks）。在运输过程中，气温骤变或船上通风设备失灵等使船舱内受热、受潮，受热、受潮险对被保险货物由此产生的损失负责赔偿。

（9）钩损险（Hook Damage）。钩损险负责被保险货物在装卸过程中因使用手钩、吊钩等工具而造成的损失。

（10）包装破裂险（Breakage of Packing Risk）。包装破裂险负责赔偿因包装破裂而造成的物资短少、沾污等损失。此外，对于保险运输过程中因续运安全需要而产生的修补包装费、调换包装费，也负责予以赔偿。

（11）锈损险（Risks of Rust）。锈损险负责赔偿被保险货物在运输过程中因生锈而造成的损失。

一切险中包含了一般附加险，因此，如果投保了一切险，就不需要加保一般附加险。

2. 特殊附加险

特殊附加险（Special Additional Risk）对应承保特别外来风险造成的损失。中国保险条款承保的特殊附加险包括下列险别：

（1）战争险（War Risk）。战争险承保战争或类似战争行为等引起的保险货物的直接损失，如对货物因扣留、禁制、盗窃等行为而产生的损失，保险公司负责赔偿。但是，对敌对行为中使用原子武器或热核武器所导致的损失和费用，保险公司不负责赔偿，因为原子武器、热核武器的破坏性非常大，造成的损失也是难以估计的，保险公司无法承担。

（2）罢工险（Strikes Risk）。罢工险承保因罢工者，被迫停工工人，参加工潮、暴动和民众斗争的人员采取行动而造成的被保险货物的直接损失。对任何人的恶意行为造成的损失也予以负责。

值得注意的是，罢工险负责的损失都必须是直接损失；对于间接损失，罢工险是不负责赔偿的。例如，工人罢工或无法使用劳动力导致堆存在码头的货物在遇到大雨时无法罩盖防雨布而淋湿受损；因为罢工，没有劳动力对冷冻机添加燃料，致使动力中断、冷冻机停机，进而使冷冻货物化冻变质等。此外，罢工引起的费用和损失，如港口工人罢工导致货物无法在原定港口卸下而改到另外一个港口所增加的运输费用，均属于间接损失，保险公司不予负责。

（3）交货不到险（Failure to Deliver Risk）。交货不到险负责货物自装上船舶时起，不论何种原因，如不能在抵达目的地的预定日期起6个月以内交付，保险公司同意按全损予以赔付，但该货物之全部权益应转移给保险公司。被保险人保证已获得一切许可证。战争险项下应予负责的损失，概不在交货不到险条款责任范围之内。

（4）进口关税险（Import Duty）。进口关税险负责赔偿货物受损但仍需按完好无损时的价值缴纳进口关税所造成的损失。

（5）拒收险（Rejection）。拒收险指承保货物在进口时，由于各种原因，被进口国的有关当局拒绝进口而没收所产生的损失。但是，在进口必须持许可证时或在进口有限额的情况下，如果保险人不具备进口所需的相应证件，那么遭到拒收是正常的。

（6）黄曲霉毒素险（Aflatoxin）。被保险货物（花生、谷物等易产生黄曲霉毒素）在保险责任有效期内，经进口港或进口地卫生局的检验证明，含有黄曲霉毒素，并且超过进口国对该毒素的限制标准，必须被拒绝进口、没收或强制改变用途时，保险公司按照被拒绝进口、没收或强制改变用途的条款负责赔偿。

（7）舱面险（on Deck）。舱面险除了按保险单的条款承保存放在舱面的货物的损失外，还负责被抛弃或被风浪冲击落水的货物的损失。

（8）出口货物到中国香港（包括九龙在内）或中国澳门存仓火险责任扩展条款（Fire Risk Extension Clause for Storage or Cargo at Destination Hongkong, Including Kowloon, or Macao）。这一保险承保被保险货物直接存放于保险单载明的过户银行所指定的仓库所造成的存仓火险损失，直至银行收回押款、解除货物的权益或运输责任后30天。

保险范围及险别如表5-1所示。

表5-1 保险范围及险别

风险种类	风险内容	损失种类				险别	
海上风险	自然灾害（如恶劣天气、海啸、洪水等）	海上风险损失	损失程度	部分损失		平安险	基本险别
				全部损失	实际全损		
					推定全损	水渍险	
	意外事故（如触礁、沉没、搁浅、互撞、失火、爆炸等）		损失性质	共同海损		一切险	
				单独海损			
外来风险	一般原因（如雨淋、短量、短少、提货不着、锈损、偷窃、渗漏、破碎、受潮、钩损、串味、碰损等）	外来风险损失	一般外来原因引起			一般附加险	附加险别
	特殊原因（如战争、罢工、黄曲霉毒素、拒收、交货不到等）		特殊外来原因引起			特殊附加险	

（三）除外责任

除外责任是指保险公司明确规定不予承保的损失或费用。中国人民财产保险股份有限公司修订的海洋运输货物保险条款规定，对下列损失，保险人不负赔偿责任：

（1）被保险人的故意行为或过失所造成的损失。

（2）属于发货人责任所引起的损失。

（3）在保险责任开始前，被保险货物已存在由品质不良或数量短差所造成的损失。

（4）被保险货物的自然损耗、本身缺陷、市价跌落及运输延迟所导致的损失或费用。

（5）海洋货物运输战争险条款和罢工险条款规定的责任范围和除外责任。

（四）承保责任的起讫

海上货物运输保险的责任起讫即保险期间，亦称保险期限，就是保险人对被保险货物承担保险责任的起讫时间。

1. 基本险的责任起讫

（1）正常运输情况下基本险的责任起讫规定。依据国际惯例，保险责任起讫以"仓至仓条款"（Warehouse to Warehouse Clause，W/W Clause）为依据。"仓至仓条款"是指保险责任自被保险货物运离保险单所载明的起运地仓库或储存处所开始生效，包括正常运输过程中的海上、陆上、内河和驳船运输在内，至该项货物到达保险单所载明目的地收货人的最后仓库或储存处所或被保险人用做分配、分派或非正常运输的其他储存处所为止。如未抵达上述地点，则保险责任有效期至被保险货物在最后卸载港全部卸离海轮后60天为止。如在60天内被保险货物需转到非保单所载明的目的地，则自该货物开始转运时起，保险责任终止。

（2）非正常运输情况下基本险的责任起讫规定。如果发生保险人无法控制的运输延迟、航程变更、被迫卸货等意外，在被保险人及时通知保险人加付保费的前提下，可按"扩展责任条款"（Extended Cover Clause）延长保险期。被保险人如不及时通知保险人加付保费，则保险合同终止，保险人不承担风险责任。在扩展责任的情况下，保险责任按以下规定终止：在未载明目的地出售，保险责任至交货时终止，但不论何种情况，均以被保险货物在卸载港全部卸离海轮后的60天为限；被保险货物如果在中途卸载港全部卸离海轮后的60天期限内，继续被运往保险单所载明的目的地或其他目的地时，保险责任仍按照正常运输情况下所规定的"仓至仓条款"内容处理。

2. 战争险、罢工险的责任起讫

（1）战争险的责任起止期限。按照国际惯例，战争险的责任起止期限以"水面危险"为限。其规定如下：保险责任自被保险货物装上保险单所列的起运港的海轮或驳船时开始，至卸离保险单所列的目的港的海轮为止。最长期限为从海轮或驳船到达目的港的当日午夜起，算满15天。如果货物中途转船，那么不论货物在当地卸载与否，保险责任期限都从海轮到达目的港或卸货地点的当日午夜起，算满15天，直到货物再装上续运海轮时，保险有效。

（2）罢工险的责任起止期限。采用"仓至仓条款"时，如果货物运输已投保战争险，那么加保罢工险一般无须加缴保险费。

二、伦敦保险协会海洋运输保险条款

在国际保险市场上，各国保险组织都制定有自己的保险条款，但采用得最为普遍的是伦敦保险协会所制定的海洋运输保险条款（Institute Cargo Clause，ICC）。我国企业在按CIF和CIP条件出口时，一般按中国保险条款投保，但如果外国客户要求按伦敦保险协会海洋运输保险条款投保，一般可予接受。伦敦保险协会海洋运输保险条款共有6种险别。

（一）协会货物条款（A）

协会货物条款（A）简称ICC（A），可以独立投保，相当于中国保险条款中的一切险。但其责任范围更广，采取"一切风险减除外责任"的方式。协会货物条款（A）的除外责任包括如下内容：

（1）一般除外责任，如包装原因造成的损失、船方原因造成的损失、使用原子武器或热核武器所造成的损失。

（2）不适航、不适货除外责任，如被保险人在装船时已知船舶不适航、不适货。

（3）战争除外责任。

（4）罢工除外责任。

（二）协会货物条款（B）

协会货物条款（B）简称 ICC（B），可以独立投保，相当于中国保险条款中的水渍险。其责任范围采用"列明风险"的方式，包括如下内容：

（1）火灾、爆炸。

（2）船舶或驳船触礁、搁浅、沉没或倾覆。

（3）陆上运输工具倾覆或出轨。

（4）船舶、驳船或运输工具同除水以外的任何外界物体碰撞。

（5）在避难港卸货。

（6）地震、火山爆发、雷电。

（7）共同海损牺牲。

（8）抛货。

（9）浪击落海。

（10）海水、湖水或河水进入船舶、驳船、运输工具、集装箱、大型海运箱或贮存处所。

（11）货物在装卸时落海或跌落，造成整件全损。

协会货物条款（B）的除外责任规定如下：除对海盗行为和恶意损害不负责外，其余除外责任都与协会货物条款（A）的除外责任相同。

（三）协会货物条款（C）

协会货物条款（C）简称 ICC（C），相当于中国保险条款中的平安险。其责任范围也采用"列明风险"的方式，包括如下内容：

（1）火灾、爆炸。

（2）船舶或驳船触礁、搁浅、沉没或倾覆。

（3）陆上运输工具倾覆或出轨。

（4）船舶、驳船或运输工具同除水以外的任何外界物体碰撞。

（5）在避难港卸货。

（6）共同海损牺牲。

（7）抛货。

协会货物条款（C）的除外责任与协会货物条款（B）的除外责任完全相同。

案例讨论 5-3

应进口商的要求，我国某外贸公司为 10 个集装箱的木雕工艺品货物向保险公司投保伦敦保险协会货物条款 A 险，保险期限为货物自上海外贸运输仓库到英国利物浦，再转运到目的地的收货人仓库。保险单采用的是 1982 年 1 月 1 日修订的协会货物条款（A），该 10 个集装箱由海轮公司乙承运。在这些集装箱通过卡车运到海轮旁时，其中

1个集装箱因两辆卡车碰撞而不慎落海，货物全损；另外1个集装箱的内部突然起火，货物全损，经检验，是箱内货物本身的易燃性质和箱内温度过高引起的。当其他集装箱在利物浦从船上卸下时，其中两个集装箱又被发现外部已被暴力破坏，箱内货物已完全失踪，估计是海轮在中途港停靠加油时被窃。在目的地的收货人仓库，又发现两个集装箱的货物沾有严重的被化学品污染的气味，这批木雕工艺品削价出售。据了解，这两个集装箱在上个航次中装过某种气味很大的化学品，在此次装货前经过清洗，由装货港的货主代理人外贸运输公司负责装货铅封。现在，货主就上述木雕工艺品的损失向保险公司提出索赔。

请你对以上各项损失进行分析：

（1）请指出各项损失的性质。

（2）各项损失应该分别由谁承担风险责任？

（四）协会战争险条款（货物）

协会战争险条款（货物）简称 IWCC，相当于中国保险条款中的战争险，可作为独立的险别进行投保。

（五）协会罢工险条款（货物）

协会罢工险条款（货物）简称 ISCC，相当于中国保险条款中的罢工险，在需要时也可作为独立的险别进行投保。

（六）恶意损害险

恶意损害险承保除被保险人以外的其他人（如船长、船员）的故意破坏行为所造成的被保险货物的灭失或损坏，但具有政治动机的人的行为除外。

以上 6 种险别中，只有恶意损害险属于附加险别，不能单独投保，其他 5 种险别具有相同结构、完整体系，均可作为独立的险别进行投保。

工作提示：

海洋运输中的风险类型、损失类型与投保险别的保险范围和责任息息相关。我们在工作中需要认真分析货物的类型、航行的航线、可能遇到的风险和损失及决定投保的险别。

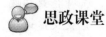 **思政课堂**

胶州"一带一路"综合试验区建设总体方案

为更好提升青岛在"一带一路"新亚欧大陆桥经济走廊建设和海上合作中的作用，放大中国-上海合作组织地方经贸合作示范区（以下简称"上合示范区"）引领带动效应，建设胶州"一带一路"综合试验区，制订本方案。

一、试验思路和目标

以习近平新时代中国特色社会主义思想为指导，全面贯彻党的十九大精神，抢抓上合示范区建设机遇，以胶州湾国际物流园为核心，以上合示范区、临空经济示范区、经济技术开发区、大沽河省级生态旅游度假区为试验载体，覆盖胶州市全域，在多式联运、贸易投资、金融创新、人文交流等方面先行先试，打造"一带一路"国际合作新平台。到2022年，基本形成陆海内外联动、东西双向互济的对外开放新格局。胶东国际机场旅客吞吐量达到3 200万人次、货邮吞吐量达到32万吨，胶州市集装箱、国际班列运量分别达到100万和5万标箱。对外贸易总额达到100亿美元，跨境电商交易额年均增长20%。累计实际利用外资达到130亿美元，对外投资达到15亿美元。到2025年，基本建成贸易制度创新试验区、国际产能合作引领区和国际贸易金融中心。

二、突出陆海统筹，大力发展多式联运

（一）开展多式联运标准化试点

探索制定多式联运运输标准，实现海陆空铁一体化运作。加强铁路、公路、水路和民航运输在一体化组织中的货物交接、信息共享、责任划分、保险理赔等方面的对接，提高不同运输方式间的衔接水平。

（二）推进多式联运设施联通

申建国家陆路开放口岸。依托青岛港扩大航运业务开放，提升海铁联运班轮服务水平。大力发展冷链运输体系，申建商贸服务型国家物流枢纽。建设国际物流信息平台，增强交易、定价、中转等综合物流功能。

（三）强化胶东国际机场枢纽门户功能

争取第五航权政策落实，力争更多国外航空公司执飞胶东国际机场。增加国际客货航班，开通更多至沿线国家的全货机货运航线和国际货运中转航班。对国际-国内、国际-国际转机的国际航班旅客及其行李，实施通程联运。增开国际中转集拼航线，开展进出境全货机境内续驶段混载业务。

（四）推动国际班列双向发展

增强扩大过境运输能力，完善通关协调机制，提升国际班列的开行密度和运行质量效益，持续增加"齐鲁号"欧亚班列运力运量。针对中亚及俄罗斯等国家（地区）的矿产、粮食、木材等优势产业，拓展中亚、俄罗斯方向国际班列回程货源，推动双向运行。探索国际班列集拼集运模式和发展国际班列内外贸货物混编运输业务。

三、突出上合特色，大力拓展国际贸易

（一）提升贸易合作水平

依托上海合作组织投资贸易青岛服务中心，探索服务贸易新模式，支持企业拓展离岸服务外包业务，推动形成服务贸易集聚区。争取胶州铁路场站对外开放及建设粮食、肉类、水果、木材等指定监管场地。支持开展跨境电商进出口业务，逐步推出全面适用跨境电商零售进口政策。支持建设货物集散基地和海外仓。举办好上海合作组织地方经贸合作青岛论坛暨上海合作组织国际投资贸易博览会。

（二）建设转口贸易基地

依托东亚海洋合作平台，强化海洋装备、橡胶轮胎、农林牧渔资源开发等领域合作。推动与日本横滨、川崎、福冈和韩国釜山、仁川等港口合作，提升与日韩转口贸易合作层级。建设汽车整车及零部件、能源及原材料大宗商品交易平台，发展二手车出口业务。试点建设上海合作组织国家特色农产品进口（进境水果、水产品）指定监管场地，推动上海合作组织国家优质农产品食品准入。

（三）建设"数字丝绸之路"

依托中国（青岛）跨境电商综合试验区，引进知名跨境电商和供应链、信息服务商。建成集通关、展示、交易、结算、配送等功能于一体的网络供应链综合服务体系。探索电子商务进出口海关监管模式，建立跨境电商出口信用体系。举办上海合作组织国家网上特色商品展。建设上合示范区大数据研究中心，建立青岛市航空货运数据、集装箱物流数据指标体系。探索构建中国−中亚贸易、丝绸之路投资贸易等的指数体系。编写"一带一路"贸易信用指数。

四、突出双向投资，大力开展产能合作

（一）深化对外投资合作

建设好柬埔寨斯努经济特区等境外园区，支持符合条件的园区申报省级境外园区。引导装备制造、生物医药、现代农业等领域骨干企业到国外建设研发中心、生产基地和贸易公司。发挥建筑、钢结构、铁塔等传统产业的集聚发展优势，深化产业投资和优势产能合作。鼓励电力装备、金属结构等优势行业参与沿线国家基础设施建设。

（二）发起"双招双引"攻势

制定社会化专业招商促进办法和重点产业链招商方案，建立"招商促进中心+促进公司"运行模式，围绕十强产业进行专业化招商。大力发展总部经济。争取交通、市政、文化、教育、卫生等领域扩大开放试点。支持日韩信息技术企业在胶州市设立区域总部、研发中心。加大对高层次人才团队和人才平台载体支持力度，鼓励"一带一路"研究机构等智库平台落户胶州市。

（三）优化服务环境

建立对外投资合作"一站式"服务平台，构建政策、项目、技术、资金、人才、服务等资源双向流通通道，加强对外投资合作事后管理和服务，建立多部门信息共享与协同平台。强化"走出去"预警防范体系建设，构建境外风险防控平台。加强"走出去"企业培训，指导企业合规经营。

五、突出资金融通，大力培育国际金融科技中心

（一）发展贸易金融

举办金融科技论坛、贸易金融发展论坛等活动，培育、引进特色专业金融机构。做大做强未来金融研究院品牌，引进特华博士后工作站山东分站科研机构。争取沿线国家金融机构在胶州市设立区域性总部、分支机构或事业部。支持开展国际航运、国际贸易等重点产业责任保险、信用保险、融资租赁保险等业务。支持建设全球票据结算、区域结算中心。建设上海合作组织国际金融中心、金融科技产业园、保险产业园等金融机构发展载体。

（二）创新金融政策

支持符合条件的企业通过发行股票、债券、资产证券化产品募集资金。积极推行境外发债备案制，募集低成本外汇资金。探索实现外汇资本项目收入结汇支付便利化，试点企业外债注销登记下放至银行办理。鼓励金融机构开展跨境人民币贷款、贸易融资、结算等金融创新业务。支持银行业金融机构与取得互联网支付业务许可的支付机构合作，按规定为跨境货物贸易、服务贸易提供人民币结算服务。争取开发银行、进出口银行、中国信保等政策性金融机构对胶州市"一带一路"项目给予倾斜。

任务三　我国陆、空、邮包运输保险

 任务目标

- 熟悉国际陆上运输保险
- 熟悉国际航空运输保险
- 熟悉国际邮包运输保险

 任务引入

北京某外贸公司按 CFR 马尼拉价格出口一批仪器，投保的运输保险的险别为一切险，采用"仓至仓"条款。该公司将货物用卡车由北京运到天津港，但在运送途中，一辆货车翻车，致使车上所载部分仪表损坏。

讨论题：该项损失应由哪方负责，保险公司是否应给予赔偿？

 知识内容

在国际贸易中，货物运输除了采用海洋运输方式之外，还采用陆上运输、航空运输、邮包运输及由海洋运输、陆上运输、航空运输等两种或两种以上运输方式所组成的多式联运。随着国际贸易的发展，陆上运输保险、航空运输保险、邮包运输保险，在整个保险业务中的重要性也日益显著。

一、陆上运输保险

陆上运输保险主要承保火车、汽车等陆上运输工具进行货物运输的风险。根据中国人民财产保险股份有限公司制定的陆上运输货物保险条款（火车、汽车）的规定，陆上运输保险分为陆运险和陆运一切险两种基本险别，适用于火车运输和汽车运输。

（一）陆运险与陆运一切险

陆运险是指保险公司负责赔偿被保险货物在运输途中遭受暴风、雷电、洪水、地震等自然灾害，或者运输工具碰撞、倾覆、出轨，或者在驳运过程中驳运工具搁浅、触礁、沉没、碰撞，或者遇到隧道坍塌、崖崩、失火、爆炸等意外事故所产生的全部或部分损失，包括为抢救货物所支付的合理费用，但以不超过该批被救货物的保险金额为限。陆运险的承保责任与海洋运输货物保险条款中水渍险的承保责任相似。

陆运一切险是指保险公司除承担上述陆运险的赔偿责任外，还负责一般外来原因对运输途中的被保险货物所造成的全部或部分损失。陆运一切险的承保责任与海洋运输货物保险条款中一切险的承保责任相似。

陆上运输保险的责任起讫也采用"仓至仓"条款，但最长的保险责任有效期为被保险货物运抵最后卸载的车站满 60 天。陆上运输保险的索赔时效为从被保险货物在最后目的地车站全部卸离车辆时计算，最多不超过 2 年。

（二）陆上运输冷藏货物险

陆上运输冷藏货物险是一种专门险，除负责赔偿陆运险所列举的自然灾害和意外事故所造成的全部或部分损失外，还负责赔偿冷藏机器或隔温设备在运输途中损坏所造成的被保险货物解冻溶化而腐败的损失。陆上运输冷藏货物险的责任起讫也采用"仓至仓"条款，但最长的保险责任有效期为被保险货物到达目的地车站满 10 天。

（三）陆上运输货物战争险（火车）

陆上运输货物战争险（火车）是陆上运输保险的特殊附加险。在投保了陆运险或陆运一切险的基础上可加保陆上运输货物战争险（火车）。加保陆上运输货物战争险（火车）须另增加保险费。保险公司负责赔偿在火车运输途中，战争、类似战争行为和敌对行为、武装冲突所致的损失，以及各种常规武器，包括地雷、炸弹所致的损失。但是，因敌对行为而使用原子武器或热核武器所致的损失和费用，以及执政者、当权者或其他武装集团因扣押、拘留引起承保运程中断而造成的损失除外。在投保陆上运输货物战争险（火车）的基础上可以加保罢工险，加保罢工险不另行付费。

陆上运输货物战争险（火车）的责任自被保险货物装上保险单所载起运地的火车时生效到卸离保险单所载目的地的火车时终止。如果被保险货物不卸离火车，则保险责任有效期为自火车到达目的地的当日午夜起，满 48 小时。

案例讨论 5-4

2020 年 10 月 8 日，天津 A 公司以 1.76 元/千克收购葵花籽 34 650 千克，共 770 件，委托天津火车站客货服务 B 公司将其运输到南京铁路分局 H 火车站所属的芜湖西站，并安排安徽省芜湖市 G 公司收货。到站卸货时，收货人发现车厢内有严重异味，拒收货物。天津 A 公司因此遭受经济损失，要求南京铁路分局 H 火车站赔偿全部损失，即货价、包装费及运费等共计 68 179.50 元。后收货人从该批货物所在车厢的残存物中检出剧毒农药，含量为 3 591.6 毫克/千克；在包装葵花籽的布袋中检出剧毒农药，含量为 100 毫克/千克。经查，发现该车厢于 2020 年 5 月 18 日装运过剧毒农药，在卸货后被送回郑州东站，经洗刷消毒后又投入使用。

请问：H 火车站是否承担赔偿责任？

二、航空运输保险

根据中国人民财产保险股份有限公司修订的航空运输货物保险条款的规定，航空运输保险分为航空运输险和航空运输一切险两种基本险别。

（一）航空运输险和航空运输一切险

航空运输险是指保险公司负责赔偿被保险货物在运输途中遭遇雷电、火灾、爆炸及飞机遇到恶劣天气、其他危难事故，如碰撞、倾覆、坠落、失踪等所产生的全部或部分损失。航空运输险的承保责任与海洋运输货物保险条款中水渍险的承保责任相似。

航空运输一切险除了承担上述航空运输险的全部责任外，还负责赔偿失窃、短少等一般外来原因所造成的被保险货物的全部或部分损失。航空运输一切险的承保责任与海洋运输货物保险条款中一切险的承保责任相似。

航空运输保险的两种基本险的保险责任也采用"仓至仓"条款，所不同的是如果货物运达保险单所载明的目的地而未运抵保险单所载明的收货人仓库或储存处所，则保险责任有效期为被保险货物在最后卸载地卸离飞机后满30天。

（二）航空运输战争险

航空运输战争险是航空运输保险的特殊附加险。只有在投保了航空运输险或航空运输一切险的基础上，方可加保航空运输战争险。在投保航空运输战争险的基础上可以加保罢工险，加保罢工险不另行付费。投保航空运输战争险后，保险公司负责赔偿在航空运输途中，战争、类似战争行为、敌对行为、武装冲突及各种常规武器，包括地雷、炸弹所致的货物损失，但不包括使用原子武器或热核武器所致的损失。

航空运输战争险的保险责任自被保险货物装上保险单所载起运地的飞机时生效，到卸离保险单所载目的地的飞机时终止。如果被保险货物不卸离飞机，则保险责任有效期为自飞机到达目的地的当日午夜起，满15天。

三、邮包运输保险

根据中国人民财产保险股份有限公司修订的邮包险条款的规定，邮包运输保险分为邮包险和邮包一切险两种基本险别。

（一）邮包险和邮包一切险

邮包险负责赔偿被保险邮包在运输途中遭遇恶劣天气、海啸、地震、洪水等自然灾害，或者运输工具发生搁浅、触礁、沉没、出轨、倾覆、坠落、失踪、失火和爆炸等意外事故所产生的全部或部分损失。另外，邮包险还负责赔偿被保险人对遭受风险的承保货物采取抢救、防止或减少货损的措施而支付的合理费用，但以不超过该批被救货物的保险金额为限。

邮包一切险除了承担上述邮包险的全部责任外，还负责外来原因所致的被保险邮包在运输途中的全部或部分损失。

邮包险和邮包一切险的保险责任自被保险邮包离开保险单所载起运地点、从寄件人的处所运往邮局时生效，至被保险邮包运达保险单所载明的目的地邮局且从邮局发出通知书给收件人的当日午夜起，满15天。但在此期限内，邮包一旦递交至收件人的处所，保险责任即行终止。

（二）邮包战争险

邮包战争险是邮包运输保险的一种附加险，邮包战争险的保险责任自被保险邮包经邮政机构收讫后于储存处所开始运送时生效，至该邮包运达保险单所载目的地的邮政机构并送交收件人时终止。

> **工作提示：**
>
> 国际货物运输中，除海洋运输外，其他运输方式的基本险大致相同，主要是保险的责任范围、起讫时间不同。在附加险方面，除战争险外，海上运输货物保险中的一般附加险和特殊附加险的险别和条款均适用于陆、空、邮包运输。

 思政课堂

六部门：对合法疫苗货物道路运输车辆不得随意拦截查扣

据交通运输部官方微信消息，2021 年 4 月 12 日，交通运输部、国家卫生健康委等六部门及单位联合印发通知，部署进一步做好新冠病毒疫苗货物运输组织和服务保障工作。通知明确，在符合当地疫情防控工作要求的情况下，对持有统一编码调运单的合法疫苗货物道路运输车辆，免收车辆通行费，各地交通运输主管部门及各公安检查站点要在车辆通行、人员休息等方面提供必要的服务保障，不得随意拦截和查扣。

通知要求，各地交通运输主管部门要会同当地卫生健康、药监等部门，推动骨干医药冷链道路运输企业主动与重点疫苗生产企业、疾病预防控制机构形成对接顺畅、联系紧密、供需匹配的运输组织协作机制；会同铁路、民航等部门指导疫苗冷链物流骨干企业，进一步拓展运输服务网络，增加对中西部地区的服务覆盖面；研究完善公铁、公航联运和海峡等水域疫苗运输车辆滚装运输措施，发挥多式联运的组合功能，提高综合运输保障能力。同时，通知明确指出，医药冷链道路运输企业、铁路运输企业及机场公司要及时响应运输需求，全力做好疫苗货物运输服务保障工作。

通知明确指出，各地卫生健康部门要指导疾病预防控制中心加强与配送单位的沟通协作，积极采用统一配送、夜间配送等运输组织模式，提高配送效率；各地公安交通管理部门要优化疫苗配送管控措施，在确保城市道路交通安全顺畅的前提下，尽量减少通行限制；对疫苗配送车辆申请在禁限行时段、路段通行的，及时核发通行证或通行码，为疫苗配送车辆提供通行便利。

通知要求，各地药监部门要会同卫生健康等部门依法督促疫苗上市许可持有人、生产企业和配送单位严格遵守法律法规和标准规范，落实质量管理责任，对国内使用疫苗制剂进行信息化追溯，确保疫苗货物道路运输全过程处于规定的温度环境，严格落实疫苗配送单位不随意转包运输等要求。同时，各相关部门要按照职责分工，督促指导疫苗货物道路运输企业、配送单位强化运输人员安全教育，完善应急处置预案，加强运输过程监管，防范风险隐患，严防运输过程中流向失控；确保驾驶员、押运员在运输过程中不随意开箱，杜绝无关人员接触疫苗货物；针对运输过程中可能出现的意外或紧急情况，完善应急处置预案，建立协调机制，确保响应及时、信息畅通、处置有效。

任务四　我国国际货物运输保险实务

 **任务目标**

- 掌握我国国际货物运输保险的基本投保流程
- 掌握保险金额及保险费的计算方法

 任务引入

广州约克贸易有限公司出口一批货物，CFR 纽约价为 1 980 美元，现外商来电，要求改报 CIF 纽约价，并要求按 CIF 价的 20% 投保一切险及加保战争险，如一切险的保险费率为 0.8%，战争险的保险费率为 0.03%。

请问：

（1）广州约克贸易有限公司应向外商报的 CIF 纽约价为多少？

（2）广州约克贸易有限公司应向保险公司支付多少保险费？

 知识内容

一般情况下，保险合同的当事人主要有投保人（Applicant）、保险人（The Insurer）和被保险人（The Insured）。在以 CIF/CIP 术语成交时，被保险人应在货物装运前估计一定的保险金额，向保险人即保险公司投保货物运输保险。被保险人按投保金额、投保险别及投保费率，向保险人支付保险费，并取得保险单据。如果出口货物在保险责任范围内发生损失，则被保险人须在有效期内办理索赔。

一、选择投保险别

（一）出口货物投保

我国出口货物一般采取逐笔投保的办法。保险公司承担的保险责任是以险别为依据的，不同的险别对应的责任范围不同，其保险费率也不一样。在办理投保业务时，应综合考虑下列因素来选择投保险别：

1. 货物的性质和特点

投保时必须充分考虑货物的性质和特点，据以确定适当的险别。例如，粮谷类商品含有水分，在长途运输中水分被蒸发，可能造成短量；在运输途中，如果通风设备不良，粮谷类商品还易受潮、发热而致发霉。对此类商品，一般是在投保水渍险的基础上加保短量险和受热受潮险，或者投保一切险。又如，油脂类商品会因油脂本身沾在舱面或在装卸过程中消耗而短量。对此类商品，可以在水渍险的基础上加保短量险和沾污险。对家用电器等商品，由于其在运输途中易碰损或被盗，一般应在水渍险、平安险的基础上加保碰损险或偷窃提货不着险。

2. 货物的包装

有些货物在运输及装卸转运过程中，常因包装破损而造成质量或数量上的损失。但应注意，包装不良或包装不符合国际贸易运输一般要求而导致的货物损失，保险人一般不予负责，因为包装不良或不当属于装运前发货人的责任。

3. 船舶运输路线及停靠港口

不同的船舶运输路线及停靠港口因气候是否过于炎热或寒冷、政局是否动荡而在港口设备、装卸能力、安全性等方面存在差异，发生货损货差的情况也就不同。因此，投保前要进行充分的调查了解，以便选择适当的险别予以保障。

4. 各国贸易习惯

如果货物按 CIF 条件出口，那么卖方应负责投保何种险别最好在合同中加以明确规定。按照《2020 通则》的规定，CIF 条件下的卖方负责投保最低额度的保险险别即可；美国的《1990 年美国对外贸易定义修订本》和《统一商法典》规定，CIF 条件下卖方有义务代买方投保战争险，费用由买方负担；在比利时，按相关规定，CIF 条件下卖方常负责投保水渍险；在澳大利亚，按许多行业习惯，CIF 条件下卖方须负责投保水渍险和战争险；在德国，按相关规定，CIF 条件下卖方应根据货物的种类、贸易习惯和买方的愿望确定投保的险别，但仅投保平安险是不够的。

小思考 5-3

请为下列出口货物选择最合适的保险方式或保险组合方式，并说明理由：①景德镇青瓷花瓶；②铁观音茶叶；③散装粮食；④散装白糖。

（二）进口货物预约保险

我国进口货物大部分采用 FOB、CFR 条件，即由我国进口企业自行办理保险。为简化投保手续和避免漏保，一般采用预约保险的做法，即被保险人（投保人）和保险人就保险标的物的范围、险别、责任、费率及赔款处理等条款签订长期性的保险合同。投保人在获悉每批货物起运时，应将船名、开船日期及航线、货物品名及数量、保险金额等内容，书面定期通知保险公司。属于预约保险合同范围内的商品，一旦起运，保险公司就自动承担保险责任。

二、确定保险金额、支付保险费

按照国际保险市场的习惯做法，出口货物的保险金额（Insured Amount）一般按 CIF 价另加 10%计算，这增加的 10%叫投保加成率或保险加成率，也就是买方为达成这笔交易所付的费用和预期利润。保险金额的计算公式如下：

保险金额＝CIF 价×（1+投保加成率）

对 CFR、FOB 合同项下货物进行投保，需要先把 CFR、FOB 价转化为 CIF 价，再加成计算保险金额。

将 CFR 价转化为 CIF 价的计算公式如下：

CIF＝CFR÷［1－（1+加成率）×保费率之和］

将 FOB 价转化为 CIF 价的计算公式如下：

CIF＝（FOB+F）÷［1－（1+加成率）×保费率之和］

投保人按约定方式缴纳保险费（Premium）是保险合同生效的条件。保险费率是由保险公司根据一定时期、不同种类的货物的赔付率，按不同险别和目的地，并参照国际上的费率水平而制定的。保险费率分为一般货物费率和指明货物加费费率两种。前者是一般商品的费率，后者是特别列明的货物（如某些易碎、易损商品）在一般费率的基础上另行加收的费率。

保险费则根据保险费率表按保险金额计算，其计算公式如下：

保险费＝保险金额×保险费率之和

三、取得保险单据

投保人（被保险人）交付保险费后，即可取得保险单据。保险单据是保险公司和投保人之间订立的保险合同，也是保险公司出具的承保证明，是被保险人凭以向保险公司索赔和保险公司进行理赔的依据。在进出口贸易中，保险单据是可以转让的。常用的保险单据有下列几种：

（一）保险单

保险单（Insurance Policy）又称大保单，是一种正规的保险合同。保险单是保险人根据投保人的申请逐批签发的。保险单正面载明被保险人的名称、被保险货物的名称、数量或重量、唛头、运输工具、保险的起讫地点、承保险别、保险金额、期限等项目；背面列有保险人的责任范围及保险人与被保险人的各自权利、义务等方面的详细条款。保险单如同指示性的海运提单一样，也可由被保险人背书，随物权的转移而转让。

保险单主要项目的具体填制方法如下：

（1）发票号码（Invoice No.）。此处填写投保货物的商业发票号码。

（2）保险单号次（Policy No.）。保险单号次由保险公司编制。

（3）被保险人（Insured）。如无特别规定，保险单的被保险人应是信用证上的受益人。

（4）标记（Marks & Nos）。与提单相同，此处也可以填写"AS PER INVOICE NO. ×××"。但是，如果信用证规定所有单据均要显示装运唛头，则应按实际唛头缮制。

（5）包装及数量（Quantity）。填写货物包装的总件数，如"1 000 cases"（1 000箱）。

（6）保险货物项目（Description of Goods）。此栏填写被保险货物名称，可用统称。

（7）保险金额（Insured Amount）。此栏填写小写金额，一般按照发票金额加一成（110%的发票金额）填写。投保所用货币应与信用证规定的货币相符。

（8）保险总金额（Total Insured Amount）。将保险金额以大写的形式填入，计价货币也应以全称形式填入。为防止涂改，数字后面加上"ONLY"字样。

（9）保费（Premium）及费率（Rate）。一般由保险公司在保险单印刷时填入"as arranged"字样。出口公司在填写保险单时无须填写。

（10）装载运输工具（Per conveyance S. S）。此处填写装载船的船名，与发票或提单一致。

（11）开航日期（Date of commencement）。一般填写提单签发日期，或者填写"As Per B/L"。

（12）起讫地点（From ... To ...）。海运的起讫点是指海轮开航和到达的港口地点。如"From HongKong To Marseilles"。

（13）承保险别（Conditions）。与合同或信用证的要求一致，此栏应填写保险险别和险别使用的文本和日期。

（14）赔款偿付地点（Claim payable at）。一般将目的地作为赔付地点，将目的地名称填入该栏。赔款货币一般为与投保所用货币相同的货币。

（15）日期（Date）。这是指保险单的签发日期，不得晚于提单日期，应早于提单日期或与提单日期相同。

（16）保险公司签章。无签章的单据无效。

（二）保险凭证

保险凭证（Insurance Certificate）俗称小保单，是一种简化的保险凭证，其正面列有与保险单相同的重要项目，背面无赔偿详细条款。

（三）预约保险单

预约保险单（Open Policy）又称预约保险合同，是被保险人（进口人）与保险人之间订立的总合同。合同中规定承保货物的范围、险别、费率、责任、赔款处理等条款。凡属于保险合同约定的运输货物，在合同有效期内自动承保。预约保险单适用于我国进口货物的保险。预约保险单规定范围内的进口货物一旦起运，我国保险公司就自动按预约保单所订立的条件承保。

四、保险索赔

当进出口货物遭受承保责任范围内的损失时，被保险人按照保险单的有关规定备好索赔单证，并在索赔时效内（一般为两年）向相关保险公司提出赔偿要求。

被保险人在索赔时必须履行如下手续及义务：

（1）发出损失通知。

（2）申请检验。

（3）向有关责任方索赔，及时以书面形式向责任方提出索赔，并保留追偿权利。

（4）采取施救措施，防止或减少损失。

（5）备妥索赔单证，包括检验报告、保险单或保险凭证正本、运输单据、发票、装箱单或重量单、货损货差证明等。

案例讨论 5-5

我国某外贸公司向日、英两国商人分别以 CIF 和 CFR 价出售蘑菇罐头，被保险人均办理了保险，货物在自起运地仓库运往装运港的途中都遭受了损失。

请问：这两笔交易分别应由谁办理保险手续？货损各由谁承担？应由谁向保险公司办理索赔手续？

知识链接

代位追偿

所谓代位追偿（Subrogation），是指当保险标的发生了保险责任范围内的由第三者造成的损失，为防止被保险人双重获益，保险人在向被保险人履行了损失赔偿的责任后，有权在其已赔付的金额限度内取得被保险人在该项损失中向第三者责任方要求索赔的权利，即可站在被保险人的角度向责任方进行追偿。具体做法是，被保险人在获得赔偿的同时签署一份权益转让书，保险人将其作为取得代位权的证明，便可凭此向第三者责任方进行追偿。

五、买卖合同中的保险条款

保险条款是国际货物买卖合同中的重要组成部分，必须订得明确、合理。保险条款的内容依所选贸易术语的不同而有所区别。采用不同的贸易术语，办理投保的人就不同。

以 FOB、FCA、CFR、CPT 条件成交的出口合同，保险条款可订为"保险由买方负责"（Insurance：to be covered by the buyers.）。

以 CIF 或 CIP 条件成交的出口合同，条款内容要明确规定由谁办理保险，按何种保险条款及保险险别投保，保险金额是多少等。保险条款可订为"保险由卖方按发票金额的 110% 投保一切险和战争险，以 1981 年 1 月 1 日中国人民保险公司修订的海洋运输货物保险条款为准。"（Insurance is to be covered by the sellers for 110% of the invoice value against All Risks and War Risk, subject to the Ocean Marine Cargo Clauses of the People's Insurance Company of China on January 1, 1981.）

如国外客户要求按伦敦保险协会海洋运输条款或其他保险条款进行投保，那么只要我国保险公司可以承保、出口企业可以接受，双方就可以按客户要求办理，但应在合同中加以明确。

工作提示：

请根据货物的性质、运输方式、成交的国家（地区）、运输的方式和路线选择合适的险别投保。投保险别的选择和保险索赔事宜的处理是做好外贸工作的重要技能。

 思政课堂

广东珠海：内外贸货物同船运输业务新航线开通

2020 年 6 月 24 日，装载游艇、有色金属及机器组件共 84 个标箱货物的"惠海龙 07"号船缓缓驶出洪湾国际货柜码头，这标志着珠海内外贸集装箱货物同船运输业务洪湾—盐田航线正式开通。

"开通同船运输之后，预计企业运输成本至少降低 10%，清关时间可减少一半。"珠海港航经营有限公司副总经理黄鑫说。该航线采用内外贸货物同船运输，减少船舶运输空载率，有效降低物流成本，对减小疫情对企业的冲击、提升珠海外贸企业出口通关效率有所助益。

湾仔海关副关长何志军介绍："在外贸新形势下，同船运输模式突破船舶周转的限制，提高船舶舱位利用率，提升了出口企业的出货效率，有助于盘活粤港澳物流圈资源。"

据悉，拱北海关积极支持企业复工复产，促进外贸稳增长，坚持"一企一策""精准滴灌"，针对企业业务需求，第一时间进行政策研究和风险评估，全力支持企业在合法合规前提下开展新业务，并提供全程分类指导，持续推动暖企稳企惠企工作。

项目小结

（1）海上货物运输的承保范围包括风险、损失和费用三部分。海上货物运输风险主要分为海上风险和外来风险。海上损失主要分为全部损失和部分损失。费用主要指施救费用和救助费用。

（2）我国海洋运输货物保险所承保的险别分为基本险别和附加险别两类。基本险别有平安险、水渍险和一切险三个险种。伦敦保险协会海洋运输保险条款主要包括 ICC（A）、ICC（B）、ICC（C）和协会战争险条款（货物）、协会罢工险条款（货物）和恶意损害险六种。

（3）我国国际货物运输保险的步骤分为选择投保险别、确定保险金额、支付保险费、取得保险单据、保险索赔。

项目六　国际贸易货款结算条款

项目导读

国际结算（International Settlement）是指通过某种支付工具和支付方式办理货币收付以了结清算国家之间的债权债务的经济活动。国际贸易货款结算在一笔具体的国际贸易交易中属于买卖双方的基本权利和义务之一，是非常重要的一个业务环节。国际结算将直接影响双方的资金周转和融通及各种金融风险和费用的承担，关系到买卖双方的切身利益。因此，在进行国际贸易磋商活动时，买卖双方都将极力争取有利于自身的结算条件。为了准确制定合适的国际贸易货款结算条款，本项目将围绕国际货款支付工具、汇款和托收结算方式、信用证结算方式、不同结算方式的结合使用等内容进行分析并辅以相应的训练。

任务一　国际货款支付工具

任务目标

- 掌握三种票据的含义、基本内容及种类
- 重点掌握汇票的使用规定

任务引入

2021 年 5 月 16 日，甲公司向乙公司销售某商品 180 万吨，价值 650 万美元。5 月 18 日，乙公司开给甲公司一张以丙公司为付款人、甲公司为收款人的指示性抬头远期汇票，汇票金额为 650 万美元，付款日期为 2021 年 8 月 10 日。6 月 5 日，甲公司为汇票背书，将其转让给丁公司，丁公司于汇票到期日向丙公司请求付款，但遭拒付。于是丁公司将拒付事实通知甲公司和乙公司，并在发出拒付通知后向乙公司行使追索权，但乙公司以收到的货物与合同不符拒付。

讨论题：

（1）请问乙公司的做法是否正确，为什么？

（2）此事应由谁负责？正确的处理方法是什么？

知识内容

传统贸易所采用的支付工具主要是货物（易货贸易），随着贸易的发展，货币产生了，黄金和白银成为支付工具。但是当大规模的国际贸易开展后，数额巨大的货币跨国运送是一般商人无法实现的。于是，人们开始采用新的支付工具——票据，借助银行的中介作用，实行非现金结算。

广义的票据泛指商业中的权利凭证，即赋予持有人一定权利的凭证（如提单、股票、债券等）。狭义的票据是指以支付一定金额为目的，可以流通转让的有价证券。国际贸易中通常所说的票据即狭义的票据，主要包括汇票、本票和支票。其中，汇票的使用最为广泛。

一、汇票

（一）汇票的含义

汇票（Bill of Exchange）是国际结算中常见的一种票据，是指一人向另一人出具的无条件书面命令，要求对方在见票时或在某一规定的时间或可以确定的时间，向某一特定人或其指定人、持票人支付一定金额的无条件书面支付命令。

《中华人民共和国票据法》第十九条规定："汇票是出票人签发的，委托付款人在见票时或者在指定日期无条件支付确定的金额给收款人或者持票人的票据。"

（二）汇票的基本内容

根据各国票据法的相关规定，汇票的项目必须齐全，否则受票人有权拒付。《中华人民共和国票据法》第二十二条规定，汇票必须记载下列事项：

（1）表明"汇票"的字样。

（2）无条件支付的委托。

（3）确定的金额。

（4）付款人名称。

（5）收款人名称。

（6）出票日期。

（7）出票人签章。

汇票上未记载以上规定事项之一的，汇票无效。

上述内容为汇票的必要事项，但不是汇票的全部事项。例如，汇票还包括出票条款、汇票编号、出票地点、利息和利率、"付一不付二"或"付二不付一"等记载事项。在国际贸易中，汇票有效与否，一般根据出票地点的法律来裁决。

汇票式样如图 6-1 所示：

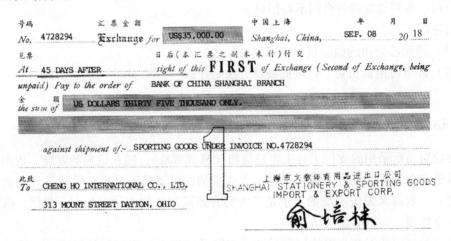

图 6-1　汇票式样

 小思考 6-1

请观察汇票，指出汇票的必要项目及其他项目。

📚 **知识链接**

汇票的收款人

收款人也称抬头，是汇票出票时记载的债权人，可以表示如下：

（1）空白抬头，也称来人抬头。这类抬头的汇票不需要背书，持票人通过交付即可转让汇票的权利。例如，Pay to bearer / holder（付给持票人）。抬头尽管有时有具体的名称，但只要有"bearer"出现，就为空白抬头。

（2）限制性抬头。这类抬头的汇票不得转让他人，只有票面上的收款人才有权取得票款。例如，Pay to John Smith only（只付给约翰·斯密思）。

（3）指示性抬头。这类抬头的汇票可通过背书或交付的方式转让。这种抬头在实务中较多见。例如，Pay to the order of A Co. 或 Pay to A Co. or order（付给公司 A 或其指定人）。

（三）汇票的种类

（1）按照出票人的不同，汇票可分为银行汇票和商业汇票。

银行汇票（Banker's Bill）指出票人和付款人都是银行的汇票。

商业汇票（Commercial Bill）指出票人是工商企业或个人，付款人可以是工商企业或个人，也可以是银行的汇票。由于银行的信用高于一般的公司或个人的信用，因此银行汇票比商业汇票更易于流通转让。

（2）按照是否附有货运单据，汇票可分为光票和跟单汇票。

光票（Clean Bill）指不附带货运单据的汇票，在国际贸易结算中一般用于贸易从属费用、货款尾数、佣金等的收取或支付。

跟单汇票（Documentary Bill）指附带货运单据的汇票。与光票相比，跟单汇票除了有票面上当事人的信用以外，还有相应物资做保障，因此该类汇票的流通转让性能较好。

（3）按照付款时间的不同，汇票可分为即期汇票和远期汇票。

即期汇票（Sight Bill or Demand Draft）指见票即付的汇票，包括票面上记载"At Sight / On Demand"字样的汇票，提示汇票即"见票"；对于票面上没有记载到期日的汇票，各国一般认为其提示日即到期日，因此其也就是见票即付的汇票。

远期汇票（Time Bill / Usance Bill）指规定付款到期日在将来某一天或某一可以确定日期的汇票。对远期汇票的付款时间有以下几种规定：

①见票后若干天付款（At ×× days after sight）。

②出票后若干天付款（At ×× days after date of draft）。

③提单签发后若干天付款（At ×× days after date of bill of lading）。

④货物到达后若干天付款（At ×× days after date of arrival of goods）。

⑤指定日期付款（Fixed date）。

（4）按照承兑人的不同，汇票可分为银行承兑汇票和商业承兑汇票。

银行承兑汇票（Banker's Acceptance Bill）指由银行承兑的远期汇票，是建立在银行信用基础之上的。

商业承兑汇票（Trader's Acceptance Bill）指由个人商号承兑的远期汇票，是建立在商业基础之上的。由于银行信用高于商业信用，因此银行承兑汇票在市场上更易于贴现，流通性强。应注意，银行承兑汇票不一定是银行汇票，因为银行承兑汇票有可能是银行汇票也有可能是商业汇票。

（5）按照流通领域的不同，汇票可分为国内汇票和国际汇票。

国内汇票（Domestic Bill）指出票人、付款人和收款人三个基本当事人的居住地同在一个国家或地区，局限在同一个国家或地区流通的汇票。

国际汇票（International Bill）指出票人、付款人和收款人三个基本当事人的居住地至少涉及两个不同的国家或地区，尤其是前两者不在同一国，流通涉及两个国家或地区的汇票。国际结算中使用的汇票多为国际汇票。

小思考 6-2

由出口商签发的要求银行付款的汇票不可能是什么汇票？

（四）汇票的使用

汇票的使用就是汇票的处理，主要包括出票、提示、承兑、付款、背书、拒付与追索等。

1. 出票

出票（Issue）是指出票人签发汇票并将其交付给收款人的行为。出票是主票据行为，离开出票就不可能有汇票的其他行为。一个有效的出票行为包括如下两个动作：①制成汇票并签字；②将制成的汇票交付给收款人。这两个动作缺一不可。出票形成了汇票的债权，收款人持有汇票就拥有债权，包括付款请求权和追索权。

2. 提示

提示（Presentation）是指持票人将汇票提交给付款人，要求付款人按汇票指示履行承兑或付款义务的行为。有了提示行为，收款人才能享受收款权利。提示的形式有付款提示和承兑提示两种类型。

（1）付款提示是指持票人在即期或远期汇票到期日向付款人出示票据并要求其付款的行为。汇票、本票和支票都需要有付款提示行为。

（2）承兑提示是指持票人在票据到期前向付款人出示票据，要求其承兑或承诺到期付款的行为。提示承兑只针对远期汇票而言，即期汇票、本票和支票没有承兑提示功能。

3. 承兑

承兑（Acceptance）是指远期汇票的受票人在票面上签字，表示同意按出票人的指示到期付款的行为。承兑行为的完成包括如下两个动作：

（1）受票人写上"承兑"字样，并注明日期和签名。

（2）将承兑的汇票还给持票人或另制承兑通知书给持票人。

受票人通过在汇票正面签字，确认到期付款的责任，受票人承兑汇票后成为承兑人。在汇票承兑后，承兑人成为该票据的主债务人，要对所承兑的票据的文义负责，在票据到期后履行付款责任。出票人则由汇票被承兑前的主债务人变为从债务人。对持票人而言，汇票承兑后，收款就有了保证，汇票的流通性也就增强了。

4. 付款

付款（Payment）是指即期汇票的付款人和远期汇票的承兑人在接到付款提示时，履行付款义务的行为。持票人收到付款时，应在汇票上签收，并将汇票交给付款人。汇票一经付款，汇票上的债权债务即告结束。

5. 背书

背书（Endorsement）是指持票人在票据背面签字，以表明转让票据权利的意图，并将票据交付给被背书人的行为。背书是指示性抬头的票据在交付转让前必须完成的行为。背书包括如下两个动作：

（1）在票据背面或粘贴单上记载有关事项并签名。根据《中华人民共和国票据法》的规定，背书必须有签章及记载背书日期、被背书人名称等事项。

（2）票据交付给被背书人或"后手"。

背书后，原持票人成为背书人，担保受让人所持汇票得到承兑和付款，否则受让人有权向背书人追索，要求清偿债务。与此同时，受让人成为被背书人，取得了汇票的所有权，可以再背书、再转让，直到付款人通过付款把汇票收回。对受让人来说，在他前面的所有背书人和出票人都是他的"前手"；对出让人来说，在他后面的所有受让人都是他的"后手"。"后手"有向"前手"追索的权利。汇票转让次数越多，为汇票权利进行担保的人也就越多。背书的方式主要有如下三种：

（1）记名背书。记名背书是指汇票背面既有背书人签名又有被背书人签名。对这种背书，受让人可继续背书并将汇票转让。例如，Pay to the order of Henry Brown（付给亨利·布朗或其指定人）。

（2）空白背书。空白背书也称不记名背书，票据背面只有背书人名称而无受让人签名。此类背书只要交付就可转让。

（3）限制性背书。限制性背书即不可转让背书。背书人在进行背书时，应在被背书人名字后面加注"不得转让"字样。例如，Pay to the order of Henry Brown only（只付给亨利·布朗）。

6. 拒付

持票人提示汇票要求承兑时，遭到拒绝承兑或持票人提示汇票要求付款时，遭到拒绝付款，均称拒付（Dishonor），也称退票。在某些有条件承兑、拒绝付款、拒绝承兑、付款人死亡、破产、失去支付能力、避而不见等情形下都要退票。

持票人在遭遇退票时，可以将被付款人拒付的情况通知"前手"，做成退票通知（Notice of Dishonor），目的是让汇票的债务人及早了解拒付事实，以便做好被追索的准备；还可以通过公证机构制作拒绝证书（Protest）。拒绝证书是指由拒付地点的法定公证人制作的证明拒付事实的法律文件。英国的票据法规定，在外国汇票拒付后，持票人须在退票后一个营业日内提交拒绝证书。

7. 追索

追索（Recourse）是指汇票遭拒付时，持票人要求"前手"背书人、出票人或其他票据债务人偿还汇票金额及费用的行为。持票人所拥有的这种权利就是追索权（Right of Recourse）。行使追索权时，持票人应将拒付事实书面通知"前手"，并提供被拒绝承兑或付款的证明和退票理由书。

案例讨论 6-1

出票人甲将票据交付给收款人乙，乙通过背书将票据转让给丙，丙又将票据转让给丁，丁又将票据转让给戊，戊为最后持票人。

请问：

（1）在这些当事人中，谁是票据的"前手"和"后手"？

（2）这样的区分有何意义？

二、本票

（一）本票的含义

本票（Promissory Note）是指一人向另一人签发的，保证即期或定期或在可以确定的将来时间，向某人或其指定人或持票人支付一定金额的无条件书面承诺。《中华人民共和国票据法》第七十三条规定："本票是出票人签发的，承诺自己在见票时无条件支付确定的金额给收款人或者持票人的票据。"

（二）本票的基本内容

各国票据法对本票所含事项的规定各有不同。根据《中华人民共和国票据法》第七十五条的规定，本票必须记载下列事项：

（1）表明"本票"的字样。

（2）无条件支付的承诺。

（3）确定的金额。

（4）收款人名称。

（5）出票日期。

（6）出票人签章。

本票上未记载前款规定事项之一的，本票无效。

本票式样如图 6-2 所示。

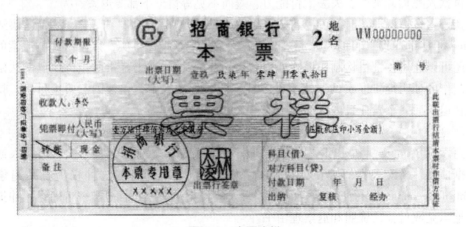

图 6-2　本票式样

（三）本票的种类

按签发人身份的不同，本票分为商业本票和银行本票。

商业本票（Trader's Note）是指工商企业或个人签发的本票。商业本票建立在商业信用基础上，由于本票的制票人对本票负有绝对的付款责任，而制票人的付款能力又缺乏有效保证，因此其使用范围逐渐缩小。现在，中小企业几乎不接受且很少签发本票。

商业本票按期限的不同可分为远期本票和即期本票。目前在国际贸易中，远期商业本票一般用于出口买方办理信贷，当出口国银行把资金贷给进口国的商人以供其支付进口货款时，往往要求其开立分期付款的本票，本票经进口国银行背书保证后由放贷银行收执，这种本票不具有流通性，仅作为贷款凭证。

银行本票（Banker's Note）是指商业银行签发的本票。《中华人民共和国票据法》所称本票仅限于银行本票。为了维持正常的经济秩序，有利于国家实行有效的金融管理和宏观调控，《中华人民共和国票据法》还特别规定："本票自出票日起，付款期限最长不超过二个月。"

👤 小思考 6-3

试比较本票与汇票的区别。

三、支票

（一）支票的含义

支票（Cheque）是指以银行为付款人的即期汇票，是银行存款人（出票人）对银行（付款人）签发的，授权银行向某人或其指定人或持票人即期支付一定金额的无条件书面命令。《中华人民共和国票据法》第八十一条规定："支票是出票人签发的，委托办理支票存款业务的银行或者其他金融机构在见票时无条件支付确定的金额给收款人或者持票人的票据。"

支票的出票人必须在付款银行有存款，其签发的支票票面金额不得超过其在银行的存款。凡票面金额高于其在银行存款的支票，称为空头支票。空头支票的持有人在向付款银行提示支票要求兑付时会遭到拒绝，支票的出票人也要负法律责任。

（二）支票的基本内容

各国票据法对支票所含事项的规定各有不同。根据《中华人民共和国票据法》第八十四条的规定，支票必须记载下列事项：

（1）表明"支票"的字样。

（2）无条件支付的委托。

（3）确定的金额。

（4）付款人名称。

（5）出票日期。

（6）出票人签章。

支票未记载前款规定事项之一的，支票无效。

支票式样如图 6-3 所示。

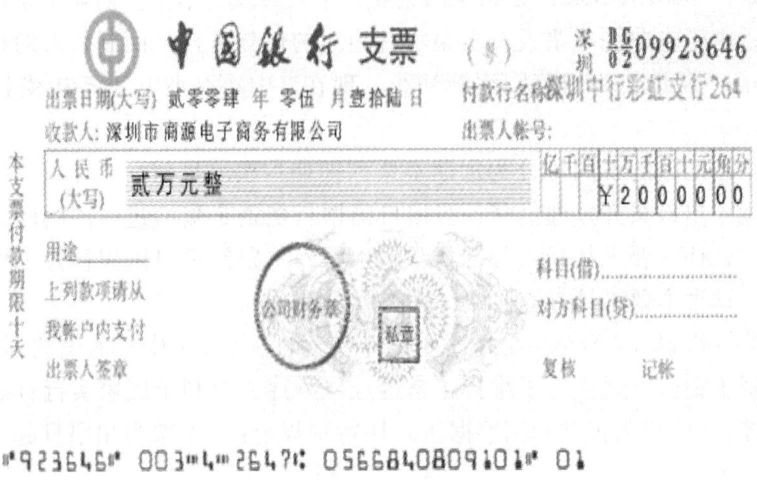

中国银行 支票 (粤) 深圳 BG 02 09923646

出票日期(大写) 贰零零肆 年 零伍 月壹拾陆 日 付款行名称:深圳中行彩虹支行264

收款人:深圳市商源电子商务有限公司 出票人帐号:

本支票付款期限十天

人民币（大写）	贰万元整	亿	千	百	十	万	千	百	十	元	角	分
					¥	2	0	0	0	0	0	0

用途________

上列款项请从

我帐户内支付

出票人签章

公司财务章 私章

科目(借)..........

对方科目(贷)..........

复核 记帐

⑈923646⑈ 003⑆4⑆2647⑆ 0566840809⑆01⑈ 01

图 6-3　支票式样

（三）支票的种类

（1）依收款人记载的不同，支票可分为记名支票和不记名支票。

①记名支票（Cheque Payable to Order）是指在收款人一栏写明具体的收款人姓名的支票。记名支票经有关当事人背书后便可流通与转让。

②不记名支票（Cheque Payable to Bearer）又称来人支票，是指收款人一栏不写明具体的收款人姓名的支票。不记名支票凭交付即可转让。银行对持票人获得支票是否合法不负责任。

（2）依使用方式的不同，支票可分为一般支票和划线支票。

①一般支票（General Cheque）又称公开支票，该类支票上不带划线，持票人可以凭其向银行提取现金，也可以委托银行收款入账。

②划线支票（Crossed Cheque）又称平行线支票，即票面上有两条平行划线的支票。划线支票只能通过银行转账划拨。

（3）依是否有他人保付，支票可分为保付支票和不保付支票。

保付支票（Certified Cheque），即由付款行在支票上加盖“保付（CERTIFIED）”戳记并签字的支票。这时付款行就成为保付行，持票人可以不受付款提示期的限制，保付行承担绝对的付款责任，其他债务人可以一概免责。保付支票相当于得到付款行的付款确认，具有更好的信誉，更便于流通。不保付支票，即普通的、未经银行保付的支票。

小思考 6-4

下列三种支票都能转让吗？转让时需要什么手续？

（1）Pay to ABC Co. only

（2）Pay to the order of ABC Co.

（3）Pay to bearer

思政课堂

国新办就 2021 年上半年金融统计数据情况举行新闻发布会（节选）

中国证券报记者：我的问题是请问央行，上半年社会融资规模增长呈现了哪些结构性特征？预计下半年社会融资将会有怎样的变化？谢谢。

阮健弘：今年上半年，我们的社会融资规模累计增量是 17.74 万亿元，比上年同期少 3.13 万亿元，但是比 2019 年同期多 3.12 万亿元。6 月末，社会融资规模余额的增速是 11%，与上月末基本持平。这样的增速，与名义增长的增速基本匹配，总体来看，金融对实体经济的资金支持与经济发展是相适应的。

我们看一下社会融资规模的结构，从我们公布的数据中可以看到，社会融资的结构有一些变化，这种变化可能会对总量产生一些影响。在少增或多减的方面，一是影子银行压降使表外融资减少较多。上半年，委托贷款、信托贷款和未贴现的银行承兑汇票三项表外融资净减少了 8 436 亿元，同比多减 8 699 亿元。二是去年，为对冲新冠肺炎疫情对经济的冲击，政府债券和企业债券的发行量都比较大，今年则恢复了常态化增长，所以有一个高基数的对比。在多增的方面，对实体经济发放人民币贷款和股票融资有所增加，对实体经济发放的人民币贷款比上年同期多增 6 135 亿元；非金融企业的股票融资是 4 955 亿元，比上年同期多增 2 494 亿元。

下半年，稳健的货币政策将灵活精准、合理适度，服务好实体经济，预计社会融资规模将平稳增长，增速与 GDP 名义增速基本匹配。谢谢。

任务二　汇款和托收结算方式

任务目标

- 掌握汇款的定义、种类及汇款在国际贸易中的应用
- 掌握托收的定义、种类及风险分析
- 制定合同的汇款支付条款和托收支付条款

任务引入

广州约克贸易有限公司与法国 H 公司达成一笔纺织品出口交易，由于当地纺织品市场竞争激烈，因此双方确定以货到电汇（T/T）方式付款。广州约克贸易有限公司在完成装运后将海运提单传真给法国 H 公司，很快收到 15 000 美元的货款。鉴于第一单完成得非常顺利，一个月后，法国 H 公司返单并要求继续以货到 T/T 方式付款，广州约克贸易有限公司同意在四个月内连续返单三次，总值 45 000 美元。但后来由于广州约克贸易有限公司疏忽，在出货后没有及时追收货款，同时在买方的要求下，将正本海运提单邮寄给法国 H 公司，待三票货物全部出运后，过了半年才发现法国 H 公司人去楼空，造成了严重的后果。

讨论题:

（1）案例中提到的 T/T 是什么样的结算方式？

（2）导致广州约克贸易有限公司损失的原因有哪些？

 **知识内容**

国际货款的支付方式主要有汇款、托收、信用证等。国际贸易中的支付方式按信用的不同，可以划分为商业信用和银行信用。在汇款和托收这两种支付方式中，买卖双方根据合同相互提供信用，故汇款和托收属于商业信用；在信用证支付方式中，银行向交易的一方提供信用，故信用证属于银行信用。

根据资金的流动方向与结算工具的传递方向是否相同，国际贸易结算方式可分为顺汇和逆汇。顺汇是指资金的流动与结算工具的方向相同，由债务人主动将款项交给本国银行，并委托本国银行使用某种结算工具，将款项汇付给国外债权人或收款人的结算方式；逆汇是指资金的流动方向与结算工具的传递方向相反，由债权人出具债券凭证，委托本国银行向国外债务人收取款项的结算方式。

一、汇款

（一）汇款的含义

汇款（Remittance）又称汇付，是指付款人或债务人通过银行或其他途径，运用各种结算工具将货款交付国外收款人的一种结算方式。

汇款作为国际贸易结算的主要支付方式之一，既能单独使用，又可与其他结算方式结合使用；既适用于贸易结算，又适用于非贸易结算。在汇款业务中，债务人主动将资金和汇款申请书交给当地的一家银行，由该银行根据债权人的要求，制作付款委托书并将其作为结算工具寄送给债权人所在地的银行，同时将资金转移给该银行，委托其将资金转交给债权人。在这一过程中，资金的流动方向与结算工具的传递方向相同，结算方式属于顺汇。

小思考 6-5

请列举生活中使用汇款的例子。

（二）汇款的当事人

完成一笔汇款业务通常涉及如下四个主要当事人：

1. 汇款人（Remitter）

汇款人指汇出款项的人，在国际贸易中，汇款人通常是进口商。

2. 汇出行（Remitting Bank）

汇出行指受汇款人的委托汇出款项的银行，通常是进口方所在地的银行。

3. 汇入行（Paying Bank）

汇入行指受汇出行委托解付汇款的银行，因此又称解付行，通常是出口地的银行。

4. 收款人（Payee）

收款人指收取款项的人，在进出口交易中通常是出口方。

（三）汇款的分类

根据汇出行要求的付款方式的不同，国际间的汇款业务通常可分为电汇、信汇、票汇三种。

1. 电汇（Telegraphic Transfer，T/T）

电汇是指汇出行接受汇款人的委托后，通过加押电报、电传、环球银行间金融电讯网络（SWIFT）方式指示在另一国家的分行或代理行（汇入行）解付一定金额给收款人的一种汇款方式。电汇方式的优点是收款人可迅速收到汇款，但费用较高。

2. 信汇（Mail Transfer，M/T）

信汇是指汇出行应汇款人的申请，将信汇委托书寄给汇入行，授权其解付一定金额给收款人的一种汇款方式。信汇方式的优点是费用较为低廉，但收款人收到汇款的时间较晚。

电汇与信汇方式的流转程序如图6-4所示。

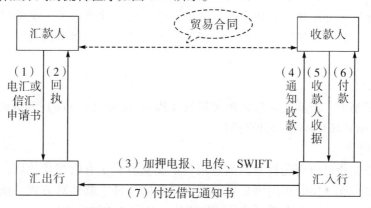

图6-4　电汇与信汇方式的流转程序

3. 票汇（Remittance by Banker's Demand Draft，D/D）

票汇是指汇出行应汇款人的申请，代汇款人开立以其分行或代理行为解付行的银行即期汇票，并交还汇款人，由汇款人设法交给收款人，并凭票取款的汇款方式。收款人拿到票据后可以取款，也可为其背书并将其转让给其他人。票汇具有较强的灵活性。

票汇方式流转程序如图6-5所示。

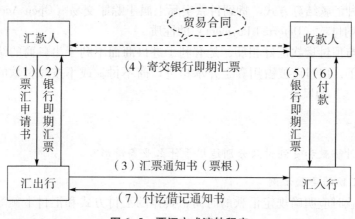

图6-5　票汇方式流转程序

小思考 6-6

请比较电汇、信汇、票汇三种方式。

知识链接

电子邮件（Email）汇款：省时又省力

传统的汇款业务中，都需要提供收款人的姓名、具体账户信息作为标识。这几年，国内外的金融服务中都推出了汇款账号的替代服务，即并不一定需要对方的具体账户信息，而是可以使用其他标识，如用电子邮件地址来代替，可以将资金汇到与之相关联的账户中。收款人收到电子邮件后，可以携带身份证件和打印好的电子邮件到银行网点取款，也可以通过网上银行系统将汇款转到自己的账户里。

有业内人士指出，电子邮件汇款产品的流行，正将网络时代的简单生活理念注入人们的理财生活。对汇款人而言，既不需要记忆冗长的收款账号，也不需要了解收款人在哪里开户，只要知道收款人的电子邮件地址就可汇款。而对收款人而言，不仅可以保护自己的账号信息，还能自由选择收款方式。

（四）汇款的使用

在国际贸易中，汇款通常包括预付货款（Payment in Advance）和货到付款（Payment After Arrival of Goods）两种类型。

1. 预付货款

预付货款是指进口商先将货款通过银行汇交卖方，卖方收到货款后，根据买卖合同规定，立即或在一定时间内将货发运至进口商的一种汇款结算方式。预付货款是对进口方而言的，对出口方来说，就是预收货款，又称"先结后出"。

这种方式对卖方最为有利，卖方甚至可以无偿占用进口商的资金，做一笔无本生意，根本没有什么风险，掌握了货物出口的主动权。但这种方式对进口商不利，不仅使进口商的资金被占用，造成利息损失，影响资金周转，而且使进口商在付款后承担不能按时、按量、按质收到合同规定的货物的风险。

2. 货到付款

货到付款是指出口商先发货，进口商收到货物后，立即或在一定期限内将货款汇交出口商的一种汇款结算方式。货到付款实际上属于赊账交易（Open Account Transaction），具有延期付款（Deferred Payment）的性质。

货到付款与预付货款正好相反，是有利于进口商而不利于出口商的结算方式。在货到付款方式下，出口商被占用资金并承担进口商不付款或不按时付款的风险，甚至承担"银货两空"的风险。

小思考 6-7

试分析预付货款和货到付款分别适用于什么业务情形？

（五）合同中汇款的条款示例

在使用汇款时应明确规定汇款的时间、具体的汇付方式和汇付金额等内容。举例如下：

买方应不迟于 5 月 20 日将 100% 货款用票汇预付至卖方。

The buyers shall pay 100% of the sales proceeds in advance by demand draft to reach the sellers not than May 25.

支付条款：装运前电汇 30% 货款，其余 70% 货款凭提单副本支付。

Payment terms：30% of sales proceeds by T/T before shipment，70% balance against copy B/L.

案例讨论 6-2

广州 M 公司与德国 A 公司签订了一份 40 000 美元、FOB 广州的出口合同，付款方式是在确认订单后先支付 1 000 美元作为订金，剩余货款于货物装船前通过电汇（T/T）付清，合同约定客户将在货物生产完毕之时来工厂检验。广州 M 公司在收到订金后开始生产，在货物即将生产完毕之时通知对方来工厂检验。但对方要求货物在装运港——广州港进行检验，检验合格后，对方却直接给广州 M 公司汇丰银行广州分行汇票。与此同时，广州 M 公司了解到，船公司是客户指定的，提单将由船公司直接寄给客户。

试分析广州 M 公司可能遇到的风险或损失。

工作提示：

　　汇款属于商业信用，虽然存在风险较大、买卖双方资金负担不平衡的弊端，但在使用过程中具有手续简单、费用较低的优势，因此在交易双方互相信任的情况下，采用汇款结算是十分理想的。

二、托收

（一）托收的含义

托收（Collection）是委托收款的简称，是指出口人在货物装运后，开具以进口人为付款人的汇票（随附或不随附货运单据），委托出口地银行通过其在进口地的分行或代理行向进口人收取货款的一种结算方式。托收也属于商业信用，采用的是逆汇，即资金的流动方向与支付工具的传递方向相反。

（二）托收的当事人

在进出口贸易中，托收方式的基本当事人有委托人、托收行、代收行和付款人。

1. 委托人（Principal）

委托人是指委托银行办理托收业务的人。由于委托人通常开出汇票委托银行向国外付款人代收货款，因此也被称为出票人，在进出口贸易中，通常为出口商。

2. 托收行（Remitting Bank）

托收行是指接受委托人的委托，代为收取货款的银行，一般为出口地银行。

3. 代收行（Collecting Bank）

代收行是指接受托收行的委托，代向付款人收取票款的银行，一般为进口地银行，且通常是委托行在进口地的分行或代理行。

4. 付款人（Drawee）

付款人是指汇票中的付款人，也就是代收行向其提示汇票、要求付款的债务人，通常为进口商。

除上述基本当事人外，托收业务有时还可能涉及提示行和需要时的代理两个当事人。

5. 提示行（Presenting Bank）

提示行是指向付款人提示汇票和托收单据的银行，属于代收行。提示行可以是由代收行委托的与付款人有往来账户关系的银行，也可以是代收行自己。

6. 需要时的代理

需要时的代理是指委托人为了防止因付款人拒付而发生无人照料货物的情形而在付款地事先指定的代理人。这种代理人一般在拒付情况下负责照料货物存仓、转售、运回等事宜。

（三）托收的分类

根据是否随附货运单据，托收分为光票托收和跟单托收。

1. 光票托收（Clean Collection）

光票托收是指出口商只开具汇票而不附带商业单据的托收。光票托收通常用于信用证的余额结算，也用于代垫费用、佣金、样品费等的结算。

2. 跟单托收（Documentary Collection）

跟单托收是指出口商在收取货款时，将汇票和商业单据一起交给银行，委托其向进口商收取货款。有时为了避免印花税，出口商可以不开汇票，直接凭商业单据委托银行代收。根据交单条件的不同，跟单托收分为付款交单和承兑交单。

（1）付款交单（Document against Payment，D/P）是指出口商发货后取得货运单据，委托银行代收货款时，指示银行只有在进口商付清货款后才能将商业单据交给进口商。按付款交单的时间不同，付款交单又分为即期付款交单和远期付款交单。

①即期付款交单（D/P at Sight）是指出口商在发货后，开具即期汇票，连同商业单据，通过银行向进口商做出提示，进口商审单无误后，见票即付，领取商业单据。即期付款交单业务程序如图6-6所示。

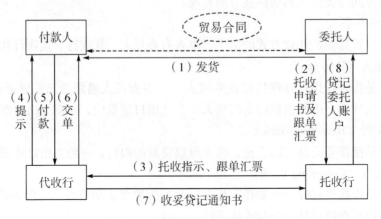

图6-6 即期付款交单业务程序

②远期付款交单（D/P after Sight）是指出口商在发货后，开具远期汇票，连同商业单据，通过银行向进口商做出提示，进口商审单无误后，用远期汇票办理承兑手续，于汇票到期日付清货款，再领取商业单据。远期付款交单业务程序如图6-7所示。

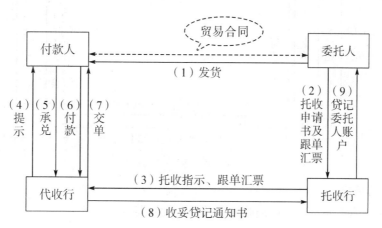

图6-7　远期付款交单业务程序

远期付款交单下，由于代收行扣压运输单据，直到远期汇票到期日买方付款后才交单，而这时货物有可能已达目的港（地），买方却不能提取货物以及时销售，因此为方便买方融资，有的代收行允许买方凭信托收据（Trust Receipt）借单提货。但是，代收行将承担买方在到期时不付款的责任，若卖方允许买方借单提货，则卖方自己承担买方在到期时不付款的责任。

案例讨论6-3

我国某公司向日商推销某种商品，付款条件为D/P at Sight，对方答复："你方如接受D/P见票后60天付款，并通过B银行代收，我方则可接受你方推销的商品"。

试分析日商提出此要求的出发点。

（2）承兑交单（Documents against Acceptance，D/A）是指出口商在发货后，开具远期汇票，连同商业单据，通过银行向进口商做出提示，进口商审单无误后立即办理承兑手续，便可领取商业单据、提取货物，待远期汇票到期时再付清货款。承兑交单只适用于远期汇票的托收，在这种方式下，出口商已交出了物权凭证，其收款的保障依赖于进口商的信用，一旦进口商在到期时不付款，出口商便会遭受货、款两空的损失。因此，对这种方式，出口商一般持慎重的态度。

承兑交单业务程序如图6-8所示。

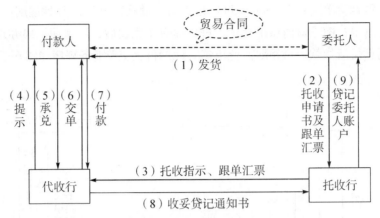

图 6-8 承兑交单业务程序

（四）托收的风险

托收的风险主要指出口商面临的风险，主要包括如下内容：

1. 进口商经营风险

进口商经营风险是指进口商因破产或倒闭而丧失支付能力的风险。

2. 市场风险

市场风险是指国际市场行市下跌，买方借故不履约、拒不付款的风险或进口商利用不赎单使卖方陷入被动，从而压低合同价格的风险。

3. 进口国国家风险

进口国国家风险是指进口国由于政治或经济的问题，加强外汇管制，使进口商无法领取进口许可证或申请不到进口所需的外汇，造成无法进口或不能付款的风险。

（五）托收情况下出口商应采取的防范措施

鉴于托收方式对出口商有较大的风险，为了保证收汇安全，出口商应采取如下相应的防范措施：

1. 加强对进口商的资信调查

托收是指出口商先出运商品后收款的结算方式。出口商能否顺利收回货款完全依赖于进口商资信状况的好坏，因此出口商必须事先详细调查进口商的资信状况和经营状况，成交的合同金额不宜超过进口商的经营能力和信用程度。

2. 选择合理的交单条件

出口商应尽量选择即期付款交单方式。如果一定要使用远期付款交单方式，应把握好付款期限，一般应不超过从出口地到进口地的运输时间。应尽可能地避免使用承兑交单方式。

3. 选择好价格条款

应争取签订 CIF 合同，因为 CIF 合同中，卖方投保，如果货物出事，买方拒付，那么出口商仍然掌握货运单据，控制货物的所有权，可凭保险单向保险公司索赔，直接获得赔款，不至于造成重大损失。

4. 了解进口国的有关规定

出口商应随时注意了解进口国的贸易法令、外管条例等内容，避免货到目的地不准进口或收不到外汇的损失。

（六）合同中的托收条款

采用托收方式时，应在合同中明确规定托收种类、进口商的付款责任及付款期限等。托收条款举例如下：

买方根据卖方开具的即期跟单汇票，于见票时立即付款，付款后交单。

Upon first presentation the buyers shall pay against documentary draft drawn by the sellers at sight. The shipping documents are to be delivered against payment only.

买方根据卖方开具的跟单汇票，于见票后 60 天付款，付款后交单。

The buyers shall pay against documentary draft drawn by the sellers at 60 days' sight. The shipping documents are to be delivered against payment only.

> **工作提示：**
>
> 　　托收属于商业信用，是一种有利于进口商而不利于出口商的结算方式。为了确保按时收回货款，出口商应做好风险防范工作。

 思政课堂

中银协报告：商业银行国际结算量连续三年稳定增长

贸易金融业务与贸易活动相伴而生。中国银行业协会贸易金融专业委员会于 2019 年 7 月发布的《中国贸易金融行业发展报告（2018）》（以下简称《报告》）显示，2016 年至 2018 年，11 家商业银行的国际结算量分别为 6.9 万亿美元、7.2 万亿美元和 7.6 万亿美元，该项业务三年来持续保持稳定增长。其中，建设银行、中国银行、工商银行、农业银行、交通银行等 11 家商业银行的国际结算量在 2018 年的占比超过 80%。

《报告》显示，近年来除了政策性银行、大型国有银行、股份制银行和外资银行对贸易金融业务大力推广外，不少城商行和农商行也在跟进。目前，贸易金融业务是各家商业银行的战略业务之一，它基于传统国际结算业务，集结算、融资、担保于一体，能够满足客户在各种贸易项下的需求，可以增加存款沉淀，提升中间业务收入，夯实客户基础。

当前，传统的贸易金融已经由结算融资服务发展到综合性服务，从单一客户向产业链延伸，从线下办理走向电子化服务。《报告》认为，贸易金融业务已经具有越来越广阔的空间，呈现出供应链金融、跨境电商等新业态。不过，《报告》同时指出，商业银行在建设现代金融、服务实体经济过程中，仍面临不少挑战。在具体的金融实践中，贸易行业主要存在"不信任、缺标准、低效率"三大问题，而贸易金融的发展需要将这三个问题解决，从传统的依靠人力、依靠产品的维度，上升到依靠金融科技的维度。

任务三　信用证结算方式

 **任务目标**

- 掌握信用证的定义、特点及种类
- 熟悉信用证的基本内容及业务流程
- 制定合同中的信用证支付条款

 **任务引入**

某项进出口业务约定货物分两批装运，支付方式为即期不可撤销的信用证。第一批货物发送后，买方办理了付款赎单手续，但收到货物后，发现货物品质与合同严重不符，便要求开证行通知议付行对第二批信用证项下的货运单据不议付，但开证行不予理睬。后来议付行对第二批信用证项下的货运单据予以议付，议付后，付款行通知买方付款赎单，遭到买方的拒绝。

讨论题：

（1）什么是议付行？议付行有什么职能？

（2）银行的处理方法是否合适？买方应该如何处理？

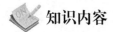 **知识内容**

一、信用证概述

（一）信用证的含义

信用证（Letter of Credit，L/C）是指银行（开证行）根据进口商（开证申请人）的请求，向出口商（受益人）开出的，保证在一定期限内，凭出口商交付的符合信用证规定的单据付款的书面文件。

国际商会在《跟单信用证统一惯例（2007 年修订本）》第二条中规定：信用证指一项不可撤销的安排，无论其名称或描述如何，该项安排都构成开证行对相符交单予以承付的确定承诺。

简而言之，信用证是一种银行向出口方开立的承诺有条件付款的书面文件。

（二）信用证业务的特点

1. 信用证是一种银行信用，开证行负首要付款责任（Primary Liabilities for Payment）

信用证支付方式由开证行以自己的信用做保证，因此作为一种银行保证文件的信用证，开证银行承担的是第一性的付款责任。信用证开证行的付款责任不仅是首要的，而且是独立的、终局的。即使进口人在开证后失去偿付能力，只要出口人提交的单据符合信用证条款，开证行就也要负责付款，付款后如果发现有误，也不能向收益人和议付行进行追索。

2. 信用证是一种自足文件（Self-sufficient Instrument）

信用证虽然是根据买卖合同开立的，但信用证一经开立，就成为独立于买卖合同以外的约定。《跟单信用证统一惯例（2007 年修订本）》明确规定：信用证按其性质与凭以开立信用证的销售合同或其他合同，均属不同业务。即使信用证中援引这些合同，银行也与之毫无关系并不受其约束。在信用证业务中，当事人只受信用证条款的约束，不受贸易合同条款或开证申请书的约束。

案例讨论 6-4

我国出口公司 A 与美国 B 公司达成出口女性上衣 600 件的交易。合同规定绿色和红色面料的上衣按 3：7 搭配，即绿色面料的上衣 180 件、红色面料的上衣 420 件。后来，我国出口公司 A 收到的信用证上又改为红色面料的上衣占 30%、绿色面料的上衣占 70%。出口公司 A 仍按合同规定的花色比率将货物装船出口，遭银行拒付。

请问：

（1）银行为什么拒付？

（2）收到信用证后，我国出口公司 A 应该如何处理才是正确的？

3. 信用证业务是纯单据业务（Pure Documentary Transaction）

根据《跟单信用证统一惯例（2007 年修订本）》第五条的规定：银行处理的是单据，而不是单据可能涉及的货物、服务或履约行为，因此信用证业务是一种纯粹的凭单据付款的单据业务。也就是说，只要受益人提交的单据从表面看符合信用证的规定，开证行就应承担付款或承兑的责任，而不管单据的真实性、完整性和准确性，不管货物是否和合同条款相符。因此，单据成为银行付款的唯一依据。

银行在处理信用证业务时，只凭单据，不问货物，只审查受益人所提交的单据是否与信用证条款相符，以决定是否履行付款责任。

（三）信用证的当事人

信用证涉及的当事人很多，且因具体情况的不同而有差异。一般来说，信用证的基本当事人有四个：开证申请人、受益人、开证行、通知行。有些类型的信用证业务还涉及议付行、付款行、偿付行、保兑行等。

1. 开证申请人（Applicant）

开证申请人又称为开证人（Opener），是指向银行申请开立信用证的人，一般是进口商或中间商。开证申请人的职责主要有填写开证申请书，缴纳开证手续费、开证保证金，及时付款赎单。

2. 受益人（Beneficiary）

受益人是指信用证上指明的有权使用该证并享有权益的人，通常是进口商。受益人的责任是必须提交符合信用证条款规定的全套单据。

3. 开证行（Opening Bank or Issuing Bank）

开证行是指接受开证申请人的委托，代表申请人或根据自身需要开立信用证并承担付款责任的银行，一般是进口地的银行。开证行通过开证承担了根据受益人提交的符合信用证规定的单据付款的责任。

4. 通知行（Advising Bank or Notifying Bank）

通知行指受开证行的委托，将信用证转交或将信用证内容通知受益人的银行，一般是出口商所在地的银行，且通常是开证行的代理银行。通知行除应谨慎核查信用证的表面真实性，并及时、准确地将信用证内容通知受益人外，无须履行其他义务。

5. 议付行（Negotiating Bank）

议付行是指根据开证行的授权，买入或贴现受益人提交的符合信用证规定的跟单汇票或商业单据的银行。议付行可以是信用证上指定的银行，也可以是非指定的银行。若议付行遭开证行拒付，可以向受益人追索。

6. 付款行（Paying Bank）

付款行是指信用证上指定的付款银行。如果信用证未指定付款银行，那么开证行即为付款行。

7. 偿付行（Reimbursement Bank）

偿付行是指受开证行的委托或授权，对议付行或付款行进行垫款清偿的银行，一般是开证行指定的账户行。偿付行仅凭索汇证明付款，而不受单、不审单，单据仍寄给开证行。

8. 保兑行（Confirming Bank）

保兑行是指应开证行的请求，在信用证上加具保兑的银行，具有与开证行相同的责任和地位。保兑行对信用证独立负责，承担必须付款或议付的责任。在付款或议付后，即使开证行倒闭或无理拒付，保兑行也不能向受益人追索。

二、信用证的主要内容及分类

（一）信用证的主要内容

信用证上记载的事项必须明确、完整，否则会导致当事人之间的纠纷。现在各开证行的开证格式，基本参照标准跟单信用证格式（ICC516）。信用证的主要内容包括以下几个方面：

（1）对信用证本身的说明，如信用证的编号、种类、金额、开证日期、有效日期、交单日期和到期地点等。

（2）信用证的当事人，如开证申请人、受益人、开证行及其指定的通知行、议付行、付款行、偿付行、保兑行等的名称、地址。

（3）有关货物的描述，如商品的名称、规格、数量、包装、单价、总值等。

（4）对运输的要求，如运输方式、装运期限、起运地、目的地、可否分批和中途转运等。

（5）对单据的要求，包括对汇票的要求，信用证上如规定出口商提交汇票，则应列明汇票的必要项目，如出票人、受票人、期限、主要条款等；对货运单据的要求，主要指提交商业发票、提单或运输单据、保险单证及其他单据。

（6）特别条款，主要指根据进口国的政治、经济、贸易情况的变化或不同业务需要规定的一些条款，如要求加具保兑、限制议付、限装某船或不允许装某船、限制港口和航线等。

（7）开证行向受益人及汇票持有人保证付款的责任文句以及适用的国际惯例，如"该证受国际商会《跟单信用证统一惯例（2007 年修订本）》第 600 号出版物的约束"。

（二）信用证的分类

根据开立方式与记载内容的不同，信用证一般分为信开本信用证和电开本信用证。

1. 信开本信用证

开立信开本信用证是指开证行采用印刷的信函格式，开立信用证正本一份和副本若干份，并通过航空运输邮寄给通知行。这种形式现在已经很少使用。

2. 电开本信用证

开立电开本信用证是指开证行将信用证内容加密后，通过电报、电传等工具将信用证传达给通知行。

（1）简电本。简电本是指开证行发送的只将信用证的一些主要内容预先通知的文件，仅供受益人在备货、订舱时参考，不能作为议付的凭证，详细条款将另行寄送通知行。简电本一般会注明"详情后告"等词语，开证行必须毫无延误地向通知行寄送有效的信用证文本。

（2）全电本。全电本是指开证行发送的将信用证的全部条款传达给通知行以通知受益人的有效信用证文件，是受益人交单议付的凭证。一般来讲，开证行不再寄证实书，如果寄证实书，则该证实书无效。

（3）SWIFT 信用证。采用 SWIFT 信用证，必须遵守 SWIFT 使用手册的规定，而且信用证必须符合国际商会制定的《跟单信用证统一惯例（2007 年修订本）》的要求。这种信用证具有标准化和格式化的特点，而且传送速度快、成本低，现已被西欧、北欧、美洲和亚洲等地区的银行广泛使用。在我国银行开立或收到的电开本信用证中，SWIFT 信用证占了很大比例。

 知识链接

SWIFT 简介

SWIFT 是环球银行金融电讯协会（Society for Worldwide Inter-bank Financial Tele-communication）的简称。该协会于 1973 年在比利时成立，设有自动化的国际金融通信网络，其成员银行可通过该通信网络办理信用证业务及外汇买卖、证券交易、托收业务等。该协会在布鲁塞尔设总部，并在荷兰阿姆斯特丹、美国纽约及中国香港分别设立交换中心，为各参加方开设集线中心，为国际金融业务提供低成本、高效率的通信服务。目前，已有超过 1 000 家分设在不同国家（包括中国在内）和地区的银行加入该协会并采用该协会的电信业务信息系统。

三、信用证的业务流程

信用证的业务流程随不同类型的信用证而有所差异，但就其基本环节而言，大体都包括申请、开证、通知、议付、索偿、付款、赎单等。信用证的一般业务流程如图 6-9 所示。

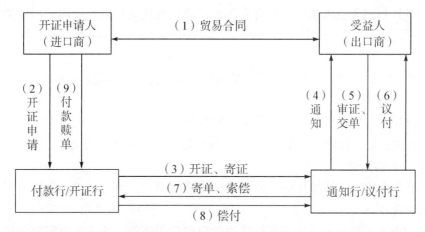

图 6-9　信用证的一般业务流程

（1）进出口商在贸易合同中规定使用信用证方式支付。

（2）进口商向当地银行提出申请，填写开证申请书，依照合同填写各项规定和要求，并缴纳押金或其他保证金，请开证行开证。

（3）开证行根据申请书内容，向出口商开出信用证，并将其寄给出口商所在地的分行或代理行（统称通知行）。

（4）通知行核对印鉴，在确认无误后，将信用证交予出口商。

（5）出口商审核信用证与合同，在确认相符后，按信用证规定装运货物，并备齐单据，开出汇票，在信用证有效期内请议付行议付。

（6）议付行按信用证条款审核单据，在确认无误后，从汇票金额中扣除利息，把货款垫付给出口商。

（7）议付行将汇票和单据寄给开证行（或指定的付款行）索偿。

（8）开证行（或指定的付款行）核对单据，在确认无误后，付款给议付行。

（9）开证行通知进口商付款赎单，进口商凭单提货。

小思考 6-8

在信用证的业务流程中，可以不经过通知行而由开证申请人直接将信用证交给受益人吗？

四、信用证的种类

国际结算中使用的信用证种类繁多，一种信用证可以具有多种信用证的特征。例如，一种信用证可以同时具备即期、不可撤销、加具保兑、可转让、可循环等特征。每一种信用证都是与进出口业务的实际需要紧密联系在一起的，在实际应用中，我们应注意选择适用的。

（一）按信用证项下的汇票是否附有货运单据，信用证可分为跟单信用证和光票信用证

1. 跟单信用证（Documentary L/C）

跟单信用证是指开证行凭跟单汇票或仅凭单据付款的信用证。跟单信用证主要用于贸易结算，是当前进出口贸易中主要的支付方式。

2. 光票信用证（Clean L/C）

光票信用证是指开证行仅凭不附单据的汇票付款的信用证。有时信用证要求提供发票、垫款清单等非货运性质的票据，这类信用证就属于光票信用证。

（二）按有无另一家银行在信用证上加具保证兑付责任，信用证可分为保兑信用证和不保兑信用证

1. 保兑信用证（Confirmed L/C）

保兑信用证是指开证行开出的、经另一家银行加具保证兑付责任的信用证。保兑信用证的开出银行通常由通知行担任，有时也可以是出口地的其他银行或第三国银行。保兑行一旦在信用证上加具保证兑付责任，就和开证行一样承担第一性的付款责任，即付款后对其前手或受益人无追索权。这种信用证由两家银行对受益人做出付款承诺，具有双重保障，对出口人安全收汇最为有利。

2. 不保兑信用证（Unconfirmed L/C）

不保兑信用证是指开证行开出的、未经另一家银行加具保证兑付责任的信用证。当开证行的资信较好或成交金额不大时，一般都使用不保兑信用证。

案例讨论 6-5

我国 A 公司收到国外开来的不可撤销信用证，该信用证由设在我国的某外资银行通知并加具保证兑付责任。A 公司在货物装运后，拟将有关单据提交银行，突然接到外资银行的通知：由于开证银行拟宣布破产，因此该外资银行不再承担对信用证的付款责任。

请问：A 公司应如何处理？

（三）按付款时间的不同，信用证可分为即期信用证和远期信用证

1. 即期信用证（Sight L/C）

即期信用证是指开证行或开证行指定的付款行在收到符合信用证条款的跟单汇票或装运单据后，立即履行付款义务的信用证。即期信用证的特点是收汇安全迅速、有利于出口人的资金周转，因而即期信用证在进出口贸易结算中使用最广。

2. 远期信用证（Usance L/C）

远期信用证是指开证行或议付行在收到信用证项下的单据时，不立即付款，而是在规定的期限内履行付款义务的信用证。远期信用证又可分为以下几种：

（1）银行承兑远期信用证（Banker's Acceptance L/C）。它是指以开证行或其指定的另一银行为远期汇票付款人的信用证。对这种信用证项下的汇票，在其承兑后，银行作为汇票的承兑人，应按票据法规定，对出票人、背书人、持票人承担付款责任。

（2）延期付款信用证（Deferred Payment L/C）。它是指开证行规定货物装船后若干天付款，或者开证行收到单据后若干天付款，或者于固定将来某一日期付款的信用

证。在使用延期付款信用证时，出口商不能签发汇票，因此就不能利用贴现市场的资金，只能垫款或向银行借款。在出口业务中，若使用这种信用证，其货价应比银行承兑远期信用证的货价高一些，以抵销利息率与贴现率之间的差额。

（3）假远期信用证（Usance L/C Payable at Sight）。它是指规定受益人开具远期汇票，由付款行负责贴现，一切费用和利息由开证申请人负担的信用证。这种信用证从表面看是远期信用证，但受益人能即期收款，因而被称为假远期信用证。这种信用证对开证人来说则属于远期付款的信用证，因为开证人要在远期汇票到期时才将货款付给付款行，故也被称为买方远期信用证。进口商之所以愿意使用假远期信用证，是因为它可以用贴现市场的资金或银行资金来解决资金周转不灵的困难，或者帮助进口商摆脱进口国在外汇管制上的限制。

小思考 6-9

假远期信用证与远期信用证的区别是什么？

（四）按受益人拥有的信用证权利是否可转让，信用证可分为可转让信用证和不可转让信用证

1. 可转让信用证（Transferable L/C）

可转让信用证是指信用证的受益人（第一受益人）可以要求授权付款、承担延期付款责任、承兑或议付的银行（统称转让银行），或者在信用证是自由议付的情况下要求信用证中特别授权的转让银行将信用证的权利全部或部分转让给一个或数个受益人（第二受益人）的信用证。

可转让信用证的可转让条件十分严格，唯有开证行在信用证中明确注明"可转让"，信用证才可转让。根据《跟单信用证统一惯例（2007 年修订本）》的规定，只要信用证允许部分支款或部分发运，信用证就可以分部分转让给数名第二受益人。已转让信用证不得应第二受益人的要求转让给任何其后受益人。第一受益人不视为其后受益人。

在实际业务中，可转让信用证的第一受益人通常是中间商。中间商将信用证转让给实际供货人，由其办理出运手续。但是信用证的转让不等同于买卖合同的转让，若第二受益人不能按时交货或单据与信用证条款不符，则第一受益人仍要对买卖合同负卖方责任。

2. 不可转让信用证（Non-transferable L/C）

不可转让信用证是指受益人不能将信用证的权利转让给他人的信用证。凡未注明"可转让"字样的信用证，都是不可转让信用证。

（五）按使用方式不同，信用证可分为付款信用证、承兑信用证和议付信用证

《跟单信用证统一惯例（2007 年修订本）》规定：所有信用证都必须清楚注明该证适用于即期付款、延期付款、承兑或议付。因此，根据付款方式的不同，信用证可分为以下三种：

1. 付款信用证（Payment L/C）

付款信用证是指明确指定某一银行付款的信用证，如上述的即期信用证和延期付

款信用证。付款信用证一般不要求受益人开具汇票，银行仅凭受益人提交的单据付款。

2. 承兑信用证（Acceptance L/C）

承兑信用证是指明确指定某一家银行承兑的信用证，如上述的银行承兑远期信用证。当受益人向指定银行开具远期汇票并提示时，指定银行即行承兑，并于汇票到期日履行付款义务。

3. 议付信用证（Negotiation L/C）

议付信用证是指明确指示受益人可以在某一指定的银行或任何银行议付的信用证。议付行如因开证行无力偿付而未能收回款项，可向受益人追索。议付信用证可分为自由议付信用证和限制议付信用证。前者是指任何一家银行均可按照信用证条款办理议付的信用证，后者是指限定由某一银行或开证行本身进行议付的信用证。

（六）信用证的其他种类

1. 循环信用证（Revolving L/C）

循环信用证是指金额在部分或全部使用后，又恢复为原金额并被受益人再度使用，直至次数或总金额达到规定的信用证。这种信用证一般适用于长期分批均衡供货合同。对进口商来说，这种信用证可以减少开证手续、免去逐笔开证的费用；对出口商来说，可以减少催证、审证的麻烦，有利于合同的履行。

2. 对开信用证（Reciprocal L/C）

对开信用证是指买卖双方各自开立的以对方为受益人的信用证。这两张互开的信用证称为对开信用证。

对开信用证的特点是第一张信用证的受益人（出口人）和开证申请人（进口人）是第二张信用证的开证申请人和受益人，第一张信用证的通知行通常是第二张信用证的开证行。两张信用证的金额相等或大体相等，两证可以同时互开，也可先后开立。对开信用证多用于易货交易或来料加工和补偿贸易业务等。

3. 对背信用证（Back to Back L/C）

对背信用证又称背对背信用证。信用证的受益人在收到进口商开来的信用证后，要求该证的通知行或其他银行以该信用证为基础，另开一张内容近似的新证给实际供货人，这另开的信用证即对背信用证。

中间商在转售货物、从中图利时，或者两国在不能直接办理进出口贸易时，通常通过第三者以开立对背信用证的方法来沟通。

4. 预支信用证（Anticipatory L/C）

使用预支信用证时，开证行授权代付行（通常是通知行）向受益人预付信用证金额的全部或部分，由开证行保证偿还并负担利息。预支信用证与远期信用证相反，它的特点是开证人付款在先，受益人交单在后。预支可分全部预支或部分预支。

预支信用证凭出口人的光票付款，有的要求出口人附一份负责补交信用证规定单据的声明书，如出口人以后不交单，开证行和代付行并不承担责任。当货运单据递交后，代付行在支付剩余货款时，将扣除预支货款的利息。因此，预支信用证又称为红条款信用证（Red Clause L/C）。

5. 备用信用证（Standby L/C）

备用信用证是一种适用于《跟单信用证统一惯例（2007 年修订本）》的特殊形式的信用证，是开证行对受益人承担一项义务的凭证。在备用信用证中，开证行保证：在开证申请人未能履行其应履行的义务时，受益人只要凭备用信用证的规定向开证行开具汇票，并附开证申请人未履行义务的声明或证明文件，就可得到开证行的偿付。

此类信用证对受益人来说，是在开证申请人毁约时取得补偿的一种备用工具。采用备用信用证时，开证行处理的仅仅是与信用证相关的文件，这些文件可能与合同无关，但只要受益人出具的汇票和文件（证明开证申请人未能履约）是符合信用证规定的，开证行就应对受益人进行无追索付款。这种信用证一般用在投标、履约、还款保证、预付、赊销等业务中。

五、信用证的作用

与汇款和托收方式相比，信用证的结算方式依赖的是银行信用。因此，信用证对进出口双方具有以下两方面的作用：

（一）对进出口双方的银行保证作用

对进口商来说，信用证结算方式不但可以保证进口商在支付货款时取得代表货物所有权的单据，而且可以通过信用证的条款控制出口商按质、按量、按时交货。

对出口商来说，信用证结算方式可以保证出口商在履约交货后，只要提交符合信用证条款规定的单据，就能收到货款。同时，出口商也可以避免因进口国限制进口或限制外汇转移而可能产生的风险。

（二）对进出口双方的资金融通作用

对进口商来说，在向开证行申请开立信用证时，无须向银行缴纳全部开证费用，只需支付部分押金，等收到单据再向开证行赎单并付清差额。如果开立的是远期信用证，那么进口方还可以凭信托收据向开证行借出单据以先行提货出售，等信用证到期再向开证行付款。

对出口商来说，在装船前可凭信用证向出口地银行申请打包放款，进行装船前的融资，也可以在货物装运后，凭信用证所需单据向出口地银行申请出口押汇（议付款项），取得全部货款。

上述两方面的作用，既解决了进出口双方互不信任的问题，又便利了双方的资金周转，极大地促进和推动了国际贸易的发展。但是，信用证结算也存在一定的缺点：首先，信用证结算手续复杂、费用较高，因此保持着长期贸易关系的贸易商或跨国公司更愿意采用商业信用的结算方式；其次，信用证虽然体现了银行资信担保的优势，为进出口商，尤其是出口商提供了一定程度的风险保障，但其业务领域依然存在形形色色的风险隐患，有关信用证的欺诈犯罪行为屡见不鲜，此类行为严重损害了受害方的权益。

六、合同中的信用证条款

采用信用证方式支付时，应在合同中明确规定信用证种类、开证日期、信用证有效期和议付地点等。举例如下：

买方应通过卖方所接受的银行于装运月份前 30 天开出不可撤销的即期信用证，于装运后 15 天在中国银行议付。

The buyer shall open through a bank acceptable to the sellers an irrevocable Sight Letter of Credit in 30 days before the month of shipment and remain valid for negotiation in Bank of China until the 15 days after the date of shipment.

买方应通过卖方所能接受的银行开立 100%保兑的、不可撤销的即期信用证，有效期至装运月后第 15 天，在中国议付，该证须于 5 月 20 日前开出。

The buyers shall open through a bank acceptable to the sellers an confirmed irrevocable L/C for 100% invoice value available by sight draft for negotiation in China until the 15th day after the month of shipment. The L/C is to reach sellers not later than May 20th.

工作提示：

信用证结算方式由银行在一定条件下承担确定的付款责任，虽然增加了交易的安全性，但是给进出口双方提供的保障只是相对的。

 **思政课堂**

外贸企业遭受境外贸易欺诈案件

2021 年 8 月 23 日，商务部外贸发展事务局发布《关于通报河北和山东两家企业遭受境外贸易欺诈案件情况的函》。两起案件均涉及境外贸易虚假信用证欺诈。

一、案情简介

案情一：2021 年上半年，卖方潍坊某木业有限公司与买方迪拜某客户签订合同。合同规定，买卖货物为覆膜胶合板，货值 187 600 美元，用信用证付款。信用证由意大利某机构开立，通过新西兰某银行转递，国内通知行为浙江 C 银行，交单行为中国 G 银行。卖方从中国青岛将货物发往迪拜，货物到港后，信用证开立机构和买方以各种理由不付款，船公司因提单背书等问题而暂未放货。初步查明，信用证开立机构的名称、地址、SWIFT 码分别指向三家不同的银行，信用证为假证。船公司以正本提单尚在目的港收货人手中为由，拒绝卖方作废提单并重新签发提单的请求，要求卖方提供货款等额现金担保 3 年，方才准许卖方处理货物。

案情二：2020 年 8 月至 2021 年上半年，卖方唐山某贸易公司与买方迪拜某客户（与案情一为同一买方）签订合同。合同规定，买卖货物为 1 000 吨盘条，货值 630 000 美元，用信用证付款。信用证由圭亚那某机构开具，通过迪拜某机构转递。国内通知行和交单行均为唐山 C 银行。卖方将货物发往迪拜，买方在获得单据后，将提单转卖，由第三方提走货物。开证机构和买家始终没有付款。经查，该信用证为圭亚那不明机构开立的商人信用证而非正规的银行信用证。卖方货款两空。

二、应对策略

信用证诈骗是国际贸易欺诈的常用手段。企业应注意掌握关键几招，降低风险。

（一）不见真证不发货

信用证一般由信誉卓著的国际大行负责开立，并受国际商会制定的《跟单信用证统一惯例（2007 年修订本）》约束。除了银行信用证外，市面上还存在个人或中小商家开立的盲人信用证，国外不法商人就利用这种信用证进行诈骗。因此，国内卖方在收到国内银行有关信用证的通知时，一定要请国内银行确认信用证的开立单位，确保信用证的真实与可靠。必要时，国内卖方可要求国外买方将用于向银行申请开证的信用证草本（Draft LC）作为合同附件，在信用证开出前审核信用证草本，以便发现风险隐患。在确保信用证真实的前提下，国内卖方可按协议发货。

（二）不见货款不放货

货物发出后，国内卖方要及时催促国外买方付款，尤其是在货物到达目的地后，如果还收不到货款，一定不能让船公司放货，否则就可能面临钱货两空的状况。

（三）善用保险降风险

国内卖方要合理利用中国出口信用保险，核查国外买家的信誉，也可以通过国内商业银行了解国外信用证开立机构的背景，为自身开展国际贸易提供一份安全保障。

（四）遇到诈骗要维权

遇到诈骗后，国内卖方要积极维护自己的权益：一是根据案情，利用诉讼等合法途径，起诉国外买方、与信用证开立相关的国内外银行、船公司等，挽回自身损失；二是向中国驻外使馆经济商务参赞处、商协会等机构反映情况，获取更多信息，为挽回损失创造条件；三是向商务部中国企业境外商务投诉服务中心反映情况，力争将问题发现在合同履行之前，尽可能杜绝信用证欺诈。

任务四　不同结算方式的结合使用

任务目标

- 理解影响结算方式选择的因素
- 掌握常用结算方式的综合选用

任务引入

宁波市 A 进出口公司对外推销某种货物，该商品在新加坡市场日趋看好，逐渐成为抢手货。新加坡 B 公司来电订购大批该商品，但坚持用汇付方式支付。此时，宁波市 A 进出口公司内部就货款支付方式产生了不同意见，一些业务员认为汇付方式有较大风险，不宜采用，主张使用信用证；但有些业务员认为汇付方式可行；还有一部分业务员认为托收也可行。

请问：应如何选择恰当的支付方式？

 **知识内容**

在外贸业务中，结算方式的最终选择应该在确保外汇资金安全、加速资金周转和扩大贸易规模的前提下，结合风险、费用负担等影响因素综合考虑。在本项目的学习中，三种基本结算方式的综合比较如表6-1所示。

表6-1　三种基本结算方式的综合比较

结算方式		手续	银行收费	买方风险	卖方风险	银行风险
汇款	预付货款	简便	低廉	最大	最小	没有
	货到付款			最小	最大	没有
跟单托收	付款交单	较繁	较高	较小	较大	没有
	承兑交单			极小	极大	没有
跟单信用证		最繁	最高	较大	较小	有风险

小思考6-10

出口商应该优先选择哪些结算方式？进口商又应该优先选择哪些结算方式？

一、影响结算方式选择的因素

在实际业务中，各种结算方式对不同的当事人来说，有不同的利弊和优劣。因此，在签订贸易合同、选择结算方式的时候，一般要对以下因素加以考虑：

（一）客户信用

在进出口贸易中，买卖合同的履行取决于客户的信用，它是选择支付方式时应当考虑的首要因素。因此，在外贸业务中要做到安全收汇、安全用汇，就必须事先做好对外国客户的信用调查。对信用不好或尚未对其做充分了解的外国客户，应选择风险较小的结算方式。

（二）经营意图

选用结算方式还应考虑企业的经营意图。在交易磋商中，货款的结算条件是买卖双方需要反复磋商的重点问题，经常会影响到交易能否达成，其重要性仅次于价格条件。在货物畅销时，出口商不仅可以提高售价，而且可选择对它最为有利的支付方式；在货物滞销或产品竞争激烈时，不仅可能会降低售价，而且在结算方式上也要做必要的让步，否则可能难以达成交易。

（三）贸易术语

国际货物买卖合同中采用不同的贸易术语，表明各合同的交货方式和运输方式是不同的。不同的交货方式和运输方式并不都适用于任何一种支付方式。例如，在使用CIF、CFR等象征性交货术语的交易中，可选择跟单信用证方式结算货款；在买方信用较好时，可采用跟单托收，如付款交单方式收取货款。但是，在使用EXW等属于实际交货方式的交易中，一般不使用托收。

（四）运输单据

若货物使用海上运输，则出口商在装运货物后得到海运提单，因为海运提单是物权凭证，是进口商在目的港向船公司提取货物的凭证，所以在海运提单交付进口商之前，出口商尚能控制货物，因此海运提单适用于信用证结算和托收结算。若货物使用航空运输、铁路运输或邮政运输时，则出口商在装运货物后得到的运输单据为航空运单、铁路运单或邮包收据，这些都不是货物所有权凭证，收货人在提取货物时也不需要这些单据，因此这类单据不适用于托收结算方式。即使采用信用证结算方式，大多出口方也规定必须以开证行作为运输单据的收货人，以便银行控制货物。

此外，在选择结算方式时，还应考虑进口国家或地区的商业习惯、商品竞争情况、交易数额、货币因素、出口方在销售地点是否设有代表机构等因素，以减少风险。

二、不同结算方式的结合运用

在实务中，除采用某一种结算方式之外，有时还可以将不同的结算方式结合起来使用。

（一）信用证与汇款相结合

信用证与汇款相结合的方法是指部分货款用信用证支付，剩余货款用汇款方式结算。例如，双方约定，在信用证上规定凭装运单据先付发票金额的若干成，待货物到达目的地后，根据检验的结果，按实际品质或重量计算出确切的剩余金额，再用汇款方式支付。

（二）信用证与托收相结合

信用证与托收相结合的方法是指部分货款用信用证支付，剩余货款用托收方式结算。一般做法是，信用证规定出口人开立两张汇票，对属于信用证部分的货款要求进口人凭光票支付，再将全套单据附在托收汇票之后，对剩余货款按即期或远期付款交单方式托收。但信用证上必须订明"在发票金额全部付清后才可交单"的条款，以确保安全。

（三）跟单托收与汇款相结合

跟单托收与汇款相结合的方法是指在跟单托收方式下，出口商要求进口商以汇款方式支付一定金额的预付款或押金作为保证，在货物装运后，出口商可从货款中扣除已预付的货款，对剩下的金额委托银行找进口商给付。此种结算方式能大大降低在托收交易下出口商交易的不确定性及风险性。因为多数买方已经支付货款金额20%～30%的订金，一般不会拒付托收项下的货款，否则订金将无法收回。如果买方因自身的经营状况恶化或进口国的法律政策限制而拒付，出口商可以将货物返运回国或另卖他国进口商，订金将用于支付往返运费。

（四）汇付、托收、信用证三者相结合

在成套设备、大型机械产品和交通工具的交易中，因为成交金额较大、产品生产周期较长，所以一般采取按工程进度和交货进度分若干期付清货款，即分期付款和延期付款的方法，多采用汇付、托收和信用证三者相结合的方式。

案例讨论 6-6

某国 A 公司与我国 B 公司洽谈一笔交易。除结算条款外,双方对其他条件均已取得一致意见。B 公司坚持以不可撤销的即期信用证为保证,而 A 公司坚持采用 D/P 即期。为达成交易,双方各做让步,最后以即期信用证与 D/P 即期各结算 50%订约。

请问:货物出运单据和汇票该如何处理?

工作提示:

在具体运用结算方式时,外贸人员必须针对不同国家、客户对象和交易的实际情况全面衡量,做到趋利避害。

思政课堂

截至 2020 年年底,人民币国际化指数增长 54.2%

中国人民大学国际货币研究所发布的《人民币国际化报告 2021》(以下简称《报告》)显示,截至 2020 年年底,人民币国际化指数为 5.02,同比大幅增长 54.2%,创下历史新高。

《报告》分析,人民币国际化指数大幅增长得益于人民币国际贸易计价结算职能继续巩固、人民币金融交易职能显著增强和人民币国际储备职能进一步显现。数据显示,2020 年,经常项目下跨境贸易人民币结算金额达到 6.77 万亿元,同比增长 12.09%,占我国对外货物和服务进出口总额的 18.44%;全球范围内,国际贸易的人民币结算份额为 2.91%,较 2019 年提高了 18.40%。目前已有超过 75 个国家和地区的货币当局将人民币纳入外汇储备。

项目小结

(1)国际贸易结算中使用的票据有汇票、本票和支票三种,以汇票为主。汇票是出票人签发的,委托付款人在见票时或者在指定日期无条件支付确定的金额给收款人或者持票人的票据。汇票的基本原理和法律规则同样适用于本票和支票。

(2)汇款又称汇付,是指付款人或债务人通过银行或其他途径,运用各种结算工具将货款交付国外收款人的一种结算方式。汇款通常可以分为电汇、信汇、票汇三种。国际贸易中应用的汇款方式主要有预付货款和货到付款。

(3)托收是指出口人在货物装运后,开具以进口人为付款人的汇票(随附或不随附货运单据),委托出口地银行通过其在进口地的分行或代理行向进口人收取货款的一种结算方式。托收根据所使用的汇票不同,分为光票托收和跟单托收。根据交单条件的不同,跟单托收又分为付款交单和承兑交单两种,在国际贸易中只是有条件地使用,能调动进口商采购的积极性,但会使出口商面临较大的风险。

（4）信用证是指银行（开证行）根据进口商（开证申请人）的请求，向出口商（受益人）开出的，保证在一定期限内，凭出口商交付的符合信用证规定的单据付款的书面文件。信用证业务的特点包括：第一，信用证是一种银行信用，开证行负首要付款责任；第二，信用证是一种自足文件；第三，信用证业务是纯单据业务。

（5）信用证的基本当事人有四个：开证申请人、开证行、通知行和受益人。有些类型的信用证业务还涉及议付行、保兑行、付款行、偿付行等。

（6）每种结算方式都有利弊，要采用有利的结算方式，就需要考虑客户信用、经营意图、贸易术语、运输单据等因素。不同结算方式的结合使用可以降低单一结算方式带来的风险。

项目七 争议处理条款

项目导读

　　在国际贸易中，出口的货物能否顺利交货，进口的货物能否顺利通关，以及发生问题时能否对外索赔并挽回损失，都与商品是否经过检验有关。在国际货物买卖中，交易双方往往会因各自的权利、义务问题产生争端，这会给合同履行带来影响，甚至使合同得不到履行或被撕毁。引起争议的原因有很多，为了尽量减少争议，或者使纠纷的解决有章可循，国际货物买卖合同中通常都要订立一些争议处理条款，如索赔、不可抗力、仲裁等条款。

任务一　进出口商品检验

任务目标

- 了解商品检验的作用、熟悉检验机构和有关检验证书
- 掌握商品检验对时间和地点的规定
- 掌握合同中检验条款的制定方法

任务引入

我国 A 公司与新加坡 B 公司以 CIF 新加坡的条件出口一批土特产品。订约时我国 A 公司已知道该批货物要转销美国，但货物到达新加坡后，立即转运美国。其后，新加坡的买主凭美国商品检验机构签发的在美国检验的证书，向我方提出索赔。

讨论题：

（1）检验证书的作用是什么？

（2）我国 A 公司应如何对待在美国检验的证书？为什么？

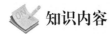

知识内容

一、商品检验的含义与意义

（一）商品检验的含义

商品检验（Commodity Inspection）亦称商检，是指专门的进出口商品检验机构或其他指定机构，依照法律、法规或合同的规定，对商品质量、数量、重量和包装等方面进行检验和鉴定，并出具检验证书或检验报告的活动。

（二）商品检验的意义

商品检验制度是随着国际贸易的产生和发展逐步形成的，在国际货物买卖中具有十分重要的地位。在国际贸易中，买卖双方交接货物一般要经过交付、察看或检验、接受或拒收三个环节。一般而言，当卖方履行交货义务后，买方有权对货物进行检验，如果发现货物与合同不符，而责任又确实在卖方时，买方有权向卖方提出索赔。如果买方未经检验就接受了货物，即使以后发现货物有问题，也不能再行使拒收的权利。商品检验是结算货款、提出索赔和进行理赔的依据，有助于维护对外贸易关系中各方的合法权益。因此，商品检验是货物交接中不可缺少的重要环节。

知识链接

中国对 1 507 个海关商品编码项下的工业制成品不再实行出口商品检验

国家质量监督检验检疫总局和海关总署于 2013 年 8 月 1 日发出公告，将对 1 507 个海关商品编码项下的一般工业制成品不再实行出口商品检验。这一调整从 2013 年 8 月 15 日起施行。同时，我国将对危险化学品、烟花爆竹、打火机、玩具及童车产品、食品接触产品、汽车和稀土等工业品继续实行出口商品检验；对出口危险化学品包装及其他危险货物包装继续实行性能和使用检验。

按 2012 年数据统计，拟减少的法检商品种类共涉及 1 008.6 万批次，价值 4 463.6 亿美元，约占全部 5 412.3 亿美元出口法检商品价值的 82.5%。

二、检验时间和地点

检验时间和地点是指在何时、何地对货物行使检验权。所谓检验权，是指买方或卖方有权对所交易的货物进行检验，其检验结果即作为交付与接受货物的依据。检验时间和地点是关系到买卖双方切身利益的重要问题，也是买卖合同中检验条款的核心内容。在国际货物买卖合同中，检验时间和地点的规定方法可归纳为以下几种：

（一）在出口国检验

这种做法可分为在产地（工厂）检验和在装运港（地）检验。

1. 产地（工厂）检验

产地（工厂）检验是指出口国的产地、工厂检验人员自行或按照合同规定，会同买方验收人员于货物离开生产地点之前进行检验，卖方只承担货物离开产地前的责任。对货物在运输途中发生的一切变化，卖方概不负责。

2. 装运港（地）检验

装运港（地）检验又称离岸品质和离岸重量（Shipping Quality and Shipping Weight）检验，是指出口货物在装运港或装运地装运前由双方约定的检验机构验货，出具的品质、重量（数量）或包装等的检验证书作为买方接收货物的最后依据。即货物抵达目的港或目的地时，买方若对货物进行复检，即使发现了问题，也无权对卖方表示拒收或提出异议和索赔。

按照上述两种检验规定，买方即使在货物运抵目的港或目的地后，自行委托商品检验机构对货物进行复检，也丧失了就商品与合同的不符之处向卖方提出异议的权利，除非买方能够证明，其收到的、与合同规定不符的货物系原装不良，即卖方违约。可见，这两种检验规定从根本上否定了买方对货物的检验权，对买方极为不利。

（二）在进口国检验

1. 目的港（地）检验

目的港（地）检验又称到岸品质和到岸重量（Landed Quality and Landed Weight）检验，是指在货物运抵目的港或目的地并卸货的一段时间内，双方约定的检验机构验货并出具品质、重量（数量）或包装等的检验证书作为买方接收货物的最后依据。如果检验证书证明货物的品质、重量（数量）或包装等与合同不符且责任可归咎于卖方，则买方可以向卖方索赔。

2. 买方营业处所（最终用户所在地）检验

买方营业处所（最终用户所在地）检验主要适用于需要安装调试的成套设备、机电仪表产品，以及在口岸开件检验后难以恢复原包装的商品。这种方法将检验延伸和推迟至货物运抵买方营业处所或最终用户所在地后的一定时间内进行，并以双方约定的检验机构出具的检验证书作为买方接收货物的最后依据。如果检验证书证明货物的品质、重量（数量）或包装等与合同不符且责任可归咎于卖方，则买方可以向卖方索赔。

按照上述两种检验规定，卖方必须承担到货品质、重量（数量）或包装等与合同不符的责任。若买方在目的港、目的地、买方营业处所或最终用户所在地委托商品检验机构检验，出具的检验证书证明货物与合同不符且责任为卖方所致，则买方有权凭检验证书向卖方提出索赔，卖方不得拒绝。可见，这两种做法对卖方极为不利。

（三）出口国检验、进口国复验

在出口国的装运港（地）由双方约定的检验机构验货时，卖方以该检验机构出具的检验证书作为要求买方付款或向银行议付的单据之一，货到目的港（地）后，买方行使复验权。如果约定的检验机构在规定的时间内复验，发现货物与合同规定不符，且责任可归咎于卖方，那么买方可在规定时间内凭复验证明向卖方提出索赔。

该方法兼顾了买卖双方的利益，公平合理，因此在国际货物买卖中已被大多数当事人所接受，成为国际贸易中最常见的一种规定检验时间和地点的方法。我国的进出口贸易基本上也采用这一做法。

（四）装运港（地）检验重量、目的港（地）检验品质

这种检验方法也称离岸重量和到岸品质（Shipping Weight and Landed Quality）检验。它是指装运港（地）的检验机构验货后出具的重量检验证书作为卖方交货重量的最后依据，而目的港（地）的检验机构验货后出具的品质检验证书作为卖方交货品质的最后依据。这种做法多用于国际大宗商品交易中，目的是调和买卖双方在商品检验上的矛盾，将商品的重量和品质检验分别进行。货物到达目的港（地）后，若经检验，在品质方面与合同规定不符，且责任可归属于卖方，则买方可凭质量检验证书向卖方提出异议和索赔，此时买方无权对货物的重量向卖方提出异议。

小思考 7-1

技术密集型产品较适用于哪种检验条款？

三、检验机构

在进出口贸易中，商品的检验工作一般由专业的检验机构负责办理。由于检验机构得出的检验结果对买卖双方来讲关系重大，因此合同中必须明确规定由哪个检验机构承担检验工作，该检验机构出具的检验证书才能为买卖双方所接受。

（一）国际检验机构

世界上大多数主权国家设有专门的检验机构。这些机构按其性质分，有官方的，

有同业公会、协会或民间私人经营的，也有半官方的；这些机构按其经营的业务范围分，有综合性的、专业性的。检验机构的名称也多种多样，如公证行、鉴定机构、公证鉴定人、实验室或宣誓衡量人等。其中，有些比较著名的检验机构，由于检验程序比较公正、合理、科学，已被许多国家所认可，其鉴定结果也成为商品进入国际市场的通行证。较为著名的检验机构有美国食品药品监督管理局（Food and Drugs Administration，FDA）、SGS集团（旧称瑞士通用公证行）、日本海事鉴定协会（NKKK）、英国劳氏船级社（Lloyd's Register of Shipping）、法国国家实验室检测中心、全球最大的从事安全检验和鉴定的民间机构之一——美国保险人实验室（Underwrites Laboratories，UL）、英之杰检验集团（Inchcape Inspection and Testing Services，IITS）等。

 知识链接

FDA 简介

FDA，即美国食品药品监督管理局，于1906年成立，是一个隶属于美国联邦公共卫生事务署的政府卫生管制和监控机构，主要致力于提高国民的健康水平，确保美国市场上销售的食品、药品、化妆品和医疗器具对人体安全。FDA由近万名医师、药学家、化学家、微生物学家、统计学家和律师组成，管理的产品高达1万多亿美元，约有40个实验室，分布在华盛顿特区和157个城市。FDA每年批准百余种新药上市，由其监控的企业有9万多家，其中每年被常规抽查的企业有1.5万家，产品只要不符合法规，企业就要被逐出市场。FDA的总部负责监督执行由国会通过的各项有关法律。总部设有六大中心，包括药物评估和研究中心、生物制品评估和研究中心、食品安全和营养品中心、医疗用品和辐射健康中心、兽用药品中心和全国毒理学研究中心，这些中心具体执行FDA的各项规定，负责审批新药，观察、监督和抽查药品，从事科学研究，同时负责对要求进入美国市场的产品进行法律法规解释。

（二）我国的检验机构

我国的商品检验机构原为国家出入境检验检疫局及其分支机构。2001年4月，国家质量监督检验检疫总局成立，主管全国质量、计量、出入境商品检验、出入境卫生检疫、出入境动植物检疫和认证认可、标准化等工作，是履行行政执法职能的国务院直属机构。原国家质量技术监督局和原国家出入境检验检疫局的职能并入国家质量监督检验检疫总局。2018年3月，为进一步深化全国通关一体化，优化进出口货物检验检疫管理，国务院机构改革方案明确规定，将国家质量监督检验检疫总局的出入境检验检疫管理职责和队伍划入海关总署。原出入境检验检疫系统统一以海关名义对外开展工作。

海关总署设在省（自治区、直辖市）以及进出口商品口岸、集散地的出入境检验检疫机构及其分支机构管理所负责地区的进出口商品检验工作。

小思考 7-2

按照《中华人民共和国进出口商品检验法》的规定，法定检验的商品仅指《商检机构实施检验的进出口商品种类表》所列的商品。这种说法正确吗？

此外，为了适应对外贸易发展的需要，20 世纪 80 年代初，经国务院批准，我国成立了中国进出口商品检验总公司①（以下简称"商检公司"）。商检公司作为一家独立的检验机构，以非官方身份和公正科学的态度运营，接受进出口业务中的当事人和外国检验机构的委托，办理进出口商品的检验鉴定业务，签发检验、鉴定证书并提供咨询服务。商检公司的成立既为进出口商品的顺利交接、结汇及合理解决索赔争议提供了诸多便利条件，又促进了我国同世界各国进出口商品检验机构的联系与合作。

2016 年，《进出口商品检验鉴定机构管理办法》出台，允许中外合资、中外合作、外商独资进出口商品检验鉴定机构及其分支机构进入中国的检验市场。

四、检验证书

检验机构对进出口商品检验或鉴定后，根据不同的检验结果或鉴定项目签发书面证明，这种书面证明称为检验证书（Inspection Certification）。此外，在交易中若买卖双方约定由生产单位或使用单位出具检验证明，则该证明也可起到检验证书的作用。也就是说，检验证书是各种进出口商品检验证书、鉴定证书和其他证明书的统称。在进出口贸易中，检验证书是有关各方履行契约义务，处理争议，索赔，仲裁、诉讼举证的有效证件，也是海关验放、关税征收和优惠减免的必要证明，具有重要的法律地位。

（一）检验证书的种类

在进出口贸易中，由于商品的种类、特性及各国贸易习惯、政府有关法令的不同，检验证书的种类也有差别。目前，我国检验机构签发的检验证书主要有以下 8 种：

1. 品质检验证书（Inspection Certificate of Quality）

品质检验证书是证明进出口商品品质、规格、等级的证明文件，具体证明进出口商品的质量、规格是否符合买卖合同或有关文件的规定。该证书是出口商品交货结汇和进口商品结算索赔的有效凭证。

2. 重量或数量检验证书（Inspection Certificate of Weight or Quantity）

重量或数量检验证书是证明进出口商品重量或数量的证书。其内容为货物经何种计重方法或计量单位得出的实际重量或数量，以证明有关商品的重量或数量是否符合买卖合同的规定。该证书是出口商品交货结汇、签发提单和进口商品结算索赔的有效凭证。出口商品的重量或数量检验证书也是国外报关征税和计算运费、装卸费用的证书。

3. 包装检验证书（Inspection Certificate of Packing）

包装检验证书是用于证明进出口商品包装及标志情况的证书。

4. 兽医检验证书（Veterinary Inspection Certificate）

兽医检验证书是证明出口动物产品或食品经过检疫合格的证书，适用于冻畜肉、冻禽、禽畜罐头、冻兔、皮张、毛类、绒类、猪鬃、肠衣等出口商品。凡是加上卫生检验内容的兽医检验证书称兽医卫生检验证书，该证书是对外交货、银行结汇和进口国通关验放的重要证件。

---

① 该公司现改制重组为中国检验认证（集团）有限公司。

5. 卫生/健康证书（Sanitary or Health Inspection Certificate）

卫生/健康证书是证明可供人类食用的出口动物产品或食品等经过卫生检验或检疫合格的证书。该证书适用于肠衣、罐头、冻鱼、冻虾、食品、蛋品、乳制品、蜂蜜等，是对外交货、银行结汇和通关验放的有效证件。

6. 消毒检验证书（Inspection Certificate of Disinfection）

消毒检验证书是证明出口动物产品经过消毒处理、保证安全卫生的证书。该证书适用于猪鬃、马尾、皮张、山羊毛、羽毛、人发等商品，是对外交货、银行结汇和通关验放的有效证件。

7. 熏蒸证书（Inspection Certificate of Fumigation）

熏蒸证书是用于证明出口粮谷、油籽、豆类、皮张等商品及包装用木材与植物性填充物等已经过熏蒸灭虫的证书。该证书主要载明使用的药物、熏蒸的时间等情况。如国外不需要出口方单独出具熏蒸证书，可将相关内容列入品质检验证书。

8. 残损检验证书（Inspection Certificate on Damaged Cargo）

残损检验证书是证明进口商品残损情况的证书，适用于出现残、短、渍、毁等情况的进口商品，可作为收货人向发货人、承运人或保险人等有关责任方索赔的有效证件。

（二）检验证书的作用

检验证书的作用主要有以下几点：

（1）证明出口商品的品质、数量、重量、包装及卫生等是否符合合同的规定。

（2）可作为进口商对货物的品质、数量、重量、包装等提出异议，拒收货物，要求理赔，解决争议的凭证。

（3）可作为一种向银行议付货款的单据。

（4）可作为海关验收放行的证件。

（5）可作为证明货物在装卸、运输途中的实际状况，明确责任归属的依据。

（6）可作为某些根据品质、规格增减价的商品结算计价的依据。

在我国，法定检验商品的检验证书由出入境检验检疫机构及其设在各地的分支机构签发；法定检验以外的商品，如合同或信用证中无明确规定，也可由中国国际贸易促进委员会、中国检验认证（集团）有限公司或生产企业出具。在填制检验证书时，应注意证书的名称和具体内容必须与合同和信用证的规定一致。另外，检验证书的签发日期不得迟于提单的签发日期，但也不宜比提单的签发日期提前过多。自 2018 年起，出入境检验检疫队伍与职能划入海关总署后，相关检验证书的抬头都改为"中国海关"，签发的印章也改为海关印章。

案例讨论 7-1

进口方委托银行开出信用证并规定：卖方须提交商品净重检验证书。进口商在收到货物后，发现除质量不符外，单据也不齐全，卖方仅提供了重量单。买方立即委托开证行向议付行提出拒付，但货款已经押出。事后，议付行向开证行催付货款，并解释卖方所附的重量单即为商品净重检验证书。

请问：

（1）重量单与商品净重检验证书一样吗？

（2）开证行能否向议付行拒付货款？

五、合同中的检验条款

国际货物买卖合同中的检验条款主要涉及检验时间、检验地点、检验机构、检验证书、检验依据、检验方法和商品的复验等。除此之外，合同中的检验条款还须明确买方就不符货物向卖方索赔的具体期限。

关于合同中的检验条款的订立，举例如下：

（一）检验范围和商检效力的规定

在交货前，制造商应就所订货物的质量、规格、数量、性能进行准确全面的检验，并出具货物与合同相符的检验证书。该证书为货款议付时向银行提交的单据中的一部分，但不得作为评判货物质量、规格、数量、性能的最终依据，制造商应将记载检验细节的书面报告附在品质检验书内。

Before delivery the manufacturer should make a precise and overall inspection of the goods regarding quality, quantity, specification and performance and issue the certificate indicating the goods in conformity with the stipulation of the contract. The certificates are one part of the documents presented to the bank for negotiation of the payment and should not be considered as final regarding quality, quantity, specification and performance. The manufacturer should include the inspection written report in the Inspection Certificate of Quality, stating the inspection particulars.

（二）检验时间的规定

品质异议须于货物到达目的港 30 天内提出，数量异议须于货物到达目的港 15 天提出，但两者均须提供相关检验机构的证明。如责任在卖方，则卖方应在收到异议 20 天内答复，并提出处理意见。

Any discrepancy about quality should be presented within 30 days after the arrival of the goods at the port of destination; any discrepancy about quantity should be presented within 15 days after the arrival of the goods at the port of destination, both of which cases should be on the strength of the certificates issued by the related surveyor. If the seller is liable, he should send the reply together with the proposal for settlement within 20 days after receiving the said discrepancy.

（三）检验地点的规定

双方同意以装运港出入境检验检疫机构签发的品质及数量检验证书为依据。该证书对双方具有约束力。

It is mutually agreed that the goods are subject to the Inspection Certificate of Quality and Inspection Certificate of Quantity issued by China Exit and Entry Inspection and Quarantine Bureau at the port of shipment. The certificate shall be binding on both parties.

合同中的检验条款还可以根据业务需要规定检验标准和检验方法。由于买卖合同是进出口商品检验的重要依据，因此合同中通常需要约定检验标准，同时明确合理地规定质量、数量和包装条款。

工作提示：

如果进出口商品的报验人对商品检验结果有异议，那么其可以向出入境检验检疫机构或其上级出入境检验检疫机构申请复验。申请复验应该在收到检验结果后 15 天内提出。

 思政课堂

海关总署：2018 年 8 月起报关单报检单合二为一，关检业务融合打响"第一枪"

"经过整合梳理，新版报关单从原关、检共计 229 个申报项目精简合并至 105 个；随附单证从原报关、报检 74 项单据合并成 10 项，102 项监管证件合并简化成 64 项。"北京海关隶属首都机场海关单证处处长武明告诉记者。据悉，从 2018 年 8 月 1 日起，关检融合整合申报系统正式切换，海关进出口货物报关单、报检单将合并为一张报关单。

出入境检验检疫管理职责和队伍划入海关总署，整合申报项目是关检业务融合的"第一枪"，也是关检融合标志性的改革举措，因其改变了企业现有报关流程和作业模式，广大进出口企业感受最直接。

"从企业角度上讲，整合申报可减小企业的工作量，提升工作效率，我们预期通关效率会提升 20%~30%，工作量减少至少 50%。"中外运敦豪国际航空快件公司的何大为介绍说，在整合申报之前，报关单和报检单在形式、内容、格式等方面都是不一样的，整合申报之后，报关单和报检单合并为一张报关单，合并精简了申报项目，统一了共有项的代码。

"海关进出口货物整合申报，不仅可减少企业申报时间，也将降低人力成本，优化企业内部的作业流程和人力资源。"北京泽坤国际货运代理公司罗艳辉说，海关取消了原来需要企业分开报送的报关和报检数据，将其整合成一张报关单，加快了货物通关速度，也大幅提升了企业的物流效率。

海关总署原副署长李国指出，将出入境检验检疫管理职责和队伍划入海关总署，实现关检融合，不仅体现在形式上，如联合办公、统一标识、一支队伍等，更体现在把关服务的能力和质量的提升。整合申报项目作为新海关落实中央改革任务、优化营商环境、应对复杂外贸形势和服务外贸企业的一项重要举措，意义重大，也对接下来出台一系列的关检融合举措起到引领作用。

任务二　争议与索赔

任务目标

- 了解交易双方发生争议进而提出索赔的原因
- 熟悉买卖合同中的索赔条款

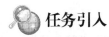

任务引入

国内 A 公司从英国 B 公司进口一批价值 50 万美元的马口铁。A 公司按合同规定开出信用证。开证行在信用证有效期内收到合格单据，于是付了款。货到后，A 公司发现集装箱内全是铁桶，而铁桶内全是污水，根本没有马口铁。

讨论题：

（1）这是否属于违约？为什么？

（2）A 公司在此事件中应吸取什么教训？

知识内容

在国际贸易业务中，情况复杂多变、履约时间长，买卖双方往往可能因各种单方或双方的违约行为而引发争议和索赔。为了便于处理这类问题，买卖双方在合同中一般都应订立索赔条款。

一、争议

争议（Disputes）是指交易的一方认为对方未能部分或全部履行合同规定的责任与义务而引起的纠纷。在国际贸易业务中，争议屡见不鲜，究其原因，主要如下：

（1）卖方不交货或未按合同规定的时间、品质、数量、包装条款交货，或者单证不符等。

（2）买方不开或缓开信用证，不付款或不按时付款赎单，无理拒收货物，在 FOB 条件下不按时派船接货等。

（3）合同条款的规定欠明确，买卖双方所在国家的法律对国际贸易惯例的解释不一致，甚至对合同是否成立有不同的看法。

（4）在履行合同的过程中，买卖双方遇到了不能预见或无法控制的情况，如某种不可抗力，有不一致的解释等。

引起争议的原因集中起来讲就是：一方构成违约，双方对违约的事实有分歧、对违约的责任及其后果的认识相悖。

二、违约

国际贸易中的争议，往往由买卖合同的当事人违约引起。违约（Breach）是指买卖双方中，任何一方违反合同条款的行为。买卖合同是对缔约双方具有约束力的法律文书，如任何一方当事人未按合同约定履行义务，即构成违约。

各国法律对违约有不同的规定，有的法律对构成违约的条件进行了规定，有的法律对违约在性质或形式上进行了划分。

（一）构成违约的条件

1. 大陆法的规定

大陆法在处理买卖合同这类民事责任时，将过失责任作为一项基本原则。也就是说，买卖合同的当事人不能或不能完全履行合同义务，只在其行为可以归咎为过失时，才构成违约，从而承担违约的责任。

2. 英美法的规定

英美法认为，一切合同都是担保。债务人只要不能达到担保的效果，就构成违约，应负责赔偿损失。在《英国货物买卖法》和《美国统一商法典》中，对构成违约的条件并未被详细写明，但从处理违约的司法实践来看，并不以当事人有无过失为构成违约的必要条件。通常只要当事人未履行合同规定的义务，就被视为违约。

3.《联合国国际货物销售合同公约》的规定

《联合国国际货物销售合同公约》也未明确规定违约必须以当事人有无过失为条件。从《联合国国际货物销售合同公约》第二十五条来看，只要当事人违反合同的结果使另一方蒙受损害，就构成违约，当事人要承担违约的责任。

（二）违约的种类

违约可以分为买方违约、卖方违约和买卖双方均有违约责任三种情况。

1. 买方违约的主要表现

（1）买方故意不开或延迟开立信用证。

（2）买方故意开立不符合合同规定的信用证。

（3）买方不按时付款赎单，无理拒收货物。

（4）买方在负责运输的情况下，不按时派船、指定承运人和指定交货地点等。

2. 卖方违约的主要表现

（1）卖方未能按照合同规定按时交货。

（2）卖方少交货物或少装货物。

（3）发票数量与实际装货数量不一致。

（4）货物的品质、规格与合同的规定不符。

（5）货物因包装不慎或包装不符合合同规定而破损。

（6）货物因包装不良而漏失。

（7）货物因水分蒸发或卖方行为不当而短少或超出溢短装规定的范围。

（8）金属货物因包装不当而在运输、仓储过程中受潮并锈损。

（9）不提供或不按合同和信用证的规定提供单据或单据内容不符等。

3. 买卖双方均有违约责任

例如，合同条款的规定不明确，导致双方的理解不一致，从而引起纠纷；或者在履约中，双方均有违约行为。

（三）违约的法律责任

不同的违约行为面临不同的法律责任，各国法律对此都有规定。例如，《英国货物买卖法》从违反合同条款的角度将违约分为违反要件和违反担保两种。违反要件是指违反合同的主要条款，受害方因而有权解除合同并要求赔偿损害。违反担保通常是指违反合同的次要条款，受害方有权要求赔偿损害，但不能解除合同。

《联合国国际货物销售合同公约》根据违约后果和严重程度将违约分为根本性违约和非根本性违约。《联合国国际货物销售合同公约》规定，如果一方当事人出现根本性违约，则另一方当事人可以宣告合同无效并要求赔偿损害；如果一方当事人出现非根本性违约，则另一方当事人不能解除合同，只能要求赔偿损害。

📚 **知识链接**

根本性违约和非根本性违约

所谓根本性违约，按《联合国国际货物销售合同公约》第二十五条的规定，一方当事人违反合同，其结果如使另一方当事人蒙受损害，以致实际上剥夺了另一方当事人根据合同规定有权期待得到的东西，即根本性违反合同，除非违反合同的一方并不预知且同样一个通情达理的人处于相同情况也无法预知会产生这种结果。

非根本性违约（Nonfundamental Breach）是指违约的状况尚未达到根本性违反合同的程度。受损方只能要求赔偿损害，而不能宣告合同无效；若受损方保持缄默，则合同仍然成立。

三、索赔和理赔

索赔（Claim）是指在进出口货物买卖过程中，一方违反进出口买卖合同的规定，直接或间接地给另一方造成损失，而由受损方向违约方提出弥补其损失的要求。

理赔（Settle）是指违约方受理或接受受损方提出的赔偿要求。

在进出口货物买卖中，任何一方违反合同的规定、不履行自己的义务，一般来说就构成违约。

违约的一方需要承担损害赔偿责任，对方有权提出赔偿要求，甚至解除合同。只有当履约过程中发生了不可抗力事故，一方因此不能履约或不能如期履约，才可根据合同规定或法律规定免责。索赔与理赔实际上是一个问题的两个方面，在受害一方是索赔，在违约一方就是理赔。一般来说，理赔多发生于出口方，而索赔则发生于进口方。当然，出口方发生索赔、进口方发生理赔的情况也是存在的。

四、合同中的索赔条款

进出口买卖合同中的索赔条款主要有两种：一种是异议索赔条款，另一种是罚金条款。在一般的进出口货物买卖合同中，多数只订立异议索赔条款，并将其与检验条款相结合，但大宗货物和机器设备的进出口买卖合同中除订立异议索赔条款外，还要约定罚金条款。

（一）异议索赔条款

异议索赔条款（Discrepancy and Claim Clause）是进出口买卖合同中对处理违约责任及索赔的规定。异议索赔条款主要适用于货物在品质、规格和数量方面的索赔。在这类索赔中，由于对违约的环节、性质和程度难以事先确定，因此买卖双方在合同中对索赔金额不作具体规定，而根据实际损失确定索赔金额。就异议索赔条款的内容而言，主要包括索赔依据与索赔时效。

1. 索赔依据

索赔依据主要规定提出索赔必须具备的证据及出证机构。索赔所需要的证据主要有以下内容：

（1）检验报告或其他证明损失的文件。

（2）保险单正本，商业发票，装箱单，运输提单，货损、货差证明单等。

（3）索赔单据及其他必要的单证或文件。

如果证据不全、不清，出证机构不符合要求，那么索赔可能遭到对方的拒绝。

索赔依据包括法律依据和事实依据两个方面。法律依据是指进出口买卖合同、信用证、双方往来传真或电子邮件，以及有关国家的法律规定和国际贸易惯例。事实依据是指违约的事实真相及其书面证明，以证明违约的真实性。

2. 索赔时效

索赔时效是指受害方在损害发生时，向违约方提出索赔的有效期限。也就是说，货物受损后，受害方并不是在任何时间都可以向违约方提出索赔的，只有在合同规定的有效期内提出要求，索赔方才有效，才有可能获得损害赔偿。如果受害方逾期提出索赔，那么除非对方同意，否则将得不到理赔。

索赔时效依据不同商品的特点而有所不同。对于农副产品及品质易发生变化的商品，其索赔期限都较短，一般情况下为货物到达目的地后 30 天或 45 天；对于质量比较稳定的商品，如机电产品，其索赔期限相对较长，通常为货物到达目的地后 60 天或 90天，一般不超过 180 天。在保险索赔问题上，根据中国人民财产保险股份有限公司的规定，索赔期从保险标的物到达最后卸货港并卸离海船时算起，最长不得超过 2 年。

规定索赔时效时，应对起始时间做出具体规定。通常有以下几种起算办法：

（1）货物到达目的港后起算若干天。

（2）货物到达目的港并卸离海船后起算若干天。

（3）货物到达买方营业地或用户所在地后起算若干天。

（4）货物经过检验后起算若干天。

（二）罚金条款

罚金条款（Penalty Clause）又称罚则，是指在进出口买卖合同中规定的一方当事人如果未履行或未完全履行合同规定的义务时，应向另一方当事人支付约定罚款金额的条款。罚金条款主要适用于卖方延期交货、买方迟开信用证、延期接货、延迟付款、无理拒收货物和拒付货款等情况。此时，违约方向对方支付预先约定的金额，以补偿对方的损失。可见，罚金从其性质来看就是违约金。

罚金条款一般应包括罚金的适用范围、计算方法及最高限额等。例如，有的合同规定如果卖方不能如期交货，延误 7 天，买方应收取 0.5% 的罚金，不足 7 天按 7 天计算；延误 10 周，买方有权撤销合同，并要求卖方支付延期交货罚金，罚金数额不得超过货物总额的 5%。需要注意的是，卖方支付罚金后并不能解除继续履行合同的义务。如果买方要求继续履行合同，则卖方必须继续履行合同。如果卖方拒不履行其交货义务，则要承担因此给买方造成的损失。

明确规定罚金的起算日期是十分必要的。罚金的起算日期主要有两种规定方法：一种是在合同规定的交货期到期后或信用证的有效期终止后立即起算；另一种是规定一个优惠期，即在合同规定的有效期终止后再宽限一段时间，在优惠期内免予罚款，待优惠期到期后起算罚金。

根据《中华人民共和国合同法》的规定，当事人可以约定一方违约时应当根据违约情况向另一方支付一定数额的违约金。约定的违约金过分高于或低于造成的损失的，当事人可以请求仲裁机构或法院予以适当减少或增加。

 案例讨论 7-2

我国 A 公司以 CFR 条件向德国出口一批小五金工具。合同规定，货物到达目的港后 30 天内接受检验，买方有权凭检验结果提出索赔。我国 A 公司按期发货，德国客户也按期凭单据支付了货款。可半年后，我国 A 公司收到德国客户的索赔文件，称上述小五金工具有 70% 已锈损，并附有德国某地一检验机构出具的检验证书。

请问：对德国客户的索赔要求，我国 A 公司应如何处理？

工作提示：

国际货物买卖中的买方应该在合同规定的期限内行使其索赔权利。一旦超出合同规定期限或合理时间，买方即使持有双方认可的检验机构出具的检验证书，能够证明货物与合同不符，也已经丧失了索赔权。

思政课堂

进出口货物质量有问题需换货，怎么办？

国际贸易中，企业在进口货物或出口货物出现质量问题时会换货。换货具体如何操作呢？一起了解一下吧。

一、监管方式

针对国际贸易中企业因进出口货物有质量问题而需要换货的情况，海关设置了专门的监管方式——无代价抵偿货物（代码 3100）。

无代价抵偿货物是指进出口货物在海关放行后，被发现残损、短少、品质不良或规格不符，由进出口货物的发货人、承运人或保险公司补偿或更换与原货物相同或与合同规定相符的货物。

与无代价抵偿货物相关的是原进出口货物退运出、进境，其监管方式为其他（代码9900）。

二、申报时限

纳税义务人应当在原进出口合同规定的索赔期内且不超过原货物进出口之日起3年，向海关申报办理无代价抵偿货物的进出口手续。

在向海关正式申报前须先做好如下准备工作：

进出口无代价抵偿货物，应先将原进出口货物退运出、进境，将监管方式填报为其他（代码9900），并在报关单的备注栏填写原进出口货物的报关单号。在申报进出口无代价抵偿货物时，将监管方式填报为无代价抵偿货物（代码3100），并在报关单的备注栏备注原进出口货物的报关单号及原进出口货物退运出、进境的报关单号。

进口无代价抵偿货物，在申报时应当提交下列单证：

（1）原进口货物的报关单。

（2）原进口货物退运出境的出口报关单（报关单的备注栏应填写原进口货物的报关单号）或原进口货物交由海关处理的货物放弃处理证明（因原进口货物短少而进口无代价抵偿货物不需要提交）。

（3）原进口货物的税款缴款书或征免税证明。

（4）买卖双方签订的索赔协议。

（5）在海关认为需要时，还应当提交具有资质的商品检验机构出具的原进口货物残损、短少、品质不良或规格不符的检验证书或其他有关证明文件。

出口无代价抵偿货物，在申报时应当提交下列单证：

（1）原出口货物的报关单。

（2）原出口货物退运进境的进口报关单（报关单的备注栏应填写原出口货物的报关单号，因原出口货物短少而出口无代价抵偿货物不需要提交）。

（3）原出口货物的税款缴款书。

（4）买卖双方签订的索赔协议。

（5）在海关认为需要时，还应当提交具有资质的商品检验机构出具的原出口货物残损、短少、品质不良或规格不符的检验证书或其他有关证明文件。

三、税款征收

进口无代价抵偿货物不缴纳进口关税和进口环节海关代征税，出口无代价抵偿货物不缴纳出口关税。

被更换的原进口货物退运出境时不缴纳出口关税，被更换的原出口货物退运进境时不缴纳进口关税和进口环节海关代征税。

任务三 不可抗力

任务目标

- 掌握不可抗力的范围及其引起的法律后果
- 学会订立不可抗力条款

任务引入

美国出口商 H 向我国出口公司 B 订购一批家具，合同中规定有不可抗力条款。但是在生产过程中，出口公司 B 下属的两个家具厂之一的 A 厂发生火灾。考虑到交货期将至，于是出口公司 B 致电美国出口商 H，要求援引不可抗力条款以免除其交货责任，但美国出口商 H 认为此事故不属于不可抗力，要求出口公司 B 按合同履行交货义务。

讨论题：

（1）什么是不可抗力？常见的不可抗力有哪些？

（2）我国出口公司 B 提出的免除交货责任的要求是否合理？为什么？

知识内容

在国际贸易中，买卖双方洽商成交后，有时会由于自然力量或社会因素导致的无法预见、无法控制的不可抗力事件而无法履行合同。原则上讲，在这种情况下，当事人可以免责。

一、不可抗力的含义及产生不可抗力的原因

不可抗力（Force Majeure）又称人力不可抗拒，是指在货物买卖合同签订以后，不是由于交易双方中任何一方当事人的过失或疏忽，而是由于发生了当事人既不能预见和预防，又无法避免和克服的意外事故，合同不能履行或不能如期履行，遭受意外事故的一方，可以免除履行合同的责任或延期履行合同。

不可抗力是合同中的一项条款，也是一项法律原则。对此，在国际贸易中不同的法律、法规有不同的规定。根据《联合国国际货物销售合同公约》第七十九条的规定，如果当事人能证明不履行义务是某种非他所能控制的障碍引起的，而且对于障碍，他在订立合同时没有理由能考虑到或能避免它或它的后果，那么当事人对不履行义务不负责任。《中华人民共和国合同法》规定，不可抗力是指"不能预见、不能避免并不能克服的客观情况"。

小思考 7-3

下列事件中哪些属于不可抗力？①洪水；②封锁；③暴动；④民变；⑤传染病；⑥船期变更；⑦机器故障；⑧能源危机；⑨物价上涨；⑩货币贬值。

一般而言，不可抗力事件应当具备以下条件：

（1）意外事件必须发生在合同成立之后。

（2）意外事件不是由合同当事人的过失或疏忽造成的。

（3）意外事件的发生及其后果的出现是当事人无法预见、无法避免和无法克服的。

引起不可抗力事件的原因有自然原因和社会原因。自然原因是指洪水、暴风、干旱、暴雪、地震等人类无法控制的自然界力量，社会原因是指战争、罢工、政府禁止有关商品进出口等。但我们不能错误地认为所有自然原因和社会原因引起的事件都属于不可抗力事件。对不可抗力事件的认定必须慎重，我们应将不可抗力事件与商品价格变动、汇率变化等正常的贸易风险严格区分开来，同时要把不可抗力事件与某些社会现象，如怠工、关闭工厂、船期变更区分开来，防止当事人随意扩大不可抗力事件的范围，推卸应当承担的责任。

二、不可抗力的法律后果和处理方法

发生不可抗力事件后，遭受事故的一方可以免除赔偿责任。发生不可抗力事件后，合同是否继续履行，要根据不可抗力事件对合同履行的影响程度而定。如果不可抗力事件的发生完全排除了继续履行合同的可能性，则双方可以解除合同；如果不可抗力事件的发生只是暂时影响合同的履行，那么事故一旦消除，当事人必须继续履行合同。

发生不可抗力事件后，当事人应按约定的处理原则和办法及时进行处理。究竟如何处理，应视不可抗力事件的原因、性质、规模及其对合同履行所产生的实际影响程度而定。按照有关法律和国际贸易惯例，如果发生不可抗力事件，合同无法得到全部、部分或如期履行，则当事人可免除相应的责任，即解除合同或变更合同，并对由此给另一方当事人造成的损害免负赔偿责任。《联合国国际货物销售合同公约》规定，一方当事人享受的免责权利只在履约障碍存在期间有效。如果合同未经双方同时宣告无效，则合同关系继续存在。一旦履约障碍消除，双方当事人仍须继续履行合同义务。此外，对一方当事人因上述障碍而不履行合同义务的免责，只以免除损害赔偿的责任为限，而且不得妨碍另一方行使《联合国国际货物销售合同公约》规定的除损害赔偿以外的任何权利。

案例讨论 7-3

我国企业 A 与美国客户订立出口 300 套家具的合同，约定 2019 年 12 月交货。2019 年 11 月底，我国企业 A 存放出口商品的仓库遭到雷击并引发火灾，致使一半左右的出口家具被烧毁。我国企业 A 以发生不可抗力事件为由，要求免除交货责任，但美国客户不同意，坚持要求按时交货。我国企业 A 无奈，于 2020 年 1 月初交货，美国客户提出索赔。

试问：

（1）我国企业 A 提出的免除交货责任的要求是否合理？

（2）美国客户提出的索赔要求是否合理，为什么？

三、不可抗力的通知和证明

不可抗力事件发生后，一方因不能按规定履约而要取得免责权利，必须及时通知另一方，并在有效期内提供必要的证明文件，以减轻可能给另一方造成的损失。按照《联合国国际货物销售合同公约》的规定，如果一方未及时通知而给另一方造成损害，仍应负赔偿责任。在实践中，为防止争议的发生，不可抗力条款中应明确规定具体的通知期限和证明文件的提交期限及方式。

关于不可抗力的证明，在中国，一般由中国国际贸易促进委员会及其各分会出具；在国外，则大多数由当地的商会或登记注册的公证机构出具。另一方在收到不可抗力的通知及证明文件后，无论同意与否，都应及时回复。

四、合同中的不可抗力条款

国际上对不可抗力事件并无统一的认识，为避免引起纠纷，防止合同当事人对不可抗力事件的性质、范围作任意的解释，或者提出不合理的要求，或者无理拒绝对方的合理要求，因此有必要在买卖合同中订立不可抗力条款，明确不可抗力事件的性质、范围、处理原则和处理方法等，以利于合同的履行。最好在国际合同中说明不可抗力事件的具体范围、证明条件、通知期限，这可以避免进口商寻找不付款的借口。

（一）不可抗力条款的规定方法

在我国的进出口贸易合同中，不可抗力条款的规定方法有以下三种：

1. 概括式规定

概括式规定，即在合同中不具体订明哪些现象是不可抗力事件。例如，受不可抗力事件影响而不能履行合同的一方，在与另一方协商一致后，可根据实际所受影响的情况，延长履行合同的期限，另一方对由此而产生的损失不得提出赔偿要求。

2. 列举式规定

列举式规定，即在不可抗力条款中明确规定哪些是不可抗力事件。凡合同中没有规定的均不能作为不可抗力事件予以缓引。例如，战争、洪水、火灾、地震、雪灾、暴风致使卖方不能按时交货，则卖方可以推迟装运时间，或者撤销部分或全部合同，但卖方必须向买方提交发生事故的证明书，该证明书由××出具。

3. 综合式规定

综合式规定，即综合采用概括式和列举式。例如，战争行为或其他不可抗力事件导致买方或卖方不能在本合同第×条规定的有效期内履行合同，如果此种行为或事件在本合同第×条规定的有效期后持续 3 个月，则本合同中的未交货部分取消。买卖双方的任何一方不负任何责任。

（二）不可抗力条款示例

1. 不可抗力事件的范围规定

If either of the contracting parties be prevented from executing the contract by such events of force majeure as war, serious flood, fire, typhoon and earthquake, or other events agreed upon between both parties, the term for the execution of the contract shall be extend for a period equivalent to the effect of such events.

若缔约双方中的任何一方因战争、严重水灾、火灾、台风和地震，以及双方认可的其他此等不可抗力事件的阻碍而无法按期履行合同，则双方应当延长合同的履行期限，延长的期限相当于事故所影响的时间。

2. 不可抗力事件的通知

The prevented party shall notify the other party of the occurrence of the force majeure events by telex or E-mail within the shortest possible time and shall send by registered E-mail, within 14 days thereafter, to the other party for confirmation by the other party.

受不可抗力事件影响的一方应尽快将不可抗力事件发生的情况以电子传真或电子邮件的方式通知对方，并于 14 日内通过航空挂号信将有关当局出具的证明文件提交另一方，以供确认。

3. 不可抗力事件的处理

Should the force majeure events last for more than one hundred and twenty consecutive days, both parties shall, through consultations, decide wether to terminate the contract to exempt the part of obligations for implementation of the contract according to the effects of events on the performance of the the contract.

如果不可抗力事件持续 120 天以上，则双方应当通过协商方式，根据事件对履约的影响程度，确定是否终止合同或部分地免除履行合同的义务。

案例讨论 7-4

A 公司出口一批商品至伊拉克 B 公司，3 月和 4 月各装一批。买方以即期 L/C 支付，合同中订有不可抗力条款。买方如期开来信用证，卖方正欲发货，获悉伊拉克爆发战争。卖方认为合同中订有不可抗力条款，可以免除交货义务或延期履行合同，于是在 4 月一起交出两批商品。

请问：银行可否拒付？正确的处理方法是什么？

工作提示：

不能将不可抗力的法律后果视为全部免除违约责任，应该视不可抗力对当事人履行合同义务的影响程度分别处理。

思政课堂

中国贸促会已出具新冠肺炎疫情不可抗力事实性证明 1 600 多份

截至 2020 年 2 月 14 日，中国国际贸易促进委员会（以下简称"中国贸促会"）累计为企业出具新冠肺炎疫情不可抗力事实性证明 1 600 多份，涉及合同金额从几万元到几百亿元人民币，努力帮助企业维护合法权益，减少疫情造成的损失。

中国贸促会商事认证中心副主任闫芸介绍，疫情发生后，为帮助企业有效应对疫情造成的不利影响，为企业提供更加便捷的服务，中国贸促会及其授权的分、支会应申请人在认证平台（http://www.rzccpit.com/）的申请，对与不可抗力有关的事实进行证明并出具证明书。

不可抗力事实性证明是依法主张免除违约责任的重要证据之一，合同一方可以凭借不可抗力事实性证明向合同相对方主张部分或全部免除不履行、不完全履行或迟延履行合同的责任。

截至 2020 年 2 月，国内有 26 个省（自治区、直辖市）开展该项业务，服务和出证已辐射县区，全国贸促系统共出具不可抗力事实性证明 1 615 份，涉及 30 多个行业，累计涉及合同金额约 1 099 亿元人民币，其中单笔金额最大的合同涉及金额超 230 亿元人民币。

根据中国贸促会商事认证中心对取得证明的企业的回访来看，已有企业在向客户提供证明后，得到了客户的理解和认可，保留了订单，并约定将延期交货，避免了因延迟履行合同义务而产生的违约责任。

任务四　仲裁

任务目标

- 熟悉解决国际贸易争议的方式
- 学会订立仲裁条款

任务引入

我国 Y 公司以 CIF 条件从美国 Z 公司进口一套设备，合同订明的总价款为 800 万美元。合同规定，如果一方违约，另一方有权向违约方索赔，违约方需向对方支付 1 200 万美元的违约金。合同订立后，我国 Y 公司迟迟收不到货物，因而影响了生产、经营。因此，我国 Y 公司在索赔期内向美国 Z 公司提出索赔，而美国 Z 公司却向当地法院提起诉讼。

讨论题：

（1）本案应如何裁决？

（2）国际贸易中争议的解决方法有哪些？

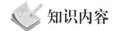 **知识内容**

国际贸易中争议的解决方式主要有协商（Negotiation）、调解（Conciliation）、仲裁（Arbitration）和诉讼（Litigation）四种。以上四种方式各有利弊，可以单独使用，也可以联合使用。解决方式的选择由国际贸易活动的当事人在相关合同或协议中协商确定。

实际业务中，当发生争议时，双方当事人一般首先采用协商的方式；如果协商不能解决争议，则视情况采取调解、仲裁及诉讼的方式进行处理。仲裁是解决国际贸易争议的一种重要方式。

一、仲裁的含义和特点

（一）仲裁的含义

仲裁（Arbitration）是指国际贸易活动的交易双方在争议发生之前或发生之后，签订书面协议，自愿将争议提交双方所同意的仲裁机构进行裁决，以解决争议的一种方式。由于仲裁是依照法律所允许的程序来裁定争端的，因此其裁决具有法律约束力，交易双方必须遵照执行。

（二）仲裁的特点

仲裁裁决对双方当事人都有约束力，双方必须执行。仲裁既比协商解决有约束力，又比司法诉讼灵活，是国际贸易中常用的解决争议的办法。仲裁的优势在于程序简便、结案较快、费用开支较少，仲裁机构能独立、公正和迅速地解决争议，并给予双方当事人充分的自治权。仲裁的特点具体如下：

（1）仲裁充分体现了意思自治原则。

（2）仲裁机构的裁决具有与法院的判决相同的法律效力。仲裁机构的裁决是终局性的，对双方当事人均有约束力，败诉方不得上诉，必须执行，否则胜诉方有权要求法院强制执行。

（3）仲裁具有不公开审理性。

（4）仲裁具有公正性、权威性和高效性。

（5）仲裁程序比诉讼程序简单，仲裁的费用更低。

小思考 7-4

试分析，为什么仲裁成为国际贸易当事人比较易于接受的争议解决方式？

二、仲裁协议的形式和作用

仲裁协议（Arbitration Agreement）是指有关当事人自愿将已经发生或即将发生的争议提交双方同意的仲裁机构进行裁决的一种意思一致的表示，同时也是仲裁机构和仲裁员受理争议案件的依据。

（一）仲裁协议的形式

包括我国在内的绝大多数国家的立法、仲裁规则及一些国际公约都规定仲裁协议必须以书面的方式订立。书面仲裁协议的形式主要有以下两种：

　　一种是双方当事人在争议发生之前订立的，表示一旦发生争议应提交仲裁的合同条款，称为仲裁条款。

　　另一种是双方当事人在争议发生后订立的，表示同意把已经发生的争议提交仲裁的协议。双方当事人往往通过函电往来订立。

（二）仲裁协议的作用

　　仲裁协议表明双方当事人愿意将他们的争议提交仲裁机构裁决，任何一方都不得向法院起诉。仲裁协议也是仲裁机构受理案件的依据，任何仲裁机构都无权受理无书面仲裁协议的案件。仲裁协议还排除了法院对有关案件的管辖权，各国法律一般都规定法院不受理双方订有仲裁协议的争议案件，包括不受理当事人对仲裁裁决不服的上诉。

三、仲裁协议的主要内容

　　国际贸易中的仲裁协议一般包括仲裁地点、仲裁机构、仲裁程序与仲裁规则、仲裁裁决的效力和仲裁费用的负担等几个方面的内容。

（一）仲裁地点

　　仲裁地点是指仲裁所选择的地点，一般是指仲裁地的所在国。在什么地点进行仲裁是买卖双方十分关心的问题，因而也是仲裁条款中的一项重要内容。在商定此项条款时，买卖双方一般都愿意在本国仲裁。这样做，一方面是因为当事人对本国的仲裁机构和有关程序、规则比较了解，且没有语言障碍，还可以节省费用；另一方面是因为仲裁地点与仲裁所适用的程序法，甚至与买卖合同所适用的实体法都有密切的关系。按照许多国家的法律解释，凡程序方面的问题，除非仲裁协议另有规定，都适用审判地的法律，即在哪个国家仲裁就使用哪个国家的法律。至于确定双方当事人权利、义务关系的实体法，若仲裁协议中未做出规定，则仲裁机构将根据仲裁地所在国的法律冲突规则确定应使用的实体法。因此，仲裁地点不同，所使用的法律可能不同，导致仲裁结果也有可能不同。能否争取在本国仲裁，取决于许多因素，如法律有无强制性规定、当事人在交易洽谈中所处地位的高低等。我国进出口贸易合同中的仲裁条款对仲裁地点的规定一般采用下述三种方法之一：

　　（1）先力争规定在我国仲裁。

　　（2）若争取不到在我国仲裁，可以选择在被诉方所在国仲裁。

　　（3）规定在双方同意的第三国仲裁。

（二）仲裁机构

　　在国际贸易中，双方当事人可以在仲裁协议中规定，在常设的仲裁机构进行仲裁，也可以共同指定仲裁员，以组成临时仲裁庭进行仲裁。双方当事人选用哪个国家（地区）的仲裁机构审理争议，应在合同中具体说明。

　　世界上很多国家和一些国际性、区域性组织设有进行国际商事仲裁的机构，这些机构一般是民间组织。主要的国际商事仲裁机构有设在中国北京的中国国际经济贸易仲裁委员会、设在法国巴黎的国际商会仲裁院、设在瑞典斯德哥尔摩的斯德哥尔摩商会仲裁院、设在瑞士苏黎世的苏黎世商会仲裁院、设在美国纽约的美国仲裁协会等。

知识链接

中国国际经济贸易仲裁委员会简介

中国国际经济贸易仲裁委员会是我国常设的涉外经济贸易仲裁机构，也是当今世界主要的国际商事仲裁机构之一。中国国际经济贸易仲裁委员会设在北京，在深圳、上海等地设立了分会。中国国际经济贸易仲裁委员会受理的争议是契约性或非契约性的经济贸易争议，包括国内的和涉外的争议；涉及中国香港、中国澳门、中国台湾地区的争议；外商投资企业之间及外商投资企业与中国法人、自然人或经济组织之间的争议；涉及在中国利用外国的、国际组织的或中国香港、中国澳门、中国台湾地区的资金、技术或服务开展项目融资、招标投标、工程建筑等活动的争议。

（三）仲裁程序与仲裁规则

仲裁程序与仲裁规则是指仲裁的程序和具体做法，包括如何提交仲裁申请、如何进行答辩、如何指定仲裁员、如何组成仲裁庭、如何进行仲裁审理、如何做出裁决及如何交纳仲裁费等。这样做的目的是为当事人和仲裁员提供一套仲裁的行为准则，以便其在仲裁时有所遵循。

仲裁规则与仲裁机构有密切的关系。一般情况下，合同中的仲裁条款规定在哪个仲裁机构进行仲裁，双方当事人就应该遵守那个仲裁机构制定的仲裁规则。但也有不少国家允许当事人选择其他国家的仲裁机构的仲裁规则，但以不违反仲裁地所在国的仲裁法中的强制性规定为前提。临时仲裁机构所使用的仲裁规则由双方当事人自行约定。

（四）仲裁裁决的效力

仲裁裁决的效力是指仲裁机构在争议案件审理后所做的裁决对双方当事人是否有终局效力，以及双方当事人能否向法院上诉和要求变更裁决。

包括中国在内的绝大多数国家规定，仲裁裁决具有终局效力，对双方当事人均具约束力，任何一方都不得向法院起诉以要求变更。虽然少数国家允许不服裁决的当事人向法院上诉，但法院一般只审查程序，不审查实体，即只审查仲裁裁决在法律手续上是否完备，而不审查裁决是否正确。只有在发现仲裁员未按仲裁程序、规则审理案件时，法院才可以撤销裁决。

（五）仲裁费用的负担

通常需要在仲裁条款中明确规定仲裁费用由谁负担。仲裁费用原则上由败诉方承担，但也有仲裁条款规定仲裁费用由仲裁庭酌情决定。对当事人部分胜诉或部分败诉的情况，仲裁庭根据当事人的责任确定其各自承担的比例。当事人自行和解或经仲裁庭调解后结案的，可以协商确定各自承担的比例。

四、合同中的仲裁条款

常用的仲裁条款举例如下：

凡本合同引起的或与本合同有关的任何争议，都应提交中国国际经济贸易仲裁委员会，按照该会现行的仲裁规则，由申请人选定的该会总会、深圳分会或上海分会进行仲裁。仲裁裁决具有终局效力，对双方均有约束力。

Any dispute arising from or in connection with this contract shall be submitted to China International Economic and Trade Arbitration Commission for arbitration which shall be conducted by the Commission or its Shenzhen sub-commission or its Shanghai sub-commission at the claimant's option in accordance with its existing rules of arbitration. The arbitral award is final and binding upon both parties.

对于因执行本合同而发生的或与本合同有关的一切争议，双方应通过友好协商的办法解决，如果不能协商解决，应提交仲裁机构。仲裁在被申请一方所在国进行。如在中国，则由中国国际经济贸易仲裁委员会根据该会仲裁规则进行仲裁。仲裁裁决具有终局效力，对双方都有约束力，仲裁费用由败诉方负担。

All disputes arising out of performance of, or relating to this contract, shall be settled amicably through friendly negotiation. In case no settlement can be reached through negotiation, the case shall then be submitted for arbitration, the location of arbitration shall be in the country of the domicile of the defendant. If in China, the arbitration shall be conducted by the China International Economic and Trade Arbitration Commission, in accordance with its rules of arbitration. The arbitral award is final and binding upon both parties. The charges arising from the arbitration shall be undertaken by the losing party.

五、仲裁裁决的执行

仲裁裁决对双方都有法律上的约束力，当事人必须执行。如果双方当事人都在本国，一方不执行裁决，则另一方可请求法院强制执行。如果一方当事人在国外，那么这可能涉及另一个国家的仲裁机构所做的裁决要由另一个国家的当事人执行的问题。在此情况下，如果国外的当事人拒不执行裁决，则本国的当事人只有到国外的法院去申请执行，或者通过外交途径要求对方国家的有关主管部门或社会团体（如商会、同业公会）协助执行。为了解决在外国执行仲裁裁决的困难，国际上除通过双边协定就相互承认与执行仲裁裁决做出规定外，还订立了多边国际公约。1958 年 6 月 10 日，联合国在纽约召开了国际商事仲裁会议，签订了《承认及执行外国仲裁裁决公约》。该公约强调了两点：一方面，承认双方当事人所签订的仲裁协议有效；另一方面，针对仲裁协议所做的仲裁裁决，缔约国应承认其效力并有义务执行。只有在特定的条件下，被诉人才能请求拒绝承认与执行仲裁裁决。例如，裁决涉及仲裁协议未提到的内容，或者争议不包括在仲裁协议之内；仲裁庭的成员组成或仲裁程序与当事人所签仲裁协议不符等。

1986 年 12 月第六届全国人民代表大会常务委员会第十八次会议决定中华人民共和国加入《承认及执行外国仲裁裁决公约》，并同时声明如下：

（1）中华人民共和国只在互惠的基础上对在另一缔约国领土内作出的仲裁裁决的承认和执行适用该公约。

（2）中华人民共和国只对根据中华人民共和国法律认定为属于契约性和非契约性商事法律关系所引起的争议适用该公约。

我国政府对上述公约的加入和所作的声明，不仅为我国承认与执行外国仲裁机构作出的裁决提供了法律依据，而且有利于我国仲裁机构作出的裁决在其他公约成员国内执行。

工作提示：

仲裁表示合同双方自愿将争议提交仲裁机构予以裁决，裁决是终局性的，具有法律效力。

 思政课堂

中国已成为仲裁解决民商事纠纷最多的国家之一

司法部副部长熊选国于 2021 年 9 月 14 日表示，中国已成为运用仲裁方式解决民商事纠纷最多的国家之一。

他在 2021 年 9 月 14 日举行的 2021 中国仲裁高峰论坛暨第二届"一带一路"仲裁机构高端论坛上说，自 1995 年仲裁法实施以来，中国共设立 270 多家仲裁机构，累计办理仲裁案件 400 余万件，涉案标的额 5 万多亿元，案件当事人涉及 100 多个国家和地区，解决纠纷涵盖经济社会发展众多领域。

作为国际通行的纠纷解决方式，仲裁是各国优化营商环境、提升法治软实力的重要手段，在中国加快推进全面深化改革和更高水平对外开放进程中，重要性日益凸显。

时任中国国际贸易促进委员会会长的高燕表示，中国国际经济贸易仲裁委员会即贸仲委，是中国最早设立和最具代表性的常设仲裁机构，长期以来，广泛开展国际仲裁交流合作，持续推广仲裁领域有关国际条约适用，积极探索最佳仲裁实践，为推动国际仲裁治理体系建设不断贡献力量。

仲裁司法审查制度是维护仲裁公正的坚实基础。自 2015 年以来，中国最高人民法院先后出台服务保障"一带一路"建设等司法文件，提出支持国内仲裁机构与境外仲裁机构建立联合仲裁机制，支持在自由贸易试验区、海南自由贸易港探索"三特定"临时仲裁制度，支持境外仲裁机构设立分支机构以开展仲裁业务等创新举措。

当前，新冠肺炎疫情全球大流行和世界百年未有之大变局相互影响，经济全球化遭遇逆流，涉及航运、贸易、投资、服务等领域的民商事纠纷日益增多。与此同时，仲裁信息化、数字化、便利化加速发展。

"仲裁程序繁复、仲裁效率降低、仲裁员利益冲突等问题，仍然制约着仲裁的发展。"高燕指出，要积极采用能够提高仲裁质效的新模式、新方法和新手段，以科技创新和数字化变革催生国际仲裁发展新动能。

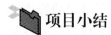 项目小结

（1）进出口商品检验是国际贸易实务中非常重要的一个环节，也是国际贸易合同中不可缺少的内容，是指检验机构对成交货物的品质、数量、重量和包装及运输工具进行检验、鉴定，并出具检验证书或检验报告的活动。交易双方应在合同中对商品检验的时间、地点和方法等做出明确的规定。

（2）国际贸易的复杂性决定了国际贸易中的争议和纠纷是不可避免的。为保障自己的合法权益不受损害，买卖双方应在合同中明确规定索赔条款，包括索赔的时间、索赔的依据等。

（3）对于不可抗力引起的违约，违约方可以免除违约责任。

（4）对于国际贸易中发生的争端，当事人可以采取多种途径解决纠纷，仲裁是其中最重要的方式之一，被国际上广泛采用。

项目八　交易磋商与合同订立

项目导读

　　国际贸易是以国际货物买卖合同为中心进行的，要经历交易前的准备、交易磋商、书面合同的订立和履行合同四个阶段。买卖双方在交易前的准备过程中了解自己所需的信息，经过交易磋商，达成协议，即签订书面合同，并将其作为确定双方权利和义务的依据。但是，由于双方受到所处国家或地区的政治、法律、文化，以及国际市场行情变化等因素的影响，因此绝大多数合同的形成不是一蹴而就的，而要经过反反复复的谈判。本项目主要介绍交易前的准备工作、交易磋商及书面合同的订立等内容。

任务一 交易前的准备工作

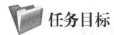 **任务目标**

- 了解交易前的准备工作的重要性
- 掌握出口方与进口方在交易前的准备工作中的主要工作内容

任务引入

截至 2020 年上半年，中国整车出口已遍布全球 200 多个国家和地区，主要集中在拉美、西亚、东南亚等地区。

海关数据显示，2020 年，有 222 855 辆中国新能源汽车出口到海外，其中 72 677 辆出口到欧洲地区，同比增长 211%，占比为 32.6%。由此可见，欧洲市场已成为中国新能源汽车出口的主要市场。

实际上，根据中国新能源汽车的制造标准，中国新能源汽车企业向欧洲市场出口技术的难度并不大。但是以整车海运出口，则需要叠加欧盟认证、跨洲运输、渠道销售、本地维保等方面的诸多成本。中国新能源汽车企业如果想进一步扩大市场规模，只能像特斯拉那样，在欧洲本地建厂。

要知道，欧洲汽车市场其实非常封闭。以丰田为代表的日系品牌在欧洲经营了半个多世纪，市场份额也从未超过 10%。而近两年，欧洲汽车制造商持续面临供应链问题，开始专注于生产价格更贵、产量更少的电动汽车，这为中国新能源汽车企业进军欧洲汽车市场提供了机遇。

欧洲人偏爱朴素小型两厢车，美国人却喜欢豪华大尺寸运动型多用途汽车（SUV）。蔚来汽车原有的产品更对美国人的胃口。为拓展欧洲汽车市场，蔚来汽车成立了出口业务团队，并为欧洲人提供服务无忧、一键加电等服务。2021 年年底，在挪威奥斯陆，蔚来汽车的首家海外旗舰店正式开幕。

讨论题：试分析中国新能源汽车企业在调研出口欧洲市场时考虑了哪些因素？

知识内容

为了顺利达成交易，进出口双方在交易前应该掌握必要的相关情况，诸如自身在出口经营时所具备的优势和劣势、国际市场的规律、出口经营之道、竞争对象的经营情况、国外消费者的喜好等。为了系统地了解和掌握上述情况，进出口双方可以从获取产品信息、目标市场信息、客户信息、销售渠道信息和竞争对手信息入手，有目的、有针对性地进行市场调查研究，对有关的信息进行系统的收集、记录和分析，并在此基础上制订相应的出口经营方案。这项工作不但要求获取的信息是客观的，而且要求对这些信息的分析也是客观的，这样才能使交易磋商有的放矢，保证日后的决策准确。

一、出口方交易前的准备工作

出口方在洽谈交易前，为了减少交易的风险，扩大出口，提高交易的成功率，应认真做好交易前的各项准备工作。

（一）办理相关手续

1. 获得经营权

我国企业要从事对外经贸活动，就需要向外经贸主管部门提出申请，经许可后取得进出口经营权。需要的材料如下：

（1）企业申请报告。

（2）申请进出口经营权的企业概况表。

（3）企业申请经营的进出口商品目录。

（4）企业的营业执照。

（5）商业物资企业申请进出口经营权的可行性报告等。

2. 办理海关注册登记

所有进出口货物都要办理报关手续。需要向海关办理报关手续的单位，应先向当地海关提出书面申请，在海关审核后办理注册登记手续。

3. 办理出口许可证

目前，我国有少数商品在出口时仍然需要办理出口许可证。我国按商品、地区的不同，实行由各级对外经济贸易行政管理部门代表国家分级发证的办法，其基本程序包括申请、审核、填表、发证等。

（二）对国际市场的调查研究

企业开拓国际市场，必须了解国际市场环境，进而选择目标市场。对国际市场的调研包括以下主要内容：

1. 国别或地区的调研

国别或地区的调研是指对某一国家或地区的总体情况进行广泛了解，特别是对与贸易有关的情况进行重点调查研究的一项出口准备工作，主要包括如下内容：

（1）政治和法律环境。政治和法律环境是市场环境的重要影响因素。一国或地区的政治稳定性、法律体系的完备性等都将对企业的出口活动产生重要影响。

（2）经济环境。一国或地区的经济体制、经济发展水平、经济发展潜力及收入分配状况等直接关系到该国或地区的商品市场规模和发展趋势。

（3）对外贸易环境。不同国家或地区的对外贸易状况、对外贸易政策，特别是外贸方面的法律法规、限制或鼓励的措施等都会有所不同。

（4）其他环境。这主要包括气候、地形和交通等方面的地理环境；语言、教育水平、宗教、风俗习惯、价值观念等方面的文化环境；厂商的竞争状况等方面的竞争环境等。

2. 对国外商品市场行情的调研

企业要出口商品，必须在对国家或地区的市场进行大致了解的基础上，研究国外商品市场情况。这主要包括如下内容：

（1）国外商品市场的供给情况。这包括出口商品的生产历史和发展趋势、生产商品的供应渠道和来源，以及国外生产厂家的生产能力和库存情况等，还应包括生产波动的规律，并分析本企业所占的份额和供给情况。

（2）国外商品市场的需求情况。这包括国外商品市场对商品品种、数量和质量的要求等，特别是商品的需求趋势和特点。

（3）国际商品市场的价格情况。这包括影响商品价格的具体因素、商品需求的弹性、商品的价格水平和价格变动趋势等。

（4）国外商品市场的营销情况。这包括在国外市场可能对客户使用的营销组合策略、能促进营销的方法、营销中的广告宣传等。

（三）建立和发展客户关系

出口企业应在对国际市场进行调研的基础上，选择目标市场，建立和发展客户关系。

1. 对客户进行调查

交易前，出口企业应对潜在客户的情况进行细致的了解和分析。一方面，出口企业要了解客户的自身情况，包括政治情况、资信情况、经营情况等；另一方面，要分析客户与我方的经贸往来情况及与其他客户的经贸往来情况。

2. 对客户进行分类和管理

对客户调研的内容和信息需要进行分类管理，从而对客户有更为透彻和深入的了解。首先，应对所获取的客户信息资料进行鉴别和筛选，以保证信息资料的准确性、可靠性和实效性。其次，应对鉴别和筛选后的信息资料进行加工整理，以便使用和查找。最后，应对客户信息资料进行分类保管。

3. 选定客户和建立业务关系

在对客户进行调研和分类管理的基础上，出口企业应根据自身的具体情况，选择最合适的、最可能成交的客户，并通过一定的方式主动与其建立业务关系。

小思考 8-1

在国际市场营销中，我们可以通过哪些途径来了解国际客户？

（四）制订出口商品经营方案

出口商品经营方案是指进出口公司根据国家制订的出口计划，对经营的出口商品所做的一种业务安排。出口商品经营方案是洽商交易的依据，能使交易有计划、有目的地顺利进行。出口商品经营方案一般包括以下内容：

1. 商品和货源情况

商品和货源情况包括商品的特点、品质、规格、包装等，国内的生产数量，可供出口的最大数量及当前的库存情况。

2. 国外市场情况

国外市场情况包括国外商品的生产、消费、贸易基本情况和主要进出口国家的交易情况，以及今后的发展变化趋势。特别地，对商品品质、花色、品种、规格、款式、性能和包装的要求及价格变化趋势，都应写明分析意见。此外，应对国外主要市场上该商品的经营方法和销售渠道加以说明。

3. 经营历史情况

经营历史情况包括出口商品在国际市场上所处的地位、主要销售地区和销售情况、国外的具体反应、经营该种商品的主要经验和教训。

4. 经营计划安排

经营计划安排主要包括销售数量和金额，以及结合国外市场情况列明的拟对某国或地区出口的具体数量和进度。

（五）做好出口商品的广告宣传与商标注册工作

1. 广告宣传

出口商品的广告宣传是指利用各种广告形式，向国外市场的广大消费者和经营商宣传出口经营的商品。对出口商品进行广告宣传，是使商品顺利进入国际市场、扩大销售的重要手段。在进行出口商品的广告宣传时，应注意以下几个问题：

（1）要慎重选择进行广告宣传的出口商品。

（2）要合理选择发布广告的媒介。

（3）要合理选择代理商和广告商。

（4）要充分了解各国政府对商业广告的各种限制。

（5）要注意语言文化方面的差异。

2. 商标注册

商标是一种无形资产，应加强商标管理。在进入某个市场之前，企业要及时将自己的出口商品进行注册。商标一经注册，注册人即受国际法律保护。向国外机构申请办理商标注册，可以委托国外代理人代办，也可以委托中国国际贸易促进委员会专利商标事务所代办。出口商品的商标，在设计上必须符合进口国的有关规定，符合进口国的风俗习惯、心理特点等。

案例讨论 8-1

我国 M 公司向 Z 国出口"鹦鹉牌"手风琴，在投入了大量的人、财、物和时间后，形成了热卖的局面。Z 国一投机商探知 M 公司在该国没有进行商标注册后，趁机以"鹦鹉牌"为商标办理了注册。之后，该投机商反而控告 M 公司侵权，并提出解决方案：要么花重金购买商标的转让权，要么赔偿其"损失"并立即退出 Z 国市场。M公司最后不得不忍痛割爱，退出了 Z 国市场。

请问：对此，你有何感想？

二、进口交易前的准备工作

与出口交易一样，进口交易前也必须做好准备工作。

（一）进口商品的市场调研及客户的资信调研

进口商品的市场调研主要是指企业通过多种渠道广泛地收集信息，了解欲进口商品在国外市场的供销状况、价格动态，以及各国的进出口政策、法规措施和贸易习惯。

在此基础上，企业根据己方的购买意图，选择恰当的市场进行购买。进口商品的市场调研主要包括以下内容：

1. 国际市场供求状况调研

由于多种因素的影响，国际市场上，商品的供给和需求状况会不断发生变化。为保障进口货源充足及形成有利的进口条件，企业有必要对国际市场供求状况详细研究，以便做出最有利的抉择。

2. 进口商品的调研

企业应了解国外产品的技术先进程度、工艺程度和使用效能，以购买质量较好、技术水平相对较高的商品。

3. 国际市场价格调研

企业应对影响价格的诸多因素进行研究，分析进口商品的国际价格水平及其变动趋势，进而在最有利的目标市场以最低的价格购买商品。

在进口交易前，对客户的资信进行调研非常重要。对客户的资信进行调研，应注意分析客户的生产与供货能力、经营能力与经营作风，客户在世界市场的地位等。应在调研的基础上，选择交易对象。

（二）申领进口许可证和外汇

在洽商进口交易之前，对有些须申领进口许可证的进口商品，应该事先办理一系列申报审批手续。许多进口商品需要先从主管部门处取得准许进口的批文，然后才能申领进口许可证。进口业务一般可分为自营进口业务和代理进口业务两类。在自营进口业务中，申领进口许可证的手续由进口企业自办，使用的外汇也由进口企业自己负责解决；在代理进口业务中，申领进口许可证的手续和使用的外汇，原则上都由委托单位负责。

（三）审核进口订货卡片

审核进口订货卡片是代理进口业务中的传统做法。在办妥进口许可证和落实外汇来源之后，申请进口的企业应填写进口订货卡片，并将其交给负责办理进口手续的外贸部门，作为外贸部门对外订立合同和办理进口业务的依据。进口订货卡片的内容包括商品的名称、质量、规格、包装、数量、生产国别、估计单价、总金额、要求的到货时间、目的港或目的地等项目。代理进口业务的外贸部门在收到进口订货卡片后，应根据平时积累的资料和当时的市场情况，对卡片上的各项内容进行认真审核，必要时可对商品的牌号、规格、进口国别、生产厂家等提出建议。

（四）研究制订进口商品经营方案

对大宗进口商品应当拟订一个书面经营方案，并将其作为开展订购业务工作的依据。方案的主要内容包括商品的名称及数量、时间和国别的安排、交易对象的选定、价格和佣金幅度的掌握等。在进口商品时，既要力争比较优惠的价格，又不能影响国内的需求；既要做到"货比三家"，又要不失时机地购进。对进口数量较少的商品，可以不拟订书面经营方案，但经办业务人员仍应有一个类似的设想。特别地，对成套设备的进口应慎重行事。

 **案例讨论 8-2**

我国进口企业 A 按照 CFR 条件从国外新客户处进口一批货物。合同签订后，对方声称已经按照合同规定交货，我国进口企业 A 凭借符合要求的单据付了货款，但装运船只一直未到达目的港。后经多方查询得知，承运人原为一家小公司，在装运船只起航后不久就宣布倒闭了，装运船只为一条旧船。最终船、货下落不明。

请问：从此案中我们应汲取什么教训？

> **工作提示：**
>
> 交易前的准备工作不但要求获取的信息是客观的，而且要求对这些信息的分析也是客观的，这样才能使交易磋商有的放矢，保证日后的决策准确。

思政课堂

中欧班列保障进出口产业链稳定

2021 年 8 月，提到国际物流，最热的话题就是"一舱难求""一箱难求"。受新冠肺炎疫情影响，海运和航空物流通道不畅，企业对外进出口受到严重影响。

与此同时，中欧班列成为国际物流的增长亮点。数据显示，2021 年 7 月，中欧班列运营品质持续提升，中欧班列全月开行 1 352 列、运送货物 13.1 万标准箱，同比分别增长 8%、15%。

尤为可喜的是，这个良好态势已经持续了相当长一段时间。"中欧班列自 2020 年 5 月起，已连续 15 个月单月开行千列以上，自 2021 年 5 月以来连续 3 个月单月开行超 1 300 列，有力保障了国际产业链供应链稳定畅通。"国铁集团货运部负责人介绍。

中欧班列的良好表现大大缓解了企业的出口困难。"按时将产品交付到客户手中，对我们来说非常重要。中欧班列不但实现了西安至欧洲的直达运输，还提高了货物的运输时效，节约了时间成本和仓储成本，提升了货物周转率。"隆基绿能科技股份有限公司物流高级经理王博说："相比海运，中欧班列节省了一半的运输时间，而且在成本控制、运输安全性、供应链保障等方面，为我们提供了一个非常好的通道。现在，中欧班列已经成为我们交付货物给欧洲客户的常态化物流方式。"

国铁集团货运部负责人表示，铁路部门认真贯彻落实中央推进"一带一路"建设工作决策部署，强化运输组织，提高运营品质，推动中欧班列安全稳定运行和运量持续强劲增长。

任务二　交易磋商的一般程序

任务目标

- 了解交易磋商的形式、内容
- 理解发盘与接受的构成条件
- 掌握交易磋商在实际业务中的灵活运用

任务引入

我国 C 公司于 2019 年 7 月 16 日收到巴黎 D 公司的发盘："马口铁 500 公吨，每吨 545 美元 CFR 中国口岸，8 月装运，即期信用证支付，限 20 日复到有效。"C 公司于 17 日复电："若每吨 500 美元 CFR 中国口岸，可接受马口铁 500 公吨，履约中如有争议，在中国仲裁。"D 公司复电："市场坚挺，价格不能减，仲裁条件可接受，速复。"此时马口铁的价格确实趋于上涨，C 公司于 19 日复电："接受你方 16 日的发盘，信用证已由××银行开出，请确认。"但 D 公司未确认并退回信用证。

讨论题：

（1）合同是否成立？

（2）C 公司有无失误？

知识内容

交易磋商（Business Negotiation）通常又称为贸易谈判，是指买卖双方通过函电或商谈，就某项商品的成交条件进行反复协商，以求成交的过程。在国际贸易中，交易磋商占有十分重要的地位，因为它是贸易合同订立的基础，可以说没有交易磋商就没有贸易合同的订立，交易磋商工作直接影响合同的签订及以后的履行，关系双方的经济利益，需要我们认真对待。

一、交易磋商的形式及内容

1. 交易磋商的形式

从形式上讲，交易磋商有口头磋商、书面磋商和行为磋商，其中书面磋商最为常用。

口头磋商主要是指交易双方在谈判桌上面对面地谈判，如举办各种交易会、洽谈会等，另外还包括通过国际长途电话进行交易磋商。口头磋商可以根据进展情况及时调整策略，尤其适合谈判内容复杂、涉及问题多的交易。

书面磋商是指通过信件（Letter）、电报（Cable）、电传（Telex）、传真（Fax）及电子邮件（E-mail）等通信方式来洽谈交易。撰写外贸书信时，可依目的的不同而有不同的表述，根据需要可采用说服、辩解、道歉、恳求等方式，注意用语的准确、自然、完整，达到预期目的。目前各国已广泛应用传真，传真逐渐取代了以往的电报。传真内容可以是照片、图表、书信等。随着现代通信技术的发展，更多的企业使用电子邮件来洽谈交易。但应注意，传真文件容易褪色，不能长期保存，而且容易作假；电子数据文件的法律效力在国际范围内还有待进一步明确。因此，通过传真或电子邮件达成交易时，应补寄正本文件或另行签订合同，以便拥有可靠的证据。

行为磋商，即通过行为进行交易磋商，最典型的例子就是在市场上参加拍卖或购物。

小思考 8-2

大型成套设备的交易磋商主要采用哪种磋商形式？

2. 交易磋商的内容

交易磋商的内容，即买卖合同的主要交易条款，包括品名、品质、数量、包装、价格、装运、保险、支付、商检、索赔、仲裁和不可抗力等。具体磋商时，注意各条款应保持内在的一致性，不可前后冲突或自相矛盾，否则会给日后履约带来隐患。在实际的交易磋商中，企业并非每次都把这些条款一一列出并与对方逐条商讨，一般都使用固定格式的合同，如商检、索赔、仲裁、不可抗力等通常就列在合同当中，只要对方没有异议，双方就不必逐条协商，这可节省磋商时间和费用开支。

二、交易磋商的一般程序

在国际货物买卖合同的商议过程中，交易磋商主要有询盘（Inquiry）、发盘（Offer）、还盘（Counter-offer）和接受（Acceptance）四个环节。其中，发盘和接受是达成交易必不可少的两个环节或法律步骤。

（一）询盘

询盘又称询价，是指交易的一方打算购买或出售某种商品而向对方询问买卖该项商品的有关条件或就该项交易提出带有保留条件的建议。举例如下：

Can supply soybean oil, Please bid.（可供豆油，请发盘。）

Please quote lowest price CFR Shanghai for 500 pieces hero brand bicycles May shipment cable promptly.（请报 500 辆"英雄"牌自行车运至上海的成本加运费的最低价，五月装运，速电告。）

询盘对询盘人和被询盘人来说都没有法律上的约束力。进口方询盘后，没有必须购买的义务，出口方也没有必须出售的责任。但是，在商业习惯上，被询盘的一方接到询盘后，应当尽快予以答复。

询盘虽然是交易的第一步，但不是交易磋商中必不可少的步骤。有时，交易的一方可以未经对方询盘而直接向对方发盘。

询盘主要用于试探对方的交易诚意和了解其对交易条件的意见，内容涉及询问价格、规格、品质、数量、包装、交货期，索取样品、商品目录等，多数涉及询问价格，因此也称询价。如果询盘人是新客户，则其必然有建立贸易关系的愿望，因此在往来函电中，除了说明要询问的内容外，还应告知信息来源（如何获得贸易伙伴的名址）、去函目的、本公司概述、产品介绍和期望，以达到使对方发盘的目的。询盘既可由卖方发出也可由买方发出。

小思考 8-3

请思考，是否每笔交易都必须经过询盘这一步骤。

（二）发盘

发盘又称为发价，在法律上称为要约，是指交易的一方——发盘人向另一方——受盘人提出购买或出售某种商品的各项条件，并表示愿意按照这些条件与对方达成交易、订立合同。

发盘可以应对方的询盘做出答复，也可以在没有邀请的情况下直接发出。发盘多由卖方发出，称为售货发盘；也可以由买方发出，称为购货发盘或递盘。在发盘有效期内，发盘人不得撤销或修改内容，并且发盘一经受盘人接受，发盘人就将受到约束，并承担按照发盘条件与对方订立合同的法律责任。发盘条件可以采用分条列项的形式写出，以示醒目。举例如下：

Offer 5 000 dozen sport shoes sampled March 15th USD 80.50 per dozen CIF New York export standard packing May/June shipment irrevocable sight L/C subject reply here 20th. （兹发盘 5 000 打运动鞋，规格参照 3 月 15 日的样品，按每打 CIF 纽约价 80.50 美元、标准包装出口，5 月或 6 月装运，以不可撤销的信用证支付，限 20 日答复。）

1. 发盘的构成条件

《联合国国际货物销售合同公约》（以下简称《公约》）第十四条第一款规定：向一个或一个以上特定的人提出的订立合同的建议，如果其内容十分确定并且表明发盘人有在其发盘一旦得到接受就受其约束的意思，即构成发盘。根据对这项规定的解释，构成发盘应具备如下条件：

（1）要有特定的受盘人。受盘人可以是一个人，也可以是一个以上的人，可以是自然人，也可以是法人，但必须特定化。

（2）发盘的内容应十分确定。这主要是指在发盘中明确货物，规定数量和价格。但是，在我国的外贸业务中，发盘通常包括六项主要交易条件，即商品品质、数量、包装、价格、交货条件和支付条件。

（3）表明发盘人受其约束。在发盘得到有效接受时，双方即可按发盘的内容订立合同，发盘人不得更改或拒绝。

2. 发盘的有效期

发盘中通常都规定了有效期，即发盘人受约束的期限和受盘人表示接受的有效期限。在实务操作中，发盘的有效期的规定方法主要有如下两种：

（1）规定最迟接受的期限。

（2）规定一段接受的期限。

如果发盘中没有明确规定有效期，则受盘人应在合理时间内接受，否则发盘无效。合理时间应视交易的具体情况而定，一般按惯例确定。发盘人在规定有效期时要注意如下问题：

（1）根据商品的特点和采用的通信方式来合理确定。一般来说，对大宗交易和价格变化快的商品而言，有效期应短一点；反之，应长一点，但一般不超过 5 天。

（2）有效期要具体明确，"尽快答复"之类的词句尽量避免。

（3）最好明确有效期的期限。

案例讨论 8-3

一个法国商人于某日上午走访我国外贸企业以洽购商品。我国外贸企业作了口头发盘，而法国商人未置可否。当日下午法国商人再次来访，表示无条件接受我国外贸企业于上午所作的发盘，此时我国外贸企业已获知该商品的国际市场价格有趋涨的迹象。

请问：对此，你认为我国外贸企业如何处理为好，为什么？

3. 发盘的生效和撤回

按照《公约》第十五条第一款的解释：发盘于送达受盘人时生效。这就是说发盘在到达受盘人时立即生效。因此，发盘到达受盘人之前对发盘人没有约束力。也就是说，在发盘到达受盘人之前，发盘人可以改变主意并将其撤回。按照《公约》第十五条第二款的规定：一项发盘，如果撤回的通知在发盘到达受盘人之前到达受盘人或与发盘同时到达受盘人，那么即使此发盘是不可撤销的，也可以撤回。要做到这一点，发盘人必须以更快的通信方式使撤回的通知在发盘到达受盘人之前到达受盘人或与发盘同时到达受盘人。

4. 发盘的撤销

发盘的撤销不同于撤回，它是指在发盘生效后，发盘人解除其法律效力的行为。根据《公约》第十六条的规定：在未订立合同之前，如果撤销通知在受盘人发出接受通知之前送达受盘人，发盘可以撤销。但在下列情况下，发盘不得撤销：

（1）写明了发盘的有效期或以其他方式表明发盘是不可撤销的。

（2）受盘人有理由相信该发盘是不可撤销的，而且已本着对该发盘的信赖行事，如寻找用户、组织货源等。在这种情况下，发盘人撤销发盘会造成较严重的后果。

5. 发盘的失效

发盘的失效是指发盘的法律效力的消失，即发盘人不再受发盘的约束，以及受盘人失去了接受该发盘的权利。任何一项发盘，其法律效力都可在一定条件下终止。具体原因如下：

（1）受盘人做出还盘行为，发盘的法律效力即告终止。

（2）发盘人依法撤销发盘，则发盘的法律效力即告终止。

（3）发盘中规定的有效期届满。

（4）发生人力不可抗拒的意外事件，如政府颁布禁令或限制措施。

（5）在发盘被接受前，当事人丧失行为能力或死亡、法人破产等。

（三）还盘

还盘又称还价，是指受盘人对发盘内容不完全同意而作出修改或变更的表示。还盘可以针对价格，也可以针对其他条件。也就是说，一方在接到另一方的报盘以后，可以就提高或降低价格、改变支付方式、改变交货期等要求更改报盘内容。举例如下：

Your cable 10th caunter offer till 26th our time USD 70.00 per dozen CIF New York.

收悉你方 10 日来电，还盘每打 70 美元，CIF 纽约，26 日复到。

Your cable 10th May shipment D/P 30 days.

收悉你方 10 日来电，5 月装运，D/P 远期 30 天。

需要注意的是，还盘是对发盘的拒绝，还盘一经做出，原发盘立即失效，发盘人不再受其约束。一项还盘等同于受盘人向原发盘人提出的一项新发盘，即还盘就是一项新发盘。还盘做出后，还盘者处于发盘人的位置，有权对还盘的内容进行考虑。

能否草拟还盘函是检验销售人员业务素质高低及应对能力强弱的重要方面，关系到交易能否继续下去的问题。毫无说明的接受或拒绝都是不可取的。因此，销售人员收到对方的发盘后，要针对发盘内容，认真思考、分析，拟写还盘函。首先确认对方来函，表示感谢；其次，不管最后是否接受对方的条件，一般都会先坚持原发盘的合理性，同时给出各种适当的理由，如强调品质优秀，或者认为报价符合市价，或者指出原材料价格上涨、人工成本提升，或者言明利润降低至最低点等；最后，提出我方条件，并催促对方行动。还盘的关键是用语要有说服力，而且还盘常常带有促销的性质，如以数量折扣吸引对方大批定购，以库存紧张激励对方早下订单等。销售人员即使拒绝对方还价、不作任何让步，也应向对方推荐一些价格低廉的替代品，以寻求新的商机。

案例讨论 8-4

进口公司 A 于周一接到外商 B 的发盘："限周五复到。"进口公司 A 于周二回电还盘，邀外商 B 电复，外商 B 未处理。周四进口公司 A 又向外商 B 发电称接受周一的发盘。

请问：这笔交易是否达成？为什么？

（四）接受

接受在法律上称为承诺，是指受盘人在接到对方的发盘或还盘后，同意对方提出的条件，愿意与对方达成交易、订立合同的一种表示，也就是交易的一方完全同意另一方发来的报盘或还盘的全部内容而为此作的肯定表示。举例如下：

Yours 23th accepted.

我方接受你方 23 日的来电。

Yours 23th we accept that Chinese rosin w/w grade iron drum 100 m/t USD 195.00 per m/t CIF Antwerp August shipment irrevocable L/C at sight.

我方接受你方 24 日的来电，中国松香以 w/w 级铁桶装运，每吨 195.00 美元，8 月份装船，CIF安特卫普港，用不可撤销即期信用证付款。

1. 接受的条件

（1）接受必须由受盘人提出。发盘人愿意按发盘中提出的条件与受盘人订立合同，但这并不表示发盘人愿意按这些条件与其他人订立合同。即使其他人了解发盘的内容并完全同意，也不能构成有效的接受，只能提出一项新的发盘。

（2）接受的内容必须与发盘中提出的条件相符。接收的内容只有与发盘中提出的条件完全一致时，才表明交易双方就有关交易条件达成了一致意见，这样的接受才能使合同成立。根据《公约》的规定，对发盘表示接受但载有添加、限制或其他更改的答复，即为拒绝该项发盘，并构成还价。但是，如果载有添加、限制或其他更改的答复实质上并不改变发盘的条件（除发盘人在不过分迟延的期间内以口头或书面通知反对外），那么接受仍然成立。也就是说，如果受盘人在答复发盘时表示了接受的意思，但又对发盘做了实质性的修改，那么此行为不能构成接受，只能视为还盘；如果受盘人在答复发盘时表示了接受的意思，但对发盘内容作出某些非实质性的添加、限制或更改（如要求增加装箱单、原产地证或某些单据的份数等），那么只要发盘人同意，合同就得以成立。合同的内容既包括发盘的内容又包括接受的变更。

根据《公约》的精神，有关货物价格、付款方式、质量、数量、交货地点和时间、赔偿责任范围或解决争端的条款添加或变更，均视为实质性变更。

（3）必须在有效期内接受。发盘通常都规定了有效期，如果发盘没有规定有效期，则受盘人应在合理时间内接受，发盘方才有效。如果接受的日期超出发盘规定的有效期限，或者发盘没有规定具体有效期限且在超出合理时间后才送达发盘人，那么这也是逾期接受，也称迟到的接受，发盘人不受发盘的约束，发盘不具有法律效力。但是，也有例外：第一，发盘人在收到逾期接受后，毫不延迟地通知受盘人，确认接受有效；第二，如果接受的信件在传递正常的情况下是能够及时送达发盘人的，那么这种逾期接受仍被视为有效接受，除非发盘人毫不延迟地用口头或书面的方式通知受盘人该发盘已经失效。总之，在接受迟到的情况下，不管受盘人有无责任，决定接受是否有效的主动权都在发盘人。

2. 接受的方式

按照《公约》的规定，接受必须用声明或行为表示出来。声明包括口头形式和书面形式两种方式。一般说来，发盘人如果以口头形式发盘，则受盘人以口头形式表示接受；发盘人如果以书面形式发盘，则受盘人也以书面形式表示接受。除了以口头形式或书面形式表示接受外，还可以以行为表示接受。《公约》中规定：根据该项发盘或依照当事人之间形成的习惯做法或惯例，受盘人可以做出某种行为，如与发运货物或支付货款有关的行为，以表示同意。

案例讨论 8-5

11月10日，甲公司向乙公司发盘："神力牌拖拉机100台，每台2000美元，CIF新加坡，即期信用证支付，12月装，限20日复到方有效。"乙公司没有表示接受，却在 11 月 15 日电开以甲为受益人的信用证，这时甲发现发盘有误。11 月 21 日，甲以未收到对方接受的通知为借口，认为合同无法成立，并退回信用证。

请思考：甲的做法对吗？乙将如何处理？

3. 接受的生效和撤回

接受是一种法律行为，这种行为何时生效，对此各国法律有不同的规定。海洋法系采用发出生效的原则，即以信件、电报等通信方式表示接受时，接受的函电一旦发出就立即生效，不影响合同的成立。大陆法系采用到达生效的原则，即只有接受的函电在规定时间内送达发盘人，接受才生效，若函电在途中遗失，则合同不能成立。《公约》采纳的是到达生效的原则。《公约》的第十八条中明确规定：接受发盘于表示同意的通知送达发盘人时生效。双方以口头形式进行磋商时，受盘人如果同意对方的口头发盘，则应马上表示同意，接受也随即生效。但如果发盘人有相反的规定，或者双方另有约定，则不受此限制。此外，对于以行为表示的接受，《公约》规定：接受于该项行为做出时生效，但该项行为必须在规定的期限内做出。有的国家则坚持书面声明发表时生效，还有的国家甚至坚持书面合同签字时生效。

关于书面接受的撤回问题，由于《公约》采用的是到达生效的原则，因此接受通知发出后，受盘人可以将其撤回，但条件是受盘人须保证撤回通知不晚于接受通知到达发盘人。如果按照海洋法系采用的发出生效的原则，接受的函电一旦发出就立即生效，合同就此成立，那么这种情况下就不存在接受的撤回问题了。

小思考 8-4

请问接受可以撤销吗？

> **工作提示：**
> 交易磋商的四个环节中，发盘与接受是必需的环节。在发盘有效期内，对方一旦接受，发盘人就将受到发盘的约束，并承担按照发盘条件与对方订立合同的法律责任。

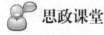

思政课堂

第二届中非经贸博览会磋商签约拉开序幕

初步达成跨境合作意向 88 项，意向从非进口产品近 5 000 万美元

距离第二届中国-非洲经贸博览会开幕仅 20 余天，中非磋商签约的序幕已经开启。2021 年 8 月 26 日至 27 日，第二届中国-非洲经贸博览会·中非经贸供需对接会进口专场暨启动仪式在线上举办。

中非经贸供需对接会进口专场是本届中非经贸博览会中规模最大的中非线上撮合活动。其间，来自中国和非洲 11 个国家的共计 300 余名企业代表在线上进行了 287 轮次磋商，初步达成跨境合作意向88项，意向从非进口近5 000万美元的产品。

中非经贸供需对接会进口专场依托"环球撮合荟"跨境撮合平台，专注对非进口对接，围绕咖啡、可可、腰果、夏威夷果、芝麻、木薯、牛肉、红酒、矿石等多种非洲资源性产品，让非洲供应商与中方采购商配对对接，实现多轮点对点视频磋商洽谈。该跨境撮合平台可为双边企业提供线上翻译语言支持和高质量撮合对接服务，搭建优质高效的合作桥梁。

任务三　书面合同的订立

 任务目标

- 掌握构成有效合同的条件
- 理解书面合同的意义
- 熟悉书面合同的形式、内容及合同签订应注意的问题

 任务引入

某年8月，我国浙江餐具厂A与美国公司B签订了一份设备进口合同，美国公司B未携带设备清单，只提供了简单介绍。美国公司B提出的条件比较优惠，符合浙江餐具厂A的要求。美国公司B表示先签订合同，回国后立即寄来设备清单。设备清单是合同签订的重要基础，它规定了设备的品种、数量、质量、规格和价格等内容，如果价格在合同中定明并生效，而美国公司B寄来的设备清单又与之不符，浙江餐具厂A将毫无办法。为此，浙江餐具厂A建议在确认设备清单后签订合同，但美国公司B仍坚持先签订合同。最后浙江餐具厂A考虑到美国公司B在国际上有较好的声誉并有达成交易的诚意，且该合同内容对自身也极为有利，故提出折中办法，即先签订合同，在合同中加上一条生效条款，写明合同于浙江餐具厂A对美国公司B寄来的设备清单确认签字后生效。对此建议，美国公司B欣然接受，买卖成交。

讨论题：请分析此合同的效力。

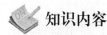 **知识内容**

一、构成有效合同的条件

在国际贸易中，买卖双方通过反复磋商，就各项交易条件达成一致意见并签订协议后，交易即告成功，买卖合同成立，双方即存在合同关系。但是合同是否具有法律效力，还要看其是否具备一定的条件，不具有法律效力的合同是不受法律保护的。一

份合法有效的合同必须具备下述特征：

（一）当事人必须在自愿和真实的基础上达成协议

买卖合同必须是双方自愿签订的，任何一方都不得把自己的意志强加给对方，不得采取欺诈或胁迫的手段。《中华人民共和国合同法》第四条规定："当事人依法享有自愿订立合同的权利，任何单位和个人不得非法干预。"第五十四条规定："一方以欺诈、胁迫的手段或者乘人之危，使对方在违背真实意思的情况下订立的合同，受损害方有权请求人民法院或者仲裁机构变更或者撤销。"

（二）当事人具有订立合同的行为能力

双方当事人应属于法律规定的完全民事行为能力人。一般的要求是，作为自然人，应当是成年人，不是神智丧失者，且应有固定的住所。作为法人，应当是已经依法注册成立的合法组织，有关业务应当在其法定经营范围之内，负责交易洽商与签约者应当是法人的法定代表人或其授权人。

（三）合同的标的和内容都必须合法

合同的标的是交易双方买卖行为的客体，也就是说，交易双方买卖的商品必须符合双方所在国家的法律规定，只有这样，合同才是有效的。

（四）必须是互为有偿的

国际货物买卖合同是双务合同，反映的是钱货互换的交易，即一方提供货物，另一方支付钱款。如果一方不按规定交货或另一方不按合同规定支付钱款，那么违约的一方就要承担赔偿对方损失的责任。

（五）合同的形式必须符合法律规定的要求

《公约》对国际货物买卖合同的形式，原则上不加以限制，即无论合同采用书面形式还是口头形式，均不影响其法律效力。《中华人民共和国合同法》第十条规定："当事人订立合同，有书面形式、口头形式和其他形式。法律、行政法规规定采用书面形式的，应该采用书面形式。当事人约定采用书面形式的，应当采用书面形式。"

二、书面合同的签订

交易双方经过磋商，一方的发盘被另一方有效接受，交易达成，合同即告成立。但在实际业务中，按照习惯做法，交易双方达成协议后，还要签署书面合同将双方的权利义务加以明确。

（一）书面合同的意义

1. 合同成立的证据

书面合同可以证明合同关系的存在。交易双方一旦发生争议，可以将书面合同作为凭证，据理力争。

2. 履行合同的依据

合同上明确了交易双方的权利和义务，交易双方在履行合同时可参照执行。

3. 有时是合同生效的条件

一般说来，接受生效，合同就成立，但在通过信件、传真、电子邮件达成协议的特定环境下，一方当事人要求签订确认书，则确认书签订后合同方才成立。此外，如果所签订的合同是必须经一方或双方所在国的政府审核批准的合同，那么这一合同就必须是具有一定格式的书面合同。

小思考 8-5

请思考合同成立与合同生效的判断依据分别是什么。

（二）书面合同的形式

根据国际贸易习惯，交易双方通过口头或函电磋商，就主要交易条件达成一致意见后，就要签订合同或成交确认书，也可以采用协议、备忘录、订单等，以书面形式把双方的权利和义务固定下来，这些书面合同就是约束双方的法律文件。书面合同的形式主要有如下几种：

1. 合同（Contract）

合同或称正式合同，一般适用于大宗商品或成交金额较大的交易，其内容比较全面详细，除了包括交易的主要条件，如品名、规格、数量、包装、价格、装运、支付、保险外，还包括商检、异议索赔、仲裁和不可抗力等条款。这种合同可分为销售合同（Sales Contract）和购货合同（Purchase Contract）。

合同有正本和副本之分。在我国的对外贸易业务中，通常由我国企业填制合同正本一式两份，交易双方签字后各自保存一份。合同副本与合同正本同时制作，无须签字，亦无法律效力，仅供交易双方留作参考资料，其份数视交易双方需要而定。

2. 成交确认书（Confirmation）

这是合同的简化形式，它包括的条款比合同简单。成交确认书一般只就主要的交易条件做出规定，对买卖双方的义务描述得不是很详细。这种形式的合同一般适用于成交金额不大、批数较多的轻工产品或土特产品的交易，或者已订立代理、包销等长期协议的交易。

我国在对外贸易业务中使用的确认书分为售货确认书（Sales Confirmation）和购货确认书（Purchase Confirmation）。这两种确认书的格式基本一致。当达成交易时，通常由我国企业填制一式两份，交易双方签字后各自保存一份。确认书无正本与副本之分。

上述两种形式的合同，即正式合同和确认书，虽然在格式、条款项目和内容繁简上有所不同，但在法律上具有同等效力，对交易双方具有约束力。在我国的对外贸易业务中，书面合同主要采用这两种形式。

3. 协议（Agreement）

在法律上，协议与合同具有相同的含义。书面文件冠以协议或协议书的名称，只要其内容对交易双方的权利和义务都进行了明确、具体和肯定的规定，它就与合同一样对交易双方有法律约束力。如果交易洽商的内容比较复杂，交易双方商定了一部分条件，还将进一步洽商另一部分条件，那么可以先签订一个初步协议或原则性协议，并在协议书中作"本协议属初步协议，正式合同在进一步洽商后签订"之类的说明，这种协议不具有合同的性质。

4. 备忘录（Memorandum）

备忘录是在交易时用来记录洽商的内容，以备今后核查的文件。如果当事人双方把洽商的交易条件完整、明确、具体地记入备忘录，并签字，那么这种备忘录与合同无异。如果双方洽商后，只对某些事项达成一致意见或一定程度的理解或谅解，并记入备忘录，那么这种备忘录作为双方的初步协议，以及今后进一步合作的参考依据，常常冠以理解备忘录或谅解备忘录的名称，不具有法律约束力，只对交易双方具有一定的道义上的约束力。

5. 订单（Order）

订单是指进口商或实际买家拟定的货物订购单。在我国的对外贸易实践中，交易达成后，有的外国客户往往发出订单，要求我国企业签署后退回一份。这种在成交后发出的订单，实际上是外国客户拟定的购买合同或购买确认书。对此，我国企业应仔细审阅其内容，看其中的条款与双方已商定的各项交易条件是否一致。如果内容一致或虽有添加、更改之处，但变动并不是实质性的且可以接受，则我国企业应按对方要求签署订单。如果我国企业发现添加、更改之处是不能接受的，则必须及时向外国客户提出异议，以免外国客户误认为我国企业已默认其订单中所列的条款，进而产生不必要的纠纷。此外，有些并未与我国企业进行过磋商的外国客户会径自寄来订单，对于这类订单，我国企业应根据其具体内容区分其为发盘还是发盘邀请，并及时予以答复。

（三）书面合同的内容

书面合同的内容一般包括以下三个部分：

1. 约首

约首是合同的首部，包括合同名称、合同号码（订约日期及订约地点）、交易双方的名称和地址、序言等内容。序言主要写明双方订立合同的意义、执行合同的保证及对双方的约束力等。交易双方的名称应用全称，不能用简称，地址要详细列明，因为其涉及法律管辖权问题，所以不能随便填写。在我国的出口业务中，除了在国外签订的合同外，一般的合同都以我国出口企业所在地为签约地址。

2. 本文

本文是合同的主体部分，规定了双方的权利和义务，包括各项交易条款，如商品名称、品质和规格、数量和包装、单价和总值、交货期限、支付条款、保险、检验、索赔、不可抗力和仲裁条款等，以及根据不同商品和不同交易情况加列的其他条款，如保值条款、溢短装条款和合同适用的法律等。

3. 约尾

约尾是合同的尾部，包括合同文字的效力、合同的份数、订约的时间和地点、生效的时间、附件的效力及双方的签字等，这也是合同中不可缺少的重要组成部分。合同的订约地点往往涉及合同依据法的问题，因此要慎重对待。我国的出口合同的订约地点一般都在我国。有的合同会将订约的时间和地点在约首订明。

知识链接

销售合同
Sales Contract

No.
Date：

签约地点：
Signed At：
卖方：　　　　　　　　　　　买方：
Sellers：　　　　　　　　　　Buyers：
地址：　　　　　　　　　　　地址：
Address：　　　　　　　　　Address：
传真：　　　　　　　　　　　传真：
Fax：　　　　　　　　　　　 Fax：

兹有买卖双方同意成交下列商品，订立条款如下：
The undersigned sellers and buyers have agreed to close the following transactions according to the terms and conditions stipulated below：

1. 货物名称及规格 Name of Commodity and Specification	2. 数量 Quantity	3. 单价 Unit Price	4. 金额 Amount	5. 总值 Total Value

数量及总值均有　%的增减，由卖方决定。
With 　% more or less both in amount and quantity allowed at the seller's option.
6. 包装：
Packing：
7. 装运期限：收到可以转船及分批装运之信用证　　天内装出。
Time of Shipment：within 　days after receipt of L/C allowing transshipment and partial shipments.
8. 装运口岸：
Port of Loading：
9. 目的港：
Port of Destination：
10. 付款条件：开给我方100%不可撤销即期付款及可转让的信用证，并须注明可在上述装运日期后15天内在中国议付有效。
Terms of Payment：by 100% confirmed, irrevocable, transferable letter of credit to be available by sight draft and to remain valid for negotiation in China until the 15th day after the aforesaid time of shipment.
11. 保险：按C.I.C中国保险条款，投保一切险及战争险（不包括罢工险）。
Insurance：covering all risks and war risk only（excluding S.R.C.C.）as per the China Insurance Clauses.
12. 双方同意以装运港中国海关签发的品质和数量（重量）检验证书作为信用证项下议付所提出单据的一部分。买方有权对货物的品质和数量（重量）进行复验，复验费由买方负担。如发现品质或数量（重量）与合同不符，买方有权向卖方索赔。但须提供经卖方同意的公证机构出具之检验报告。
It is mutually agreed that the inspection certificate of quantity（weight）issued by the China Customs at the port of shipment shall be part of the documents to be presented for negotiation under the relevant L/C. The buyers shall have the right to reinspect the quality and quality（weight）of the cargo. The reinspection fee shall be borne by the buyers. Should the quality and/or quantity（weight）be found not in conformity with that of the contract, the buyers are entitled to lodge with the sellers a claim which should be supported by survey reports

issued by a recognized surveyor approved by the sellers.

13. 备注

Remarks：

（1）买方须于　　年　月　　日前开到本批交易的信用证（或通知售方进口许可证号码），否则，售方有权不经通知取消本确认书，或者接受买方对本约未执行的全部或一部，或者对因此遭受的损失提出索赔。

The buyers shall have the covering letter of credit reach the sellers（or notify the import license number）before _____ otherwise the sellers reserve the right to rescind without further notice or to accept whole or any part of this sales confirmation not fulfilled by the buyers, or to lodge a claim for losses this sustained of any.

（2）凡以 CIF 条件成交的业务，保额为发票的 110%，投保险别以本售货确认书中所开列的为限，买方要求增加保额或扩大保险范围，应于装船前经售方同意，因此而增加的保险费由买方负责。

For transactions concluded on C.I.F. basis it is understood that the insurance amount will be for 110% of the invoice value against the risks specified in the sales confirmation. If additional insurance amount of coverage is required, the buyers must have the consent of the sellers before shipment and the additional premium is to be borne by the buyers.

（3）品质数量异议：如买方提出索赔，凡属品质异议须于货到目的口岸之日起 3 个月内提出，凡属数量异议须于货到目的口岸之日起 15 日内提出，对装运物所提任何异议属于保险公司、轮船公司及其他有关运输机构或邮递机构负责者，售方不负任何责任。

Quatlity/quantity discrepancy：in case of quality discrepancy, claim should be filed by the buyers within 3 months after the arrival of the goods at port of destination, while of quantity discrepancy, claim should be filed by the buyers within 15 days after the arrival of the goods at port of destination. It is understood that the sellers shall not be liable for any discrepancy of the goods shipped due to causes for which the insurance company, shipping company, other transportation, organization/or post office are liable.

（4）本确认书所述全部或部分商品，如因人力不可抗拒的原因以致不能履约或延迟交货，售方概不负责。

The sellers shall not be held liable for failure or delay in delivery of the entire lot or a portion of the goods under this sales confirmation on consequence of any force major incidents.

（5）买方开给售方的信用证上请填注合同书号码。

The buyers are requested always to quote the number of this sales confirmation in the letter of credit to be opened in favour of the sellers.

（6）仲裁：凡因执行本合同或与本合同有关事项所发生的一切争执，应由双方通过友好的方式协商解决。如果不能取得协议时，则在被告国家根据仲裁机构的仲裁程序和规则进行仲裁。仲裁决定是终局的，对双方具有同等约束力。仲裁费用除非仲裁机构另有决定外，均由败诉一方负担。

Arbitration：all disputes in connection with this contract or the execution thereof shall be settled by negotiation between two parties. If no settlement can be reached, the case in dispute shall then be submitted for arbitration in the country of defendant in accordance with the arbitration regulations of the arbitration organization of the defendant country. The decision made by the arbitration organization shall be taken as final and binding upon both parties. The arbitration expenses shall be borne by the losing party unless otherwise awarded by the arbitration organization.

（7）买方收到本确认书后立即签回一份，如买方对本确认书有异议，应于收到后 5 天内提出，否则卖方认为买方已同意本确认书所规定的各项条款。

The buyers are requested to sign and return one copy of this sales confirmation immediately after receipt of the same. Objection, if any, should be raise by the buyers within five days after the receipt of this sales confirmation, in the absence of which it is understood that the buyers have accepted the terms and conditions of the sales confirmation.

　　　卖　方　　　　　　　　　　　　　　　　　　买　方
　　　The Sellers　　　　　　　　　　　　　　　　The Buyers

（四）签订合同应注意的问题

（1）合同的内容必须体现我国平等互利的对外贸易原则和符合有关方针政策要求，必须对双方都有约束力。

（2）合同条款应相互配合、协调一致。例如，单价与总价的货币名称要一致，口岸与目的港要前后一致，合同中多次出现的货物名称要一致等。

（3）合同条款必须与双方通过发盘和接受所达成的协议一致。

（4）合同条款要完整、肯定，防止错列或漏列主要事项，合同词句要准确、严谨，切忌模棱两可或含糊不清。"大约""可能"等词句不要使用。

> **工作提示：**
> 国际货物买卖合同的订立是进出口业务顺利开展的重要环节，外贸人员应高度重视。

 思政课堂

外交部："一带一路"造福世界

外交部发言人汪文斌于 2021 年 6 月 28 日表示，共建"一带一路"倡议源于中国，机遇和成果惠及各方、造福世界。"一带一路"已成为当今世界范围最广、规模最大的国际合作平台。

当日例行记者会上，有记者问：据报道，6 月 25 日，由中国国家电网承建的中巴经济走廊首个电网项目——巴基斯坦默蒂亚里—拉合尔（默拉）正负 660 千伏直流输电工程（以下简称"默拉直流工程"）启动送电。这是巴基斯坦南电北送的首条直流输电通道，能满足拉合尔及巴基斯坦北部约 1 000 万户家庭的用电需求。中方对此有何评论？

汪文斌说，中巴经济走廊的建设是"一带一路"重要先行先试项目，自启动以来已在包括能源在内的各领域取得重大进展，不仅有力地推动了巴基斯坦经济社会更快发展，也为区域互联互通发挥了积极促进作用。默拉直流工程就是中巴经济走廊促进巴基斯坦民生改善和经济发展的又一例证，这一工程将帮助更多巴基斯坦民众用上稳定、优质的电力，对巴基斯坦打破南电北输瓶颈、优化电力布局意义重大。

汪文斌表示，共建"一带一路"倡议源于中国，但机遇和成果惠及各方、造福世界。迄今，同中方签署"一带一路"合作文件的伙伴国家已达到 140 个。中国与"一带一路"合作伙伴的贸易额累计超过 9.2 万亿美元。"一带一路"已经真正成为当今世界范围最广、规模最大的国际合作平台。

📁 项目小结

（1）出口交易前的准备工作包括办理相关手续、对国际市场的调查研究、建立和发展客户关系、制订出口商品经营方案及做好出口商品的广告宣传与商标注册工作等。

（2）进口交易前的准备工作包括进口商品的市场调研及客户的资信调研、申领进口许可证和外汇、审核进口订货卡片和研究制订进口商品经营方案等。

（3）交易磋商的形式有口头磋商、书面磋商和行为磋商。交易磋商的内容包括品名、品质、数量、包装、价格、装运、保险、支付等问题。交易磋商有询盘、发盘、还盘、接受四个环节，其中发盘和接受是不可缺少的两个步骤。

（4）合同条款是双方权利和义务的具体体现，在签订合同时，合同的形式、内容要符合法律的规定和交易的要求，有效的合同才能受法律的保护及最大限度地避免贸易纠纷。

项目九　进出口合同的履行

项目导读

　　进出口合同的履行是指买卖双方履行合同约定的义务、享有合同赋予的权利的过程。交易双方经过磋商并签订合同后，应本着重合同、守信用的原则，按合同规定履行自己的义务。其中，卖方的基本义务是按合同规定交付货物、移交与货物有关的各项单据和转移货物的所有权，而买方的基本义务则是按合同规定支付货款和收取货物。因此，本项目主要介绍进出口合同的履行的基本环节和运作程序，使外贸从业人员对进出口贸易形成一个完整的认识，能够协调好各个环节所涉及的工作。

任务一　出口合同的履行

任务目标

- 熟悉出口合同的履行的基本程序
- 了解落实信用证应注意的问题

任务引入

我国公司 A 与外商就某商品按 CIF 和即期信用证付款条件签订一份出口数量较大的合同。合同规定 11 月装运，但未规定具体开证日期，后因该商品的市场价格趋降，外商便拖延开证。我国公司 A 为防止延误装运期，从 10 月中旬起多次电催开证，终于使外商在 11 月 16 日开来了信用证。由于开证太晚，我国公司 A 难以按期完成装运，便要求对方对信用证的装运期和议付有效期进行修改，即分别推迟一个月。但外商拒不同意，并以我国公司 A 未能按期装运为由单方面宣布解除合同，我国公司 A 也就此作罢。

讨论题：请问我国公司 A 如此处理是否适当，应从中吸取哪些教训？

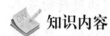

知识内容

由于贸易条件不同，出口合同的履行的基本程序和各个环节的内容也就有所不同。目前，我国的大多数出口合同以 CIF 条件成交，如果以信用证方式结算货款，那么出口合同的履行概括起来可分成货（备货和报检）、证（催证、审证和改证）、船（租船订舱、出口投保、出口报关、装运及发出装船通知）、款（制单结汇、出口退税）四个基本环节。

一、备货和报检

（一）备货

备货也叫排产，是指合同订立后，出口方为了保证按时、按质、按量履行合同中的交货义务，根据合同规定的品质、包装、数量和交货时间等要求，开展的货物准备工作。

1. 备货工作的主要内容

备货是履行出口合同的重要环节。《联合国国际货物销售合同公约》（以下简称《公约》）明确规定：卖方必须按照合同和本公约的规定交付货物，移交一切与货物有关的单据并转移货物所有权。由此可见，交付货物是最基本的义务，因为交付货物是移交单据并转移货物所有权的前提。做好备货工作是履行交货义务的物质基础。备货工作的主要内容包括落实相应的配套资金，按合同和信用证的要求进行生产、加工和仓储，组织货源或催交货物，核实货物的加工、整理、包装和刷唛情况，并对货物进行验收和清点。有的货物即使已经验收进仓，也需要根据出口合同的规定进行再次整理、加工和包装，并在外包装上加刷运输标志和其他必要的标志。

2. 备货应注意的问题

在履行出口合同的过程中，当事人不仅应当完全遵守合同的明文规定，而且应该履行合同中未明文规定但按照法律和惯例其应尽的义务。因此，在备货过程中，当事人应该重视以下问题：

（1）货物的品质、规格必须符合出口合同的规定和法律的要求。合同中表示品质的方法有凭文字说明和凭样品两种。凡凭规格、等级、标准等文字说明达成的合同，交付货物的品质必须和合同规定的规格、等级、标准等文字说明相符；对于凭样品成交的合同，该样品应是买卖双方交接货物的依据，卖方交付货物的内在质量与外观形态都应和样品一致。

（2）交货数量必须符合出口合同的规定。交货数量是合同中的一个重要交易条件。如果卖方发现交货数量不符合合同的规定，应及时采取必要措施，并在规定期限内补足。为了便于弥补储存中的自然损耗和国内搬运过程中的货损，以及补足合同溢短装条款的溢装，备货数量一般以略多于出口合同规定的数量为宜。

（3）货物的包装、唛头必须符合合同的规定和运输要求。《公约》规定：货物应当按照同类货物通用的方式装箱或包装，但如果没有此种通用方式，则按照足以保全和保护货物的方式装箱或包装。在备货过程中，卖方应对货物的内、外包装和包装标志认真核对和检查，如发现包装不良或破损等情况，应及时进行调整或更换，以免在装运时取得不清洁的提单，造成收汇困难。

（4）备货的时间应根据出口合同和信用证规定的装运期限，并结合船期进行安排。出口方要保证货物的备妥时间与信用证规定的装运期限、船舶的到港时间相协调，以免船货衔接不良。延迟装运或提前装运都可能导致买方拒收或索赔，影响合同的顺利履行。

小思考 9-1

请问：下面这些企业在备货工作中有无问题？

（1）某企业出口一批水果罐头，合同规定：纸箱装，每箱 24 听，共 100 箱。但在发货时发现该规格的纸箱不够，于是改为每箱 40 听，共 60 箱。

（2）某企业出口 1 000 辆摩托车，由于货源紧张，在备货时就只准备了 1 000 辆，但在装运时突然发现有 50 辆摩托车的包装破裂，并且商品已有损坏。

（3）某出口企业收到国外信用证，上面规定唛头为 ZZZ/tree. CV/65-123/LC NO. 6758/DAR-ESSALAAM. 由于唛头过长，而货物的运输包装和单据上的唛头栏太窄，因此该出口企业在货物的运输包装和单据上将唛头刷制为

ZZZ

tree. CV/65-123

LC NO. 6758

DAR-ESSALAAM.

（二）报检

为保证所备货物符合合同中对质量和数量的约定及相关法律规定，卖方应针对不同的出口货物进行检验，这也是备货工作的重要内容。

报检一般在发运前 10 天进行。出境货物最迟应于报关或装运前 7 天报检。申请单位如果不在检验检疫机构所在地，则应在发运前 10~15 天报检。鲜货应在发运前 3~7 天报检。对检验检疫周期较长的货物，应留有相应的检验检疫时间。出境的运输工具和人员应在出境前向口岸检验检疫机构报检或申报。需隔离检疫的出境动物应在出境前 60 天预报，并在隔离前 7 天报检。

自 2018 年 6 月 1 日起，在申报涉及法定检验检疫要求的进出口商品时，企业可以通过单一窗口中（包括通过"互联网+海关"接入单一窗口）报关报检合一的界面向海关一次性申报。

📖 知识链接

企业报关报检资质合二为一

2018 年 4 月 20 日起，出入境检验检疫管理职责和队伍正式划入海关总署，机构改革后，海关的职责范围更广，队伍更壮大，达到"1+1>2"的效果。通关作业采取"一次申报""一次查验""一次放行"的"三个一"标准。对广大进出口企业来说，通关费用减少，通关效率提升，贸易便利化程度进一步提高。

1."一次申报"

在海关现有通关作业尚未完全实现信息化的情况下，通过单一窗口可实现"一次申报"、统一报检，从而进一步加大其标准版的推进力度。我们相信，在关检机构合并的大背景下，假以时日，关检信息化系统可以实现完全融合。

2."一次查验"

海关、检验检疫的查验保留 3 个环节，即查验指令下达、实施查验、异常查验结果处置。

3."一次放行"

收、发货人凭海关放行指令提取货物。海关向监管场所发送放行指令，在放行环节核碰，实现一次放行。

综上，也就是说，此次合并意味着关检"两头跑"的时代结束。以前同一批货物进出口，要经历检疫、海关两部门申报，采用海关、检疫两套系统。合并后，同一栋楼、同一个机构，甚至同一个窗口、同一班人马就能完成，手续简化，货物通关速度将会加快，同时相关的费用降低。

企业在海关注册登记或备案后，将同时取得报关报检资质。这表明按照《深化党和国家机构改革方案》工作部署，将出入境检验检疫管理职责和队伍划入海关总署后，业务整合改革迈出了重要一步。

据悉，此次改革合并的范围主要如下：将检验检疫自理报检企业备案与海关进出口货物收、发货人备案合并为海关进出口货物收、发货人备案，将检验检疫代理报检企业备案与海关报关企业注册登记或报关企业分支机构备案合并为海关报关企业注册登记和报关企业分支机构备案。相关企业、人员可通过单一窗口填写申请信息，在系统中查询办理结果，到所在地海关任一业务现场提交申请材料，即可取得报关报检双重资质。一次登记、一次备案的实现，标志着在关检两个单位办理注册登记或备案手续成为历史。

二、落实信用证

在信用证支付方式下，信用证是卖方结算货款的重要文件，是开证行对受益人的付款承诺。买方必须按合同规定及时办理开立信用证的手续，而且所开信用证的内容应与合同相符或虽有不符，但其不符之处能为卖方接受。因此，对规定了以信用证方式付款的合同而言，催证、审证、改证就成为履行这类出口合同的重要环节。

（一）催证

催证是指通过信件、电报、电传或其他方式，催促对方及时办理开立信用证的手续并将信用证送达卖方，以便卖方及时备货或装运货物以供出口。但在实际业务中，国外进口商在市场发生变化或资金出现短缺时往往拖延开证。对此，我们应催促对方迅速办理开立信用证的手续，特别是在大宗商品交易或应买方要求特制商品的交易中，更应根据备货情况及时催证，必要时，也可请驻外机构或有关银行协助催证，并告知对方不及时开立信用证将被视为撕毁合同，并可在对方仍不开立信用证时声明保留索赔权或拒绝交货，维护合同的严肃性。

在正常情况下，买方的信用证应在货物装运期前15天开到卖方手中。为使出口合同顺利履行，在下列情况下，卖方应及时催促买方开立信用证：

（1）合同规定的装运期限较长（如3个月）且合同规定买方应在装运期前一定期限（如15天）内开立信用证时，出口商应在通知进口商预期装运期的同时，催促对方按约定时间开立信用证。

（2）结合船期情况，在有可能提前装运时，可与进口商商议提前开立信用证。

（3）买方未在销售合同规定的期限内开立信用证时，卖方有权利向买方要求损害赔偿，在此之前，仍可催促进口商开立信用证。

（4）开证期限未到，但发现客户资信不佳或市场情况有变，也可催促对方开立信用证。

小思考 9-2

请说明催证与备货的关系。

（二）审证

信用证是依据合同开立的，因此其内容应该与合同条款一致。根据《跟单信用证统一惯例（2007 年修订本）》中义务与责任条款的有关规定，银行必须合理小心地审核一切单据，以确定单据从表面上看是否符合信用证条款。单据之间表面上的不一致，将被认为单据从表面上看不符合信用证条款。因此，卖方在收到买方开来的信用证时，务必及时对信用证的内容进行逐项审核。

1. 银行审证的主要内容

（1）政治性的审查。来证国家或地区必须是与我国有经济往来的国家或地区，我国企业应拒绝接受与我国无经济往来的国家或地区的来证。来证中的各项内容应符合我国的方针政策，来证中不得有歧视性内容，否则我国企业应根据不同情况向开证行交涉。

（2）资信情况的审核。应对开证银行和保兑银行的资信情况进行审核，在经济上要求银行本身的资信情况必须与其所承担的信用证义务相适应，如果发现其资信不佳，应酌情采取适当的措施。

（3）信用证真伪的审核。银行应合理谨慎地检验信用证的表面真实性。如果银行不能确定信用证的表面真实性，必须不延误地告知开证行，并且告知受益人其不能核实信用证的真实性。

（4）对开证行责任范围的审核。国外的开证行一般应遵循《跟单信用证统一惯例（2007 年修订本）》。如果国外的开证行愿意依照该惯例解释信用证条款，就应该在信用证上注明该证受惯例限制的条款。

2. 受益人将信用证与合同条款对照审核

在信用证的开立中，进口商申请开立的信用证是以合同为基础的，因此信用证应该反映合同的内容。受益人在审核信用证时，主要判断信用证条款是否与合同条款一致，审核项目一般包括如下内容：

（1）审核信用证的种类。信用证的种类繁多，受益人要审查来证是否是可以撤销的。根据《跟单信用证统一惯例（2007 年修订本）》的规定，信用证即使没有注明"不可撤销"的字样，也应按不可撤销来处理。另外要注意有些国家的来证，其虽然注明"不可撤销"的字样，但在开证行付款责任方面加列限制性条款或保留条款，受益人必须对相应的条款进行修改以减少风险。此外，受益人要明确信用证是保兑的还是不保兑的，如果信用证是保兑的，那么由哪一家银行保兑及保兑费由谁承担也是审核内容之一。

（2）审核开证申请人和受益人。由于开证申请人的名称或地址经常与进口商在进出口合同上填列的名称或地址不一样，因此受益人要仔细审核开证申请人的名称和地址，以防错发、错运货物。受益人的名称或地址必须正确无误、前后一致，否则会被视为不符，影响安全收汇。

（3）审核信用证的支付货币种类和金额。信用证的支付货币种类和金额应与合同的规定一致，总金额的大小写数字必须一致。如果合同订有溢短装条款，那么信用证的金额还应包括溢短装部分的金额。来证采用的支付货币种类如果与合同规定的货币种类不一致，受益人应按中国银行的外汇牌价将来证采用的支付货币折算成合同规定的货币，在折算金额不低于或相当于原合同规定的货币总金额时才可接受。

（4）审核信用证对货物的描述。审核的内容如下：来证中的品名、质量、规格、数量、包装、单价、金额、装运港、卸货港、目的地、保险等是否与合同规定一致，有无附加特殊条款及保留条款，是否需要提供检验证明，商业发票是否要求证实，是否需要进口国的签证等。受益人必须仔细审核这些条款，视具体情况判断是否接受或提请修改。

小思考 9-3

如果信用证规定的货物名称为 Canned Apples，而提单上的品名为 Canned Fruit。请问：这是否构成单证不符？

3. 信用证一般条款的审核

信用证中的条款都应该被逐条审核和落实，单据与信用证的细小差异，都可能造成单证不符，导致开证行拒付。

（1）审核信用证规定的交单期。根据《跟单信用证统一惯例（2007 年修订本）》的规定，交单出具的一份或多份正本运输单据，必须由受益人或其代表按照相关条款在不迟于装运日后的 21 日内提交，但无论如何不得迟于信用证的到期日。如果来证中规定向银行交单的日期不得迟于提单日期的若干天，则超出限期或单据不齐、有错漏时，银行有权不付款。

（2）审核装运期和有效期。装运期必须与合同的规定一致，如买方来证晚，卖方无法按期装运，应及时电请买方延长装运期。信用证中规定的最迟装运日期，应与合同中的装运条款相一致，运输单据上面的出单日期或加注的装船及启运日期，不得迟于最迟装运日期。若信用证未规定装运期，则最迟的装运日期为信用证的到期日。

（3）审核转船条款和分批装运条款。除信用证另有规定外，货物是允许分批装运的。《跟单信用证统一惯例（2007 年修订本）》规定：如果信用证规定在指定的时间段内分期支取款项或分期发运，卖方在任何一期未于信用证规定的期限内支取款项或发运货物时，信用证对该期及以后各期均告失效。如果信用证中规定了每一批货物的确切出运时间，则卖方必须按此照办，如不能办到，必须修改。

（4）审核信用证的付款方式。银行的付款方式有四种：即期付款、延期付款、承兑汇票、到期付款或议付。所有的信用证都必须清楚地写明使用哪种付款方式。

4. 有关单据条款的审核

（1）保险单条款的审核。信用证的保险条款中要明确列出投保哪些主要险别。《跟单信用证统一惯例（2007 年修订本）》规定：信用证应规定所需投保的险别及附加险（如有的话）。如果信用证使用通常风险、非常风险等含义不确切的用语，则无论是否有漏保之风险，保险单据将被照常接受。

（2）海运提单条款的审核。一般而言，信用证对提单份数条款最常见的规定为全套正本提单、三份正本提单。目前外贸公司多数习惯以一式三份为一套来出具提单。

（3）包装单条款的审核。对包装商品，信用证一般要求出具包装单。包装单表明全部货物的规格、包装和每件商品的具体情况。如果每件商品采用的是不定量包装，那么卖方还要逐一列出每件商品的毛重和净重等情况。

案例讨论 9-1

国内 Z 银行某分行收到新加坡 C 银行电开的信用证一份，金额为 100 万美元，要求购花岗岩石块，目的港为巴基斯坦卡拉奇，证中有下述条款：

（1）检验证书于货物装运前开立并由开证申请人授权的签字人签字，该签字必须由开证行检验。

（2）货物只能在开证申请人指定船只且开证行以加押电通知被通知行后装运，加押电必须随同正本单据提交议付。

请问：该信用证可不可以接受？为什么？

（三）改证

对信用证进行了全面细致的审核以后，如果发现问题，应区分问题的性质，分别同银行、运输、保险、检验等有关部门沟通，做出恰当妥善的处理。凡是属于不符合我国对外贸易方针政策、影响合同执行和安全收汇的情况，我国企业必须要求国外客户通过开证行进行修改，并坚持在收到开证行发来的信用证修改通知书后才能对外发货，以免发生货物装运后而修改通知书的情况，造成工作上的被动和经济上的损失。

1. 信用证修改的一般程序

（1）开证申请人向开证行申请修改信用证，应提交信用证修改申请书。

（2）开证行审核同意后，向信用证原通知行发出信用证修改书，修改书一经发出就不可撤销。

（3）通知行收到修改书后，审核修改书的表面真实性，并将修改书转交给受益人。

（4）修改书的通知程序与信用证的通知程序大致相同。修改通知书上应有如下指示："请书面回复我行可否接受本次修改以便答复开证行。"受益人如不接受信用证项下修改，应尽快告知通知行并将修改书正本退回，以便通知行将受益人意见及时转告开证行。

（5）如果受益人同意接受信用证修改，则信用证项下修改正式生效；如果受益人拒绝接受信用证修改，将修改通知书退回通知行，并附上拒绝接受修改的文件，则信用证项下修改不能成立，视为无效。受益人对拒绝或接受修改的表态，可延至交单时。

2. 在改证中应注意的问题

（1）如果发现同一份信用证中有多处需要修改的地方，应尽量做到一次性向国外客户提出，避免由于疏忽或考虑不周而多次提出修改要求，以节省对方的改证费用。

（2）对于收到的修改后的信用证，如不能接受其内容，应及时向国外客户表示拒绝，并再次提请修改。

（3）开证申请人如需改证应征得受益人的同意。《跟单信用证统一惯例（2007年修订本）》规定，凡未经开证行、保兑行（如有）及受益人同意，信用证既不能修改也不能撤销。《跟单信用证统一惯例（2007年修订本）》还规定，在受益人向通知修改的银行表示接受该修改内容之前，原信用证的条款和条件对受益人仍然有效。

（4）对于修改通知书的内容，如不能接受其中的某一部分，则应把修改通知书退回，待全部改妥后再接受。《跟单信用证统一惯例（2007年修订本）》规定，不允许部分接受修改，部分接受修改将被视为拒绝接受修改。

三、安排装运

出口企业在备妥货物、落实信用证后，应按合同和信用证的规定，及时对外履行装运货物的义务。

（一）租船订舱

在实际业务中，出口企业一般委托货运代理人办理租船订舱业务，并做好货物的报关、检验、交接、仓储和转运等工作。货运代理人以货主的代理人身份对货主负责，并通过服务收取一定的手续费。以 CIF 为例，出口业务中的租船订舱流程如下：

（1）对出口数量大、需整船运输的货物办理租船手续，对出口量不大的货物可洽订班轮或租订部分舱位。出口企业拟定海运货物订舱委托书，并向货运代理公司签发，委托货运代理公司代理租船订舱。

（2）货运代理公司接受货主委托后，向船公司或其代理签发海运出口托运单（Booking Note，B/N），办理租船订舱手续。

（3）船公司或其代理确认货运代理公司的订舱后，向货运代理公司签发配舱回单等运输单据，作为对订舱的确认通知。

（4）出口企业将货物运至指定码头，等待检验、报关、装船。

（5）船公司或其代理在确认订舱后，以发送载货清单的方式通知港口。

（6）出口企业根据合同与信用证有关规定及时向保险公司办理保险手续，填写投保单，缴纳保险费，取得信用证规定的保险单据。

（7）出口企业根据合同约定向海关申请报检。对属于法定检验范围的出口商品，发货人应当于收到合同或信用证后备货，并在报关前向产地或组货地海关提出申请。海关在检验检疫后建立电子底账，向出口企业反馈电子底账数据号，对符合要求的货物按规定签发检验检疫证书。出口企业在报关时应填写电子底账数据号，办理出口通关手续。出口企业应在检验检疫证书有效期限内将货物装运出口。

（8）出口企业在装货前 24 小时向海关办理出口货物报关手续（或向货运代理公司提供整套报关单据，委托其代理报关），填写出口货物报关单，接受海关审批。

（9）海关审核单据、查验货物，确认无误后，向出口企业征收关税，并在出口货物报关单上加盖放行章。出口企业凭该报关单装运货物。

（10）货物装船后，船长或大副签发大副收据（Mate's Receipt），出口企业凭大副收据向船公司结算运费，凭运费单要求船公司向货运代理公司签发海运提单，并立即向进口企业发出装船通知。

（二）出口投保

在 CIF 条件下，出口企业订妥舱位，应在货物装船之前，向保险公司办理货物运输保险事宜。具体办法是，填制一份海运出口货物投保单，如果保险公司同意承保，则向投保人发送承保回执，列明保单号码、保单日期、投保日期，并向其收取保险费。出口企业凭保险公司的承保回执填制保险单，并将其送交保险公司确认和签字。经保险公司签字的保险单成为向银行议付的重要单据之一。

对于按 FOB 或 CFR 术语成交的出口货物，卖方无须办理投保。但在交货之前，即货物自仓库保管到装船的这段时间，货物仍有遭受意外损失的风险，出口企业需要自行安排这段时间的保险事宜，万一发生货损，保险公司可给予赔偿。

（三）出口报关

出口报关是指在货物出运之前，出口企业如实向海关申报货物情况，交验规定的单据文件，接受海关监管。凡是进出国境的货物，必须经由设有海关的港口、车站、国际航空站进出，并由发货人或其代理人向海关如实申报，交验规定的单据文件，请求办理查验放行手续。海关放行后，货物才可提取或装运出口，承运船舶凭海关盖章的装货单接货装船。出口报关包括以下几个环节：

1. 申报

申报是指在进出口货物装船出运前，报关员在海关规定的时间内，持规定的单证向海关申请对出口货物查验、放行。报关员在装货前24小时向海关申报出口，申报时需按海关规定的格式填写出口货物报关单，随附出口货物许可证、发票、装箱单等证明文件。对特殊商品，如文物、医药或其他受管制的出口货物，报关员还应交验有关主管部门签发的证明文件。海关认为必要时，出口企业还需提供销售合同、账册等。

2. 查验

查验是指海关在接受报关单位的申报后，为确定进出国境的货物的性质、原产地、货物状况、数量和价值是否与货物申报单上已填报的详细内容相符，依法对货物进行实际检查的行政执法行为。除海关总署特免查验的以外，其他出口货物都应接受海关查验。查验的目的是核对报关单证所报内容与实际货物是否相符，有无错报、漏报、瞒报、伪报等情况，审查货物的出口是否合法。海关查验货物应在规定的时间和场所内进行。海关在查验过程中，要求进出口货物的收、发货人或其代理人必须到场，并按海关的要求负责办理货物的搬运、拆装箱和重封货物的包装等。海关认为必要时，也可以开验、复验或提取货样，货物保管人员应到场做见证人。

3. 纳税

出口货物的发货人或其代理人应在规定的期限内向海关缴纳税款。按照我国相关法律的规定，发货人应在海关填发税款缴纳证次日起的7日内缴纳税款。逾期不缴纳者，海关除依法追缴外，还加收滞纳金。超过3个月未缴纳的，海关可要求责任担保人缴纳税款，或者将货物变价抵缴。

4. 放行

海关审核单证和查验货物后，如未发现问题，对完成出口纳税或提供了担保的货物，在报关单证和货物查验记录上签章，并在装货单上加盖放行印章，准予其出境。海关放行后，出口企业或其代理人即可对货物装船出运。

小思考 9-4

请分析，是不是所有的出口货物都要在纳税后才会被海关放行，为什么？

（四）装运及发出装船通知

取得海关签字盖章的装货单后，货物就允许装船了。货物装船后，船长或大副签发收货单。凭收货单缴纳运费后，可换取正式的提单。提单上的签发日一般视为装运日，不能迟于信用证规定的最迟装运期。装运后，出口企业应该立即向进口企业发出装船通知，以便进口企业准备付款，办理进口报关手续和接货手续。

四、制单结汇

制单结汇是指出口企业在货物装船之后，按信用证的要求正确填制各种单据，在信用证规定的交单有效期内，将这些单据递交银行，以办理议付结汇的手续。银行审核这些单据，确认无误后，才向出口企业支付货款。因此，制单的好坏直接关系到出口企业能否安全及时地收汇。

（一）出口结汇的主要做法

结汇是指将销售出口货物而获得的某种币制的外汇按售汇之日中国银行外汇牌价的买入价卖给银行。目前，我国出口企业在银行办理出口结汇主要有三种做法：收妥结汇、出口押汇和定期结汇。

1. 收妥结汇

收妥结汇又称先收后结，是指议付行在收到出口企业提交的全套单据后，经审核无误，将全套单据寄交国外的付款行（开证行），索取货款，在收到付款行将货款转入议付行账户的贷记通知书（Credit Note）时，即将货款按当日外汇牌价折算成人民币并付给出口企业。这种方法的特点是银行不需预先垫付资金，不承担资金风险，但对出口企业而言，资金占用时间长，收汇较慢。

2. 出口押汇

出口押汇又称买单结汇，是指议付行在审单无误的情况下，按信用证条款贴现受益人的汇票或以一定的折扣买入信用证项下的货运单据，在票面金额中扣除从议付日到估计收到票款之日的利息，将余款按议付日外汇牌价折算成人民币并付给出口企业。这种结汇方式是银行对出口企业的资金融通，有利于出口企业周转资金，从而扩大出口业务规模。出口押汇是真正意义上的议付。《跟单信用证统一惯例（2007年修订本）》规定，银行如果仅审核单据而不支付价款不构成议付。

3. 定期结汇

定期结汇是指议付行根据向国外付款行索偿所需的时间，预先确定一个固定的结汇期限，并与出口企业约定，在该期限到期后，无论是否已经收到国外付款行的货款，都主动将票款金额折算成人民币并付给出口企业。

案例讨论 9-2

我国公司 A 向国外出口某种商品，L/C 中规定的装运期为 5 月，交单期为 6 月 10 日前，L/C 的有效期为 6 月 25 日。公司 A 收到 L/C 后，及时准备货物，但因产品制作时间较长，货物于 5 月 27 日才被全部赶制出来。公司 A 在装运后取得对方于 5 月 29 日签发的提单。公司 A 制作好单据并于 6 月 8 日交单，但 6 月 8 日和 6 月 9 日非银行的营业日。

请问：公司 A 最终能否从银行取得货款，为什么？

（二）结汇的主要单据

出口企业提供的结汇单据应严格符合信用证的要求。一般来说，结汇的主要单据有下列几种：

1. 商业发票

商业发票（Commercial Invoice）是卖方开立的载有货物名称、数量、价格等内容的清单，是买卖双方交接货物和结算货款的主要单证，也是进出口货物报关完税的必不可少的单证之一。我国各进出口公司的商业发票没有统一格式，但主要项目基本相同，包括发票编号、开制日期、数量、包装、单价、总值和支付方式等内容。商业发票格式见表9-1。

表 9-1　商业发票格式

EXPORTER/SELLER/BENEFICIARY 出口商/卖方/受益人		COMMERCIAL INVOICE 商业发票		
TO：MESSRS 买方				
SHIPMENT FROM 起运地		INVOICE NO. 商业发票号码	DATE 开票时间	
TO 目的地		DOCUMENTARY CREDIT NO. 跟单信用证号码		
BY 运输方式		CONTRACT NO. /SALES CONFIRMATION NO. 合同号码		
VESSEL/FLIGHT/ VEHICLE NO. 运输班次	B/L NO. 提单号	TERMS OF DELIVERY AND PAYMENT 交货和付款条件		
SHIPPING MARKS 装运标志	DESCRIPTION（NOS. & KIND OF PKGS.） 商品描述 （包装类型及件数）	QUANTITY 数量	UNIT PRICE 单价	AMOUNT 总价
			STAMP OR SIGNATURE 出口商签章	

商业发票的填制方法如下：

（1）卖方。卖方一般是指信用证的受益人。如果信用证是可转让的或受益人表明接受第三方单据，则出票人可为受让人或第三者。托收、电汇项下应填写交易的卖方。发票右上角空白处填写卖方的中文名、地址及英文的"商业发票"字样。

（2）买方。买方一般是指信用证的开证申请人。如果信用证中无申请人的名字则用汇票付款人的名字。注意名称不能换行，地址应合理分行。

（3）起运地。起运地是指信用证中规定的装货港、收货地或接受监管地。

（4）目的地。目的地是指信用证规定的卸货港、交货地或货物运输最终目的地。

（5）运输方式。运输方式应按照合同或信用证的规定填写。

（6）运输工具名称。如使用船舶运输，则填写船名和航次。

（7）提单号码。提单号码应按照提单的实际编号填写。

（8）发票号码。发票号码由出口企业自行编制。

（9）发票日期。发票日期就是发票签发时的日期。该日期可以早于开证日期，但不可早于合同的签订日期。发票日期是所有议付单据中最早的日期。

（10）信用证号码/合同号码。信用证号码/合同号码应按照信用证或销售合同的实际编号填写。

（11）交货条件和支付方式。交货条件和支付方式应根据合同或信用证中的贸易术语和收汇方式填写。

（12）装运标志。装运标志也就是唛头。唛头按信用证的规定填写。如果信用证未规定唛头，可填入 N/M；如果货物为裸装货，则注明 naked；如果货物为散装货，则注明 in bulk。

（13）货物描述。商业发票中的货物描述要与信用证中的货物描述完全一致。

（14）数量。数量应按照实际出运情况填写。如果信用证规定的数量前面有"about"字样，则货物允许增减 10%；散装货物即使无"约"字样，也允许增减 5%，但以包装单位或个体计数的货物则不适用。

（15）单价。单价应按照合同或信用证的规定填写。

（16）总值。用单价乘以计价数量即得总值。有时信用证中没有扣除佣金的规定，但金额正好是减佣后的净额，那么发票应显示减佣，否则发票金额超证。

（17）签署。如果对方要求提供 signed commercial 或 manually signed 的发票，则必须对发票签字。

2. 装箱单

装箱单（Packing List）着重表示货物的包装情况，是对商品的不同包装规格、不同花色和不同重量逐一分类列表说明的单据。出口企业不仅在出口报关时需要提供装箱单，而且信用证也常将此类单据作为结汇单据之一。它们是商业发票的一种补充，便于在货物到达时，买方核对货物的品种、花色、尺寸、规格和海关检查验收货物。装箱单格式见表 9-2，填制要求如下：

（1）装箱单名称应按照信用证的规定填写。如果来证要求用中性包装单（Neutral Packing List），则包装单名称为 packing list，但包装单上不填卖方名称，不能签章。

（2）品名、规格、唛头、箱号、种类应与发票一致。其中，箱号又称包装件号码。在单位包装件的装货量或品种不固定的情况下，需注明单位包装件的包装情况，因此包装件应编号。例如，Carton No. 1-5：……，Carton No. 6-10：……。

表 9-2　装箱单格式

PACKING LIST 装箱单			
SELLER 卖家	INVOICE NO. 发票号码		INVOICE DATE 发票日期
	FROM 起运处		TO 到达处
	TOTAL PACKAGES（IN WORDS） 商品总包装数量		
BUYER 买家	MARKS & NOS. 唛头及件号		

C/NOS. NOS. & KINDS OF PKGS 1 包装类型及件数	ITEM 商品名称	QTY 数量	G.W 毛重	N.W 净重	MEAS（m³） 体积
			ISSUED BY 签发人签字 SIGNATRUE 签章		

3. 提单

提单是各种单据中最重要的单据，是确定承运人和托运人权利与义务、责任与豁免的依据。各船公司印制的提单格式各不相同，但内容大同小异。提单的填制方法详见项目四。

4. 保险单

在国际贸易中是否使用保险单取决于信用证的规定，以 FOB、FCA、CFR、CPT 条件成交时，出口企业无须提交保险单，而以 CIF、CIP 条件成交时，出口企业必须提供保险单。保险单的内容应与有关单据的内容相一致。保险单的填制方法详见项目五。

5. 汇票

汇票一般开具一式两份，两份具有同等效力，其中一份付讫，另一份则自动失效。汇票内容应按信用证的规定填写。如果信用证中没有规定具体文句，则汇票上可以注明开证行的名称、地点，信用证号码及开证日期。汇票的格式及填制方法详见项目六。

6. 产地证明书

产地证明书是一种证明货物原产地或制造地的证件。不使用海关发票或领事发票的国家要求出口企业提供产地证明，以便确定对货物应征收的税率。有的国家限制从某个国家或地区进口货物，因而要求以产地证明书来证明货物的来源。

7. 检验证书

各种检验证书分别用以证明货物的品质、数量、重量和卫生条件。在我国，这类检验证书一般由检验检疫机构出具，如合同或信用证无特别规定，也可以依据不同情况，由进出口企业或生产企业出具。但应注意，证书的名称、所列项目和检验结果应与合同及信用证的规定相同。

（三）对结汇单据的要求

在信用证支付方式下，安全、及时收汇的关键是出口企业提交的各种单据必须与信用证的规定一致，单据间也不得有矛盾之处，这就是银行在审单时所遵循的严格相符原则。因此，出口企业在填制单据时，要做到以下几点：

1. 正确

制作单据时，只有做到内容正确才能保证及时收汇。单据应做到两个一致，即单证一致（单据与信用证一致）和单单一致（单据与单据一致）。此外，还应注意单据描述的货物应与实际装运的货物相一致，这样单据才能真实地代表货物。

2. 完整

单据的完整是指信用证规定的各项单据必须齐全，不能短缺。单据的份数和单据本身的项目等都必须完整。

3. 及时

制作单据必须及时，并应在信用证规定的交单期和《跟单信用证统一惯例（2007年修订本）》规定的交单有效期内将各项单据送交指定的银行，以办理议付、付款或承兑手续。如有可能，最好在货物装运前先将有关单据送交银行预审，以便有较充裕的时间来检查单据，及早发现其中的差错并进行改正。如有必要，也可及早联系国外买方修改信用证以免在货物出运后不能收汇。

4. 简明

单据内容应按信用证的规定和有关国际惯例填写，力求简单明了，切勿加列不必要的内容，以免弄巧成拙。

5. 整洁

单据的布局要美观大方，填写或印刷的字迹要清楚，单据表面要整洁，更改的地方要加盖校对图章。有些单据，如提单、汇票及其他一些重要单据中的主要项目，如金额、件数、数量、重量等不宜更改。

五、出口退税

出口退税是指一个国家为了扶持本国企业和鼓励本国商品出口，将所征税款退还给出口企业的一种制度。出口退税是提高货物的国际竞争力、遵守税收立法及避免国际双重征税的有力措施。我国也实行出口退税政策。对出口的已纳税产品，在报关离境后，将其在生产环节已纳的消费税、增值税退还给出口企业，使企业及时收回投入经营的流动资金，加速资金周转，降低出口成本，提高企业经济效益。

1. 出口退税的企业范围

凡开展出口业务的以下出口企业，均可申报办理出口退税：

（1）具有进出口经营权的外贸企业（包括外商投资企业）。

（2）自营生产企业和生产型集团公司。

（3）工贸企业、集生产和贸易为一体的集团贸易公司。

（4）委托外贸企业代理出口业务的企业。

（5）商业合资企业。

（6）特准退还或免征增值税和消费税的企业。

（7）特定企业，如外轮公司、远洋运输公司等开展一些特定业务的企业。

2. 出口退税的方法

（1）先征后退。先征后退的方法是指出口货物时，先将其视为内销货物，计算和缴纳增值税（由生产企业先缴纳，外贸进出口企业按含税价收购出口货物），待货物出口报关离境后，由税务机关将在生产、流通环节中所收取的税款退还给外贸进出口企业。此方法主要适用于外贸进出口企业。

（2）免、抵、退。免、抵、退的方法是指根据生产经营情况的不同，对出口货物分别采用免税、抵税和退税的方法，即免征生产销售环节的增值税，用应予退还的出口货物的已纳税款抵扣内销货物的应纳税款，退还一个季度内未抵扣完的部分税款。此方法主要适用于生产企业。

 知识链接

取消出口核销的规定

自 2012 年 8 月 1 日起，我国实施货物贸易外汇管理制度改革，并相应调整出口报关流程，优化升级出口收汇与出口退税信息共享机制。这一改革的最大变化为从 8 月起我国将取消出口收汇核销单（以下简称"核销单"），企业不再办理出口收汇核销手续。国家外汇管理局对企业的贸易外汇管理方式由现场逐笔核销改变为非现场总量核查。

国家外汇管理局有关负责人表示，此次改革向全国推广，是因为 20 世纪 90 年代建立的货物贸易进出口核销制度已不能适应我国对外贸易的快速发展，这种以逐笔核销、事前备案、现场审核、行为监管为主要特征的核销制度迫切需要进行改革和优化。"这是顺应中国对外贸易规模、方式、主体发展变化和应对当前及未来一段时期内国际收支形势的重要举措。"国家外汇管理局的工作人员称，这有利于进一步改进货物贸易外汇服务和管理，有利于企业增强诚信意识，降低社会成本，促进对外贸易的可持续发展。

出口企业普遍认为，取消货物贸易进出口核销制度是对国内货物贸易进出口业务流程的较大改动或优化，说明国家的外汇管理制度趋向宽松，在一定程度上简化了进出口流程及退税手续，相当于给予了企业更大的自主结汇的选择权，有利于企业应对汇率波动风险。

工作提示：

在出口合同的履行过程中，环节多、涉及面较广、手续繁杂，进出口企业一定要加强与各部门的协作与配合，保证合同的顺利履行。

 **思政课堂**

"互联网+海关"亮新招 这几类证单已实现电子化

为进一步提升跨境贸易便利化水平，实现"数据多跑路、企业少跑腿"，2020 年 7 月 15 日，黄埔海关通过"互联网+海关"在所属新港海关启动检验检疫类证单电子化试点。海关对首批试点的食品、食品添加剂、危化品的《入境货物检验检疫证明》，粮食《检疫处理通知书》，棉花《检验证书》5 类商品 3 种证单，以企业自愿为原则，不再签发纸质证单，将电子证单信息通过互联网进行电子签发、网络送达，企业足不出户即可在线签收、自助打印和查阅验证。

在黄埔新港海关综合业务二科所在的报关大厅，往日里的此起彼伏的打印机吱吱声已经淡去，取而代之的是鼠标的滴答声。"少了一件要跑腿的事，可以在线签收电子证单、自助打印电子证单，再也不用跑腿去现场等着出证了。"试点企业 Y 公司运营部负责人说："这提供了一个便利化选项，手机收到消息即可办理相关业务，这样比以前更高效、更便利了。"

据测算，以一家进口大宗粮食的试点企业估算，实施该项便利措施后，能够有效降低物流成本，加速产业链运转，每票货物平均可以提前 1 天进入加工使用环节，节省码头仓储费用约 1 500 元。

黄埔海关综合业务处负责人表示，为切实帮扶企业复工生产，做好"六稳""六保"工作，海关结合统筹推进新冠肺炎疫情防控和经济社会发展工作的形势需要，以加快推进关区"互联网+海关"升级迭代为契机，以需求为导向，将企业"点菜"与海关"端菜"相结合，通过减条件、减材料、减环节，让"数据多跑路、企业少跑腿"。下一步海关将进一步扩大试点范围，惠及更多关区企业。

任务二 进口合同的履行

 **任务目标**

- 掌握国际货物进口合同的履行的程序和步骤
- 熟悉进口合同的履行的各个环节应注意的问题

🔍 **任务引入**

某年 10 月，A 公司从国外进口了 3 000 箱冻鸡，委托某船公司的"东方"号轮船运输。"东方"号轮船在迪拜港装上冻鸡后，经过 35 天航行到达上海港。公司 A 在港口检查货物时，发现冻鸡全部解冻变质。经鉴定，该批货物已不适宜人类食用，公司 A 损失 66 000 美元。经查，货损原因是冷却器冻塞导致冷气打不进冷藏舱。

讨论题：

（1）A 公司应向谁提出索赔？为什么？

（2）国外卖方应负什么责任？为什么？

 知识内容

进口合同的履行主要是指进口企业支付货款和收取货物的过程。进口合同签订之后，进口企业就要根据合同的规定，履行支付价款、接收货物等义务。目前我国的进口合同大多以 FOB 条件成交，以信用证方式结算货款，履行该类合同的一般程序是信用证的开立和修改、租船订舱和催装、办理货运保险、审单和付款、报关接货，保证进口货物按时、按质、按量顺利到达。发现国外卖方有违约行为，要及时提出异议和索赔。

一、信用证的开立和修改

在以信用证方式支付的进口贸易实务中，开立信用证是履行进口合同的关键一步，是进口业务中的重要环节。

（一）申请开证

进口合同签订后，进口企业应填写开证申请书（Application for Letter of Credit），通过银行办理开证手续。开证申请书是银行开立信用证的依据，也是申请人和银行之间建立契约关系的法律证据。

1. 开证申请书的内容

外贸企业或经营进口业务的企业，按合同规定填写开立不可撤销跟单信用证的申请书（见表 9-3），向从事国际结算业务的商业银行申请开立信用证。申请书的内容包括如下两部分：

（1）开证申请人的保证。首先，开证申请人明确申请开立的信用证的种类和方式。其次，开证申请人请开证行按所列条款以信开、简电或全电的方式开立一份不可撤销的信用证。再次，开证申请人保证向开证行偿付信用证项下货款、手续费、其他费用及利息等。最后，开证申请人保证在单证表面相符的条件下对外付款或承兑，并在接到信用证规定的全套单据日起 3 个工作日内通知开证行对外付款或承兑；如果因单证不符而拒绝付款或承兑，应在 3 个工作日内将全套单据如数退回开证行并注明拒付理由，请开证行按开证适用的国际惯例，如《跟单信用证统一惯例（2007 年修订本）》确定能否对外拒付。如果开证行认为不属于单证不符，不能对外拒付，则其有权利办理对外付款或承兑，并从开证申请人的账户中扣款。

除上述内容外，开证申请人还必须向开证行申明："该信用证如因邮电传递发生遗失、延误、差错，开证行概不负责。该信用证如需修改，由开证申请人书面通知开证行。"

开证申请人向开证行做出保证后，还应附外汇金额申请书，其内容包括开证金额、费用、进口商品名称和数量、国内用户名称及地址、外汇用途、订货卡片号等。外汇金额申请书经外汇管理部门和开证行认可后才能用于正式开立信用证。

表 9-3 开证申请书样例

IRREVOCABLE DOCUMENTARY CREDIT APPLICATIION

TO: BANK OF CHINA

Date:

Beneficiary (full name and address)	L/C No. Ex-Card No. Contract No.

		Date and place of expiry of the credit
Partial shipments ☐allowed ☐not allowed	**Transhipment** ☐allowed ☐not allowed	☐Issue by airmail ☐With brief advice by teletransmission ☐Issue by express delivery ☐Issue by teletransmission (which shall be the operative instrument)
Loading on board/dispatch/taking in charge at/from not later than for transportation to		Amount (both in figures and words)
		Credit available with ☐by sight payment ☐by acceptance ☐by negotiation ☐by deferred payment at against the documents detailed herein ☐and beneficiary's draft for ( )% of the invoice value at ( ) drawn on ( )
Description of goods: Packing:		☐FOB ☐CFR ☐CIF ☐or other terms

Document required: (marked with ×)

1. ( ) Signed Commercial Invoice in ( ) copies indication L/C No. and Contract No.
2. ( ) Full set of clean on board ocean Bills of Lading made out ( ) and ( ) blank endorsed, marked "freight" ( ) to collect/ ( ) prepaid.
3. ( ) Air Waybills showing "freight ( ) to collect / ( ) prepaid ( ) indicating freight amount" and consigned to.
4. ( ) Insurance Policy / Certificate in ( ) copies for ( ) % of the invoice value showing claims payable in China in currency of the draft, blank endorsed, covering ( ) Ocean Marine Transportation / ( ) Air Transportation / ( ) Over Land. Transportation ( ) All Risks, War Risks.
5. ( ) Packing List / Weight Memo in ( ) copies indicating quantity / gross and net weights of each package and packing conditions as called for by the L/C.
6. ( ) Certificate of ( ) Quantity / Weight in ( ) copies issued by an independent surveyor at the loading port, indicating the actual surveyed quantity / weight of shipped goods as well as the packing condition.
7. ( ) Certificate of Quality in ( ) copies issued by ( ) manufacturer / ( ) public recognized surveyor / ( ).
8. ( ) Beneficiary's Certified copy of cable / telex dispatched to the accountees within ( ) hours after shipment advising ( ) name of vessel / ( ) flight No. / ( ) wagon No., date, quantity, weight and value of shipment.
9. ( ) Beneficiary's Certificate Certifying that extra copies of the documents have been dispatched according to the contract terms.
10. ( ) Other documents, if any.

Additional Instructions:

1. ( ) All banking charges outside the opening bank are for beneficiary's account.
2. ( ) Documents must be presented within ( ) days after the date of issuance of the transport documents but within the validity ( ) of this credit.
3. ( ) Third party as shipper is not acceptable. Short Form B/L is not acceptable.
4. ( ) Both quantity and amount ( ) % more or less are allowed.
5. ( ) All documents to be forwarded in one cover。
6. ( ) Other terms, if any.

Account No.:   with _____ (name of bank)

Transacted by: (Applicant: name signature of authorized person)

Telephone No.:   (with seal)

（2）开立信用证的内容。

①信用证性质：不可撤销的跟单信用证。

②信用证号码、有效期及信用证失效地点。

③受益人：国外出口企业。

④通知行：出口企业所在地的银行。

⑤开证申请人：外贸公司或直接进口企业。

⑥信用证总额。

⑦单据要求。

⑧装运说明和依据：支付费用的分项说明、合同号和运输标志。

⑨装运港、目的港和装运期。

⑩分批装运和转运：是否允许分批装运和转船。

⑪实际生产厂商的名称。

⑫包装条件。

⑬特殊要求与声明：列明开证行以外的费用由谁承担、不能接受第三者为发货人、不接受发票日期早于开证日期的单证等。

2. 开证注意事项

（1）开证时间。如果合同规定了开证日期，则进口企业应在规定期限内开立信用证；如果合同只规定了装运期而未规定开证日期，则进口企业应在合理时间内开证，一般在合同规定的装运期前 30~45 天申请开证，以便出口企业收到信用证后在装运期内安排装运货物。

（2）信用证的内容。信用证的内容应严格以合同为依据，对于应在信用证中列明的合同中的贸易条件，必须具体列明，不能使用"按××号合同规定"等表达方式。因为信用证是一种自足文件，有其自身的完整性和独立性。《跟单信用证统一惯例（2007年修订本)》规定，开证行应劝阻申请人将基础合同、形式发票或其他类似文件的副本作为信用证的组成部分。

（3）信用证的条件要单据化。《跟单信用证统一惯例（2007年修订本)》规定，如果信用证中包含某项条件而未规定需提交与之相符的单据，银行将认为未列明此条件，并对此不予理会。因此，进口企业在申请开证时，应将合同的有关规定转化成单据，而不能照搬照抄。

（4）装船前检验证明。由于信用证是单据业务，银行不过问货物质量，因此可在信用证中要求对方提供对方认可的检验机构出具的装船前检验证明，并明确规定货物的数量和规格。如果受益人所交检验证明的结果和证内的规定不符，那么银行可以拒付。

（二）信用证的修改

信用证开出后，如发现其内容与开证申请书不符，或者因情况发生变化而需对信用证进行修改，应立即向开证行递交修改申请书，要求开证行办理修改信用证的手续。但应尽量避免修改信用证，因为信用证的修改不仅会产生银行的费用，也会占用时间，影响合同的正常履行。

信用证修改后，受益人可决定是否接受修改。如果受益人未发出接受或拒绝的通知而提交与原信用证条款相符的单据，则视为受益人拒绝了信用证的修改；若受益人提交的单据与修改后的信用证条款相符，则视为其已接受该修改。

小思考 9-5

下列关于信用证的说法，哪些是正确的，哪些是错误的？

（1）信用证的修改可以由开证申请人提出，也可以由受益人提出。

（2）如果受益人只接受同一修改通知书中的部分内容，则该修改通知书是无效的。

（3）如果受益人对修改通知书未做表示，则意味着他已经接受。

（4）受益人在向开证申请人发出修改函后，为避免延误装运，在尚未收到通知行的修改通知书时，仅凭进口企业的"证已照改"通知就办理了货物的装运。

二、租船订舱和催装

进口货物按 FOB 贸易术语成交时，由买方安排运输，负责租船订舱。手续办理流程是买方在接到卖方的备货通知后，填写进口订舱联系单，将其连同合同副本送交外运公司，委托其安排船只和舱位。目前，我国的大部分进口货物委托中国外运长航集团有限公司、中国租船有限公司或其他运输代理机构代办运输，也有直接向中国远洋海运集团有限公司或其他国际货物实际承运人办理托运手续。办妥后要及时将船期、船名、航次通知国外出口企业，以便对方及时备货并准备装船。同时，为了防止船、货脱节的情况发生，买方应及时催促卖方做好备货装船工作，特别是对数量大或重要的进口货物，更要抓紧时间，催促卖方按时装船发货，必要时，可请驻外机构就地协助了解信息和督促卖方履约，或者派工作人员前往出口地点检验督促，以利于接运工作的顺利进行。

三、办理货运保险

在 FOB、FCA、CFR、CPT 条件下，货运保险由进口企业办理，通常采用预约保险和逐笔投保两种方式。

（一）预约保险

我国的进口货物主要采用预约方式来投保，即进口企业与保险公司按双方签订的预约保险合同办理进口保险，合同中对进口货物应投保的险别、保险费率、适用的保险条款、保险费及赔款的支付方法等作了明确的规定。进口企业收到国外客户的装船通知后，将船名、提单号、开船日期、商品名称、数量、装运港、目的港、保险金额等装运内容通知保险公司，就算办妥保险手续。日常使用的投保通知书有两种，即预约保险起运通知书和卖方发出的装船通知书。

（二）逐笔投保

在没有签订预约保险合同的情况下，可以对进口货物进行逐笔投保。逐笔投保方式是进口企业在接到出口企业发来的装船通知书后，直接到保险公司办理投保手续，在填写投保单并缴纳保险费后，保险单随即生效。

四、审单和付款

货物单据是核对出口企业所提供的货物是否与合同相符的凭证，是进口企业的付款依据。在进口业务中，若采用托收和汇款结算方式，则进口企业要对货物单据进行全面审核；若采用信用证结算方式，则开证行和进口企业共同对货物单据进行审核。在单据与信用证及合同相符的情况下，开证行及进口企业就会履行付款义务。

(一) 审单

1. 银行的审单责任

《跟单信用证统一惯例（2007 年修订本）》明确规定了审核单据的标准，按照规定行事的被指定银行、保兑行（如有）及开证行必须对提交的单据进行审核，并仅以单据为基础，确定单据在表面上看来是否为相符交单。《跟单信用证统一惯例（2007 年修订本）》还规定，对于提交的信用证中未要求的单据，银行将不予理会，如果收到此类单据，可以退还交单人。

《跟单信用证统一惯例（2007 年修订本）》还规定，经审核，单据存在不符点且银行决定拒付，则开证行所承担的信用证项下的付款责任得以免除；但当受益人在规定的时间内补交了符合信用证规定的单据，开证行仍然必须承担付款责任。

2. 银行的审单要点

以信用证方式结算，出口企业必须提交与信用证相符合的单据，开证行必须对全套单据进行审核。单据主要有汇票、提单、商业发票、保险单、产地证和检验证书。

(二) 付款

信用证受益人在发运货物后，将全套单据经议付行寄交开证行。如果开证行审单后认为单证一致、单单一致，应予以即期付款或承兑，或者于信用证规定的到期日付款，开证行付款后无追索权。《跟单信用证统一惯例（2007 年修订本）》规定，如果开证行审单后发现单证不符或单单不符，应于收到单据次日起 5 个工作日内，以电信方式通知议付行。这也就要求通知必须以电信方式发出。如果不能以电信方式通知时，则开证行以其他快捷方式通知，但不得迟于收到单据次日起第 5 个工作日，应在通知中说明单据的所有不符点，并说明是否保留单据以待交单人处理或退还交单人。

对于单证不符的处理，《跟单信用证统一惯例（2007 年修订本）》规定，银行有权拒付。在实际业务中，银行需就不符点征求开证申请人的意见，以确定拒绝或仍可接受。

五、报关接货

买方付款赎单后，货物运抵目的港，应及时向海关申请办理手续。海关查验有关单据、证件和货物并在提单上签章以示放行后，买方即可提货。这一环节的工作主要包括下列事项：

(一) 进口商品的报关

1. 申报

进口货物抵达目的港后，收货人或其代理人应向海关交验有关单证，办理进口货物申报手续。收货人或其代理人向海关申报时，应填写进口货物报关单，并向海关提供各种有效单据，如提货单、装货单或运单、发票、装箱单、进口货物许可证及海关认为必须提交的其他有关证件。进口货物在法定申报时限（自运输工具进境之日起 14 天内）未向海关申报的，由海关按日征收 CIF（或 CIP）价格的 0.05% 的滞报金。进口货物超过 3 个月未向海关申报的，由海关提取变卖，所得货款在扣除运输、装卸、储存等费用和税款后，自进口货物变卖之日起 1 年内，经收货人申请可予以返还。

2. 查验

海关以报关单、许可证等为依据，对进口货物进行实际的核对和检查，以确保货物合法进口。海关通过对货物的查验，检查核对实际进口货物是否与报关单和进口许可证中描述的货物相符，确定货物的性质、成分、规格、用途等，以便准确依法计征关税，进行归类统计。

3. 征税

海关按照《中华人民共和国海关进出口税则》的规定对进口货物计征进口税。由海关征收的税种有关税、增值税和进口调节税等。

4. 放行

放行是指海关接受进出口货物的申报，经过审核报关单据、查验货物、依法征收税款等环节后，对进出口货物做出结束海关现场监管的决定。收货人或其代理人必须凭海关签章的放行货运单据才能提取进口货物。

（二）进口商品的检验

需要报检的进口货物如下：国家法律法规规定须由检验检疫机构检验检疫的货物，有关国际条约规定须经检验检疫的货物，对外贸易合同约定须凭海关签发的证书进行交接、结算的货物，以及国际贸易关系人申请的其他检验检疫鉴定货物。

对登记为法定检验的进口货物，收货人应当在规定的时间、地点，持合同、发票、装箱单、提单等单证和相关批准文件，向海关商检机构报检。报检人如果需要申请复检，则应当自收到海关检验结果之日起 15 日内提出复验申请。进口货物经检验后，如果合格且符合合同规定，则进口企业应接受货物，否则有权拒收货物，并要求赔偿损失。

小思考 9-6

进口商品一定要有检验证书吗？为什么？

（三）进口商品的拨交

办完进口货物的报关、纳税等手续后，即可在报关口岸按规定提取货物或拨交货物。如果用货单位在卸货口岸附近，则就近拨交货物；如果用货单位不在卸货地区，则委托货运代理公司将货物转运至内地，并拨交给用货单位。在货物拨交后，外贸公司再与用货单位进行结算。如果用货单位在验收货物的过程中发现问题，应及时请当地的海关或经海关许可的检验机构出具检验证明，以便在有效期内对外索赔。

六、进口索赔

在进口业务中，卖方有时会不按时交货，或者所交货物的品质、数量、包装与合同的规定不符，也可能因装运、保管不当或自然灾害、意外事故而使货物损坏或短缺，进口企业可对此向有关责任方提出索赔。

（一）进口索赔对象

1. 向卖方索赔

卖方不交货、不按期交货或货物的品质、规格不符合合同的规定都构成卖方违约，卖方应承担违约的法律责任。根据有关法律和国际公约的规定，买方可以根据卖方违约所造成的后果，区别情况，依法提出撤销合同或赔偿损害。

2. 向承运人索赔

承运人是指在运输合同中，通过铁路运输、公路运输、海上运输、航空运输、内河运输或这些方式的联合运输，履行运输义务或办理运输业务的任何人。进口的货物如发生残损或到货数量少于运单所载数量，而运单是清洁的，则表明承运人因保管不当而造成货物残损、缺少。买方可根据不同运输方式的有关规定，及时向有关承运人提出索赔。

3. 向保险公司索赔

对于以下情况，买方可凭检验证书索赔：一是自然灾害、意外事故或运输中其他事故的发生致使货物受损，并且损失属于承保险别范围；二是承运人不予赔偿或赔偿金额不足以抵补损失，并且损失属于承保险别范围。

案例讨论 9-3

我国华东地区 A 公司以 CIF 术语于 2019 年 5 月从澳大利亚进口巧克力 2 000 箱，以即期不可撤销信用证为支付方式，目的港为上海。货物在澳大利亚某港口装运后，出口商凭已装船清洁提单和一切险及战争险的保险单向银行议付货款。货到上海港后，A 公司经复验发现下列情况：

（1）该批货物共有 8 个批号，抽查 16 箱，其中 2 个批号、涉及 300 箱货物所含沙门氏菌超过进口国的标准。

（2）收货人实收 1 992 箱，短少 8 箱。

（3）有 21 箱货物外包装良好，但箱内货物共短少 85 千克。

试分析：A 公司就以上损失应分别向谁索赔？并说明理由。

（二）进口索赔注意事项

办理对外索赔时，一般应注意以下几个问题：

1. 索赔依据

买方在索赔时应提交索赔清单和有关货运单据，如发票、提单（副本）、装箱单。买方在向卖方索赔时，应提交双方约定的商检机构出具的检验证书；在向承运人索赔时，应提交理货报告和货损、货差证明；在向保险公司索赔时，除提交上述各项证明外，还应附上由保险公司出具的检验报告。

2. 索赔金额

买方向卖方索赔时，应按遭受的实际损失计算，包括货物损失和由此而支出的各项费用，如检验费、装卸费、银行手续费、仓储费、利息等；向承运人和保险公司索赔时，按有关章程办理。

3. 索赔期限

买方向卖方索赔应在合同规定的期限之内提出。如果合同未规定期限，则买方按照《公约》的规定办理：向卖方索赔，期限为自收到货物之日起不超过两年；向船公司索赔，期限为货物在到达目的港并交付后一年内；向保险公司索赔，期限为被保险货物在卸载港全部卸离海轮后两年内。

4. 买方职责

买方在向有关责任方提出索赔时，应采取适当措施保持货物原状并妥善保管。按照国际惯例，如果买方不能将实际收到的货物按原状归还，就丧失了宣告合同无效或要求卖方交付替代货物的权利；被保险人必须按保险公司的要求，采取措施，避免损失进一步增大，否则保险公司不予理赔。

工作提示：

进口合同的履行十分重要，各个环节不能有任何疏漏，因此外贸从业人员要从进出口双方的权利、责任与义务的角度出发，把合同的要求落到实处。

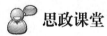 思政课堂

海关扣留知识产权侵权嫌疑货物 2 541 万件

2021 年 1 月至 4 月，全国海关共查扣知识产权侵权嫌疑货物 1.88 万批次，扣留侵权嫌疑货物 2 541 万件。海关总署新增知识产权保护备案注册用户 999 家，审核通过知识产权备案 4 491 件，其中商标权 3 930 件、著作权 220 件、专利权 341 件。

据了解，2021 年以来，海关总署不断完善知识产权海关保护措施，强化知识产权海关保护工作，在全国海关范围内组织开展全面加强知识产权保护"龙腾行动 2021"、寄递渠道知识产权保护"蓝网行动 2021"等针对性专项执法行动，扎实推进知识产权海关保护各项工作，高压打击进出口侵权违法活动。

2021 年 5 月，上海海关所属外高桥港区海关在海运出口渠道截获一批标有"UGG"商标的鞋靴 4 938 双，涉案货值 50 余万元人民币，涉嫌侵犯在海关总署备案的知识产权，后经相关权利人确认，该批货物为侵权产品。全国海关进一步加大知识产权海关保护执法力度，加大对跨境电商、邮递快件等重点渠道，海运、空运、陆运等不同运输方式，市场采购、边民互市等不同贸易形态下侵权违法活动的打击力度。

项目小结

（1）在履行出口合同时，必须切实做好备货和报检，催证、审证和改证，租船订舱、出口投保、出口报关、装运及发出装船通知，制单结汇、出口退税等环节的工作。

（2）在履行进口合同时，必须切实做好信用证的开立和修改、租船订舱和催装、办理货运保险、审单和付款、报关接货、进口索赔等环节的工作。

（3）进出口合同的履行是对外贸易中至关重要的环节，作为外贸从业人员，要熟悉出口业务中的单证使用。

项目十　国际贸易方式

项目导读

　　国际贸易方式是指国际商品流通的形式和交易的具体做法，它是随着生产力的发展和国际经济交往的增多而不断发展的。由于国际贸易中的商品种类繁多、千差万别，加之各国、各地区的交易习惯、做法各不相同，因此贸易方式也多种多样。本项目所介绍的国际贸易方式包括两大类：第一类是传统国际贸易方式，主要有经销、代理、寄售、招标、投标、拍卖和展会等；第二类是现代国际贸易方式，主要有加工贸易、对销贸易和电子商务等。在实际的国际贸易活动中，从业人员需要熟悉主要贸易方式的业务范围、操作流程和合同要点，以保证争取应得的利益。

任务一 传统国际贸易方式

任务目标

- 掌握经销、代理和寄售的定义、种类及特点
- 掌握招标、投标与拍卖的基本内容
- 掌握展卖的含义及做法

任务引入

某外贸公司接受国内某物资公司的委托，与物资公司指定的外商签订了进口钢材的合同，价格、交货期、开证时间、开证保证金、代理费等主要内容都在代理协议中一一明确。在收到物资公司的开证保证金（信用证所示金额的 15%）后，外贸公司通过当地银行对外开出了远期信用证。外商通过当地银行很快寄来了信用证项下的全套单据。根据代理协议的规定，外贸公司将全套单据复印件交给物资公司审核并由其确认。之后，外贸公司向银行承兑并取得了提单。当外贸公司要求支付余款时，物资公司称资金一时周转困难，希望外贸公司予以宽限，并保证在外贸公司正式对外付款前付清余款，于是外贸公司将提单交给了物资公司。可承兑期满后，物资公司分文未付，而外贸公司不得不对外支付信用证所示的全额。等外贸公司回头找物资公司时，却见物资公司已人去楼空。经了解，物资公司欠下巨额外债，"合作"使得外贸公司遭受巨额损失。

讨论题：如何避免上述代理受骗现象的发生？

知识内容

一、经销、代理和寄售

（一）经销

1. 经销的含义和种类

经销（Distribution）是指进口商（经销商）与国外出口商（供货商）达成协议，经销商在规定的期限和区域内购销指定商品。

按经销商权限的不同，经销方式可分为两种：一种是独家经销（Sole Distribution）亦称包销（Exclusive Sales），是指经销商在规定的期限和区域内，对指定的商品享有专营权；另一种是一般经销，亦称定销，在这种方式下，经销商不享有专营权，供货商可在同一时间、同一区域内委派几家厂商来经销同类商品。

2. 经销的特点

在经销业务中，出口商是卖方，进口商是买方，两者形成买卖关系，因此也对货物使用权进行转移。经销商通过垫付资金向供货商购进货物，自行销售，购进价与销售价之间的差额就是经销商的利润。因此，经销商应自负盈亏、自担风险。

3. 经销协议

经销协议是供货人和经销人订立的确立双方法律关系的契约。一般来说，经销合同中应该包括以下几个方面的内容：

（1）授权与认可，包括经销方式的规定，即独家经销还是一般经销。

（2）销售任务，包括销售期内的年度和月度销售任务、外贸企业的评价和奖励。

（3）订货和付款，包括订货和送货的方式、费用承担、付款方式和日期、贴息、换货和退货等规定。

（4）价格和市场保护，包括价格制定权、调价认库补差、审货和管理办法、市场价格保证金等。

（5）广告宣传，包括门头和展台（专柜、陈列）的设计及制造费用、广告费用、促销宣传品的发放和费用。

（6）知识产权，包括注册商标所有权和商标协议的管理办法。

（7）技术服务，包括保修日期、保修责任人。

（8）协议期限，包括协议生效日期、协议延续条件和协议失效的违规操作。

（9）协议的争议和解决，包括争议的解决期限、仲裁、申诉等内容。

（10）其他事宜，包括协议份数、持有方和补充协议的认可等未尽事宜。

4. 采用经销方式出口应注意的问题

经销作为出口业务中常见的贸易方式之一，如果运用得当，对出口商扩大国外市场和增加销售会产生良好的推动作用；运用不当，则会带来相反的后果。许多经验证明，采用经销方式出口应注意以下问题：

（1）慎重选择经销商。供应商与经销商存在一种相对长期的合作关系。信誉好且经营能力强的经销商能充分利用自己的经验和手段，努力完成承购定额，还可利用自己熟悉所在国家和地区的消费习惯、政府条令和法规等优势，及时为供货商提供必要的信息，以帮助改进产品，做到适销对路，并且减少不必要的法律纠纷。

（2）要注意签订经销协议。经销协议的好坏直接关系到经销业务的成败，因此供货商一定要认真对待，慎重选择经销商品的种类，合理确定经销的地理范围，适当规定经销商在一定期限内的承购数额及无法完成的后果或超额完成的奖励等。这些都是至关重要的内容。在签订经销协议时，供货商还应该了解当地的有关法规，并注意文句的使用，尽可能避免与当地法律相抵触。

👤 **小思考 10-1**

如果经销方式是独家经销，协议规定："A 公司指定 B 公司为其生产的自行车在日本的独家经销商。"该规定有无不妥之处？

（二）代理

1. 代理的含义和种类

代理（Agency）是指代理人（Agent）按照委托人（Principal）的授权，代表委托人在规定的地区和期限内与第三人订立合同或做出其他法律行为，由委托人直接承担由此产生的权利、义务的一种贸易方式。代理在国际贸易中应用广泛，如银行代理、运输代理、保险代理、销售代理等。按委托人授权的大小，代理可分为以下几类：

（1）总代理（General Agent）。总代理是指委托人在指定地区的全权代表，他有权代表委托人从事一般商务活动和负责某些非商务性的事务。

（2）独家代理（Solo Agent or Exclusive Agent）。独家代理是指在指定地区和期限内单独代表委托人行事，办理代理协议中规定的有关业务的代理人。委托人在该地区内，不得委托其他代理人。

（3）一般代理（Agent）。一般代理又称佣金代理，是指在同一地区和期限内委托人可同时委派几个代理人代表其从事商业活动，代理人不享有专营权。代理人一般只收取佣金，并不承担履行合同的责任，在代理业务中，只代表委托人。代理人与委托人提前签订代理协议。

小思考 10-2

独家代理与包销有何异同？

2. 代理的特点

在委托人的授权下，代理人的行为及由此产生的权利与义务，直接对委托人发生效力。代理双方的关系属于委托代理关系而不是买卖关系。代理人在代理业务中不必动用资金购买商品，不负盈亏，不承担经营风险。与经销相比，代理有以下特点：

（1）代理人只能接受委托人的指导，在委托人的授权范围内代表委托人从事业务活动。

（2）代理人不得以自己的名义与第三者签订合同。

（3）代理人有积极推销指定商品的义务但并不承担履行合同的责任。

（4）代理人不负盈亏，只获得佣金。

3. 销售代理协议

销售代理协议（Selling Agent Agreement）是指明确规定委托人和代理人的权利与义务的法律文件。销售代理协议主要包括以下内容：

（1）订约双方的名称、地址及订约的时间、地点。

（2）定义条款，即对代理人经营的商品种类、地区范围及商标等予以明确限定的条款。

（3）代理的委任、受任及法律关系。

（4）委托人的权利与义务，主要有接受订货和拒绝订货的权利、维护代理人权益的义务；向代理人提供广告资料，包括样品、样本、目录等推销产品的资料的义务；对代理人因当地客户的违约行为而提起诉讼和支付费用予以补偿的义务；保证向代理人支付佣金的义务等。

（5）代理人的权利与义务，主要有接受报酬或佣金的权利；积极促进产品销售的义务，保护委托人财产、权利的义务，对客户资信情况进行调查的义务，提供售后服务的义务，向委托人汇报市场情况的义务，保密的义务等。

（6）佣金的支付，主要有佣金率、佣金的计算基础，佣金的支付时间和支付方法等。

（7）协议的期限和终止。

（8）不可抗力和仲裁。

案例讨论 10-1

日本 B 公司与中国香港 A 公司签订一份协议，指定其产品由中国香港 A 公司独家代理。订立协议时，日本 B 公司正试验改进现有产品。不久，日本 B 公司试验成功，并指定这款改进后的同类产品由中国香港 C 公司独家代理。

请问：日本 B 公司有无这种权利，为什么？

（三）寄售

1. 寄售的含义和特点

寄售（Consignment）是指出口人先将准备销售的货物运往国外寄售地，委托当地代销人按照寄售协议规定的条件代为销售，再由代销人同货主结算货款。与一般的出口销售相比，寄售具有以下特点：

（1）寄售人与代销人形成委托代售关系。代销人只能根据寄售人的指示代为处置货物，在委托人授权范围内可以以自己的名义出售货物、收取货款并履行与买主订立的合同，但货物的所有权在寄售地售出之前仍属寄售人。

（2）寄售是一种凭实物买卖。寄售人先将代售的商品运至寄售地，然后寻找买主，与在货物发运前已有买方的订货方式不同，寄售凭成交合同和付款保证出运货物。

（3）寄售人承担货物出售前的一切风险和费用。寄售方式下，代销人不承担任何风险和费用。因此，货物出售前的一切费用，包括运费、保险费、进口税、仓储费，以及意外事故所导致的损失，概由寄售人自行负担。

2. 寄售的利弊

寄售的优点主要包括三个方面：首先，对寄售人来说，寄售有利于开拓市场和拓宽销路；其次，代销人在寄售方式中不垫付资金，也不承担风险，有利于调动客户的积极性；最后，寄售是凭实物进行的现货买卖，大大节省了交易时间，减少了风险和费用，为买主提供了便利。

对出口商而言，寄售存在的缺点主要如下：承担的贸易风险大、资金周转期长、收汇不够安全等。

3. 寄售协议的主要内容

寄售协议是指寄售人和代销人就双方的权利、义务及寄售条件和具体做法达成一致意见而签订的书面协议。协议的重点是商品价格的确定、各种费用的负担和安全收汇三个问题。寄售协议一般包括下列内容：

（1）协议名称及双方的权利与义务。

（2）寄售区域及寄售商品。

（3）定价方法。定价方法一般有三种，即由寄售人规定最低售价、随行就市、在销售前逐笔征得寄售人同意。

（4）佣金。一般应规定佣金的计算基础、佣金率及佣金的支付时间和支付方法等。

（5）付款。商品售出后的货款一般由代销人扣除佣金及代垫费用后汇付给寄售人。为保证收汇安全、便于资金周转，协议中应明确规定汇付货款的时间和方式。

此外，寄售协议还应规定货物保险、各种费用的负担等预防性条款。为减少风险，寄售协议也有必要规定代销人提供银行保函或备用信用证等。

案例讨论 10-2

我国 B 公司以寄售方式向沙特阿拉伯王国出口一批积压商品。货到目的地后，虽经代售人努力推销，但还是无法售出，最后只得装运回国。

试分析 B 公司的做法有何不当之处。

二、招标、投标与拍卖

（一）招标、投标

招标、投标是国际贸易中比较常见的贸易方式，一些国家在资源勘探、开发矿藏、承建工程项目、采购物资设备时，常采用招标方式。有些国家和某些国际组织规定：凡利用其提供的资金采购物资或兴建工程，必须采用公开招标方式，以促进贷款的有效使用。国际招标、投标方式更多地用于国际工程承包业务，一些政府机构、市政部门和公用事业单位经常用招标方式采购物资、设备，有些国家也用招标方式进口大宗商品。

1. 招标、投标的含义及特点

招标（Invitation to Tender）是指招标人（买方）发出招标通知，说明拟采购的商品名称、规格、数量及其他条件，邀请投标人（卖方）在规定的时间、地点按照一定的程序进行投标的行为。

投标（Submission of Tender）是指投标人（卖方）应招标人（买方）的邀请，按照招标的要求和条件，在规定的时间内向招标人递价，争取中标的行为。

招标与投标是一种贸易方式的两个方面，投标是针对招标而来的。招标、投标的特点如下：

（1）不经过磋商。

（2）没有讨价还价余地。

（3）招标与投标属于竞卖方式，即一个买方面对多个卖方，卖方之间的竞争使买方在价格及其他条件上有较多的比较和选择。

2. 国际招标的方式

（1）国际竞争性招标（International Competitive Bidding）。国际竞争性招标是指招标人邀请几个乃至几十个国内外企业参加竞标，从中选择最优投标人的方式。通常的做法有两种：一种是公开招标（Open Bidding），即招标人通过国内外报刊、电台等发出招标通告，使多个具备投标资格者有均等机会参加投标；另一种是选择性招标（Selected Bidding），即招标人有选择地邀请某些信誉好、经验丰富的投标人，经资格预审合格后参加投标。

（2）谈判招标（Negotiated Bidding）。谈判招标又称议标，是指招标人直接同卖方谈判，确定标价，达成交易。

（3）两段招标（Two-Stage Bidding）。两段招标又称两步招标，适用于采购复杂的货物，是因事先不能准备完整的技术规格而采用的招标方法。第一步，邀请投标人提出不含报价的技术投标；第二步，邀请投标人提出价格投标。

3. 招标、投标业务的基本程序

（1）招标前的准备工作。招标前的准备工作很多，其中包括发布招标公告和进行资格预审等。

（2）投标。投标人一旦决定参加投标，就要根据招标文件的规定编制和填报投标文件。为防止投标人在中标后不与招标人签约，招标人通常要求投标人提供投标保证金或银行投标保函。投标人需将投标文件在投标截止日前送达招标人，逾期失效。

（3）开标、评标与决标。招标人在指定的时间和地点对收到的全部投标文件中所列的标价予以公开唱标，使全体投标人了解最高标价及最低标价。开标后，有的招标当场就可以确定由谁中标，而有的还要由招标人组织人员进行评标。参加评标的人员要坚持评标工作的准确性、公开性和保密性。招标人在评标后决标，最终选定中标人。

（4）中标签约。中标是指从若干投标人中选定交易对象。中标人必须与招标人签约，否则保证金予以没收。为了确保中标人签约后履约，招标人仍然要求中标人缴纳履约保证金或出具银行履约保函。

 知识链接

招投标是政府采购的极好手段

政府采购制度是公共支出管理中的一项重要制度，实施政府采购的目的是提高财政资金的使用效率，节省开支并减少贪污腐败行为。招投标的公开性、公平性和竞争性使其成为政府采购的极好手段。

《中华人民共和国政府采购法》规定，政府采购采用的方式有公开招标、邀请招标、竞争性谈判、单一来源采购、询价及国务院政府采购监督管理部门认定的其他采购方式。《中华人民共和国政府采购法》特别指出公开招标应作为政府采购的主要采购方式。采购人采购货物或服务应当采用公开招标方式的，其具体数额标准，属于中央预算的政府采购项目，由国务院规定；属于地方预算的政府采购项目，由省、自治区、直辖市人民政府规定；因特殊情况需要采用公开招标以外的采购方式的，应当在采购活动开始前获得市、自治州以上人民政府采购监督管理部门的批准。

（二）拍卖

1. 拍卖的含义和特点

拍卖（Auction）是指以公开竞价的形式，将特定物品或财产权利转让给最高应价者的买卖方式。作为一种贸易方式，拍卖的特点主要表现在以下几个方面：

（1）拍卖在一定的机构内有组织地进行。拍卖机构可以是由公司或行业协会组成的专业拍卖行，也可以是由货主临时组织的拍卖会。

（2）拍卖具有自己独特的法律和规章。许多国家对拍卖业务有专门的规定。各个拍卖机构也订立了自己的章程和规则，供拍卖时采用。

（3）拍卖是一种公开竞买的现货交易。拍卖采用事先看货、当场叫价、落槌成交的做法。成交后，买主即可付款提货。

（4）参与拍卖的买主通常须向拍卖机构缴存一定数额的履约保证金。买主在叫价中，若落槌成交，就必须付款提货；如不付款提货，拍卖机构则没收其保证金。

（5）拍卖机构为交易的达成提供服务，要收取一定的报酬，通常称为佣金或经纪费。

小思考 10-3

通过拍卖参与国际贸易的商品有哪些特点？试举例说明。

2. 拍卖的出价方式

在国际贸易中，按出价方式的不同，拍卖通常分为增加拍卖、减价拍卖和密封递价拍卖三种。

（1）增价拍卖也称淘汰式拍卖。拍卖时，拍卖人宣布预定的最低价格，然后请竞买者相继叫价，直到其认为没有人再出更高的价格，用击槌动作表示竞买结束，将这批商品卖给最后出最高价的人。

（2）减价拍卖又称荷兰式拍卖。拍卖时，拍卖人喊出最高价格，然后逐渐减低叫价，直到竞买者认为货物已经低到可以接受的价格并表示愿意买进为止。

（3）密封递价拍卖又称招标式拍卖。采用这种方法时，首先拍卖人公布每批商品的具体情况和拍卖条件等，其次各买方在规定时间内将自己的出价密封并递交拍卖人，最后拍卖人进行审查比较，以决定将该货物卖给哪位竞买者。这种方法不是公开竞买，拍卖人有时要考虑除价格以外的其他因素。

3. 拍卖的一般程序

不同商品的拍卖各有特点和习惯做法，但总体来说，一般可分为以下三个阶段：

（1）准备阶段。参加拍卖的货主把货物运到拍卖地点，存入仓库，然后委托拍卖行进行挑选、分类、分级，并按货物的种类和品级分成若干批次。在规定时间内，参加拍卖的买主可以到仓库查看货物。

（2）正式拍卖阶段。拍卖在规定的时间和地点开始，并按照拍卖目录规定的先后顺序进行。按照拍卖业务的惯例，在主持人的木槌落下之前，买主可以撤回其出价；货主在货物出售之前也可以撤回其要拍卖的货物。

（3）成交与交货阶段。拍卖成交后，拍卖行的工作人员交给买方一份成交确认书，由买方填写并签字，这表明交易正式达成。买方在付清货款后，凭拍卖行开出的提货单到指定的仓库提货。提货必须在规定的期限内进行。

案例讨论 10-3

在一次拍卖会上，由于事先宣传得力，加上著名拍卖师主持，因此竞价非常激烈。一辆底价 3 万元的车辆经过几十轮的竞价，最后由张某以 9 万元的价格拍得。然而，当拍卖师要求与张某签署成交确认书时，张某称自己被现场气氛感染而冲动竞买，并非真正想买车，拒不签署成交确认书。

请问：

（1）张某的理由是否成立？

（2）没有签署成交确认书，本次拍卖是否成交？

三、展卖

（一）展卖的含义

展卖（Fairs and Sales）是指利用展览会、博览会及其他交易会，对商品采取展销结合、以销为主的贸易方式。把出口商品的展览和推销有机地结合起来，边展边销、以销为主，这是展卖最基本的特点。

（二）展卖的做法

展卖的方式较为灵活，出口方可以自己举行，也可以委托他人举办。在国际贸易中，展卖可在国外举行，也可在国内举办。

1. 按展卖商品的所有方和客户的关系来划分

展卖的做法主要有两种：一种方式是展卖商品的所有方将货物通过签约的方式卖给国外客户，双方形成一种买卖关系，由国外客户在国外举办或参加展览会，货价有优惠，货款可在展览会后结算或定期结算。另一种方式是双方合作，展卖商品的所有权不变，展卖商品的出售价格由展卖商品的所有方决定。国外客户承担运输、保险、劳务及其他费用，在货物出售后收取一定的手续费作为补偿。展卖结束后，未出售的货物可以折价卖给合作的国外客户，或者运往其他地方进行另一次展卖。

2. 按展卖商品的形式来划分

展卖可以分为国际博览会和国际展览会。国际博览会也称国际集市，是在同一地点，定期由有关国家或地区的厂商举行的商品交易活动。参加者展出各种各样的产品和技术，以招揽国外客户签订贸易合同，扩大业务规模。当代的国际展览会是不定期举行的，通常展示各国在产品、科技方面所取得的新成就。当代的国际博览会和展览会不仅提供商品交易的场所，更具有介绍新产品和新技术、进行广告宣传和打开销路的作用。参加展卖的各国商人除参加现场交易外，还大力进行样品展览和广告宣传，以求同世界各地建立广泛的商业联系。

（三）开展展卖业务应注意的问题

1. 选择适当的展卖商品

展卖这种交易方式并不是对所有商品都适用的，展卖主要适用于品种规格复杂、用户对造型、设计的要求严格，而且性能发展变化较快的商品，如机械设备、电子产品、化工产品、工艺品、玩具、纺织产品等。参展商品的选择要注重先进性、新颖性和多样性，要使参展商品反映现代科技水平和时代潮流。

👤 **小思考 10-4**

我国某工业品公司想打开韩国的毛绒玩具市场，可否采用展卖方式？

2. 选择好合作的客户

参加展卖的商人在去国外参加展卖会之前，应选择合适的客户作为合作伙伴。选择的客户必须具有一定的经营能力，对当地市场十分熟悉，并有较广的业务网络和成熟的销售系统。参加展卖的商人通过客户开展宣传组织工作，扩大影响，联系各界人士，这些对展卖的成功具有重要作用。

3. 选择合适的展出地点

一般来说，应选择交易比较集中、市场潜力较大、有发展前途的集散地进行展卖，同时应考虑当地的各项设施、设备，如展出场地、通信设备、交通基础设施所能提供的方便条件和这些设施、设备的收费水平。

4. 选择适当的展卖时机

这对销售季节性较强的商品尤为重要。一般来说，应选择该商品的销售旺季进行展卖，每次展出的时间不宜过长，以免人力、物力、财力耗费过多，影响经济效益。

📚 **知识链接**

中国主要的展览会

1. 中国进出口商品交易会

中国进出口商品交易会，即广州交易会，简称"广交会"（Canton Fair），创办于1957年春季，每年春秋两季在广州举办，是中国目前历史最长、层次最高、规模最大、商品种类最全、到会采购商最多且分布国别地区最广、成交效果最好的综合性国际贸易盛会。自2007年4月第101届起，广交会由中国出口商品交易会更名为中国进出口商品交易会。

2. 中国国际进口博览会

从2018年开始，我国在上海举办中国国际进口博览会（以下简称"进博会"）。作为世界上第一个以进口为主题的国家级展会，进博会由商务部和上海市人民政府主办，中国国际进口博览局、国家会展中心（上海）承办，截至2021年年底，已连续成功举办四届。进博会让展品变商品、让展商变投资商，交流创意和理念，联通中国和世界，成为国际采购、投资促进、人文交流、开放合作的四大平台，成为全球共享的国际公共产品。

3. 中国国际服务贸易交易会

为促进全球服务贸易交流、合作和发展，推动新型经济全球化，2012年党中央、国务院批准商务部和北京市人民政府共同主办中国（北京）国际服务贸易交易会。2019年更名为中国国际服务贸易交易会。2020年简称由"京交会"更名为"服贸会"。服贸会已发展成为国际服务贸易领域传播理念、衔接供需、共享商机、共促发展的重要平台，是全球首个服务贸易领域综合性展会和中国服务贸易领域的龙头展会，同中国国际进口博览会、中国进出口商品交易会一起成为中国对外开放的三大展会平台。

4. 中国国际高新技术成果交易会

中国国际高新技术成果交易会简称"高交会"，是经国务院批准举办的高新技术成果展示与交易的专业展会。高交会由多家政府部门、科研单位和深圳市人民政府共同主办，由深圳市中国国际高新技术成果交易中心承办，每年的11月16日至21日在深圳举行。

目前，我国的会展业已经初步形成了东部地区以"京津冀""长三角""珠三角"为代表、中西部地区以"川陕渝"为中心的格局。其中，上海、北京和广州是会展业中的领军城市。近年来，具有代表性的国际会展活动有中国-东盟博览会、中国-亚欧博览会、中国-东北亚博览会。这些博览会是为了配合我国的政治经济发展战略而举办的，具有特殊的政治、经济和社会功能。

工作提示：

外贸从业人员要正确运用国际贸易方式，了解注意事项，并对具体运作中可能出现的问题加以防范。

思政课堂

办好进博会，助力"双循环"

36万平方米的巨大舞台，折射出中国市场的"万有引力"。在全球新冠肺炎疫情持续蔓延、世界经济前景不明的背景下，第四届中国国际进口博览会于2021年11月5日如期举办，成果丰硕、亮点纷呈，成为一届成功、精彩、富有成效的国际经贸盛会，展示了中国在疫情防控和经济社会发展方面取得的巨大成就，表明中国为推动经济全球化和构建开放型世界经济作出了重要贡献。

进博会不是中国的独唱，而是各国的大合唱。本届进博会吸引了来自127个国家和地区的2 900多家企业参展，展览面积达到36.6万平方米，展示新产品、新技术、新服务422项，再创历史新高。除了美国、日本、德国等发达国家外，更多"一带一路"沿线国家、中东欧国家和最不发达国家参展。组团参展的境外中小企业数也进一步增加。值得注意的是，世界500强企业和行业龙头企业参展的意愿尤为强烈，参展回头率超过80%，参展数量达281家，其中近40家为首次亮相的"新朋友"，更有120多家是连续四届参展的"老朋友"。

进博会作为联通国际国内市场的重要窗口和重要纽带，全球的买家卖家在此汇聚。其溢出效应正在中国这个由14亿人口所形成的超大规模市场中释放并呈持续增强之势——很多进博会同款产品已搭建起完善的国内流通渠道，不少进口食品更是成为中国老百姓的"家常菜"。

举办进博会，既释放了坚定扩大开放、共享中国大市场的积极信号，又表明了服务以国内大循环为主体、国内国际双循环相互促进的新发展格局的决心。高质量供给引领和创造新需求，是畅通国内大循环、促进国内国际双循环，全面促进消费、拓展投资空间的重要手段。进博会平台已成为一个有效载体，能推动我国经济向更高质量发展，能更好地满足人民对美好生活的向往。

当经济全球化遭遇逆流时，中国的选择始终是支持世界各国扩大开放，反对单边主义、保护主义。进博会的如约而至，凸显了中国作为全球经贸"稳定器"的作用，也向世界宣告了我国推进更高水平开放和不断推动建设开放型世界经济的坚定决心。进博会不仅要办下去，而且要办出水平、办出成效、越办越好。

任务二 现代国际贸易方式

任务目标

- 理解并掌握加工贸易与对销贸易的基本概念及内容
- 掌握加工贸易的种类及其相应的特点

任务引入

某年 3 月，我国某乡镇企业通过当地贸易公司的介绍，匆匆与美国某厂商签订了加工生产某种轻工产品的补偿贸易合同。合同规定，由美国厂商提供生产设备，乡镇企业将利用该设备生产的产品返销给美国厂商，以补偿设备价款，补偿期为 5 年。合同未明确规定设备的型号、产地、生产年代及技术性能方面的指标。美国厂商按期运到设备，但经检验，该设备是 20 世纪 90 年代末的产品，而且是二手货。由于合同对此未作规定，因此乡镇企业只得接受并进行加工生产。5 年之后，补偿期满，但设备已接近报废，乡镇企业蒙受了巨大的损失。

讨论题：

（1）什么是补偿贸易，补偿贸易有什么特点？

（2）请分析哪方的做法不妥，为什么？

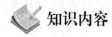
知识内容

一、加工贸易

加工贸易是指一国的企业利用自己的设备和生产能力，对国外的原材料、零部件或元器件进行加工、制造或装配，然后将产品销往国外的贸易方式。20 世纪 90 年代以来，我国的加工贸易蓬勃发展，加工贸易占了我国对外贸易的半壁江山。目前我国常用的加工贸易主要有来料加工贸易、进料加工贸易和境外加工贸易。

（一）来料加工贸易

来料加工（Processing with Supplied Materials）是指外商等委托人将原材料、样品和零部件运到我国，委托我国企业按要求进行加工、生产或装配，然后将制成的半成品、成品运出我国以自行处置，我国企业按约定收取一定的加工费作为报酬。

1. 来料加工的性质

来料加工与一般进口贸易不同，不属于货物买卖。虽有原材料、零部件和元器件的进口与成品的出口，但所有权并未发生转移，始终属于委托方，我国企业只提供劳务和收取约定的工费。因此，来料加工属于劳务贸易范畴，是以商品为载体的劳务出口。

2. 来料加工的作用

对承接方来讲，来料加工具有以下作用：

（1）可以发掘本国的生产潜力，补充国内原材料的不足，为国家增加外汇收入。

（2）引进国外的先进技术和管理经验，有利于提高生产、技术和管理水平。

（3）有利于发挥承接方劳动力众多的优势，增加就业机会，繁荣地方经济。

对委托方来讲，开展此项业务，可以降低产品成本，增加竞争力，并有利于其所在国的产业结构调整。

（二）进料加工贸易

进料加工（Processing with Imported Materials）是指有关经营单位用自有外汇在国际市场购买原料、材料、辅料、元器件、配套件和包装物料，将其交给国内生产者加工成半成品或成品，再销往国外市场的贸易方式。

1. 进料加工与来料加工的异同

（1）相同点：进料加工与来料加工都是两头在外的加工贸易方式。

（2）不同点：第一，来料加工在加工过程中未发生所有权的转移，原料运进和成品运出属于同一笔交易，原料供应者就是成品接受者；而在进料加工中，原料进口和成品出口是两笔不同的交易，都发生所有权的转移，原料供应者和成品购买者没有必然的联系。第二，在来料加工中，加工方不承担销售风险，不负盈亏，只收取加工费；而在进料加工中，加工方赚取原料变为成品的附加价值，自筹资金、自寻销路、自担风险、自负盈亏。

2. 进料加工业务的作用

（1）进料加工利用国外提供的资源进行生产，弥补了国内资源的不足，同时扩大了商品的生产和出口，为国家创造了外汇收入。

（2）进料加工可以根据国际市场的发展趋势和客户的要求组织原材料进口和生产加工，有助于提高出口商品的档次，做到适销对路，减少产品积压。

（3）进料加工是国际分工的一种方式，将国外的资源和市场与国内的生产能力相结合。我国可以通过进料加工，充分发挥劳动力价格低廉的优势，并利用相对过剩的生产加工能力，扬长避短，促进外向型经济的发展。

知识链接

SKD、CKD 和 PKD

半分散的零件装配（Semi Knock Down，SKD）。外国厂商先将一部分关键零件组装成部件，然后将部件提供给我国企业，我国企业再将部件和其他零件组装成成品。这种形式对我国企业来说，易于上手、见效快、投资回收期短，但不易学到关键性的装配技术。

全分解的零件装配（Complete Knock Down，CKD）。外国厂商将零件以散装的形式提供给我国企业，我国企业先将散装的零件组装成部件，再将部件组装成产品。与SKD 相比，CKD 能使我国企业较多地了解产品结构、性能，掌握更多的装配技术。

购入部分零部件的装配生产（Partial Knock Down，PKD）。我国企业仅向外国厂商购买某些关键的零部件，自制其他零部件，然后将其装配成产品。这种形式能使我国企业掌握更多的零部件生产技术和组装技术。

（三）境外加工贸易

境外加工贸易（External Processing Trade）是指我国企业以现有技术、设备投资，在境外加工装配，带动和扩大国内设备、技术、零配件、原材料出口的国际经贸合作方式。开展境外加工贸易作为外经贸工作的一项新兴事业，已成为当前实现国民经济调整和培育出口的一个新增长点。

我国与许多国家存在双边贸易不平衡问题，这影响贸易关系的发展。开展境外加工贸易，有助于绕过贸易壁垒，巩固和拓展东道国市场，发展第三国出口，以此缓解双边贸易不平衡问题。

二、对销贸易

对销贸易（Counter Trade）又称对等贸易或反向贸易，是指在互惠互利的前提下，两个或两个以上的贸易方达成协议，规定一方以其部分或全部进口产品来支付对方的出口产品。对销贸易的主要目的是以进带出，开辟贸易双方各自的出口市场，求得贸易收支平衡或基本平衡。

对销贸易的形式很多，主要有易货贸易（Barter Trade）、补偿贸易（Compensation Trade）、回购贸易（Product Buy-Back Trade）、互购贸易（Counter Purchase Trade）、抵销贸易（Offset Trade）等。

（一）易货贸易

易货贸易即物物交换，是最简单的交易方式。易货贸易是指用实物的进口或出口去换取另一国实物的出口或进口，而不用货币支付的一种传统的贸易方式。易货贸易一般不涉及第三者，多用于边境贸易。易货贸易在国际贸易实践中主要表现为下列两种形式：

1. 直接易货

从严格的法律意义上讲，易货就是指以货换货，即交易双方根据各自的可能和需要，交换价值相等或相近的商品，具体做法为双方相互约定交换的时间和地点，规定交货的品种、规格和数量，在货物发运后，将提货单据寄给对方，经对方验收无误，交易即告完成。

2. 综合易货

综合易货又称"一揽子"易货，是指交易双方交换的货物通过外汇结算货款，双方都承担购买对方等值商品的义务，且进口商品和出口商品的交换作为一笔交易体现在一个合同中。采用这种交易方式时，可以用一种出口商品交换对方的另一种进口商品，货款逐笔平衡；也可以由双方订立易货协议或合同，规定在一定期限内用几种出口商品交换另外几种进口商品，按软硬搭配原则达成一笔交易，进出口可同时进行，也可以有先有后，但间隔的时间不能过长。这是目前国际贸易中较常见的一种对销贸易方式。

易货贸易这种交易方式，在使用中有其优点。在交易过程中，由于交易双方不使用外汇或很少使用外汇，因此它可以促进外汇支付能力差的国家或企业的贸易往来；由于进口和出口同时进行，因此双方不仅能实现贸易额收支的大体平衡，而且在购入国内急需物资的同时，可以出口部分国内滞销的物资；同时，由于易货贸易不使用货币，因此它可以避免汇率变动所带来的风险。当一国对另一国的商品有需求时，采用易货贸易可以在进口和出口时获得双向利润。

易货贸易也存在明显的不足：要求双方的货值相等；需求的多样性和交易渠道的有限性，导致易货贸易需要长时期的谈判，且不易成功；易货的双方都怕承担对方不交货的风险，因此往往提出对方先交货的条件，这容易引起矛盾；由于通过记账方式进行易货，因此当发生不平衡时，顺差的一方相当于向对方提供无息贷款，容易挫伤其积极性；这种易货贸易还受两国产业结构的制约，如两国产业结构相似，则两国很难形成易货贸易。

小思考 10-5

分析中国和非洲国家之间易货贸易的可能性。

（二）补偿贸易

补偿贸易是 20 世纪 60 年代末发展起来的一种国际贸易方式。其基本含义是交易中的一方（设备出口方）提供机器设备、生产技术、原材料或劳务，在约定的期限内，由另一方（设备进口方）用设备出口方提供的设备、原材料所生产出来的产品，或者以双方商定的其他商品分期偿付设备出口方提供的设备、技术等的价款和利息。补偿贸易是一种以商品信贷为基础的贸易方式，也是一种不使用外汇而以商品抵偿商品的外资利用方式。

1. 补偿贸易的形式

按照用来偿付的标的的不同，补偿贸易大体上可分为以下四类：

（1）直接补偿。直接补偿，即双方在协议中规定，允许进口方用引进的技术设备所生产出来的产品，直接偿付进口价款。这种办法也称为产品返销（Product Buyback）或产品回购。产品回购是出口方必须承诺的义务，设备进口方生产的产品必须保证质量符合要求。这是补偿贸易中最基本的做法，也是我国采用的主要形式。在国外，这种做法称为对销贸易中的回购。

（2）间接补偿。间接补偿是指所交易的设备本身不生产物质产品或生产的物质产品非对方所需要或在国际市场上难以销售时，进口方偿还设备的价款可由双方商定的其他产品或劳务进行补偿。这种形式也叫作抵偿贸易或互购、反向购买。

（3）劳务补偿。劳务补偿常见于同来料加工或来件装配相结合的中小型补偿贸易中，一般由对方为我方代购技术和设备，货款先由对方垫付，我方在按对方的要求加工生产后，从应收的加工费中分期扣还所欠款项。

（4）综合补偿。综合补偿是对上述三种补偿方法的综合运用，即对引进技术设备的价款，部分用产品、部分用劳务或货币偿还。这种偿付货款的办法更为灵活和方便，是补偿贸易的变通形式。但必须指出，如全部用劳务补偿则不属于易货范畴。

2. 补偿贸易的作用

（1）对设备进口方的作用。

①补偿贸易是一种较好的利用外资的形式，一些外汇短缺的发展中国家可以利用补偿贸易引进国外的设备和技术，促进经济的发展。

②设备出口方往往需负责设备的安装、调试及培训进口方的人员，因而进口方可借机学习国外的先进技术和管理经验。

③可借助对方的销售渠道，开拓市场、扩大出口。

（2）对设备出口方的作用。

①扩大设备、技术出口。设备出口方可借助补偿贸易的形式，向外汇短缺的国家出口设备、提供技术、拓宽销售渠道。

②有利于获得稳定、价廉的回购产品或原材料。设备出口方一方面通过承诺回购商品来提升自己的竞争地位、争取贸易伙伴，另一方面可在回购中获得较稳定的原材料来源，且原材料价格比国际市场的同类原材料价格低。

③风险小、利润大。以回购产品的方式取得货款一般较有保障，同时可能利用高价出口设备、低价回购商品以获取较大的利润。

当然，补偿贸易方式也有不足。例如，对进口方来说，引进的设备往往不够先进，且价格也未必便宜；对出口方来说，若承诺回购的商品与其经销的同类产品有冲突，就会影响其整体利益。

案例讨论 10-4

我国某纺织品公司准备以补偿贸易方式从日本进口纺织机，具体做法是先出口纺织品以积存外汇，在外汇达到一定金额后用于购买 5 台纺织机。但该纺织品公司在将这种做法报请主管机关以申请补偿贸易的优惠待遇时遭到拒绝。

请对此进行分析。

（三）回购贸易

所谓回购贸易，是指出口方同意从进口方买回由其提供的机器设备所生产制造的产品。回购贸易与补偿贸易有很多相同之处，两者的区别主要是出口方回购的产品仅限于由出口机器设备所生产的产品。其回购的产品价值可能是出口机器设备的全部价值，也可能是部分价值，甚至可能超过其全部价值。

在实际业务中，回购贸易由于涉及的金额较高、期限较长，因此往往不可避免地会涉及出口方向进口方提供融资，做法如下：由设备进口国以赊购方式或利用信贷购进技术或设备，然后以向对方返销该技术或设备所生产出来的相关产品所得的款项分期偿还进口设备的价款和利息，或者偿还贷款及利息。这是回购贸易中最常见、最基本的做法。

（四）互购贸易

互购贸易又称平行贸易（Parallel Trade）或互惠贸易（Reciprocal Trade）。所谓互购，就是指交易双方互相购买对方的产品，是一种以进带出或以出带进的进出口相结合的贸易方式。互购贸易的具体做法如下：一般由贸易双方根据一份议定书签订两份既独立又相互联系的合同。一份合同负责出口商品的销售，要求先进口方全部用现汇支付货款，条件是先出口方承诺在一定时期内购买回头货；另一份合同具体规定先出口国的购买义务条款，通常规定先出口方在什么时期内购买先进口方的一定金额的商品，但不具体规定商品的品质和价格。两份合同可以一起洽谈，但分别执行。

互购贸易的特点在于两笔交易虽有联系，但是分别进行，均用现汇支付，一般采用信用证即期付款或付款交单，有时也采用远期信用证付款。因此，先出口方除非接受远期信用证付款方式，否则不存在垫付资金的问题；相反，还可在收到出口货款到支付回购货款的这段时间内，利用对方资金，而且在后续的回购产品谈判中处于有利的地位。对先进口方来说，利用互购贸易则有利于带动本国商品的出口，即享有以进带出的好处，但需要先付一笔资金，且面临先出口方回购商品的承诺得不到兑现的风险。

（五）抵销贸易

抵销贸易是指一方在进口诸如国防设施、航空器材、电子信息设备时，以先期向另一方或出口方提供某种商品、劳务或资金来抵销一定比例的进口价款，可以用为生产该设备而提供的零部件、投入的资金、转让的技术、进行的技术培训和项目研究开发等抵销。抵销贸易自20世纪80年代以来开始盛行，在发达国家之间，以及发达国家与发展中国家之间的军火交易或大型设备交易中常被采用。

按照返销商品的种类，抵销贸易可以分为直接抵销和间接抵销两种类型。直接抵销是指先出口方承诺从进口方购买在出口给进口方的产品中所使用的零部件或与该产品有关的其他产品，有时还会对进口方生产零部件的企业进行投资和技术转让。而间接抵销是指出口方承诺向进口方回购与其出口商品无关的产品，如原材料等。

三、电子商务

从20世纪90年代开始，互联网开始慢慢渗入生活。到现在为止，互联网的发展势头十分迅猛，其普及速度比其他各种通信手段快得多。以互联网为主要载体的电子商务也取得了快速发展，在经济生活中的作用越来越突出。

（一）电子商务的概念

电子商务（E-commerce，E-business）目前在国内外还没有一个统一的定义。但在通常情况下，电子商务的概念可以从狭义和广义两个角度来理解。狭义的电子商务是指在网上寻找商机并完成交易的行为。例如，网上采购、网上支付、网上拍卖与网上订阅等。广义的电子商务是指利用现代信息技术手段从事各种商务活动。目前，国际上更倾向于从广义角度来理解电子商务。

（二）电子商务的分类

1. 按照交易对象分类

根据交易对象的不同，电子商务可以划分为 B2B、B2C、B2G、C2C、C2G、G2C。其中，B（Business）代表企业，C（Consumer）代表个人消费者，G（Government）代表政府。

企业针对企业的 B2B 跨境电子商务，是指通过互联网跨境平台进行商品与服务等数据信息的传递，而后达成交易并完成支付结算、线下物流配送等的国际商业活动。B2B 跨境电子商务的卖家一般为大中型企业，提供商品与服务等数据信息，最终客户为企业或集团。目前，在中国的跨境电子商务市场交易中，B2B 跨境电子商务的交易规模占总交易规模的近 80%，企业级市场仍处于主导地位。代表性平台有阿里巴巴国际站、中国制造网、环球资源网、环球市场网等。

企业针对个人的 B2C 跨境电子商务，是指跨境电子商务零售活动，即分属不同关境的企业直接面向消费者个人在线销售产品和服务，通过电子商务平台达成交易、进行支付结算，并通过跨境物流送达商品、完成交易的国际商业活动。卖方是企业，终端消费者是个人。目前我国的 B2C 跨境电子商务的交易规模在跨境电子商务市场总交易规模中的比重正在逐年攀升，未来或将迎来大幅度增长。代表性平台有阿里巴巴速卖通、e-Bay、敦煌网、兰亭集势、京东全球购等。

个人针对个人的 C2C 跨境电子商务，是指分属不同关境的个人卖方向个人买方在线销售产品和服务，由个人卖方通过第三方电子商务平台发布产品和服务的信息，在个人买方筛选后，通过电子商务平台达成交易、进行支付结算，并利用跨境物流送达商品、完成交易的国际商业活动。C2C 跨境电子商务一直存在，虽然仍为小众国际贸易方式，但是发展的意义重大。代表性平台有阿里巴巴淘宝国际版、e-Bay 等。

企业针对政府的 B2G 跨境电子商务主要有两种业务：一种是政府作为最大的组织机构进行采购，并将采购的细节公布在互联网上，企业则通过电子方式进行投标；另一种是政府通过电子商务对企业进行行政管理。

 知识链接

中国跨境电商发展实现规模效益双丰收

2022 年 4 月 27 日，电子商务研究中心发布《2021 年度中国跨境电商市场数据报告》。数据显示，2021 年中国跨境电商市场规模 14.2 万亿元，较 2020 年的 12.5 万亿元同比增长 13.6%，增速较上一年下降 5.44 个百分点。无论是进口市场还是出口市场，跨境电商业务都有巨大需求，国内消费升级对海淘商品需求量大，出口电商市场更是庞大，巨大市场发展空间支撑了行业快速发展。2021 年中国跨境电商交易额占我国货物贸易进出口总值（39.1 万亿元）的 36.32%。2021 年在诸多跨境电商企业经营受损，以及中国货物贸易进出口增长 21.4% 的背景下，跨境电商行业渗透率占比依然超过 35%。未来，随着行业规模的不断扩大，渗透率也将不断提升。

此外，随着"数商兴农"的深入推进、农村电商"新基建"的不断完善，农村电商规模稳步提升。2021 年国家大力支持农村电商产业发展，全国农村网络零售额达 2.05 万亿元，比 2020 年增长 11.3%，增速加快 2.4 个百分点。全国农产品网络零售额达 4 221 亿元，同比增长 2.8%。

2021 年，在疫情防控常态化的背景下，商务部深入贯彻党中央、国务院的决策部署，切实加强政策引导。广大电子商务企业顾全大局、全力以赴，发挥电子商务在疫情抗击中快速响应和匹配市场需求的优势，在市场保供、疫情防控、复工复产、促进消费、稳定就业等方面作出了突出贡献，为经济增长注入了强劲动力。电子商务平台通过业务和模式创新，在避免密切接触、保障卫生和防疫安全的前提下为广大消费者提供基本生活物资，协助地方政府提升抗疫物资调配效率；众多企业依托电子商务复工复产复市，全力以赴促进消费，努力把疫情影响降到最低；电子商务助力教学技术与实体经济、线上和线下加速融合，带动更多人进入电子商务行业。

小思考 10-6

请你结合实际谈谈在电子商务活动中遇到的问题。

2. 按照商务活动的内容分类

按照商务活动的内容不同，电子商务主要分为两类：一类是间接电子商务，即有形货物的电子订货，它仍然需要利用传统渠道，如邮政服务和商业快递车送货；另一类是直接电子商务，即无形货物和服务，如计算机软件、娱乐内容的联机订购、付款和交付，以及全球规模的信息服务。间接电子商务和直接电子商务均提供特有的机会，同一公司往往两者兼营。间接电子商务依靠一些外部要素，如运输系统的效率等。直接电子商务能使交易双方越过地理界线进行直接交易，充分挖掘全球市场的潜力。

3. 按照技术手段分类

按照技术手段及所产生的效果不同，电子商务主要分为两类：一类是协同电子商务，它是指商业伙伴从事网络协作活动，通过协作来策划、设计、开发、管理，以及对产品和服务进行研发等；另一类是移动电子商务，它是指网络环境下的各种商务活动的总称，具有无处不在性、方便性、即时接入性，以及产品和服务的当地化属性。

（三）电子商务的发展层次

虽然电子商务涵盖的范围很广，但是企业仍然是电子商务运作的主体。根据企业的运作程度不同，电子商务可以划分为三个层次：初级层次、中级层级和高级层次。这三个层次也可以反映企业电子商务的不同发展阶段。

1. 初级层次——建立易于实施的可操作系统

初级层次是指企业开始在传统商务活动中部分地引入计算机网络，进行信息处理与交换，以代替企业对内或对外的传统的信息储存和传递方式。但企业所做的这一切并不构成交易成立的有效条件，并不构成商务合同履行的一部分，也不涉及复杂的技术问题和法律问题。

2. 中级层次——维系牢固的商业链

中级层次是指企业利用计算机网络的信息传递，部分地代替某些合同成立的有效条件，或者构成商务合同履行的部分义务。例如，企业建立网上在线交易系统、提供网上有偿信息、为贸易伙伴传输约定文件或单据等。在某种程度上，中级层次的电子商务使企业走上建立外联网（Extranets）的道路。该层次还需要人工干预，涉及一些复杂的技术问题（如网络安全）和法律问题。

3. 高级层次——实现全方位的数字化、自动化

高级层次是电子商务发展的理想阶段，是指企业商务活动的程序全部由计算机处理，最大限度地消除人工干预。在企业内部和企业之间，交易的达成、产品的生产、原材料的供应、贸易伙伴之间的单据传输、货款的清算、产品和服务的提供等都实现了一体化的网络信息传输和处理。高级层次的电子商务的实现有赖于全社会对电子商务的认同，以及电子商务运作环境的改善。

（四）跨境电子商务

跨境电子商务是指分属不同关境的交易主体，通过电子商务平台达成交易、进行支付结算，并通过跨境物流送达商品、完成交易的国际商业活动。

跨境电子商务作为推动经济一体化、贸易全球化的技术基础，具有非常重要的作用。跨境电子商务不仅冲破了国家间的障碍，使国际贸易走向无国界贸易，而且正在引起世界经济贸易的巨大变革。对企业来说，跨境电子商务构建的开放、多维、立体的多边经贸合作模式，拓宽了其进入国际市场的路径，大大促进了多边资源的优化配置，实现了企业间的互利共赢；对消费者来说，跨境电子商务使他们非常容易地获取其他国家的信息并买到物美价廉的商品。

知识链接

广东近五年跨境电商进出口额年均增长 92.1%

作为全国第一外贸大省的广东，其跨境电商等外贸新业态呈现出蓬勃发展的态势。其中，跨境电商进出口从 2016 年的 228 亿元跃升至 2021 年 3 310 亿元，年均增长 92.1%；市场采购出口从 2017 年的 815 亿元跃升至 2021 年的 3 159 亿元，年均增长 40.3%。

据了解，目前广东地区跨境电商以出口为主，全国 70% 以上的跨境电商出口商品通过珠江三角洲地区销往世界各地。为配合做好广东制造商品顺利通关工作，广东地区的海关充分发挥区位产业优势，在管理、模式等方面进行创新，有效提升了跨境电商商品通关效率。黄埔海关介绍，为推动关区跨境电商出口高质量发展，服务地方经济转型升级，黄埔海关专门制定 8 项措施并强化系统集成，率先推出跨境电商出口 24 小时通关模式，实现区域物流无缝对接。

工作提示：

随着国际贸易的不断发展，新的贸易方式不断涌现。外贸从业人员要区别不同贸易方式的优劣，能结合具体的贸易环境采取最有效的贸易方式。

 **思政课堂**

跨境电子商务成外贸新引擎

　　跨境电子商务逐渐成为助力我国外贸供给侧结构性改革的新引擎。跨境电子商务综合试验区发展势头良好，重要原因在于逐步建立起了一套适应跨境电子商务发展的政策体系，为外贸企业营造了良好的营商环境。

　　一是线上线下综合服务一体化，降低了信息交易成本，提高了通关便利化水平。例如，深入推进全国通关一体化，"三互"大通关工作机制进一步完善；依托国际贸易"单一窗口"开展全国版跨境电子商务线上综合服务平台建设，形成了更加便捷的贸易环境。

　　二是金融服务不断升级，有效降低企业运营成本，推动跨境电子商务快速成长。截至2018年年底，我国拥有跨境支付资格的平台达到30个，目前，我国多家跨境支付企业的业务已经覆盖40多个国家和地区。

　　三是高效便捷的物流服务，联通了跨境电子商务国际产业链，拓宽了企业海外营销渠道。我国的快递企业能够提供国际快递、国际电子商务专递、国际货运、国际小包、海外仓、集货等多样化的综合解决方案。同时，"一带一路"沿线国际物流线路的开通，有效地支撑了丝路电子商务的发展。

项目小结

　　（1）经销业务中的经销商和供货商形成买卖关系。经销有独家经销和一般经销两种方式。代理业务中的代理人和委托人形成的不是买卖关系，而是委托代理关系。代理的种类有很多，按委托授权大小划分，有总代理、独家代理和一般代理。寄售是一种委托代售的贸易方式，寄售协议形成委托与受托的关系。

　　（2）招标与投标不是两种贸易方式，而是一种贸易方式的两个方面。拍卖是指以公开竞价的形式，将特定物品或财产权利转让给最高应价者的买卖方式。

　　（3）展卖是指利用展览会、博览会及其他交易会，对商品采取展销结合、以销为主的贸易方式。

　　（4）我国的加工贸易蓬勃发展，常用的加工贸易主要有来料加工贸易、进料加工贸易和境外加工贸易三种。

　　（5）在我国，对销贸易包括易货贸易、补偿贸易、回购贸易、互购贸易、抵销贸易等。

　　（6）跨境电子商务既区别于一般意义上的电子商务，又区别于传统的国际贸易方式，未来将成为重要的国际贸易方式之一。

第二部分
任务演练与反思篇

项目一　国际贸易实务概述

项目演练

一、判断题

1. 国际惯例在国际贸易中起着重要的作用。　　　　　　　　　　（　　）
2. 我国的涉外货物贸易主要适用国际贸易条约和国际贸易惯例。（　　）
3. 国际贸易与国内贸易的标的、目的和基本程序是相同的。　　（　　）
4. 中国某企业与美国某公司签订一份贸易合同，该合同适用美国或中国的有关贸易法律。　　　　　　　　　　　　　　　　　　　　　　　　　　　（　　）
5. 我国香港特别行政区适用大陆法系。　　　　　　　　　　　　（　　）
6. 国际贸易的对象只包括出口贸易，不包括进口贸易。　　　　　（　　）
7. 买卖合同的签订是国际贸易流程中的一个关键环节，合同签订以后就没有太多实质性的工作了。　　　　　　　　　　　　　　　　　　　　　　　（　　）

二、单项选择题

1. 在合同中没有明确约定时，我国的涉外货物买卖合同应适用（　　）。
   A. 我国有关法律　　　　　　　　B. 贸易对方所在国法律
   C. 第三国法律　　　　　　　　　D. 国际条约

2. 按照《联合国国际货物销售合同公约》的规定，下列中属于国际贸易交易的是（　　）。
   A. 甲国某公司在乙国和丙国设立的两个子公司之间的货物交易
   B. 甲国某公司在乙国不同地区设立的两个分公司之间的货物交易
   C. 甲国某公司与在甲国设立的子公司之间的货物交易
   D. 以上答案均不正确

3. 2019 年 9 月美国 A 公司与我国广东 B 公司在广交会上结识，双方代表相互交换了名片，美国 A 公司对我国广东 B 公司展示的样品很感兴趣，带走部分样品，答应回去让其客户看看，以便在当地市场推广。12 月份我国广东 B 公司收到美国 A 公司的询盘：欲采购 500 箱产品，请报优惠价格。我国广东 B 公司当即答复：每箱 CIF 纽约 200 美元，收到货款后 60 天交货。美国 A 公司很快做出反应：同意你方价格，但请在合同签订之后 30 天交货。我国广东 B 公司对此答复没有理会，则（　　）。
   A. 此时合约关系已经确立

    B. 我国广东 B 公司应在签约后 30 天交货

    C. 此时合约关系没有确立

    D. 美国 A 公司的回函是有效的接受

4. 在国际贸易中，对当事人的行为无强制性约束的规范是（　　）。

    A. 国内法　　　　　B. 国际法　　　　　C. 国际贸易惯例　　D. 国际条约

5. 《联合国国际货物销售合同公约》规定的货物交易的国际性标准是（　　）。

    A. 买卖双方当事人的营业地处于不同国家

    B. 买卖双方当事人具有不同国籍

    C. 订立合同的行为发生于不同国家

    D. 货物必须由一国运往另一国

三、多项选择题

1. 下列属于国际贸易与国内贸易的不同点的有（　　）。

    A. 国际贸易的困难大于国内贸易

    B. 国际贸易比国内贸易的复杂程度高

    C. 国际贸易相比国内贸易有更大风险

    D. 国际贸易线长、面广、中间环节多

2. 关于国际贸易惯例，下列说法中不正确的是（　　）。

    A. 国际贸易惯例不是法律

    B. 国际贸易惯例在任何情况下都不具有法律约束力

    C. 国际贸易惯例是在长期的国际贸易实践中逐渐形成的

    D. 国际贸易惯例在国际贸易中并不重要

3. 下列属于国际贸易惯例的有（　　）。

    A. 《跟单信用证统一惯例（2007 年修订本）》

    B. 《托收统一规则》

    C. 《联合国国际货物销售合同公约》

    D. 《2020 年国际贸易术语解释通则》

四、案例分析题

1. 有一份 CFR 合同在美国订立，由美国商人 A 出售一批农用器具给中国香港商人 B，按 CFR 香港条件交货。双方在执行合同的过程中，对合同的形式及合同有关条款的解释产生了争议。请分析解决此项纠纷应适用中国香港法律还是美国法律。

2. 某年 8 月，我国甲公司应法国乙公司的请求，报出出口某品牌空调 3 000 台、每台 CIF 马赛 450 美元、装运期 30 天的发盘。法国乙公司收到后，表示要增加产品数量，降低价格，并延长还盘有效期。我国甲公司将数量增至 4 000 台，价格减至每台 420 美元，有效期经两次延长，最后定为 9 月 25 日。法国乙公司于 9 月 22 日来电，接受该盘。但我国甲公司接到该电报时，发现该产品的主要原材料的国际市场价格猛涨，于是拒绝成交，并复电称："由于世界市场的变化，货物在收到电报前已售出。"法国乙公司不同意我国甲公司的说法，认为其在发盘有效期内接受，坚持按发盘的条件执行合同，否则要我国甲公司赔偿损失。

(1) 该项业务处于出口程序的哪个阶段？具体涉及哪些业务内容？

(2) 该项业务的纠纷应如何解决？

(3) 就本案例而言，你认为出口业务员应该具备哪些知识和素质？

五、实务操作题

1. 访问中华人民共和国商务部网站（http://www.mofcom.gov.cn），了解对外贸易经营许可证的备案登记程序。

2. 利用熟悉的 B2B 网站或搜索引擎寻找欧洲市场上经营家用电器的进口商，根据寻找到的客户资料，撰写一封希望建立业务关系的信函并制订你的出口经营方案。

项目反思

项目二　商品的标的物条款

 项目演练

一、判断题

1. 某外商来电要我方公司提供荞麦，按水分不超过 14%、杂质不超过 4%、矿物质不超过 0.15% 的规格订立合同。对此，在一般情况下，我方公司可以接受。（　　）

2. 在出口贸易中，品质的表达方法多种多样，为了明确责任，最好采用既凭样品又凭规格买卖的方法。（　　）

3. 在凭样品成交的出口业务中，为了争取国外客户，便于达成交易，出口企业应尽量选择质量最好的样品请对方确认并签订合同。（　　）

4. 样品的复样是来样加工方式下，客户寄来供参考的样品。（　　）

5. 品质公差一般为国际同行所公认的产品品质误差，即使合同中不做规定，只要卖方的交货品质在公认的范围内，也可以被认为符合合同要求，买方就不得再提出任何异议。（　　）

6. 对于约定的品质机动幅度或品质公差范围内的品质差异，除非另有规定，一般不另行增减价格。（　　）

7. 如果合同中没有明确规定按毛重还是净重计价，那么根据惯例，应按毛重计价。（　　）

8. 溢短装条款是指装运数量可增减一定幅度，该幅度既可由卖方决定，也可由买方决定。（　　）

9. 卖方所交货物如果多于合同规定的数量，按照《联合国国际货物销售合同公约》的规定，买方可以接收也可以拒收全部货物。（　　）

10. 按照国际惯例，合同中如未做规定，溢短装部分应按合同价格计算。（　　）

11. 进出口商品包装上的包装标志，都要在运输单据上标明。（　　）

12. 中性包装既不是通常说的大包装，又不是通常讲的小包装或内包装，而是不大不小的包装。（　　）

13. 包装由卖方决定，买方不得要求使用特殊包装。（　　）

14. 双方签订的贸易合同中，规定成交货物为不需包装的散装货，而卖方在交货时采用麻袋包装，但净重与合同的规定完全相符，且不要求另外加收麻袋包装费。货到后，买方索赔，该索赔不合理。（　　）

15. 包装费用一般包括在货价之内，不另行计收。（　　）

二、单项选择题

1. 大路货是指（　　）。
    A. 适于商销　　　　B. 上好可销品质　　C. 质量劣等　　　　D. 良好平均品质

2. 凭样品买卖时，如果合同中无其他规定，那么卖方所交货物（　　）。
    A. 可以与样品大致相同
    B. 必须与样品完全一致
    C. 允许有合理公差
    D. 允许在包装规格上有一定的差异

3. 对等样品也称为（　　）。
    A. 复样　　　　　　B. 回样　　　　　　C. 卖方样品　　　　D. 买方样品

4. 在国际贸易中，造型上有特殊要求或具有色香味方面特征的商品适用于（　　）。
    A. 凭样品买卖　　　　　　　　　　　B. 凭规格买卖
    C. 凭等级买卖　　　　　　　　　　　D. 凭产地名称买卖

5. 凭卖方样品成交时，应留存（　　），以备交货时核查之用。
    A. 对等样品　　　　B. 回样　　　　　　C. 复样　　　　　　D. 参考样品

6. 在品质条款的规定上，对某些比较难把控品质的工业制成品或农副产品，多在合同中规定（　　）。
    A. 溢短装条款　　　　　　　　　　　B. 增减价条款
    C. 品质公差或品质机动幅度　　　　　D. 商品的净重

7. 若合同规定有品质公差条款，则在公差范围内，买方（　　）。
    A. 不得拒收货物　　　　　　　　　　B. 可以拒收货物
    C. 可以要求调整价格　　　　　　　　D. 可以拒收货物也可以要求调整价格

8. 我国目前使用最多的计量方法是（　　）。
    A. 按数量计算　　　B. 按重量计算　　　C. 按长度计算　　　D. 按体积计算

9. "以毛作净"实际上就是（　　）。
    A. 按净重计算毛重作为计价的基础　　B. 按毛重计算重量作为计价的基础
    C. 将理论重量作为计价的基础　　　　D. 将法定重量作为计价的基础

10. 对进口羊毛计算重量时，一般采用（　　）。
    A. 理论重量　　　　B. 公量　　　　　　C. 毛重　　　　　　D. 以毛作净

11. 对合同中的数量，卖方在交货时可溢交或短交百分之几，这种规定叫（　　）。
    A. 数量增减价条款　　　　　　　　　B. 品质机动幅度条款
    C. 溢短装条款　　　　　　　　　　　D. 品质公差条款

12. 根据《跟单信用证统一惯例（2007 年修订本）》的规定，合同中使用"大约""近似"等约量字眼，可解释为交货数量的增减幅度为（　　）。
    A. 3%　　　　　　　B. 5%　　　　　　　C. 10%　　　　　　D. 15%

13. 我国现行的法定计量单位是（　　）。
    A. 公制　　　　　　B. 国际单位制　　　C. 英制　　　　　　D. 美制

14. 运输包装和销售包装的分类是按（　　　）。

    A. 包装的目的来划分的　　　　　　　　B. 包装的形式来划分的

    C. 包装所使用的材料来划分的　　　　　D. 包装在流通过程中的作用来划分的

15. 条形码标志主要用于商品的（　　　）上。

    A. 销售包装　　　　　　　　　　　　　B. 运输包装

    C. 销售包装和运输包装　　　　　　　　D. 任何包装

三、多项选择题

1. 卖方根据买方来样复制的，寄送买方并经其确认的样品，被称为（　　　）。

    A. 复样　　　　　　B. 回样　　　　　　C. 留样　　　　　　D. 对等样品

2. 目前，国际贸易中通常使用的度量衡制度有（　　　）。

    A. 公制　　　　　　B. 英制　　　　　　C. 国际单位制　　　D. 美制

3. 在国际贸易中，计算重量时，通常的计算方法有（　　　）。

    A. 毛重　　　　　　B. 净重　　　　　　C. 公量　　　　　　D. 理论重量

4. 溢短装条款的内容包括（　　　）。

    A. 溢短装的百分比　　　　　　　　　　B. 溢短装的选择权

    C. 溢短装部分的作价　　　　　　　　　D. 买方必须收取溢短装的货物

5. 为了便于运输和装卸，节约人力、物力，国际标准化组织简化了运输标志，将其内容减少到以下几项（　　　）。

    A. 收货人代号　　B. 参考代号　　　　C. 目的地名称　　　D. 件数号码

6. 运输标志的作用是（　　　）。

    A. 便于识别货物　　B. 方便运输　　　　C. 易于计数　　　　D. 防止错发错运

    E. 促进销售

7. 运输包装的标志包括（　　　）。

    A. 运输标志　　　　B. 指示性标志　　　C. 警告性标志　　　D. 条形码标志

8. 国际货物买卖合同中的包装条款主要包括（　　　）。

    A. 包装材料　　　　B. 包装方式　　　　C. 包装费用　　　　D. 运输标志

四、案例分析题

1. 韩国 KM 公司向我 BR 公司订购大蒜 650 公吨，但在填制合同时，由于山东省胶东半岛地区是大蒜的主要产区，我国的公司大多以此为大蒜货源基地，因此 BR 公司就按惯例在合同品名条款中写上了"山东大蒜"。可是在临近履行合同时，大蒜产地由于自然灾害而歉收，货源紧张。BR 公司紧急从其他省份征购，最终按时交货。但 KM 公司来电称，所交货物与合同规定不符，要求 BR 公司做出选择，要么提供山东大蒜，要么降价，否则将撤销合同并提出贸易赔偿。（1）请问：KM 公司的要求是否合理？（2）评述此案。

2. 我国出口公司与某国进口商按每公吨 500 美元的 FOB 价格于大连成交某农产品 200 公吨，合同规定每 25 千克农产品用双线新麻袋包装，以信用证方式付款。我国出口公司凭证装运出口并办妥了结汇手续。事后对方来电称我国出口公司所交货物在扣除皮重后实际不足 200 公吨，要求按净重计算价格，退回因短量多收的货款。我国出口公司则以合同未规定按净重计价为由拒绝退款。试分析我国出口公司的做法是否可行，并说明理由。

3. 英国 M 公司以 CIF 伦敦的条件从我国 A 公司购买 300 箱澳大利亚水果罐头。合同的包装条款规定："箱装，每箱 30 听。"我国 A 公司所交货物中有 150 箱为每箱 30 听装，其余 150 箱为每箱 24 听装，M 公司拒收。我国 A 公司争辩："每箱 30 听"字样并非合同的重要部分，无论是 24 听还是 30 听，其品质都与合同的规定相符，因此 M 公司应接受。请分析此案。

五、实务操作题

1. 某年，我国出口公司 A 向南非出口食糖。合同规定：数量为 500 公吨，120 美元/公吨，3% 的溢短装条款，由卖方选择，增减部分按合同价格计算。如果在交货前食糖市场价格上涨，那么在不违反合同的情况下，卖方要想获利，可装多少公吨？如果市场价格下跌呢？同年 5 月，我国出口公司 A 又向俄罗斯出口小麦，合同规定：数量为 1 000 公吨，100 美元/公吨，以信用证方式支付。合同签订后，俄罗斯进口商开来信用证，金额为 100 000 美元。请问我国出口公司 A 最多或最少可交多少公吨小麦？为什么？

2. 根据以下资料设计运输标志上的件号。

Commodity：100% cotton men's shirt.

Packing：Each piece in a poly bag 60 pcs to a carton.

Design No. 款式	Quantity 数量	Ctn No. 件号	Nos of pkgs 件数
93-13	1 260 pcs		
93-14	1 260 pcs		
93-15	1 200 pcs		
93-16	1 680 pcs		

出口商品的总数量是 _____ 件，包装总件数是 _____ 箱。

项目反思

 项目反思

项目三 国际贸易术语及商品的价格条款

 项目演练

一、判断题

1. 贸易术语的变形不但改变了交易双方费用的承担，而且改变了双方的风险划分。
（　　）

2. 以 CFR 和 CIF 成交的合同，卖方必须安排运输，支付运费，保证货物到达目的港。
（　　）

3. 由于国际贸易惯例不是法律，因此仲裁中如以惯例作为评判依据是不合理的。
（　　）

4. FCA 和 FAS 一样，都可以由进口方办理货物的出口手续。（　　）

5. CPT 与 CFR 术语一样，卖方都不必承担货物自交货地点至目的地的运输过程中的风险。
（　　）

6. 采用 CIF 术语，卖方要办理保险、支付保险费；采用 CFR 术语，保险责任及保险费由买方承担。可见，对卖方而言，采用 CIF 术语较采用 CFR 术语风险大。（　　）

7. 如果买卖双方在合同中作出与国际贸易惯例完全相反的约定，只要这些约定是合法的，将得到有关国家法律的承认和保护，并不因与惯例相抵触而失效。（　　）

8. 出口合同中规定的价格应与出口总成本相一致。（　　）

9. 出口销售外汇净收入是指出口商品的 FOB 价按当时外汇牌价折合为人民币的数额。
（　　）

10. 出口商品盈亏率是指出口商品盈亏额与出口总成本的比率。（　　）

11. 从一笔交易的出口销售换汇成本中可以看出，在这笔交易中用多少人民币换回一美元，从而得出这笔交易为盈利还是亏损。
（　　）

12. 在实际业务中，较常采用的作价办法是固定作价。（　　）

二、单项选择题

1. CIF 合同下，用程租船运输，如卖方不承担卸货费用，应在合同中选用（　　）。

A. CIF Liner Terms　　　　　　　　B. CIF Ex Tackle

C. CIF ExShip's Hold　　　　　　　D. CIF Landed

2. 国际贸易惯例的适用是以当事人的意思自治为基础的，这表明（　　　）。

    A. 惯例即行业内的法律

    B. 惯例有强制性

    C. 当事人有权在合同中作出不符合惯例的规定

    D. 法院会维护惯例的有效性

3. 《1932 年华沙-牛津规则》是由国际法协会制定的，是专门解释（　　　）术语的国际惯例。

    A. FOB   B. CIF   C. CFR   D. FCA

4. 《1941 年美国对外贸易定义修订本》的主要适用范围是（　　　）。

    A. 全球   B. 北美洲   C. 亚洲   D. 欧洲

5. 按照《1932 年华沙-牛津规则》的规定，如果该规则与合同具体内容发生矛盾，应该以（　　　）为准。

    A. 协议   B. 合同   C. 规则   D. 无明确规定

6. 以 FOB/CIF 术语成交的合同，应当由（　　　）来办理保险。

    A. 卖方/买方   B. 买方/买方   C. 买方/卖方   D. 卖方/卖方

7. 就卖方承担的费用而言，下列术语排列顺序正确的是（　　　）。

    A. FOB＞CFR＞CIF   B. FOB＞CIF＞CFR

    C. ClF＞FOB＞CFR   D. CIF＞CFR＞FOB

8. 采用 CPT 术语，如双方未能确定买方在目的地受领货物的具体地点，则交接货物的具体地点应为（　　　）。

    A. 由卖方选择   B. 由承运人选择

    C. 由买方选择   D. 买卖双方另行协商决定

9. 按 CIF Tianjin 成交的进口合同中，卖方完成交货任务的地点最有可能是在（　　　）。

    A. 纽约港   B. 纽约市   C. 天津港   D. 天津市内

10. 在国际贸易中，含佣价的计算公式是（　　　）。

    A. 单价×佣金率   B. 含佣价×佣金率

    C. 净价×佣金率   D. 净价／（1-佣金率）

11. 凡货价中不包含佣金和折扣的被称为（　　　）。

    A. 折扣价   B. 含佣价   C. 净价   D. 出厂价

12. 一笔业务中，若出口销售人民币净收入与出口总成本的差额为正数，说明该笔业务为（　　　）。

    A. 盈   B. 亏

    C. 平   D. 可能盈、可能亏

三、多项选择题

1. CIF 是一种典型的象征性交货的术语，其特征明显地表现在（　　　）。

    A. 卖方在函电中以明确态度表示交货

B. 卖方通过提供全套合格的单据履行交货义务

C. 卖方只需提供少量样品即表示完成交货

D. 只要卖方提供了合格的单据，买方就应付款

E. 卖方只需按时装运货物，并不保证货物到达对方手中

2. 在以货交承运人的三种贸易术语成交的合同中，下列说法正确的是（　　）。

A. 适用于任何一种运输形式

B. 卖方必须保证货物到达对方手里

C. 卖方将货物交给第一承运人即完成交货义务

D. 卖方要办理货物的出口和进口手续

E. 买方与卖方需要明确约定货物装卸费用由谁来承担

3. CIF 与 CFR 术语的相同之处有（　　）。

A. 交货地点相同　　　　　　　　B. 风险划分界线相同

C. 买卖双方的责任划分相同　　　D. 术语后均注明目的港

E. 进出口运输方式相同

4. 适用于任何运输方式的贸易术语是（　　）。

A. FOB　　　　　B. CIF　　　　　C. CPT　　　　　D. CFR

E. CIP

5. 在进出口合同中，单价条款包括的内容是（　　）。

A. 计量单位　　　B. 单位价格金额　　C. 计价货币　　　D. 贸易术语

6. 佣金的表示方法有（　　）。

A. 在价格中表明所含佣金的百分比　　B. 用字母"C"来表示

C. 用绝对数表示　　　　　　　　　　D. 用字母"D"来表示

7. 非固定价格的规定方法主要有（　　）。

A. 只规定作价的方式，而具体价格待确定

B. 暂定价

C. 滑动价格

D. 支付一定的订金，剩余部分订单采用非固定价格

8. 我国企业出口商品时，以下单价写法正确的是（　　）。

A. 每打 50 港元 FOB 广州黄埔

B. 每套 200 美元 CIFC 3% 香港

C. 每台 5 800 日元 FOB 大连，含 2% 的折扣

D. 每桶 36 英镑 CFR 伦敦

四、案例分析题

1. 某公司向外商出售一级大米 300 吨，成交条件为 FOB 上海。装船时货物经检验符合合同要求，货物出运后，卖方及时向买方发出装船通知。航运途中，因海浪过大，大半货物被海水浸泡，大米的品质受到影响。货物到达目的港后，只能按三级大米价

格出售，于是买方要求卖方赔偿差价损失。请问：买方的要求是否合理，为什么？

2. 我国 M 公司以 CFR 广州条件从国外进口一批货物，国外卖方负责租船运输。支付方式为不可撤销的即期信用证。卖方在信用证规定的期限内交付了符合要求的单据，开证银行按规定向其支付了货款，并通知 M 公司前来付款赎单。M 公司付款并取得单据后，却迟迟得不到有关货物的消息。后来得知，该批货物的承运人是一家小公司，在船离港后不久就宣告破产了，船货俱告失踪。M 公司遭受巨额损失。请分析：这种事件的发生说明了什么问题？在海运进出口业务中，应怎样选择贸易术语？

3. A 公司与 B 公司签订一份为期 10 年的供货合同。合同规定：A 公司每月向 B 公司供应 10 公吨 1 级菜油，价格每季度议订一次。同时，合同规定：如双方发生争议，应提交仲裁处理。但是该合同执行了半年后，B 公司提出合同中的价格条款不明确，主张合同无效，后报仲裁裁决。请问：合同中的价格条款是否明确？你认为应该如何处理争议？

五、实务操作题

1. 以下是我国某公司签订的三个国际货物买卖合同中的商品单价。请翻译下列条款内容，并分析这可能分别是什么贸易。

（1）USD 20.00 per yard FOB Dalian.

（2）GBP 46.00 per set CPT Beijing.

2. R 公司收到日本冈岛 Z 会社求购 17 公吨冷冻水产（一个 20 英尺货柜）的询盘，经了解，该水产每公吨的进货价为 5 600 元人民币（含增值税 13%）；出口包装费为每公吨 500 元；该批货物的国内运输杂费共计 1 200 元；出口的商检费为 300 元；报关费为 100 元；港区的港杂费为 950 元；其他各种费用共计 1 500 元；出口冷冻水产的退税率为 9%；从装运港青岛至日本神户，一个 20 英尺货柜的运费是 2 200 美元；客户要求按成交价格的 110% 投保平安险，保险费率为 0.85%；冈岛 Z 会社要求在报价中包括其 3% 的佣金。若 R 公司的预期利润率是 10%（按成交金额计），人民币对美元的汇率为 6.36：1，试报出每公吨水产品以 CIFC 3% 条件出口的价格。

 项目反思

 项目反思

项目四　国际货物运输条款

 项目演练

一、判断题

1. 我国对外贸易运输的主要方式是铁路运输。　　　　　　　　　　　（　　）

2. 不清洁提单是说提单上有污渍。　　　　　　　　　　　　　　　　（　　）

3. 海运提单的签发日期是指货物开始装船的日期。　　　　　　　　　（　　）

4. 海运提单、铁路提单、航空运单都是物权凭证，都是可以通过背书转让的。
　　　　　　　　　　　　　　　　　　　　　　　　　　　　　　　（　　）

5. 合同中的装运条款为"9/10 月份装运"，我国出口公司需将货物于 9 月、10 月各装一批。　　　　　　　　　　　　　　　　　　　　　　　　（　　）

6. 按照国际惯例，凡是装在同一航次及同一条船的货物，即使装运时间与装运地点不同，也不宜分批装运。　　　　　　　　　　　　　　　　　（　　）

7. 空白抬头、空白背书的提单是指既不填写收货人又不需要背书的提单。（　　）

8. 使用班轮运输货物时，货方不再另行支付装卸费，船货双方也不计算滞期费、速遣费。　　　　　　　　　　　　　　　　　　　　　　　　　（　　）

9. 铁路运单、航空运单的性质与海运提单是相同的，三者都可作为物权凭证在市场上流通转让。　　　　　　　　　　　　　　　　　　　　　　（　　）

10. 按照《跟单信用证统一惯例（2007 修订本）》的规定，除非信用证另有规定，货物允许分批装运和转船。　　　　　　　　　　　　　　　　　（　　）

11. 清洁提单是指不载有任何批注的提单。　　　　　　　　　　　　（　　）

12. 业务中常用的空白抬头提单是指收货人栏中不填写任何内容的提单。（　　）

二、单项选择题

1. 班轮运输的运费应该（　　）。

    A. 包括装卸费，但不计滞期费和速遣费

    B. 包括装卸费，但应计滞期费和速遣费

    C. 不包括装卸费

    D. 不包括装卸费，也不计滞期费和速遣费

2. 按照货物重量、体积或价值三者中较高的一种计收运费，运价表内以（　　）表示。

A. M/W   B. W/MorAd. Val.

C. Ad. Val.   D. Open

3. 成交量较小、批次较多、交接港口分散的货物运输比较适宜（ ）。

  A. 班轮运输 B. 租船运输 C. 定期租船运输 D. 定程租船运输

4. 用班轮运输货物，在规定运费计收标准时，如果采用"W"的规定办法，则表示按货物的（ ）计收运费。

  A. 毛重   B. 体积   C. 价值   D. 净重

5. 我国出口到蒙古的杂货应选择（ ）。

  A. 海洋运输 B. 铁路运输 C. 航空运输 D. 管道运输

6. 滞期费是（ ）。

  A. 买方向卖方收取的因卖方延期交货而造成损失的补偿费

  B. 卖方向买方收取的因买方延期付款而造成损失的补偿费

  C. 租船人未按约定日期完成装运，延误了船期而付给船方的罚款

  D. 船方装卸太慢而向货方支付的赔偿费

7. 铁路运输的最大特点是（ ）。

  A. 风险较小   B. 有较强的连续性

  C. 中途转运较多   D. 费用低

8. 在国际货物运输中，使用最多的是（ ）运输。

  A. 公路   B. 铁路   C. 航空   D. 海洋

9. 当大宗货物采用（ ）运输方式时，为了加快装卸速度，减少船舶在港口停留的时间，通常规定滞期、速遣条款。

  A. 班轮   B. 定程租船 C. 定期租船 D. 光船租船

10. 签发多式联运提单的承运人对（ ）负责。

  A. 第一程运输   B. 全程运输

  C. 最后一程运输   D. 商品自身包装和质量问题

三、多项选择题

1. 海洋运输中的船舶按其经营方式不同分为（ ）。

  A. 班轮运输 B. 大陆桥运输 C. 集装箱运输 D. 租船运输

2. 班轮运费的构成包括（ ）。

  A. 基本运费 B. 附加运费 C. 装卸费 D. 燃油费

3. 班轮运输的特点是（ ）。

  A. 四固定

  B. 一负责

  C. 班轮公司和货主双方的权利、义务和责任豁免均以班轮公司签发的提单条款为依据

  D. 运输方式灵活

4. 班轮运输的运费包括（　　　）。

　　A. 装卸费　　　　　　B. 滞期费　　　　　　C. 速遣费　　　　　D. 平舱费、理舱费

5. 航空运输的主要特点是（　　　）。

　　A. 运输速度快

　　B. 货物的损坏率较低

　　C. 可以节省包装费、保险费、储存费和利息等

　　D. 运量小、运费高

6. 国际航空运输的方式有（　　　）。

　　A. 班机运输　　　　B. 包机运输　　　　C. 集中托运　　　　D. 急件运送

7. 铁路运输的优点是（　　　）。

　　A. 运行速度快　　　　　　　　　　　B. 载运量较大

　　C. 运输途中风险较小　　　　　　　　D. 一般能保持全年正常运行

四、案例分析题

1. 有份 CIF 合同，出售矿砂 5 000 公吨，合同的装运条款规定："CIF Hamburg, 2012 年 2 月份由一船或数船装运。"卖方于 2 月 15 日装运了 3 100 公吨，余数又在 3 月 1 日装上另一艘轮船。当卖方凭单据要求买方付款时，买方以第二批货物延期装运为由，拒绝接受全部单据，并拒付全部货款。请问：买方可否拒绝接受全部单据，并拒付全部货款？

2. 有一份出售成套设备的合同，合同规定货物分五批交付。在第三批货物交付时，买方发现收到的货物有严重缺陷，根本达不到合同所规定的技术标准。因此，买方主张全部合同无效。请问：在上述情况下，买方能否主张这种权利？为什么？

3. 有一份合同，出售中国丝苗大米 10 000 吨。合同规定："自 2 月份开始，每月装船 1 000 吨，分 10 批交货。"卖方从 2 月份开始交货，交至第五批时，大米发生霉变，不适合人类食用，因而买方以此为理由，主张以后各批交货均应撤销。请问：在上述情况下，买方能否主张这种权利？为什么？

五、实务操作题

1. 上海运往苏丹港五金工具 500 箱，总毛重量为 15 公吨，总体积为 12 立方米。根据海运公司规定，计费标准是 W/M，等级为 10 级。若基本运费率为 90 美元，试计算应付运费多少？若燃油附加费率为 20%，港口拥挤附加费率为 10%，运费又是多少？

2. 上海某公司有一批打字机需从上海出口到澳大利亚的悉尼，对外报价 CFR 悉尼 20 美元/台，客户要求改报 FOB 价。已知货物用纸箱装运，每箱的尺码为 44 厘米×44 厘米×30 厘米，每箱的毛重是 35 千克，每箱装 4 台，共计 800 箱。计收标准为 W/M，每运费吨 110 美元，货币附加费率为 10%，试问：FOB 价为多少美元一台？出口总额是多少？

3. 根据下列条件填制装运条款：

2021 年 12 月 15 日前交货；装运港为深圳，目的港为纽约；货物可以转船，但不允许分批装运。

 项目反思

项目五　国际货物运输保险条款

项目演练

一、判断题

1. 海上保险业务的意外事故仅局限于发生在海上的意外事故。　　　（　　）

2. 保险利益是投保人所投保的保险标的。　　　（　　）

3. 我国某公司按 CFR 贸易术语进口时，在国内投保了一切险，保险公司的责任起讫应为"仓至仓"。　　　（　　）

4. 托运出口玻璃制品时，被保险人在投保一切险后，还应加保破碎险。　　（　　）

5. 保险公司对陆运战争险的承保责任起讫与海运战争险的承保责任起讫都是"仓至仓"。　　　（　　）

6. 我国某公司进口一批货物，投保一切险，货物在海运途中部分被火焚。经查，一切险中 11 种一般附加险并无火险。对此损失，保险公司不承担责任。　（　　）

7. 如果被保险货物运达保险单所载明的目的地，收货人提货后即将货物转运，则保险公司的保险责任在货物到达保单规定的目的地仓库时中止。　　（　　）

8. 海运提单的签发日期应早于保险单的签发日期。　　　（　　）

二、单项选择题

1. 在海洋运输货物保险业务中，共同海损（　　）。
   - A. 是部分损失的一种
   - B. 是全部损失的一种
   - C. 有时为部分损失，有时为全部损失
   - D. 是推定全损

2. 根据我国海洋货物运输保险条款的规定，一切险包括（　　）。
   - A. 平安险加 11 种一般附加险
   - B. 一切险加 11 种一般附加险
   - C. 水渍险加 11 种一般附加险
   - D. 11 种一般附加险加特殊附加险

3. 按国际保险市场惯例，投保金额通常在 CIF 总值的基础上（　　）。
   - A. 加一成　　　B. 加二成　　　C. 加三成　　　D. 加四成

4. "仓至仓"条款是（　　）。
   - A. 承运人负责运输起讫的条款
   - B. 保险人负责保险责任起讫的条款
   - C. 出口人负责交货责任起讫的条款
   - D. 进口人负责付款责任起讫的条款

5. 我国某公司出口一批稻谷，被保险货物因被海水浸泡多时而丧失其原有价值，在到达目的港后只能低价出售，这种损失属于（　　）。

A. 单独损失　　　B. 共同损失　　　C. 实际全损　　　D. 推定全损

6. 某批出口货物投保了水渍险，在运输过程中因雨淋而部分受损，这样的损失保险公司将（　　）。

    A. 负责赔偿整批货物

    B. 负责赔偿被雨淋湿的部分

    C. 不给予赔偿

    D. 在被保险人同意的情况下，保险公司负责赔偿被雨淋湿的部分

7. 一批出口服装在海上运输途中因船体触礁而严重受浸，如果将这批服装漂洗后再运至原定目的港，所花的费用已超过服装的保险价值，这批服装应属于（　　）。

    A. 共同海损　　　B. 实际全损　　　C. 推定全损　　　D. 单独海损

8. 我国某公司按 CIF 条件成交一批罐头食品，卖方投保时，按（　　）投保是正确的。

    A. 平安险+水渍险　　　　　　　B. 一切险+偷窃提货不着险

    C. 水渍险+偷窃提货不着险　　　D. 平安险+一切险

9. CIF 合同中的货物在装船后因火灾被焚，应由（　　）。

    A. 卖方承担损失　　　　　　　　B. 卖方负责请求保险公司赔偿

    C. 买方负责请求保险公司赔偿　　D. 承担运费的一方赔偿

10. 某公司按 CIF 条件出口一批货物，但因海轮在运输途中遇难，货物全部灭失，买方（　　）。

    A. 可借货物未到岸之事实而不予付款　B. 应该凭卖方提供的全套单据付款

    C. 可以向承运人要求赔偿　　　　　　D. 由银行决定是否付款

三、多项选择题

1. 海上运输货物保险中，除合同另有约定外，对（　　）原因造成的货物损失，保险人不予赔偿。

    A. 交货延迟　　　　　　　　　B. 被保险人的过失

    C. 市场行情变化　　　　　　　D. 货物自然损耗

2. 出口茶叶，为防止运输途中串味，在办理保险时，应投保（　　）。

    A. 串味险　　　　　　　　　　B. 平安险加串味险

    C. 水渍险加串味险　　　　　　D. 一切险

3. 根据我国海洋运输货物保险条款的规定，以下属于一般附加险的是（　　）。

    A. 短量险　　　　　　　　　　B. 偷窃提货不着险

    C. 交货不到险　　　　　　　　D. 串味险

4. 我国海洋运输货物保险的基本险种包括（　　）。

    A. 平安险　　　B. 战争险　　　C. 水渍险　　　D. 一切险

5. 在我国海洋运输货物保险业务中，（　　）险别均可适用"仓至仓"条款。

    A. ALL RISKS　　B. WA or WPA　　C. FPA　　　D. WAR RISK

6. 在（　　）的情况下，可判定货物发生了实际全损。

  A. 为避免实际全损所支出的费用与继续将货物运抵目的地的费用之和超过保险价值

  B. 货物发生了全部损失

  C. 货物完全变质

  D. 货物不可能归还被保险人

7. 某货轮载着货主甲的 300 箱棉织品、货主乙的 50 公吨小麦、货主丙的 200 公吨大理石驶往美国纽约。货轮在起航的第二天不幸遭遇触礁事故，导致船底出现裂缝，海水入侵严重，货主甲的 250 箱棉织品和货主乙的 5 公吨小麦被海水浸湿。因裂口太大，船长为消除船、货的共同危险，使货轮浮起并及时修理，下令将货主丙的 50 公吨大理石抛入海中，货轮修复后继续航行。货轮在继续航行的第三天遭遇恶劣天气，使货主甲的另外 50 箱货物被海水浸湿。下列说法中（　　）是正确的。

  A. 因触礁而产生的船底裂缝及货主甲、乙的货物损失属于单独海损

  B. 为使货轮浮起并得到及时修理而将货主丙的货物抛入海中，这种损失属于共同海损

  C. 恶劣天气导致货主甲的 50 箱货物受损，这种损失属于单独海损

  D. 各货主都投保了平安险，保险公司将对以上损失给予赔偿

8. 共同海损与单独海损的区别是（　　）。

  A. 共同海损属于全部损失，单独海损属于部分损失

  B. 共同海损由保险公司负责赔偿，单独海损由受损方自行承担

  C. 共同海损是为了消除或减轻风险而人为造成的损失，单独海损是承保范围内的风险直接导致的损失

  D. 共同海损由受益方按受益比例分摊，单独海损由受损方自行承担

9. 以下属于海上风险的有（　　）。

  A. 雨淋   B. 地震   C. 失火   D. 锈损

10. 共同海损的构成条件有（　　）。

  A. 必须有共同危险

  B. 采取的措施是有意的、合理的

  C. 牺牲和费用的支出是特殊性质的，支付的费用是额外的

  D. 构成共同海损的牺牲和费用的开支最终必须是有效的

四、案例分析题

1. 我国某公司向澳大利亚出口坯布 100 包，并按合同规定投保水渍险。在运输途中，舱内食用水管漏水致使该批坯布中的 30 包沾上水渍。对此损失应该向保险公司索赔还是应该向船方索赔？

2. 某贸易商（卖方）与保险人签订了海洋货物运输保险合同，保险金额为 67 英镑，投保险别为 ICC（A）险及战争险。航程为新加坡至美国芝加哥。承运人为贸易商

签发了新加坡至芝加哥的全程提单。该提单记载的托运人为贸易商,收货人为美国的H公司。货物到达旧金山港后,通过铁路运输方式运往芝加哥。货物到达芝加哥后,H公司持铁路运单提货。由于铁路运单上的收货人为H公司,因此承运人在未收回全程提单的情况下,将货物交给了H公司。贸易商在买方迟迟不付款的情况下,委托他人在芝加哥提货,在提货无果的情况下,以提货不着为由向保险人提出索赔。保险人则坚持货物已被收货人提走,不存在提货不着,对此拒赔。试分析保险人拒绝赔偿是否有理。

3. 2021年4月,我国T公司向荷兰M公司出售一批纸箱装货物,以FOB条件成交,目的港为鹿特丹港,由M公司租用H远洋运输公司的货轮承运该批货物。5月15日,货物在青岛港装船。船方发现有28箱货物的外表有不同程度的损坏,于是大副批注"该批货物有28箱外表受损"。当船方签发提单,欲将该批注转注提单时,T公司反复向船方解释说买方是老客户,不会因为一点包装问题提出索赔,同时出具保函:"若收货人以包装、货物受损为由向承运人索赔,由我方承担责任。"船方接受了上述保函,签发了清洁提单。经过一个月航行,货轮到达鹿特丹港,收货人发现40多箱货物的包装严重破损,于是以货物与清洁提单记载不符为由,向承运人提出索赔。此后,承运人凭保函要求T公司偿还已赔付的20万元,但T公司以装船时仅有28箱货物的包装破损为由,拒绝赔偿余下的12箱货物的损失,于是承运人与卖方发生了争执。请问:凭清洁保函换取清洁提单,承运人与卖方面临什么隐含风险?

五、实务操作题

1. 我国A公司与某国B公司于2021年5月20日签订购买50 000吨化肥的CFR合同。A公司开出信用证,规定装货期限为10月1日至10日,由于B公司租来运货的"雄狮号"货轮在开往某外国港口运货的途中遇到飓风,因此装货至10月20日才完成。承运人在取得B公司出具的保函的情况下,签发了与信用证一致的提单。"雄狮号"货轮于10月21日驶离装港。A公司为这批货物投保了水渍险。但不幸的是,10月30日"雄狮号"货轮途经达达尼尔海峡时起火,部分化肥被烧毁。船员在救火过程中又造成部分化肥被浸湿。货轮在装货港口延迟出发,使其在到达目的地时赶上了化肥价格下跌,A公司在出售余下的化肥时,不得不大幅度降低价格,给自身造成很大损失。

请对以下问题进行分析:

(1)途中的化肥烧毁属于什么损失,应由谁承担?为什么?

(2)途中的化肥浸湿属于什么损失,应由谁承担?为什么?

(3)A公司是否向承运人追偿因化肥价格下跌而产生的损失?为什么?

(4)承运人可否向托运人B公司追偿责任?为什么?

2. GUANGDONG TRADING COMPANY向英国ABC贸易公司出口PLASTIC TOYS(塑料玩具)共2 400件,每件20美元CIF伦敦,用纸箱包装,每箱12件。合同规定投保中国人民财产保险股份有限公司海洋运输货物的一切险和战争险,唛头如下:

ABC

LONDON

NOS：1-200

MADE IN CHINA

　　货物于 2021 年 5 月 20 日在广州装上"东方红"号轮船。目的港的保险代理人为 LIBERTY MUTUAL INSURANCE COMPANY，LONDON TEL 333-6666。请根据以上条件，用英文填制一份保险单。

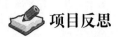

项目反思

项目六 国际贸易货款结算条款

项目演练

一、判断题

1. 根据《跟单信用证统一惯例（2007 年修订本）》的规定，凡未注明"可否转让"字样的信用证，即被视为可转让信用证。　　　　　　　　　　　　　（　　）

2. 在承兑交单情况下，由代收行对汇票进行承兑并向进口商交单。　（　　）

3. 在票汇情况下，买方购买银行汇票寄往卖方，因采用的是银行汇票，故这种付款方式属于银行信用。　　　　　　　　　　　　　　　　　　　　　（　　）

4. 对于卖方而言，D/A 60 天要比 D/P 60 天有更大的风险。　　　　（　　）

5. 信用证是一种银行开立的无条件付款的书面承诺文件。　　　　　（　　）

6. 某信用证规定适用《跟单信用证统一惯例（2007 年修订本）》，信用证中对转船及分批装运都未进行明确规定，因此货物不能分批装运。　　　　　　（　　）

7. 汇票经背书后，其收款权利被转让给被背书人，被背书人若日后遭到拒付，可以向前手行使追索权。　　　　　　　　　　　　　　　　　　　　　　（　　）

8. 若错过了信用证有效期才向银行议付，只要征得开证人的同意，就可要求银行付款。　　　　　　　　　　　　　　　　　　　　　　　　　　　　　（　　）

9. 托收是商业信用，所使用的汇票是商业汇票；信用证是银行信用，所使用的汇票是银行汇票。　　　　　　　　　　　　　　　　　　　　　　　　　（　　）

二、单项选择题

1. 属于顺汇方法的支付方式是（　　）。
   　　A. 汇付　　　　　　B. 托收　　　　　　C. 信用证　　　　　D. 银行保函

2. 使用 D/P、D/A 和 L/C 三种结算方式，对卖方而言，风险由大到小依次是（　　）。
   　　A. D/A、D/P 和 L/C　　　　　　　　B. L/C、D/P 和 D/A
   　　C. D/P、D/A 和 L/C　　　　　　　　D. D/A、L/C 和 D/P

3. 属于银行信用的国际贸易支付方式是（　　）。
   　　A. 汇付　　　　　　B. 托收　　　　　　C. 信用证　　　　　D. 票汇

4. 一张有效的信用证，必须规定一个（　　）。
   　　A. 装运期　　　　　B. 有效期　　　　　C. 交单期　　　　　D. 议付期

5. 按照《跟单信用证统一惯例（2007 年修订本）》的规定，受益人最后向银行交单议付的期限是不迟于提单签发日的（　　　）天。

  A. 11   B. 15   C. 21   D. 25

6. D/P at sight 指的是（　　　）。

  A. 远期付款交单 B. 即期付款交单 C. 跟单托收 D. 承兑交单

7. 下列几种结算方式中，对卖方而言，风险最大的是（　　　）。

  A. 票汇   B. 承兑交单   C. 即期付款交单 D. 远期付款交单

8. 在其他条件相同的前提下，（　　　）的远期汇票对受益人最为有利。

  A. 出票后若干天付款   B. 提单签发日后若干天付款

  C. 见票后若干天后付款   D. 货到目的港后若干天

9. 根据《跟单信用证统一惯例（2007 年修订本）》的规定，可转让信用证只能转让（　　　）。

  A. 1 次   B. 2 次   C. 3 次   D. 4 次

10. 某支票签发人在银行的存款总额低于他所签发的支票票面金额，他签发的这种支票称为（　　　）。

  A. 现金支票   B. 一般支票   C. 旅行支票   D. 空头支票

11. 在信用证项下，出票人开具的汇票，如遭到付款人拒付，（　　　）。

  A. 开证行有权行使追索权   B. 保兑行有权行使追索权

  C. 议付行有权行使追索权   D. 通知行有权行使追索权

三、多项选择题

1. 按照有无随附单据，汇票可分为（　　　）。

  A. 即期汇票 B. 远期汇票 C. 光票   D. 跟单汇票

2. 汇付的方式可以分为（　　　）。

  A. 汇款   B. 信汇   C. 电汇   D. 票汇

3. 在国际贸易货款的收付中，使用的票据主要有（　　　）。

  A. 汇票   B. 本票   C. 支票   D. 发票

4. 汇付业务中所涉及的当事人主要有（　　　）。

  A. 汇款人   B. 汇出行   C. 汇入行   D. 收款人

5. 跟单托收业务根据交单条件的不同可以分为（　　　）。

  A. 提示交单 B. 见票交单 C. 付款交单 D. 承兑交单

6. 远期信用证和假远期信用证的区别在于（　　　）。

  A. 信用证的条款不同   B. 利息的承担者不同

  C. 开证的基础不同   D. 收汇的时间不同

7. 在保兑信用证业务中，负第一性付款责任的是（　　　）。

  A. 通知行   B. 偿付行   C. 开证行   D. 保兑行

8. 信用证支付方式的特点是（　　　）。

  A. 信用证是一种商业信用   B. 信用证是一种银行信用

  C. 信用证是一种单据的买卖   D. 信用证是一种自足文件

9. 下列叙述中，属于托收特点的是（　　　）。

    A. 它属于一种商业信用   B. 它是一种单证的买卖

    C. 它有利于调动买方订货的积极性   D. 存在难以收回货款的风险

10. 下列哪种说法是正确的（　　　）。

    A. 商业本票有即期和远期之分

    B. 远期本票无需承兑

    C. 本票的付款人是出票人

    D. 远期本票的当事人有三个：出票人、付款人和收款人

四、案例分析题

1. 我国 S 外贸公司与某国 A 公司签订一份出口合同，要求 D/P 45 天付款。在汇票及所附单据通过托收行寄抵进口地代收行后，A 公司及时用汇票办理了承兑手续。货抵目的港时，由于用货心切，A 公司出具信托收据并向代收行借得单据，先行提货转售。汇票到期时，A 公司因经营不善，失去偿付能力。代收行以汇票付款人拒付为由通知托收行，并建议 S 外贸公司直接向 A 公司索取货款。对此，你认为我国 S 外贸公司应如何处理？

2. 我国 F 公司接到客户发来的订单，上面规定交货期为 2021 年 8 月，不久又收到客户开来的信用证，规定 Shipment must be effected on or before September, 2021。F 公司于 9 月 10 日装船并顺利结汇。一个月后，客户却来函对延迟装船提出索赔，称索赔费应按国际惯例计算，即每逾期一天，罚款千分之一，因为迟装船 10 天，所以应索赔百分之一。请问：F 公司为什么能顺利结汇？客户的这种索赔有无道理？F 公司是否应赔偿？

3. 我国 B 公司以 CIF 鹿特丹条件向外商出口一批货物，按发票金额 110%投保一切险及战争险。售货合同的支付条款只简单填写 Payment by L/C（信用证方式支付）。国外来证条款中有如下文句：Payment under this credit will be made by us only after arrival of goods at Rotterdam（该证项下的款项在货到鹿特丹后由我行支付）。我国 B 公司在审证时未发现此问题，没有要求改证。在我国 B 公司交单结汇时，银行也未提出异议。不幸的是，60%的货物在运输途中被大火烧毁，船到目的港后开证行拒付全部货款。请问：你认为开证行拒付是否合理？请说明理由。

五、实务操作题

1. 根据下列条件填制结算条款。

30%的货款于装运前 30 天采用电汇方式支付，其余货款采用即期信用证支付，信用证最晚在 2021 年 4 月 20 日到达我方。

2. 根据以下提示，开立一张汇票，并完成汇票的背书。

A draft for GBP 21 787 is drawn by China National Animal By-products I/E Corporation Beijing branch.

Bank of Atlantic, London, payable at 90 days sight to the order of ourselves dated 22

May，2021 marked "drawn under bank of Atlantic，London L/C No. 1162/2021 dated 21 Jan.，2021".

持票人背书转让汇票：

（1）第一种转让方式：空白背书。

（背面）

（2）第二种转让方式：记名背书（被背书人为 ABC Co.，Tianjin，China）。

（背面）

 项目反思

项目反思

项目七 争议处理条款

项目演练

一、判断题

1. 在买卖合同中，对非法定检验的商品可以不用订立有关商检的条款。　（　　）
2. 若买方没有利用合理的机会检验货物，就是放弃检验权，从而就丧失了拒收货物的权利。　（　　）
3. 在进出口业务中，进口人收货后若发现货物与合同规定不符，在任何时候都可以向供货方索赔。　（　　）
4. 一国的仲裁机构做出的裁决，在其他国家同样具有效力。　（　　）
5. 在国际货物买卖合同中，罚金和赔偿损失是一回事。　（　　）
6. 援引不可抗力条款的法律后果是撤销合同或推迟合同的履行。　（　　）
7. 买卖双方为解决争议而提请仲裁时，必须向仲裁机构递交仲裁协议，否则仲裁机构不予受理。　（　　）
8. 凡是出口商品都必须经过商品检验机构的检验才能出口。　（　　）
9. 只要支付了罚金，就可不履行合同。　（　　）
10. 仲裁协议必须由合同当事人在争议发生之前达成，否则合同当事人不能提请仲裁。　（　　）
11. 有关当事人一旦接到不可抗力事故的通知，无论同意与否，都应及时给对方答复。　（　　）
12. 所谓争议，是指合同一方未能部分履行协议。　（　　）
13. 仲裁裁决一旦做出，就具有法律效力，如败诉方不肯自愿执行裁决，则仲裁员可以强制其执行。　（　　）
14. 若合同中未规定索赔条款，买方便无权提出索赔。　（　　）
15. 一旦发生不可抗力事故，遭遇事故的一方只有征得对方同意才能不执行合同。　（　　）

二、单项选择题

1. 以仲裁方式解决贸易争议的必要条件是（　　）。
    A. 双方当事人订有仲裁协议　　　B. 双方当事人订有合同
    C. 双方当事人无法协商解决　　　D. 一方因诉讼无果而提出

2. 异议与索赔条款适用于品质、数量、包装等方面的违约行为，它的赔偿金额（　　　）。

    A. 一般预先规定 　　　　　　　　B. 一般不预先规定

    C. 由第三方代为规定 　　　　　　D. 由受损方确定

3. 仲裁裁决的效力是（　　　）。

    A. 终局的，对争议双方具有约束力

    B. 非终局的，对争议双方不具有约束力

    C. 有时是终局的，有时是非终局的

    D. 一般还需要法院最后判定

4. 采用仲裁方式解决的争议具有（　　　）的特点。

    A. 可以上诉

    B. 属友好协商解决争议，其结果不具有法律的强制性

    C. 可以多次交由不同的仲裁机构进行仲裁，直至双方满意为止

    D. 程序简便、费用低廉、办案迅速

5. 在出口国检验、进口国复验，这种检验条款的规定（　　　）。

    A. 对卖方有利

    B. 对买方有利

    C. 比较公平合理，它照顾了买卖双方的利益

    D. 对保险公司有利

6. （　　　）的情况是构成不可抗力的必备条件之一。

    A. 意外事故发生在合同签订之前

    B. 事故由买方的过失造成

    C. 事故由卖方的过失造成

    D. 意外事故发生的当时双方都无法控制和无能为力

7. 关于仲裁地点有以下各种不同的规定，其中对我国企业最有利的是（　　　）。

    A. 在双方同意的第三国仲裁

    B. 在被诉人所在国仲裁

    C. 在我国仲裁

    D. 在对方国仲裁

8. 国际贸易中，一方违约，使另一方遭受经济损失，受损方依法解除合同后（　　　）。

    A. 无权再提出损害赔偿

    B. 有权再提出损害赔偿

    C. 是否有权再提出损害赔偿，要视损失的金额大小而定

    D. 一般无权再提出损害赔偿要求，除非双方事先有协议

9. 我国进出口贸易中的仲裁条款对仲裁地点的规定一般采取（　　　）的方法。

    A. 规定在被告国仲裁 　　　　　　B. 规定在原告国仲裁

    C. 规定在双方同意的第三国仲裁 　D. 力争在我国仲裁

10. 仲裁费用一般规定由（　　　）。

    A. 胜诉方负担 　　　　　　　　　　B. 败诉方负担

  C. 双方各负担一半   D. 申请仲裁方负担

 11. 我国某公司与德商签订一份进口机器零件的合同。合同签订以后，德商的两家工厂都投入了生产。在生产过程中，两家工厂之一因发生意外事故、遭遇火灾而完全丧失了生产能力，德商（   ）。

  A. 因遇不可抗力事故，可要求解除合同

  B. 因遇不可抗力事故，可要求延期履行合同

  C. 因遇不可抗力事故，可要求延期履行合同，但我国公司有索赔的权力

  D. 不属于不可抗力事故，我国公司应要求德商按期履行合同

 12. 在众多检验商品品质的方法中，最常用的是（   ）。

  A. 装运港检验   B. 目的港检验

  C. 出口国检验、进口国复验 D. 装运港检验重量、目的港检验品质

 13. 我国某公司以 CIF 新加坡条件向新加坡一家公司出口一批土特产品，订约时，我国公司已知道该批货物要转销美国。货物到达新加坡后，立即转运美国。其后新加坡的买主凭美国商品检验机构签发的在美国检验的证明，向我国公司提出索赔。美国的检验证书是否有效？（   ）

  A. 有效

  B. 无效，应要求新加坡商品检验机构出具证明

  C. 无效，应由合理第三国商品检验机构出具证明

  D. 其他

 14. 以下（   ）不是检验证书的作用。

  A. 证明卖方所交货物的品质、重量（数量）、包装及卫生条件等是否符合合同规定及作为索赔、理赔的依据

  B. 确定检验标准和检验方法的依据

  C. 作为卖方向银行议付货款的单据之一

  D. 作为海关验关放行的凭证

 15. 我国某粮油食品进出口公司与美国田纳西州某公司签订小麦进口合同，数量为100 万公吨。麦收前田纳西州暴雨成灾，到 10 月份卖方应交货时，小麦价格上涨。美方未交货。合同订有不可抗力条款，天灾属于该条款的范围，美方据此要求免责。此时，我方应（   ）。

  A. 因构成不可抗力，予以免责，并解除合同

  B. 因未构成不可抗力，坚持美方应按合同规定交货

  C. 因构成不可抗力，可以解除合同，但要求赔偿损害

  D. 因构成不可抗力，不要求赔偿损害，亦不解除合同，而要求推迟到下年度交货

三、多项选择题

 1. 合同的商品检验一般规定买方在接受货物之前享有对所购买的货物进行检验的权利。但在一定条件下，买方丧失对货物的检验权。这些条件是（   ）。

A. 买卖双方另有约定　　　　　　　B. 买方没有利用合理的机会检验货物

C. 合同规定以卖方的检验为准　　　D. 卖方已经检验了货物

2. 我国 C 公司与日本 D 公司签订了一份销售合同，其中仲裁条款规定在被诉人所在国仲裁。双方在履约过程中发生争议，日本 D 公司为申诉人，可以在（　　）进行仲裁。

A. 北京　　　　　B. 深圳　　　　　C. 东京　　　　　D. 大阪

3. 构成不可抗力事件的要件有（　　）。

A. 事件发生在合同签订后

B. 不是当事人的故意或过失所造成的

C. 事件的发生及其造成的后果是当事人无法预见、控制、避免或克服的

D. 不可抗力是免责条款

4. 在国际贸易中，解决争议的方法主要有（　　）。

A. 友好协商　　B. 调解　　　　C. 仲裁　　　　D. 诉讼

5. 罚金条款一般适用于（　　）。

A. 卖方延期交货　　　　　　　　B. 买方延迟开立信用证

C. 买方延期接收货物　　　　　　D. 一般商品买卖

6. 商检证书的作用有（　　）。

A. 证明卖方所交货物符合合同的规定

B. 是海关放行的依据

C. 卖方办理货款结算的依据

D. 进行索赔和理赔的依据

7. 仲裁协议是仲裁机构受理争议案件的必要依据。以下说法中，（　　）是正确的。

A. 仲裁协议可以在争议发生之前达成

B. 仲裁协议可以在争议发生之后达成

C. 若事前与事后达成的仲裁协议不同，应以事前达成的仲裁协议为准

D. 按照我国法律，仲裁协议必须是书面的

8. 仲裁的特点主要有（　　）。

A. 其是当事人的意思自治

B. 非公开审理

C. 解决国际商事争议的最主要方法

D. 程序简便、结案较快、费用开支较少

四、案例分析题

1. A 公司委托 B 公司进口一台机器，合同规定索赔期限为货到目的港后 30 天。货到目的港并卸船后，B 公司立即将货物转给 A 公司，因为 A 公司的厂房尚未建好，所以机器无法安装及试车。半年后厂房完工，机器安装完毕并试车，A 公司发现机器不能正常运转。商品检验机构的检验证明，该机器是旧货，于是 A 公司要求 B 公司对外索赔，但外商拒绝赔偿，A 公司遭受了巨大的经济损失。请问：我们应从中吸取什么

教训?

2. 我国 D 公司与外商订立一份出口合同,合同中明确规定了仲裁条款,约定在履约过程中如发生争议,在中国仲裁。后来,双方就商品的品质发生争议,外商向其所在地法院起诉我国 D 公司,法院发来传票,传我国 D 公司出庭应诉。对此,你认为该如何处理?

3. 某年 10 月,我国 C 公司与日本商人签订引进二手设备的合同。合同规定,设备在拆卸之前应在正常运转,符合正常生产要求。同时规定,如果设备有损坏,我国 C 公司在货物到达 14 天内出具检验证明,可以更换或退货。设备运抵后,由于我国 C 公司的土建工程尚未完工,因此该公司在 3 个月后才将设备运进厂房并检验,结果发现设备几乎全部处于报废状态,只是对方重新刷了油漆,从表面上难以识别。请问:我国 C 公司是否可以退货或索赔?

五、实务操作题

2020 年 5 月 15 日,由"索纳塔"号货轮运送的小麦到达大连港。国家商品检验机构在检验后发现,JESIO59998 号合同项下货物短重(Short Weight)11 公吨左右,约 4 500 美元。根据合同规定,我方应当在货物到达目的港后的 3 日内提出索赔,请根据以上情形撰写一封索赔函。

 项目反思

项目八　交易磋商与合同订立

 **项目演练**

一、判断题

1. 国际货物买卖合同的商定过程必须包括询盘、发盘、还盘、接受四个环节。
（　　）

2. 在国际贸易中，达成交易的两个必不可少的环节是发盘和接受。（　　）

3. 在交易磋商过程中，发盘是由卖方做出的行为，接受是由买方做出的行为。
（　　）

4. 还盘视为对发盘的拒绝，还盘一经做出，原发盘即失去效力，发盘人不再受其约束。
（　　）

5. 如发盘未规定有效期，则受盘人可在任何时间内表示接受。（　　）

6. 根据《联合国国际货物销售合同公约》的规定，接受必须用声明或行动表示出来，沉默或不行动不等于接受。
（　　）

7. 根据《联合国国际货物销售合同公约》的规定，如果撤回通知于接受之前或与接受同时送达发盘人，接受可予撤回。
（　　）

8. 根据《联合国国际货物销售合同公约》的规定，受盘人可以在发盘的有效期内，以开立信用证这一行为表示接受。
（　　）

9. 一项发盘，即使是不可撤销的，也是可以撤回的，只要撤回的通知在发盘送达受盘人之前或与发盘同时送达受盘人。
（　　）

10. 根据《联合国国际货物销售合同公约》的解释，一项发盘，在受盘人发出接受通知之前可以撤销，但有两种例外情况。
（　　）

11. 根据《联合国国际货物销售合同公约》的解释，一项发盘，即使是不可撤销的，也可以于拒绝通知到达发盘人时终止。
（　　）

二、单项选择题

1. 我国某出口公司于 5 月 5 日以电报向德商发盘，限 8 日复到有效。德商于 7 日以电报发出接受通知。由于电信部门的延误，我国该出口公司于 11 日才收到德商的接受通知，事后亦未表态。此时，（　　）。

　　A. 除非发盘人及时提出异议，否则该逾期接受仍具有接受效力，合同成立

    B. 不管我国出口公司是否及时提出异议，合同都不成立

    C. 只有发盘人毫不延迟地表示接受，该通知才具有接受效力，否则合同不成立

    D. 由电信部门承担责任

2. 某公司向欧洲客户出口一批食品，该公司于 3 月 16 日发盘，限 3 月 30 日复到有效，3 月 18 日接到欧洲客户来电："你方 16 日来电接受，希望 5 月装船。"该公司未提出异议。于是，（　　）。

    A. 这笔交易达成   B. 该公司确认后交易才达成

    C. 属于还盘，交易未达成   D. 属于有条件的接受，交易未达成

3. 国外某买主向我国出口公司来电："接受你方 12 日发盘，请降价 5%。"此来电属交易磋商的哪一环节（　　）。

    A. 发盘   B. 询盘   C. 还盘   D. 接受

4. 根据《联合国国际货物销售合同公约》的规定，发盘和接受的生效采取（　　）。

    A. 投邮生效原则   B. 签订书面合同原则

    C. 口头协商原则   D. 到达生效原则

5. 英国商人于 3 月 15 日向国外客商进行口头发盘，若英国商人与国外客商无特别约定，则国外客商（　　）。

    A. 任何时间表示接受都可使合同成立

    B. 应立即表示接受方可使合同成立

    C. 当天表示接受即可使合同成立

    D. 在两三天内表示接受可使合同成立

6. A 公司于 5 月 18 日向 B 公司发盘，限 5 月 25 日复到有效。在 A 公司向 B 公司发盘的第二天，A 公司收到 B 公司于 5 月 17 日发出的、内容与 A 公司的发盘内容完全相同的交叉发盘，此时，（　　）。

    A. 合同即告成立

    B. 合同无效

    C. A 公司向 B 公司表示接受或 B 公司向 A 公司表示接受，当接受通知到达对方时，合同成立

    D. 必须是 A 公司向 B 公司表示接受，当接受通知到达对方时，合同成立

7. 下列条件中，（　　）不是构成发盘的必备条件。

    A. 发盘内容必须十分确定

    B. 主要交易条件必须十分完整齐全

    C. 向一个或一个以上特定的人发出

    D. 表明发盘人接受约束

8. 我方于 6 月 10 日向国外客商发盘，限 6 月 15 日复到有效，6 月 13 日接到对方复电："你方 10 日来电接受，以获得进口许可证为准。"该接受（　　）。

    A. 相当于还盘

  B. 在我方缄默的情况下，视为有效发盘

  C. 属有效的接受

  D. 属于非实质性改变发盘条件的接受

9. 按《联合国国际货物销售合同公约》的规定，一项发盘在尚未送达受盘人之前，是可以阻止其生效的，这叫发盘的（　　　）。

  A. 撤回　　　　　　B. 撤销　　　　　　C. 还盘　　　　　　D. 接受

10. 根据《联合国国际货物销售合同公约》的规定，合同成立的时间是（　　　）。

  A. 接受生效的时间

  B. 交易双方签订书面合同的时间

  C. 在合同获得国家批准时

  D. 当发盘送达受盘人时

11. 我方于星期一对外发盘，限该发盘星期五复到有效，客户于星期二回电还盘并邀我方复电。此时，国际市场价格上涨，故我方未予答复。客户又于星期三来电表示接受我方星期一的发盘，在上述情况下，（　　　）。

  A. 接受有效　　　　　　　　　　B. 接受无效

  C. 如我方未提出异议，则合同成立　　D. 属有条件的接受

三、多项选择题

1. 促使发盘终止的原因主要有（　　　）。

  A. 发盘的有效期届满

  B. 发盘被发盘人依法撤回或撤销

  C. 受盘人对发盘的拒绝或还盘

  D. 发盘后发生了不可抗力或当事人丧失了民事行为能力

2. 在国际贸易中，合同生效的时间主要有（　　　）。

  A. 接受送达的发盘时

  B. 依约签订正式书面合同时

  C. 依国家法律或行政法规的规定，合同获得批准时

  D. 口头合同被当即接受时

3. 在国际贸易中，合同成立的有效条件是（　　　）。

  A. 当事人必须具有签订合同的行为能力

  B. 合同必须有对价或约因

  C. 合同的形式和内容必须符合法律的要求

  D. 合同当事人的意思表示必须真实

4. 交易磋商程序中必不可少的两个法律环节是（　　　）。

  A. 询盘　　　　　　B. 发盘　　　　　　C. 还盘　　　　　　D. 接受

5. 构成一项发盘应具备的条件是（　　　）。

  A. 向一个或一个以上特定的人发出　　B. 发盘内容十分确定

  C. 表明发盘人接受约束　　　　　　　D. 发盘必须规定有效期

6. 发盘撤销的条件是（　　　）。

    A. 发盘已经生效

    B. 发盘到达受盘人，但受盘人还没有发出接受的通知

    C. 发盘中没有规定发盘的有效期

    D. 发盘已经生效，受盘人接受通知的时间与撤销发盘通知的时间是同时

7. 构成一项接受应具备的条件是（　　　）。

    A. 接受由特定的受盘人做出　　　　B. 接受的内容必须与发盘相符

    C. 必须在有效期内表示接受　　　　D. 接受方式必须符合发盘的要求

8. 在实际的进出口业务中，接受的形式有（　　　）。

    A. 用口头或书面的形式表示　　　　B. 用缄默表示

    C. 用广告表示　　　　　　　　　　D. 用行动表示

9. 我国公司于 15 日向日商发盘，限 20 日复到有效，日商于 19 日用电报表示接受我国公司在 15 日的去电，我国公司于 21 日中午才收到日商的接受通知，此时（　　　）。

    A. 合同已成立

    B. 若我国公司毫不迟延地表示接受，合同成立

    C. 若我国公司于 21 日才收到接受通知是电信部门的延误导致的，则我国公司缄默，合同成立

    D. 若我国公司于 21 日才收到接受通知是电信部门的延误导致的，则合同一定成立

10. 根据我国法律，下列哪些合同不是一项具有法律约束力的合同（　　　）。

    A. 通过欺骗对方签订的合同

    B. 采取胁迫手段订立的合同

    C. 我国某公司与外商以口头形式订立的货物买卖合同

    D. 走私物品的买卖合同

四、案例分析题

1. 某年 2 月 1 日，巴西大豆出口商向我国外贸公司报出大豆价格，在发盘中除列出各项必要条件外，还表示"用编织袋包装运输"。在发盘有效期内我国外贸公司复电表示接受，并称："用最新编织袋包装运输。"巴西大豆出口商在收到上述复电后着手备货，并准备在双方约定的 7 月份装船。3 月份大豆价格从每吨 420 美元暴跌至 350 美元左右。我国外贸公司向巴西大豆出口商去电称："我方对包装条件做了变更，你方未确认，合同并未成立。"而巴西大豆出口商则坚持认为合同已经成立，双方为此发生了争执。分析此案应如何处理并简述你的理由。

2. 我国出口企业向意大利商人发盘，限 10 日复到有效，9 日意大利商人用电报通知我国出口企业接受该发盘，由于电报传递延误，因此我国出口企业于 11 日上午才收到意大利商人的接受通知，而我国出口企业在收到接受通知前获悉市场价格已上涨。对此，我国出口企业应如何处理？

3. 我方欲进口一批包装机，对方发盘的内容如下："兹可提供普通包装机 200 台，每台 500 美元 CIF 青岛，6 至 7 月份装运，限本月 21 日复到我方有效。"我方收到对方的发盘后，在发盘有效期内复电："你方发盘接受，请内用泡沫外加木条包装。"我方的接受是否可使合同成立？为什么？

五、实务操作题

根据下述资料，填制一份英文销售合同。

2019 年 8 月 3 日于广州签订的第 96/1234 号合同的主要条款如下：

卖方：广州服装进出口公司。

买方：Messrs. J. Handerson & Co., New York City, USA。

商品名称及数量：1 000 打丝织女式衬衫。

规格：颜色粉、蓝、黄均衡搭配。

单价：每打 52.50 美元，含成本、保险费、到纽约市的运费，含佣金 3%。

总金额：52 500 美元。

包装：纸板箱。

交货期：2019 年 11 月份在中国港口装运，货物可转运但不可分批装运。

支付条款：以不可撤销即期信用证付款，议付有效期为装运期满后 15 天。

 项目反思

项目九　进出口合同的履行

 项目演练

一、判断题

1. 信用证修改申请只能由受益人本人提出。　　　　　　　　　　　（　　）

2. 汇票的抬头通常是付款人，发票的抬头是收货人，保险单的抬头是被保险人。
　　　　　　　　　　　　　　　　　　　　　　　　　　　　　　（　　）

3. 不符点的出现只要征得议付行的同意并议付完毕，受益人就可不受追索的限制
而取得货款。　　　　　　　　　　　　　　　　　　　　　　　　（　　）

4.《跟单信用证统一惯例（2007 年修订本）》规定商业发票无须签字。　（　　）

5. 凡迟于信用证有效期提交的单据，银行有权拒付。　　　　　　　（　　）

6. 不清洁提单上的批注是从大副收据上转注来的。　　　　　　　　（　　）

7.《跟单信用证统一惯例（2007 年修订本）》规定正本单据必须注有"Original"
字样。　　　　　　　　　　　　　　　　　　　　　　　　　　　（　　）

8. 海运提单要求空白抬头和空白背书，就是指不填写收货人和不要背书。（　　）

9. 修改信用证时，可不必经开证行而直接由申请人修改后交给受益人。（　　）

10. 信用证修改通知书中有多项内容时，只能全部接受或全部拒绝，不能只接受其
中的一部分，而拒绝另一部分。　　　　　　　　　　　　　　　　（　　）

二、单项选择题

1. 所谓单证相符的原则，是指受益人必须做到（　　　）。
　　A. 单据与合同相符　　　　　　　　B. 单据和信用证相符
　　C. 信用证和合同相符　　　　　　　D. 修改后信用证与合同相符

2. 国外来证规定："针织布 1 000 克，每克 2 美元；总金额为'about 2 000 美元'，
禁止分批装运。"则卖方最多向银行支取（　　　）美元。
　　A. 2 000　　　　　B. 2 200　　　　　C. 2 100　　　　　D. 2 150

3. 托运人凭（　　　）向船公司换取正式提单。
　　A. 托运单　　　　B. 装货单　　　　C. 收货单　　　　D. 大副收据

4. 海关发票及领事发票（　　　）。
　　A. 都是由买方国家有关部门提供的
　　B. 都是由卖方国家有关部门提供的

C. 前者由买方国家提供，后者由卖方国家提供

D. 前者由卖方国家提供，后者由买方国家提供

5. 若 L/C 中只规定了议付有效期，而未规定装运期，根据《跟单信用证统一惯例（2007 年修订本）》的规定，（　　）。

A. 装运的最后期限与 L/C 的到期日相同

B. 该证无效

C. 该证必须经修改才能使用

D. 装运期可视为与有效期相差一个月

6. 一份 CIF 合同下，合同及信用证均没有规定投保何种险别，交单时保险单上反映出投保了平安险，该出口商品为易碎品，因此（　　）。

A. 银行将拒收单据　　　　　　　　B. 买方将拒收单据

C. 应投保平安险加破碎险　　　　　D. 银行应接受单据

7. L/C 修改书的内容在两项以上时，受益人（　　）。

A. 要么全部接受，要么全部拒绝　　B. 可选择接受

C. 必须全部接受　　　　　　　　　D. 只能部分接受

8. 商业发票的抬头一般是（　　）。

A. 受益人　　　B. 开证申请人　　　C. 开证银行　　　　D. 卖方

9. 海运提单中对货物的描述（　　）。

A. 必须与 L/C 完全相同

B. 必须使用货物的全称

C. 只要与 L/C 对货物的描述不相抵触，就可以用货物的统称

D. 必须与商业发票的填写完全一致

三、多项选择题

1. 下列单据中，银行有权拒收的是（　　）。

A. 迟于信用证规定的到期日提交的单据

B. 迟于装运日期 15 天，但在 21 天之前提交的单据

C. 内容与信用证内容不相符的单据

D. 彼此内容有差异的单据

2. 制单结汇工作中必须做到的一致包括（　　）。

A. 单单一致　　　　　　　　　　　B. 单证一致

C. 单货一致　　　　　　　　　　　D. 单合（同）一致

3. 已装船提单的签发日期为 7 月 15 日，信用证规定的有效期为 8 月 15 日，交单期限为装运日后的 15 天，如果信用证要求卖方提交保险单，则保险单的出单日期可以为（　　）。

A. 7 月 30 日　　　B. 7 月 15 日　　　C. 7 月 25 日　　　D. 7 月 10 日

4. 货到目的港后，买方发现货物短失，它可以向（　　）索赔。

A. 卖方　　　　　　　　　　　　　B. 承运人

　　C. 保险公司　　　　　　　　　D. 目的港政府管理部门

　5. 因租船订舱和装运而填制的单据包括（　　　）。

　　A. 托运单　　　　B. 装货单　　　　C. 收货单　　　　D. 提单

　6. 在我国，出口结汇的方法有（　　　）。

　　A. 不定期结汇　　　B. 押汇　　　　C. 定期结汇　　　　D. 收妥结汇

　7. 审核信用证和审核单据的依据分别是（　　　）和（　　　）。

　　A. 开证申请书　　　B. 合同　　　　C. 整套单据　　　　D. 信用证

四、案例分析题

　　1. 进口商已开立信用证（可转让、可分批转运），到期时应出口商的要求修改信用证，并答应 10 天内修改，出口商也同意，但提出先运出 80% 的数量，对其余 20% 要求加价。从进口商的角度看，应如何处理？

　　（1）合同成立，价格可随市场行情升降吗？

　　（2）如果购买 80% 的数量就有利可图，那么 20% 的余量可以取消吗？

　　（3）为防止出口商变相涨价，在信用证或契约中应如何限制？

　　2. 中方 M 公司与意大利商人在 2019 年 10 月份按 CIF 条件签订了一份出口某商品的合同，支付方式为不可撤销的即期信用证。意大利商人于 5 月通过银行开来信用证，经审核，其与合同相符，保险金额为发票金额的 110%。在 M 公司备货期间，意大利商人通过银行向其传递一份信用证修改书，内容为将保险金额改为发票金额的 120%。M公司没有理睬，按原证规定投保、发货，并于货物装运后、信用证有效期内，向议付行议付货款。议付行议付货款后将全套单据寄给开证行，开证行以保险单与信用证修改书不符为由拒付。开证行拒付是否有道理？为什么？

　　3. 我国外贸公司与英国进口企业签订合同，出口一批货物，数量为 1 500 公吨，每公吨的价格为 GBP 120 CIF London。英国进口企业通过开证行按时开来信用证。信用证规定，货物总金额不得超过 GBP 180 000，最迟装船期为当年 8 月 10 日，信用证有效期为当年 8 月 31 日，信用证根据《跟单信用证统一惯例（2007 年修订本）》办理。我国外贸公司于 8 月 3 日完成装船并取得提单。

　　请问：

　　（1）我国外贸公司向银行交单的最后日期是哪一天？依据是什么？

　　（2）我国外贸公司在这份信用证下，最多和最少装运多少吨？依据何在？

五、实务操作题

　　根据合同条款审核并修改信用证，写出审核结果。

　　卖方：上海纺织品文具进出口公司（Shanghai Textile and Stationery Imp. & Exp. Corp.）。

　　买方：MODANA B. V.。

　　商品名称：花牌印花细布（"FLOWER" Brand Printed Shirting）。

　　规格：30×36 72×69 35/6"×42 码。

数量：67 200 码。

单价：CIF Amsterdam 每码 3.00 美元，含佣金 3%。

总值：201 600 美元。

装运期：2019 年 1 月 31 日前自中国港口运至阿姆斯特丹（Amsterdam），货物允许分批装运和转船。

付款条件：凭不可撤销即期信用证付款，信用证于装运期前一个月开给卖方，于上述装运期后 15 天内在中国议付有效。

保险：由卖方根据中国保险条款，按发票金额的 110% 投保一切险和战争险。

签订日期、地点：2018 年 10 月 11 日于上海。

合同号码：SS-1953。

收到国外开来的信用证如下：

ABN AMRO Bank NV, Amsterdam

Irrevocable Documentary Credit No. 6413；Dated November 30, 2018.

Advising Bank：Bank of China, Shanghai Branch.

Applicant：MODANA B. V.

Beneficiary：Shanghai Textile and Stationary Imp. & Exp. Corp.

Amount：USD 206 600.

Expiry Date：February 15, 2019 for negotiation in China.

Shipment：Not later than 31 Feb., 2019 from China Port to Amsterdam.

Partial shipments prohibited, Transshipment allowed.

We hereby issue in your favor this documentary credit which is available by presentation of your draft drawn at 60 days after sight on us bearing the clause："Drawn under documentary credit No. 6413 of ABN AMRO Bank NV, Amsterdam" accompanied by the following documents：

1. Signed Commercial Invoice in triplicate, indicating S/C No. SS-1953 dated 11 October, 2018.

2. Full set of clean on board Ocean Bills of Lading issued to order and blank endorsed showing "Freight Prepaid" covering：672 000 yards Printed Shirting 34×36 72×69 35/6" × 42 yards at USD 3 per yard CIF Amsterdam.

3. One original insurance Policy/Certificate Covering All Risks and War Risk for 110% of invoice value as per CIC of Jan. 1st, 1981.

 **项目反思**

 项目反思

项目十　国际贸易方式

 **项目演练**

一、判断题

1. 招标人通常要求投标人在投标时提供一定金额的投标保证金，目的是保证投标人在提出申请后按时参与投标。　　　　　　　　　　　　　　　　　　（　　）

2. 按照互购方式，合同一方向另一方做出购货的承诺，并可以将其任意转让给第三方执行。　　　　　　　　　　　　　　　　　　　　　　　　　　　（　　）

3. 拍卖业务中，竞买人叫价为发盘，主持人落槌为接受。　　　　　　（　　）

4. 对销贸易也称对等贸易，要求双方交易的货物价值相等。　　　　　（　　）

5. 补偿贸易的补偿方式，既有产品补偿方式，又有货币补偿方式。　　（　　）

6. 电子商务改变着政府的行政管理方式。　　　　　　　　　　　　　（　　）

7. 对销贸易的各种做法都是在信贷的基础上进行的。　　　　　　　　（　　）

8. 招标式拍卖是指荷兰式拍卖。　　　　　　　　　　　　　　　　　（　　）

二、单项选择题

1. 下列贸易方式中，原材料运进与成品运出，实际并未发生所有权转移的是（　　）。
   A. 传统的商品买卖　　　　　　　　　B. 进料加工
   C. 补偿贸易　　　　　　　　　　　　D. 来料加工

2. 投标人发出的标书应被视为（　　）。
   A. 不可撤销的发盘　　　　　　　　　B. 可撤销的发盘
   C. 可随时修改的发盘　　　　　　　　D. 有条件的发盘

3. 在寄售方式中，寄售人要承担（　　）的一切风险和费用。
   A. 货物出运前　　　　　　　　　　　B. 货物出售前
   C. 货物到达寄售地点前　　　　　　　D. 货物交付前

4. 包销协议从实质上说是一份（　　）。
   A. 买卖合同　　　　B. 代理合同　　　　C. 寄售合同　　　　D. 招标合同

5. 下列商品中，习惯上不采用拍卖的是（　　）。
   A. 茶叶　　　　　　B. 烟叶　　　　　　C. 电视机　　　　　D. 兔毛

6. 国际贸易中的代理属于销售代理，代理商赚取的是（　　）。
   A. 商业利润　　　　B. 佣金　　　　　　C. 销售差价　　　　D. 折扣

三、多选题

1. 在国际贸易中，较适合采用抵销贸易的商品是（　　　）。
   A. 国防设备　　　　　　　　　　B. 航空设备
   C. 计算机　　　　　　　　　　　D. 宇航设备

2. 与我国开展易货贸易的国家有（　　　）。
   A. 日本　　　　B. 越南　　　　C. 泰国　　　　D. 朝鲜

3. 拍卖的出价方式有（　　　）。
   A. 增价拍卖　　　　　　　　　　B. 减价拍卖
   C. 密封递价拍卖　　　　　　　　D. 包销

4. 在招标与投标业务中，具有法律效力的程序是（　　　）。
   A. 招标　　　　　　　　　　　　B. 投标
   C. 开标　　　　　　　　　　　　D. 中标签约

5. 以下有关寄售贸易方式的说法中，正确的是（　　　）。
   A. 寄售人可根据自己的意愿销售在途货物
   B. 它是典型的凭实物进行买卖的现货交易
   C. 寄售人与代销人之间存在委托代售关系
   D. 寄售货物在售出之前的一切费用和风险，均由寄售人承担

四、案例分析题

1. 我国某公司与国外包销商开展国际贸易并订有包销某商品的协议，期限为一年。年末临近，因市场行情变化，包销商"包而未销"，要求退货并索赔广告宣传费用。请问：这属于什么国际贸易方式？包销商有无权利提出此类要求？为什么？

2. 某公司研制出一种产品，为打开市场销路，该公司决定将产品运往俄罗斯，采用寄售方式出售。在代售方出售商品后，该公司收到代售方的结算清单，其中包括商品在寄售前所支出费用的收据。请问：寄售方式下，商品寄售前的有关费用应由谁承担？为什么？

3. 某机构拟通过招标、投标方式选定工程队，为该机构建造办公大楼。该机构在发出的招标书中规定，投标人在投标时，要提供合同金额 10% 的履约保证金。经筛选，A 工程队中标，取得为该机构建造办公大楼的承建权。取得承建权后，A 工程队却因种种原因不履行合约，并向该机构提出退回全部保证金的要求，遭到拒绝。请问：该机构拒绝退款是否有理？为什么？

五、实务操作题

以你所在的城市为例，选择本项目中介绍的一种贸易方式，通过网络查找或实地调研，撰写一份出口企业贸易方式的调研报告。要求：调研报告应包含该贸易方式的发展概况、存在的问题及针对该问题拟采取的对策等内容。

 项目反思

 项目反思

参考文献

［1］陈平. 国际贸易实务［M］. 北京：中国人民大学出版社，2022.

［2］胡俊文，戴瑾. 国际贸易实战操作教程［M］. 北京：清华大学出版社，2009.

［3］罗兴武. 进出口贸易实务［M］. 北京：机械工业出版社，2011.

［4］毕甫清. 国际贸易实务与案例［M］. 北京：清华大学出版社，2012.

［5］戴裕崴，孙海梅. 国际贸易实务［M］. 北京：机械工业出版社，2010.

［6］游新宇，王燕. 国际贸易实务［M］. 成都：西南财经大学出版社，2011.

［7］冷柏军. 国际贸易实务［M］. 2 版. 北京：中国人民大学出版社，2012.

［8］陈文汉. 国际贸易实务：项目教程［M］. 北京：中国铁道出版社，2013.

［9］吴国新. 国际贸易实务［M］. 北京：清华大学出版社，2011.

［10］陈岩. 国际贸易实务［M］. 北京：中国人民大学出版社，2012.

［11］余世明. 国际贸易实务练习题及分析解答［M］. 2 版. 广州：暨南大学出版社，2009.

［12］高洁，罗立彬. 国际结算［M］. 北京：中国人民大学出版社，2012.

［13］赵慧娥. 国际贸易实务［M］. 北京：中国人民大学出版社，2013.

［14］鲁丹萍. 国际贸易实务习题集［M］. 北京：清华大学出版社，2014.

［15］韩常青. 新编进出口贸易实务［M］. 3 版. 北京：电子工业出版社，2012.

［16］叶波，孙睦优. 国际贸易实训教程［M］. 北京：清华大学出版社，2011.

［17］杨海芳，李哲. 国际货物运输与保险［M］. 北京：北京交通大学出版社，2013.

［18］杨素娟. 国际贸易实务［M］. 北京：清华大学出版社，2012.

［19］陈伟明. 国际贸易实务项目化教程［M］. 北京：冶金工业出版社，2010.

［20］张卿. 国际贸易实务［M］. 北京：对外经济贸易大学出版社，2011.

［21］董瑾. 国际贸易理论与实务［M］. 北京：北京理工大学出版社，2014.

［22］陈岩. 最新国际贸易术语适用与案例解析［M］. 北京：法律出版社，2012.

［23］张志，杨丽. 国际贸易实务实训教程［M］. 天津：天津大学出版社，2010.

［24］卓乃坚. 国际贸易结算及其单证实务［M］. 北京：北京大学出版社，2011.

［25］祝卫. 出口贸易模拟教程［M］. 3 版. 上海：上海人民出版社，2008.

［26］李秀芳. 国际贸易实务案例及习题解答［M］. 北京：中国人民大学出版社，2014.

［27］倪俊. 国际贸易单证实务［M］. 南京：南京大学出版社，2013.

［28］赖红清. 国际贸易实务操作教程［M］. 武汉：华中科技大学出版社，2013.

［29］石玉川. 国际贸易实务［M］. 3 版. 北京：对外经济贸易大学出版社，2013.

［30］仲鑫. 国际贸易实务：交易程序·磋商内容·案例分析［M］. 北京：机械工业出版社，2012.

［31］何传添. 进口贸易实务［M］. 北京：经济科学出版社，2013.

［32］涂奇. 国际贸易实务［M］. 长沙：中南大学出版社，2011.

［33］薛刚，阮坚. 国际贸易合同操作实务［M］. 广州：广东经济出版社，2009.

［34］林涛. 国际货物贸易实务［M］. 北京：清华大学出版社，2014.

［35］孟珂. 海关总署：2020 年进出口规模创历史新高［EB/OL］.（2021-01-14）［2022-01-01］. https：//baijiahao. baidu. com/s？id＝1688831115198459176&wfr＝spider&for＝pc.

［36］乔治·豪尔，马克斯·冯·泽德维茨. 从中国制造到中国创造：中国如何成为全球创新者［M］. 许佳，译. 北京：中信出版社，2017.

［37］陈绚. 我国商品出口面临的绿色包装问题及应对策略［J］. 中共乐山市委党校学报，2007（5）：69-71.

［38］佚名. 国内国际双循环［EB/OL］.（2020-04-10）［2021-12-31］. https：//baike. baidu. com/item/%E5%9B%BD%E5%86%85%E5%9B%BD%E9%99%85%E5%8F%8C%E5%BE%AA%E7%8E%AF/53222121？fr＝aladdin.

［39］青岛市发展和改革委员会. 胶州"一带一路"综合试验区建设总体方案［EB/OL］.（2020-02-20）［2021-12-31］. http：//www. qingdao. gov. cn/n172/n24624151/n24625135/n24633888/n31285172/200410161648814476. html.

［40］张婷. 六部门：对合法疫苗货物道路运输车辆不得随意拦截查扣［EB/OL］.（2021-04-12）［2021-12-31］. https：//baijiahao. baidu. com/s？id＝169684768903015 0783&wfr＝spider&for＝pc.

［41］拱北海关. 广东珠海：内外贸货物同船运输业务新航线开通［EB/OL］.（2020-06-30）［2021-12-31］. https：//xw. qq. com/amphtml/20200630A0AG3C00.

［42］新闻办网站. 国务院新闻办就 2021 年上半年金融统计数据情况举行发布会［EB/OL］.（2021-07-14）［2021-12-31］. http：//www. gov. cn/xinwen/2021-07/14/content_5624979. htm.

［43］向家莹. 中银协报告：商业银行国际结算量连续三年稳定增长［EB/OL］.（2019-07-23）［2021-12-31］. http：//www. jjckb. cn/2019-07/23/c_138249060. htm？from＝singlemessage.

［44］黄晓丽. 中银协：2020 年末商业银行国际结算规模达 76 393 亿美元 创历史新高［EB/OL］.（2021-08-31）［2021-12-31］. https：//baijiahao. baidu. com/s？id＝1709596965832706853&wfr＝spider&for＝pc.

［45］欧阳洁. 截至 2020 年底 人民币国际化指数增长 54. 2%［EB/OL］.（2021-08-10）［2021-12-31］. http：//jx. people. com. cn/n2/2021/0810/c186330-34860213. html.

［46］法制日报. 海关总署：8 月起报关单报检单合二为一 关检业务融合打响"第一枪"［EB/OL］.（2018-08-02）［2021-12-31］. http：//jx. people. com. cn/n2/2021/

0810/c186330-34860213.html.

［47］南京海关. 进出口货物质量有问题需换货怎么办？［EB/OL］（2020-12-10）
［2021 - 12 - 31］. https：//baijiahao. baidu. com/s? id = 1685619851786413786&wfr =
spider&for=pc.

［48］澎湃新闻. 贸促会出具疫情不可抗力事实性证明 1 600 余份，金额超千亿
［EB/OL］. (2020-02-16)［2021-12-31］. https：//www.sohu.com/a/373553633_260616.

［49］谢希瑶. 中国已成为仲裁解决民商事纠纷最多的国家之一［EB/OL］（2021-
09-15）［2021-12-31］. https：//www.rmfz.org.cn/index.php/contents/876/522950.html.

［50］黄婷婷. 第二届中非经贸博览会磋商签约拉开序幕.［EB/OL］（2021-09-
02）［2021-12-31］. https：//view.inews.qq.com/a/20210902A0BTW900.

［51］伍岳. 外交部："一带一路"造福世界［EB/OL］. (2021-06-28)［2021-12-
31］. https：//baijiahao.baidu.com/s? id=1703812470591061831&wfr=spider&for=pc.

［52］经济日报. 一次登记、一次备案，企业报关报检资质"合二为一"［EB/
OL］. (2018-04-23)［2021-12-31］. http：//www.customs.gov.cn/customs/302249/mtjj35/
1804093/index.html.

［53］濮宣. "互联网+海关"亮新招 这几类证单已实现电子化（图）［EB/OL］.
(2020-07-16)［2021-12-31］. http：//www. customs. gov. cn/customs/xwfb34/302425/
3192070/index.html.

［54］蔡岩红. 海关扣留知产侵权嫌疑货物 2 541 万件［EB/OL］. (2021-05-21)
［2021 - 12 - 31］. https：//baijiahao. baidu. com/s? id = 1700302704896289336&wfr =
spider&for=pc.

［55］郑钧天. 新华时评：办好进博会，助力"双循环"［EB/OL］. (2020-11-03)
［2021 - 12 - 31］. https：//baijiahao. baidu. com/s? id = 1700302704896289336&wfr =
spider&for=pc.